Net Positive

TÍTULO ORIGINAL:
Net Positive. How Courageous Companies Thrive by Giving More Than They Take

AUTORES
Paul Polman e Andrew S. Winston

CONJUNTURA ACTUAL EDITORA, uma chancela de Edições Almedina, S.A.
Avenida Emídio Navarro, 81, 3D -3000-151 Coimbra - Portugal

TRADUÇÃO
Carla Morais

REVISÃO
Inês Castelhano e Ana de Castro Salgado

CAPA
Joana Carvalho

PAGINAÇÃO
João Jegundo

IMPRESSÃO E ACABAMENTO:
ACD Print, S. A.
setembro 2022

DEPÓSITO LEGAL
504676/22

Biblioteca Nacional de Portugal - Catalogação na Publicação

POLMAN, Paul, e outro

Net positive : diferença positiva : empresas corajosas dão mais
do que tiram / Paul Polman, Andrew S. Winston. - (Fora de coleção)
ISBN 978-989-694-682-1

I – WINSTON, Andrew

CDU 005

Net Positive

DIFERENÇA POSITIVA: EMPRESAS CORAJOSAS DÃO MAIS DO QUE TIRAM

ACTUAL

Ao serviço dos milhares de milhões de pessoas
em todo o mundo que ainda são deixados para trás
e que merecem líderes corajosos a seu lado
na construção de um mundo melhor

ÍNDICE

PREFÁCIO

De Paul

Para dizer a verdade, há muito que hesito em escrever um livro, pois sempre senti que a maior parte do que eu diria já tinha sido dito ou, como acontece com muitos CEO, seria visto como uma tentativa mal concebida de reescrever a sua própria história. Isso nunca me interessou. No entanto, Adi Ignatius, o editor-chefe da *Harvard Business Review*, convenceu-me da importância de partilhar a história da Unilever e a minha própria história de transformação com um público mais vasto, bem como as minhas considerações sobre o rumo que é preciso seguir. A perspetiva de o escrever com Andrew Winston fez com que finalmente decidisse ir em frente. Há muito que admiro Andrew pelos seus livros *The Big Pivot* e *Green to Gold*, dos quais tirei muito proveito enquanto dirigia a Unilever. Ambos os livros estavam à frente do seu tempo. Se ao menos lhes tivéssemos dado atenção na altura...

Os meus agradecimentos vão também para Jeff Seabright, que não é apenas um amigo querido, mas, na qualidade de responsável pela sustentabilidade da Unilever, foi também um grande parceiro na melhoria do nosso modelo de negócio e na ajuda que nos deu na elaboração deste livro. A sua boa memória, conselhos sábios e sentido de humor são claramente melhores do que os meus.

Estou a escrever este prefácio na Páscoa, nos Países Baixos, onde a minha querida mãe de 92 anos acaba de nos deixar. Estou feliz por ter podido passar as últimas semanas com ela. Foi sempre uma grande inspiração para mim e devo-lhe muito. Enquanto professora que teve de abandonar a sua adorada profissão nos anos 50, simplesmente por ser uma mulher que estava a constituir família, ensinou-nos a importância da educação.

Tendo vivido a Segunda Guerra Mundial, tomou consciência do poder de se entregar ao serviço dos outros, reconstruindo comunidades destruídas e trabalhando num ambiente mais pacífico e inclusivo para todos. Valores como dignidade e respeito, equidade e compaixão eram uma presença natural para ela e para o meu pai enquanto criaram seis filhos.

Para muitos cristãos, a Páscoa tem sido tradicionalmente uma época de novos começos, e é dessa forma que estamos a celebrar a morte da minha mãe neste momento, mas é também uma grande metáfora para a necessidade de criar um mundo melhor, onde todos possamos viver em harmonia uns com os outros e com a Mãe Natureza agora e para as gerações vindouras. A covid-19 talvez tenha sido um despertar brusco, que parece ter vindo dizer-nos que não podemos ter pessoas saudáveis num planeta insalubre. As complexas relações entre perda de biodiversidade, alterações climáticas, desigualdade, crescimento económico e coesão social tornaram-se cada vez mais transparentes para muitos, assim como as falhas no nosso sistema económico. Chegámos à conclusão de que o crescimento infinito num planeta finito simplesmente não é possível. Tudo o que não podemos fazer para sempre é, por definição, insustentável. Em última análise, chegaremos a um ponto em que os sistemas entrarão em colapso — de facto, já está a acontecer.

Há muito que também acredito que um sistema económico onde ainda demasiadas pessoas sentem que não participam plenamente ou são deixadas para trás acabará por se rebelar contra si próprio. Estamos a ter amplas provas disso, inclusive no sistema político, onde a força das democracias e da cooperação global está a ser testada de muitas maneiras. De todos os desafios que enfrentamos, há que destacar as alterações climáticas e a desigualdade como os mais pertinentes — não é por acaso que os dois estão intimamente relacionados. Na ausência de um multilateralismo pleno e robusto e face à crescente mentalidade de curto prazo, especialmente na política, é imperativo que as empresas responsáveis se cheguem à frente e preencham este vazio — não sozinhas, mas em novas formas de parceria com os governos e a sociedade civil.

Este livro não é apenas sobre algumas das formas como isto pode ser feito, mas, mais importante, sobre os motivos pelos quais é bom para as próprias empresas. Esta é a ideia de diferença positiva. Não quisemos debater aqui o capitalismo, mas sim, de uma forma prática, defender a mudança do papel que as empresas devem desempenhar para manterem o direito a existir. Dizemos simplesmente que os lucros não devem resultar da criação de problemas do mundo, mas da sua resolução.

Queríamos fazer um livro que fosse menos sobre o «porquê», pois a maioria de nós está convencida da direção a seguir, e mais concentrado no «como», que é a questão sobre a qual muitos de nós nos debruçamos. A tarefa é, de facto, difícil e complexa, com muitos dos desafios fora do nosso próprio controlo. Por vezes, parece-nos mesmo esmagadora. Mas quem ocupa posições de responsabilidade sabe que negar, culpar os outros ou fugir dela não é forma de encontrar as respostas.

Acima de tudo, requer um tipo diferente de liderança, sendo a coragem uma componente importante. Coragem para assumirmos a responsabilidade pela totalidade dos nossos impactos sociais, muito para além das nossas próprias operações. Coragem para estabelecer ambições mais elevadas, que sabemos serem necessárias, mesmo que não tenhamos todas as respostas. Coragem para abraçar as parcerias mais alargadas necessárias para conduzir as mudanças mais amplas dos sistemas. Coragem vem da palavra francesa *coeur*, que significa «coração». De facto, num mundo de negócios e políticas cada vez mais ditado por folhas de cálculo, computadores e comércio rápido, trata-se de trazer de volta o elemento humano que falta em tantos lugares. Como as empresas irão competir cada vez mais pela confiança, a compaixão e o desvelo irão desempenhar um papel importante.

Como Desmond Tutu respondeu quando lhe perguntaram se era otimista ou pessimista: «Sou um prisioneiro da esperança.» Embora o caso moral já tenha sido apresentado há muito tempo, não podemos simplesmente esperar que o arco da história se curve pelo caminho certo por si só. Felizmente, o caso económico também é cada vez mais atrativo — como assinalamos no livro, podemos estar perante a maior oportunidade de negócio de sempre. À medida que todos tentamos evitar outra pandemia ou colapso de sistemas, estamos a descobrir cada vez mais que o custo da inação está a tornar-se significativamente mais elevado do que o custo da ação. Ao contrário de quando iniciámos a viagem da Unilever por convicção, agora temos informações económicas e incentivo.

Embora o modelo da Unilever tenha tido os seus êxitos e deficiências ao longo dos últimos dez anos, tal como é amplamente discutido no livro, todos percebemos que é necessário avançar mais depressa e com maior alcance. Uma abordagem de diferença positiva não só nos prepara para sermos competitivos hoje, mas, mais importante, posiciona-nos para estarmos entre as empresas e indústrias vencedoras do futuro. Ser um líder é uma posição privilegiada, e não há nada mais gratificante do que aproveitá-la para servir os outros e criar um mundo melhor para todos. Afinal de contas, a única viagem impossível é aquela que nunca se inicia.

— Abril de 2021

De Andrew

No início da pandemia, em 2020, quando nos dedicávamos a este livro, fiz 50 anos e aproximei-me da marca dos 20 anos de trabalho em sustentabilidade empresarial. Dei por mim a olhar para trás e a avaliar o meu percurso de vida. Na frente pessoal, eu e a minha mulher criámos dois rapazes, um de 18 anos que dava os primeiros passos enquanto eu escrevia o meu primeiro livro, *Green to Gold*, e o outro nascido no dia em que esse livro foi publicado, há 15 anos. Eles serão os juízes de quão bem os ajudámos a tornar-se humanos compassivos que se preocupam com o mundo.

O plano profissional é mais difícil de avaliar. A minha missão é inspirar as empresas a resolver os nossos maiores desafios ambientais e sociais, não pela filantropia em si, mas porque é um bom negócio. Penso no progresso a nível macro: na luta para afastar o mundo empresarial da obsessão do lucro a curto prazo — e aproximá-lo da criação de valor a longo prazo e com um propósito —, estaremos a conseguir?

Sim e não.

O número de empresas que procuram resolver os seus impactos ambientais e sociais tem vindo a aumentar rapidamente. Nenhuma grande empresa questiona seriamente o facto de a sustentabilidade estar na ordem do dia. Ganhámos a primeira batalha, mas subsistem grandes problemas. O nosso modelo económico, que utiliza excessivamente os recursos, encoraja o consumo sem restrições e deposita a riqueza em meia dúzia de mãos, está a lançar-nos em direção a um penhasco. Os desafios globais que estamos a tentar resolver (em particular as alterações climáticas) estão a piorar. Não estamos a agir suficientemente depressa.

Precisamos que as empresas vão muito além da simples redução das emissões, tornando-se menos prejudiciais; é preciso que o trabalho tenha um impacto positivo. Infelizmente, o número de líderes empresariais que interiorizaram completamente esta realidade é insignificante. O mundo precisa de líderes mais corajosos e dispostos a comprometer as suas organizações com uma mudança profunda e com um serviço ao mundo.

Uma vez, um colega perguntou-me: «Porque é que há tão poucos Ray Andersons?», referindo-se ao CEO da Interface, o fabricante de carpetes. Em 1994, Ray teve uma epifania: a maneira tradicional de fazer negócios era um beco sem saída para o planeta. Assim, concentrou a sua empresa ao redor da eliminação de todos os impactos negativos no mundo. Foi um pioneiro e uma inspiração — o seu livro *Mid-Course Correction* foi o primeiro que li nesta área. Mesmo assim, perguntei ao meu amigo se não deveríamos também perguntar: «Porque é que há tão poucos Paul Polmans?»

Porquê Paul? Os primeiros líderes como Ray, Yvon Chouinard, da Patagonia, e o empresário Paul Hawken iniciaram esta demanda, mas, na maioria, lideravam empresas de médias dimensões, detidas pelos seus fundadores. Algumas grandes empresas, como a Walmart, estavam a seguir os seus passos, mas ninguém tinha tentado o mesmo que Paul: fazer da sustentabilidade a missão principal de uma empresa pública mundial, com vendas na ordem das dezenas de milhares de milhões. Paul estava muitíssimo empenhado. Tal como Ray, pronunciou-se aos colegas CEO e aos líderes mundiais, defendendo de modo incansável uma forma fundamentalmente diferente de gerir uma empresa e salientando as falhas da maneira tradicional de fazer negócios. Paul era movido pela missão, mas também centrado no sucesso empresarial a longo prazo.

Adorei a sua abordagem e não fui o único. Um inquérito anual pede a peritos que identifiquem as empresas que estão a fazer o melhor trabalho de integração da sustentabilidade na sua estratégia. Durante dez anos consecutivos, a Unilever tem sido a mais frequentemente citada. Trata-se de um nível de consistência notável em qualquer das dimensões de desempenho da empresa. Alguns denunciarão o facto de uma empresa de produtos de consumo ser nomeada líder em sustentabilidade, dizendo que produz muita coisa de que não precisamos. Isso tem um fundo de verdade, mas dada a escala dos nossos desafios, não podemos construir um mundo próspero sem negócios.

Precisamos de mais líderes dispostos a desafiar o *statu quo*, e devemos celebrar aqueles que o fazem. Espero que deixemos de idolatrar os CEO como o Jack Welch, da GE, que, apesar de possuir grandes capacidades de execução, valorizava os lucros a curto prazo dos acionistas acima do planeta e das pessoas — um estilo de negócio, dominante durante décadas, em que o despedimento de empregados fazia *subir* as ações.

Na década de 2010, fiz parte do conselho de consultoria de sustentabilidade da Unilever na América do Norte, pelo que não sou imparcial. Mas só me tinha encontrado com Paul algumas vezes quando ele e o seu principal conselheiro de sustentabilidade, Jeff Seabright, me abordaram para escrevermos um livro juntos. Não tinha a certeza se queria publicar outro livro sobre estratégia de sustentabilidade, mas esta era uma oportunidade única para explorar a ideia de como criar uma empresa ao serviço do mundo. Parte da história da Unilever já foi bem contada, mas não ainda da perspetiva da pessoa que liderou a carga. *Net Positive* não trata apenas da Unilever, mas a experiência da empresa é a força motriz. O meu trabalho foi acrescentar um ponto de vista externo, sintetizar, encontrar os enquadramentos dentro da história, e torná-la acessível e fácil de ler.

Por fim, «Como criar mais Paul Polmans?» não é a pergunta certa. Por muito que celebremos (e lhes paguemos em demasia) os CEO, nenhum líder pode construir uma grande empresa sozinho. Se o sucesso viesse exclusivamente da C-suite, então todas as aulas de MBA e livros de negócios falariam apenas sobre liderança. As empresas também precisam de princípios-chave, estratégias, táticas, parcerias, e dos elementos intangíveis como cultura, propósito e inspiração. Cada organização é única, mas há ideias e lições dos pioneiros que podem ajudar todas as empresas a progredir. Este livro tenta fornecer um mapa e uma bússola, mas não marcar o caminho com precisão — todos nós temos de percorrer o nosso próprio caminho.

O meu objetivo com *Net Positive* é inspirar a comunidade empresarial a chegar-se à frente, acelerar e ajudar a conduzir-nos para um mundo próspero. Espero que este trabalho, e as ondulações que dele resultam, façam da minha própria vida uma vida de diferença positiva.

— *Abril de 2021*

INTRODUÇÃO

Porque é que a maionese ganhou ao *ketchup*

A Oferta Pública de Aquisição hostil que contém uma história mais profunda

No início de 2017, a Unilever enfrentou uma experiência de quase-morte. Há sete anos que a empresa aplicava a sua ambiciosa estratégia, o Plano de Vida Sustentável da Unilever (USLP), que fazia do propósito e do enriquecimento das vidas das pessoas o cerne do negócio. Estava a fazer bons progressos nos seus objetivos agressivos, incluindo duplicar as vendas enquanto reduzia a pegada ambiental para metade e ajudar um milhão de pessoas a melhorar a saúde e bem-estar. Juntamente com um pequeno número de outros líderes empresariais, a Unilever estava a ajudar a redefinir o significado do que é ser uma boa empresa.

A estratégia estava a funcionar. Após anos de baixo ou nenhum crescimento, as receitas aumentaram 33%, para 60 mil milhões de dólares, e as ações da empresa tinham superado tanto as dos seus pares como o índice FTSE europeu. A Unilever é uma empresa em expansão, verdadeiramente global, ligando-se diariamente a 2,5 mil milhões de pessoas através das suas mais de três centenas de marcas, incluindo a Axe, Ben & Jerry's, Clear, Dove, Hellmann's (maionese), Knorr, Lifebuoy, Omo, Rexona e Suave. Como parte da sua estratégia USLP, a empresa adquiriu dezenas de novas marcas, a maioria das quais empresas movidas por uma missão, e desinvestiu em negócios de movimentação mais lenta que não se enquadravam na sua visão.

Assim, quando Alexandre Behring, o presidente da rival Kraft Heinz (mais conhecida pelo seu *ketchup*), foi visitar a sede da Unilever em Londres, o CEO

Paul Polman (coautor) pensou que Behring poderia fazer uma oferta sobre uma das empresas à venda. Mas a reunião desviou-se numa direção dramaticamente diferente. Behring ofereceu-se para adquirir *toda* a Unilever por 143 mil milhões de dólares, um prémio de 18% sobre o preço de mercado.[1] As aquisições hostis, por vezes, vêm acompanhadas de um sorriso. Mas continuam a ser hostis, e podem destruir a alma de um negócio construído ao longo de um século.

A Kraft Heinz tinha sido adquirida apenas dois anos antes pela empresa brasileira de *private equity* 3G e pela Berkshire Hathaway, gerida pelo lendário investidor Warren Buffett. Os dois investidores estavam também a trabalhar em conjunto neste negócio. A 3G nunca tinha perdido uma oferta pública de aquisição, mas isso iria mudar depois de nove dias intensos.

A 3G era conhecida por cortar as despesas para aumentar as margens a curto prazo. Um artigo da revista *Fortune* descreveu o CEO da 3G, Jorge Paulo Lemann, como «o homem que come custos».[2] A indústria de produtos de consumo dividia-se entre aqueles que competiam ao estilo da Kraft Heinz ao fazer *leverage up*, cortar custos, aumentar margens e pagar pouco em impostos... e aqueles que, como o *Financial Times* fraseou, «recuaram perante aquilo que veem como um modelo que, em última análise, destrói as empresas, ao fazê-las morrer de fome de investimento».[3]

Enquanto empresas que vendem produtos semelhantes, a Kraft Heinz e a Unilever não poderiam ter dois modelos de negócio mais distintos. A 3G era um exemplo perfeito da primazia dos acionistas em ação. A Unilever tinha a intenção de operar em benefício dos muitos grupos de pessoas tocadas pela empresa (as suas partes interessadas) ao serviço de um mundo melhor. Tem uma história de 140 anos de propósito, remontando à sua missão original de melhorar a higiene na Inglaterra vitoriana.

Hoje, o USLP honra e expande as raízes da empresa, e representa um dos planos empresariais integrados mais abrangentes do mundo. Liga claramente operações sustentáveis e equitativas ao desempenho e crescimento empresarial. O objetivo do USLP é o ganho financeiro *devido* à sustentabilidade, e não apesar dela — não lucros com um lado de propósito, mas lucros *através* do propósito. Ao longo de muitos anos, a Unilever percebeu que sempre que faltava foco no objetivo, o desempenho da empresa sofria. Assim, ser engolido por uma organização com uma missão incompatível era potencialmente desastroso do ponto de vista estratégico e financeiro.

Os executivos da Unilever teriam feito muito dinheiro com o negócio, mas o abismo entre as estratégias e valores da 3G e da Unilever tornou a oferta inaceitável. O modelo de negócio era demasiado importante para ser colocado nas mãos de pessoas sem qualquer sentimento pela criação de valor a longo prazo. Era claro o que tinha acontecido às empresas que a 3G comprou. Organizações que faziam um grande trabalho — tais como a líder de bebidas SABMiller, através dos seus projetos de água e direitos humanos em África — foram espremidas pelos cortes de custos da 3G. Uma série de fugitivos das aquisições da 3G tinham recorrido à Unilever em busca de trabalho numa empresa orientada para um propósito.

Naquele momento crucial, os líderes da Unilever não estavam imunes ao apelo do controlo de custos e do crescimento das margens. Acreditavam fortemente no desempenho empresarial e na eficiência, mas também sabiam que o caminho da prosperidade não era um caminho de cortes. Cortar hoje nas pessoas, I&D ou gastos com a marca apenas para dar aos investidores uma vaga de margens mais elevadas era uma receita para o desastre posterior. Os líderes da Unilever acreditavam que, ao utilizarem o modelo de negócio que melhor conheciam, poderiam desbloquear mais valor a longo prazo do que a 3G seria capaz de fazer. Iriam orientar-se para o objetivo, continuar a investir no futuro e melhorar as linhas de topo e de base (o que tinham feito durante sete anos consecutivos).

Vivia-se um período stressante com uma intensa pressão para vender. Paul não queria ser a pessoa que iria entregar um negócio centenário e responsável nas mãos de uma empresa como a 3G, pensou: «Comigo a ver, não.» Para rejeitar a proposta, a Unilever precisava de apoio dos amigos e de avançar rapidamente.

O poder dos aliados inesperados

Durante anos, os céticos da Unilever andaram ansiosos por ver a empresa tropeçar. Muitos dos principais investidores que pregam a primazia dos acionistas consideravam a sustentabilidade demasiado *hippie*. Mas o modelo da Unilever estava a funcionar. Na altura da oferta pública de aquisição, as margens operacionais da Unilever não estavam no topo do grupo entre os seus pares, mas eram, ainda assim, superiores às dos concorrentes Nestlé, Danone e Mondelez. As suas receitas e resultados também estavam a crescer mais rapidamente. A Unilever proporcionava consistentemente 19% de retorno sobre o capital investido. Estava a criar valor fiável e de longo prazo para os acionistas, mas como resultado do seu modelo de negócio, não como objetivo principal.

Ainda assim, o prémio que a 3G oferecia enviava uma mensagem: a liderança atual está a perder dinheiro a curto prazo. Essa impressão seria normalmente suficiente para assegurar uma oferta bem-sucedida, mas a 3G e os críticos da Unilever subestimaram quão fortemente a liderança, a direção e os aliados inesperados se preocupavam com a abordagem da empresa. Os críticos tinham acusado a empresa de passar demasiado tempo a trabalhar com comunidades, governos e as Nações Unidas, e não o suficiente para maximizar o lucro a curto prazo. Mas a construção dessas alianças deu valiosos frutos.

Entre os apoiantes, contavam-se líderes de ONG e de sindicatos. John Sauven, o chefe da Greenpeace UK — uma organização que tinha tomado de assalto os edifícios sede da Unilever, P&G, Nestlé, e muitos outros para protestar contra os erros corporativos —, tinha vindo a confiar cada vez mais na empresa, e telefonou para ver se podia ajudar. Ron Oswald, o secretário-geral da IUF — uma federação de sindicatos que representa dez milhões de trabalhadores das indústrias agrícola e hoteleira —, falou em público opondo-se à oferta. A IUF temia, segundo ele, que o modelo da Unilever «fosse varrido da face da Terra... a Kraft Heinz era o epítome do que uma empresa não deveria ser: pura engenharia financeira».[4]

A pressão pública contra o acordo aumentava. Cartas à direção da Unilever instavam-na, como escreveu um investidor, «a não cair na armadilha [do valor a curto prazo] da Kraft Heinz».[5] Alguns apoiantes de alto nível da Unilever contactaram diretamente Warren Buffett para expressar o seu descontentamento. Ainda assim, os executivos da Unilever não tinham a certeza de que todo este apoio iria influenciar a maioria dos investidores a tomar o partido deles. Os investidores tinham fortes incentivos para fazer dinheiro e cumprir os seus próprios objetivos trimestrais (também maximizam os retornos a curto prazo). No final, a dinâmica substancial de oposição à aquisição revelou-se decisiva. A 3G perdeu o apoio para o negócio e teve de recuar. A Unilever escapou por pouco, em parte graças à boa vontade que tinha conquistado cuidadosamente ao investir em parcerias e ao trabalhar com as partes interessadas na sua jornada de diferença positiva.

O rescaldo

No momento em que Behring, da Kraft Heinz, entrou no edifício sede da Unilever, os investidores enfrentaram um teste: em que modelo de negócio investir? Os resultados financeiros dessa decisão foram substanciais. Os preços das ações dos dois gigantes do consumo dispararam em direções opostas. Com base nos rendimentos totais dos acionistas, nos anos seguintes, o dinheiro investido na Unilever rendeu quatro vezes mais do que o mesmo montante investido na Kraft Heinz. A subsidiária da Unilever, a Hindustan Unilever, que negoceia separadamente na Bolsa de Valores indiana, vale agora mais do que toda a Kraft Heinz. Ao longo do mandato de dez anos de Paul, os acionistas obtiveram retornos de quase 300%.[6]

Quando ocorreu a crise financeira, associada ao golpe pandémico de 2020, a força relativa do modelo da Unilever tornou-se clara. A empresa estava em muito melhor forma financeira do que a 3G, com um balanço mais forte. A Unilever teve a margem de manobra para garantir empregos durante três meses, tanto para os empregados diretos como indiretos.[7] Também atribuiu 500 milhões de euros para apoiar os seus parceiros, pagando antecipadamente a alguns fornecedores e concedendo crédito aos clientes para os ajudar a manterem-se à tona.[8] Entretanto, em 2019, a Kraft Heinz teve de amortizar 15 mil milhões de dólares e cortar dividendos, e a classificação da sua dívida ficou reduzida a «*junk*» antes do confinamento global da pandemia — teve então de recorrer a uma linha de crédito de emergência.[9]

O objetivo aqui não é o de fazer pouco do infortúnio da 3G, mas realçar as diferenças nos modelos e resultados comerciais. Num mundo volátil, incerto, complexo e ambíguo (VUCA — *volatile, uncertain, complex, and ambiguous*), a resiliência é tudo. O modelo da Unilever produziu uma forte posição financeira e profundas ligações aos seus empregados, comunidades, parceiros comerciais e governos. Essas relações conferiram-lhe velocidade. Poucos dias após os confinamentos, a Unilever reinventou as cadeias de abastecimento para fornecer e enviar equipamento médico, aumentando a produção de higienizadores de mãos, por exemplo, em 14 mil vezes.[10] Como milhares de milhões de pessoas mudaram os seus hábitos de consumo de um dia para o outro, a Unilever deslocou rapidamente os seus empregados entre divisões e geografias. Designou 300 dos seus 2000 gestores de compras globais para se concentrarem nas cadeias de abastecimento de emergência na China. A Unilever avançou mais rapidamente do que os seus pares graças à confiança que tinha construído com as partes interessadas ao longo dos anos.

Mesmo num ambiente económico desgastante e repleto de perturbação, a Unilever não esqueceu o seu compromisso de longo prazo e os múltiplos intervenientes. A empresa lançou novos objetivos agressivos, incluindo a neutralidade de carbono até 2039, e planeia rotular 70 mil produtos com dados sobre a pegada de carbono.

Embora a Unilever não tenha saído inalterada da aquisição malograda — a equipa de liderança e a direção intensificaram os resultados financeiros a curto prazo da empresa —, manteve-se firmemente empenhada na estratégia orientada para o objetivo. O foco no serviço de longo prazo às partes interessadas estava demasiado enraizado, e o valor demasiado claro, para recuar.

Todas as empresas enfrentam agora uma escolha profunda: continuar a seguir o modelo da prioridade ao acionista que força decisões míopes, prejudica as empresas e põe em perigo o nosso bem-estar coletivo... ou construir empresas que crescem e prosperam a longo prazo, servindo o mundo — ou seja, dando mais do que tiram.

Um modelo melhor: a empresa de diferença positiva

O confronto Unilever *versus* Kraft Heinz não se limitava a qual das empresas faz os melhores e mais rentáveis condimentos — nem era um exercício académico para debater nas escolas de gestão. Era uma batalha maior pela alma dos negócios.

As empresas representavam dois modelos nos extremos opostos de um espectro. Um serve uma mão-cheia de proprietários e canaliza os ganhos para eles. Maximiza os retornos dos acionistas e vive obcecada com a redução de custos para aumentar os lucros *no imediato*. Assume uma responsabilidade limitada em relação a questões externas — ou impactos indiretos sobre os outros — à empresa. O outro modelo vê o propósito do negócio de forma diferente e aspira a prosperar, a longo prazo, servindo todas as partes interessadas. Ajuda o mundo a enfrentar desafios maiores, como as alterações climáticas, desigualdade e pobreza, perda de biodiversidade e divisões raciais. Quando as pessoas falam sobre a diferença entre capitalismo acionista e capitalismo das partes interessadas, estão a descrever estes dois modelos.

O segundo modelo, que um pequeno, mas crescente número de empresas procura, é o único adequado a um futuro próspero e a uma sociedade estável. Mas precisa de ser levado ainda mais longe, para que as empresas — através de melhores operações, produtos e serviços — criem mais valor, atraiam mais clientes e parceiros, curem o planeta e aumentem o bem-estar de todos os que afetam. As empresas que seguem este modelo estão mais bem posicionadas para o futuro e são, em última análise, mais bem-sucedidas. Chegou a sua vez.

Vivemos uma era ímpar, com uma oportunidade incrível para reimaginar o mundo e fazer com que as empresas sejam de *diferença positiva*.

O que é a diferença positiva?

Os gurus de design sustentável Bill McDonough e Michael Braungart sugerem, no seu livro *The Upcycle*, que ser «menos mau» ao reduzir os impactos ambientais a zero nos leva pelo caminho errado. Em vez disso, deveríamos criar «mais do que é bom». Vejamos o exemplo de qualquer dos impactos empresariais que se pretende eliminar, tais como resíduos, acidentes ou carbono. Normalmente, traçaríamos o progresso mostrando a métrica a descer. Em vez disso, dizem, devemos inverter o gráfico; traçar a linha que sobe de negativo para zero, para que zero «se torne não um ponto culminante, mas um ponto de passagem», e depois continuar a entrar em território positivo.[11] Uma métrica de segurança a subir para território positivo indicaria não só zero acidentes, mas também um «local de trabalho *criador* de saúde». Indo mais longe, a organização poderia também tornar as comunidades e os clientes mais saudáveis. Estes impactos positivos contribuem para aquilo a que muitos chamam a «impressão digital» do negócio, distinta da pegada, que tem mais conotações negativas.

Uma empresa de diferença positiva serve os outros. Segue a orientação moral mais antiga que temos, a Regra de Ouro — ou «Faz aos outros o que gostarias que te fizessem a ti». Esta máxima, como Kim Polman escreve no seu livro *Imaginal Cells: Visions of Transformation*, tem sido «a base da humanidade, subjacente às nossas religiões e culturas mais bem-sucedidas».[12] Para viver de acordo com a Regra, um negócio de diferença positiva movimenta-se dentro de limites naturais que respeitam o planeta e os seus habitantes. Observa limites morais para a forma como nos tratamos uns aos outros, e tenta reparar, restaurar, revigorar e regenerar.

Com esse enquadramento em mente, a nossa visão de diferença positiva é *um negócio que melhora o bem-estar de todos aqueles sobre quem tem impacto e a todas as escalas — cada produto, cada operação, cada região e país, e para todas as partes interessadas, incluindo empregados, fornecedores, comunidades, clientes e mesmo as gerações futuras e o próprio planeta.*

Esta é uma Estrela Polar. Nenhuma empresa pode atingir todos estes objetivos de uma só vez, mas é para onde devemos dirigir-nos se queremos uma economia e um planeta viáveis. Existir como um negócio relevante hoje é enriquecer o mundo.

A derradeira questão é esta: estará o mundo mais bem servido graças à existência da sua empresa?

Princípios fundamentais. No Capítulo 1, exploraremos os cinco princípios que sustentam um negócio de diferença positiva: assumir a responsabilidade pelos impactos da empresa no mundo em geral; concentrarmo-nos mais no longo prazo (enquanto procuramos bons resultados em todos os enquadramentos temporais); servir múltiplas partes interessadas e pôr as suas necessidades em primeiro lugar; abraçar a colaboração e a mudança transformadora para lá da empresa; e, como resultado de todo este trabalho, proporcionar aos acionistas retornos sólidos. Parte disto soará familiar aos defensores da sustentabilidade, mas há a conversa e a ação. Dizer «somos responsáveis» e agir como tal são coisas muito diferentes. Servir as partes interessadas antes dos acionistas vai contra 50 anos de ortodoxia económica, a opinião de Milton Friedman de que o objetivo de uma empresa é o valor para o acionista (ver a caixa «Milton Friedman já era»).

MILTON FRIEDMAN JÁ ERA

Durante 50 anos, todos os líderes empresariais de economias de mercado foram treinados numa ideologia nuclear — a de que o objetivo do negócio é servir apenas o acionista. Assim diz o profeta Milton Friedman. No templo da economia neoliberal, as únicas métricas de bem-estar são financeiras — lucros para as empresas, mercados bolsistas para as economias e PIB para os países. Há anos que um punhado de empresas tem oferecido diferentes visões, mas a maioria tem sido considerada marginal. Nas grandes empresas públicas, a filosofia de Friedman tem sido, em grande maioria, inquestionável. Mas estão a surgir falhas. O próprio Friedman poderia ter uma visão diferente no mundo moderno, onde o sucesso das empresas se baseia em muito mais do que era o costume. Seja como for, dada a escala e a urgência das alterações climáticas, o imperativo moral de combater a desigualdade e a natureza mutável dos mercados financeiros, o mantra trimestral centrado no acionista é extremamente impróprio para o mundo de hoje, sendo, em última análise, autodestrutivo. Se quisermos sobreviver e prosperar, temos de eliminar a velha filosofia. Quanto mais cedo compreendermos isto, melhor.

O que não é. As empresas usam mais frequentemente a expressão «net positive» — quando a usam, sequer — de modo redutor para se referirem à pegada de carbono (também se ouve falar tanto em «carbono negativo» como em «carbono positivo», o que, de forma confusa, significa basicamente a mesma coisa). Esta abordagem evita uma responsabilidade real: basta comprar algumas compensações de carbono e pode afirmar-se que o negócio é de diferença positiva. Não vemos a compensação como um objetivo a longo prazo. Estaremos a reduzir a poluição num local, mas a deixar outra fábrica emitir partículas causadoras de asma perto de comunidades de baixos rendimentos? Isso não a reduz. Ou talvez estejamos a utilizar 100% de energias renováveis nas nossas operações, mas a permitir que as fábricas da cadeia de abastecimento dependam sobretudo dos combustíveis fósseis? Não. Os padrões aqui são elevados.

A diferença positiva também é diferente de valor partilhado, um conceito apresentado pelo investidor de impacto Jed Emerson (ele chamava-lhe «valor misto») e desenvolvido pelos líderes do pensamento Michael Porter e Mark Kramer. A ideia é importante, mas pode travar-nos quase tanto como a nossa obsessão com o retorno acionista. O valor partilhado não nega as coisas negativas que uma empresa faz, e a ambição pode ser demasiado baixa. Se todas as grandes empresas o perseguissem, será que pensariam a uma escala suficientemente grande para enfrentar verdadeiramente as alterações climáticas, a desigualdade e o racismo à escala e velocidade que são necessárias? Teríamos o efeito multiplicador da ação coletiva e da coragem?

A diferença positiva também *não* tem que ver com ser-se perfeito. Trata-se de corrigir os problemas que causam impactos negativos e de ir mais além para criar valor positivo para os outros.

O que parece ser. Uma empresa de diferença positiva irá funcionar de forma diferente do que é normal hoje em dia. Irá, por exemplo, eliminar mais carbono do que produz; utilizar apenas energia renovável e materiais de origem renovável; não criar desperdícios e criar tudo para uma circularidade total; e reabastecer e tornar mais limpa toda a água que extrai. Enquanto empresa orientada para as pessoas, garantirá a todos os que trabalham na cadeia de valor a dignidade de ganharem um salário adequado às suas atividades básicas. A empresa oferecerá amplas oportunidades para a inclusão de todas as raças e tipos de capacidades, e alcançará o equilíbrio de género na gestão e equidade salarial. Através dos seus produtos, serviços e iniciativas orientadas por um propósito — e não por filantropia —, os consumidores e as comunidades ficarão mais bem servidas. As ONG serão tratadas como iguais e colaboradoras, e não como antagonistas. Os líderes governamentais verificarão que têm parceiros exigentes, e não lobistas egoístas, a tentar desenvolver um sistema de regras que beneficie a todos. E os investidores que apoiam a criação de valor a longo prazo colherão recompensas financeiras saudáveis.

Imaginemos como setores específicos poderão lucrar e crescer servindo os clientes e o mundo através do seu trabalho. Imaginemos como pode ser o resultado da diferença positiva se as empresas resolverem os nossos maiores desafios, em vez de contribuírem para eles:

- Empresas alimentares e agrícolas que adotem práticas regenerativas, enriquecendo o solo, protegendo a biodiversidade e resgatando milhões de toneladas de carbono
- Fabricantes de alumínio, cimento e aço, desenvolvendo produtos que não produzem carbono e retirando o carbono do ar
- Empresas de produtos de consumo que aumentam o bem-estar humano e planetário com tudo o que vendem
- Empresas que utilizam recursos e materiais naturais respeitando a terra e melhorando as vidas nas comunidades indígenas nas quais têm impacto
- Empresas de comunicação social que ajudam as pessoas a apurar a verdade e a reforçar o processo democrático
- Empresas de vestuário que dissociam o seu crescimento de uma maior utilização de recursos, proporcionando salários adequados, restaurando a dignidade e ajudando a desenvolver comunidades nas suas cadeias de abastecimento em todo o mundo
- Empresas financeiras que financiam apenas tecnologias limpas e servem melhor os pobres do que os ricos, dando uma ajuda às pessoas e criando igualdade de oportunidades para todos

Este tipo de empresas irá regenerar o mundo. Se ser «verde» é fazer menos danos e a sustentabilidade é chegar a zero, a diferença positiva é melhorar as coisas.

Um confronto com a realidade

Tudo isto soa a demasiado perfeito? Talvez. Há compromissos práticos ao longo do caminho e não se pode avançar em todas as frentes de uma só vez. Por exemplo, a Unilever construiu fábricas em áreas remotas de países em desenvolvimento para construir economias locais. Essas regiões podem ainda não ter acesso a tecnologias limpas. Funcionar a carvão ou petróleo significa dar um passo atrás no objetivo global da empresa em matéria de energias renováveis, mas está ao serviço do bem-estar dos intervenientes. Equilibrando simultaneamente múltiplas necessidades, a empresa deve avançar como um todo na direção certa. É um desafio, uma viagem e uma dança complicada, e não se consegue lá chegar num só salto. O objetivo é ser melhor amanhã do que se era ontem.

Sejamos honestos. Nenhuma empresa adota a ambição que aqui propomos... ainda. Nenhuma organização, incluindo a Unilever, está suficientemente avançada nesta viagem. Mas um número crescente de empresas está a adotar elementos do modelo de negócio de diferença positiva. Nas empresas líderes, que são maioritariamente propriedade de famílias ou privadas, incluem-se IKEA, Interface, Mars, Patagonia, Tata e Triodos. O grupo de líderes de capital público expandiu-se, incluindo empresas como Allianz, Danone, DSM, Fifco, Levi's, L'Oréal, Marks & Spencer, Mastercard, Microsoft, Natura, Ørsted, Olam, Salesforce e Trane Technologies (e de certeza que nos escaparam algumas). Nenhuma é remotamente perfeita e poderíamos encontrar problemas em todas elas, mas estão a avançar na direção certa. A maioria figura regularmente num inquérito anual da GlobeScan que pede a peritos que nomeiem as empresas mais sustentáveis. Todos os anos, desde 2011, a Unilever ocupa o primeiro lugar.[13] Isso não é sinal de um progresso mais generalizado. Esperamos acelerar uma disputa saudável pelos lugares do topo.

O caminho não é fácil. A Unilever tem muitas feridas de guerra e erros que podem ser apontados. A procura de um abastecimento 100% sustentável de milhares de ingredientes ainda não se materializou na totalidade. Para algumas questões críticas, como os impactos da indústria do óleo de palma, os resultados genéricos para as pessoas e o planeta são, até agora, mistos. A empresa deveria ter avançado mais rapidamente no ataque a algumas questões prementes em grande escala, como embalagens de plástico e resíduos, diversidade racial e consumismo (mudar os hábitos das pessoas é difícil). Porém, a Unilever norteia-se por fazer o mais difícil, mas que está certo, e não o mais fácil, mas errado. As suas ambições impulsionam-na para além da sua zona de conforto. Pedimos ao leitor que se junte a nós nesta desconfortável ambição.

A oportunidade aqui é profunda, recompensadora e até divertida. É uma nova forma de pensar sobre a criação de valor comercial. Uma empresa que dá mais do que o que tira não se vai concentrar nos lucros com um lado de filantropia. Em vez disso, abraça o propósito central da empresa e cria *valor a partir de valores*.

Esta é uma forma revolucionária de pensar no contexto dos negócios modernos. Mas a verdadeira inovação é quase sempre impulsionada por rebeldes que forçam a rutura. Precisamos de uma mudança profunda para que as empresas ajudem a liderar o caminho, a tornarem-se os atores de confiança que podem ser, e a resolver os problemas que interessam. O futuro do capitalismo, da humanidade e do planeta dependem disso.

As empresas têm de se mobilizar

Para muitas pessoas da sociedade civil e das ONG, a ideia de as empresas criarem um mundo próspero é anedótica. Os céticos dizem que foram as empresas obcecadas pelo lucro que nos meteram nesta confusão. É um argumento justo. A indústria sobreutiliza recursos, externaliza custos e utiliza a corrupção e a influência política para colocar as suas próprias necessidades acima do bem comum. Os críticos também dizem que os desafios que enfrentamos são sociais, pelo que deve ser o governo a resolvê-los. E têm razão, até certo ponto — apenas os governos podem estabelecer regras e impor preços, como uma taxa de carbono, sobre externalidades. Os governos também estabelecem as políticas certas para permitir melhores práticas e resultados comerciais.

Por outro lado, os libertários sugerem que o setor privado pode resolver qualquer problema. Basta privatizar tudo e a motivação para o lucro encarregar-se-á disso. Nenhum destes pontos de vista está certo. Dominic Waughray, que dirige o Centro de Bens Públicos Globais no Fórum Económico Mundial, diz: «É encantador, mas ingénuo, pensar que as grandes empresas *ou* os governos vão resolver tudo.» Precisamos de uma parceria, diz ele, com a mentalidade de inovação, rapidez e execução do setor privado com o poder de convocação e alcance dos governos.[14]

As empresas assumirão um papel importante com base unicamente na realidade da sua quota excessiva na economia: nos países em desenvolvimento, o setor privado representa 60% do PIB, 80% dos fluxos de capital e 90% dos postos de trabalho.[15] Mas há duas razões adicionais pelas quais as empresas têm de se mobilizar. Em primeiro lugar, a governação global está a falhar, pois os problemas que não têm fronteiras estão a crescer. As instituições multilaterais que, principalmente, as Nações Unidas criaram há 80 anos (após a Segunda Guerra Mundial) não conseguem gerir os problemas complexos e da atualidade, incluindo as alterações climáticas, a cibersegurança e as pandemias.

Em segundo lugar, transformar o mundo exigirá a deslocação de uma quantidade considerável de capital para vias mais limpas e mais justas. Os governos enfrentam restrições financeiras impostas pelos neoliberais da economia, que têm vindo a reduzir as taxas de impostos há anos e a defraudar as obras públicas. A corrupção também afasta o dinheiro do bem comum. Poucos governos têm os fundos necessários para fazer o que é necessário. A ONU estima que o défice de financiamento para atingir alguns dos objetivos mundiais de desenvolvimento sustentável se situa entre 3 biliões e 5 biliões de dólares por ano (uma fração dos gastos na resposta global à covid-19 de 16 biliões de dólares, valor este que ainda está a aumentar), ou cerca de 20 vezes o total de *todos* os auxílios internacionais ao desenvolvimento da atualidade.[16] A conta parece elevada até que percebemos que o PIB global é de cerca de 80 biliões de dólares, e que os bancos criaram um mercado de 600 biliões de dólares em derivados e outros instrumentos financeiros que inventaram.[17]

As pessoas *querem* que as empresas se mobilizem. Num inquérito global realizado pela Edelman, três quartos dos inquiridos dizem que gostariam que os CEO assumissem a liderança na mudança social e não que ficassem à espera de que os governos a impusessem. Uma percentagem semelhante quer que o seu próprio CEO se pronuncie sobre o clima, desigualdade e outras grandes questões.[18] Os líderes estão atentos a esta mensagem. O CEO da Walmart, Doug McMillon, disse: «Está na altura de as empresas assumirem a liderança, trabalhando com o governo e as ONG em questões sérias como oportunidades de trabalho, equidade racial, clima e cadeias de distribuição sustentáveis e responsáveis».[19] McMillon disse também à *Time*: *«Simplesmente não estaremos aqui se não cuidarmos das próprias coisas que nos permitem existir.»*[20]

Dado o papel de grandes dimensões que têm na sociedade e na criação da confusão em que nos encontramos, as empresas têm a responsabilidade fundamental de ajudar a sanear a situação, passando a agir em diferença positiva. É também irracional pensar que as empresas podem ficar de lado a assistir aos sistemas ambientais a degradarem-se e à sociedade a afundar-se. As empresas não podem ser meras espectadoras no sistema que lhes dá a vida.

Algumas más notícias: as nossas emergências planetárias e morais

É justo perguntar *por que razão* as empresas precisam de se mobilizar — ou seja, quais são as consequências de não mudar? Infelizmente, há múltiplas emergências, e não temos muito tempo (mas também há notícias incrivelmente boas).

Nós, humanos, criámos uma engenhoca incrível e impiedosa, o capitalismo, para comercializar bens e fazer corresponder eficazmente a oferta à procura. Esta máquina produziu um crescimento económico exponencial e tirou centenas de milhões de pessoas da pobreza. Mas também provocou crises existenciais que ameaçam a humanidade. *O nosso sistema económico atual tem duas fraquezas fundamentais: baseia-se num crescimento ilimitado num planeta finito e beneficia um reduzido número de pessoas, e não todos.*

O consumo de recursos por parte da humanidade não pode continuar a este ritmo, a menos que encontremos outro planeta. Nos últimos anos, estimou-se atingiremos o Dia da Superação da Terra — uma estimativa de quando utilizarmos mais recursos nesse ano do que a Terra pode regenerar — por volta de agosto de 2022.[21] A cada dia subsequente, estamos a roubar recursos às gerações futuras. Este sistema não pode continuar. Segundo o economista Ken Boulding: «Quem pensa que se pode ter um crescimento infinito num ambiente finito ou é louco ou economista.»[22]

Os mercados são o principal instrumento do capitalismo infinito, mas da forma como estão atualmente concebidos, têm falhas fatais (não logicamente fatais, apenas mortíferas para nós). A menos que os obriguemos a isso, os mercados não incluem o preço das externalidades, os impactos negativos como a poluição ou a redução da saúde, nem nos cobram pelos recursos naturais partilhados que consumimos. Os mercados também deixam milhares de milhões de pessoas para trás e canalizam o dinheiro no sentido ascendente. Não otimizam para um bem-estar coletivo, nem sequer para a nossa sobrevivência.

Para falar das nossas crises existenciais, usaremos «clima e desigualdade» como uma abreviatura grosseira para uma série de desafios interligados que afetam a saúde planetária e humana. O clima representa as questões ambientais, como a qualidade do ar e da água, ou a degradação da biodiversidade, uma crise existencial em si mesmo; e a desigualdade representa os desafios sociais, como o acesso desigual, o racismo sistémico, a discriminação de género e a falta de inclusão. Algumas medidas de saúde da sociedade melhoraram, como a redução da percentagem de pessoas em extrema pobreza, mas a maioria dos nossos desafios é grande e crescente.

Os fundamentos biofísicos da nossa economia e sociedade — um clima estável, uma rede de vida em que estamos inseridos, recursos naturais como ar e água limpos, e muito mais — estão todos ameaçados. Em menos de cinco décadas, as populações de mamíferos, aves, anfíbios e peixes diminuíram uns chocantes 68%.[23] À medida que aumentamos a produção de bens materiais e continuamos a destruir as florestas da Indonésia e da Amazónia (já perdemos metade da floresta tropical mundial), criamos uma poluição atmosférica mortal (quase nove milhões de pessoas mortas prematuramente todos os anos) e aceleramos as alterações climáticas.[24] As ligações entre biodiversidade, clima, saúde humana, desenvolvimento da sociedade e crescimento económico estão a tornar-se mais claras. *Não podemos ter pessoas saudáveis num planeta insalubre.*[25]

À medida que o aquecimento global avança, estima-se que um a três mil milhões de pessoas se tornarão refugiados climáticos quando as suas comunidades se tornarem demasiado quentes ou demasiado inundadas para viverem.[26] Se não fizermos face ao problema do clima, tudo o resto ficará em causa. O CEO da Apple, Tim Cook, afirmou: «A aposta é alta e fracassar não é uma opção... se ainda não desenvolveu [um plano sobre o clima], fracassou no seu trabalho.»[27]

Ao mesmo tempo, a desigualdade disparou. A economia não está a construir um mundo justo onde a riqueza, o poder e o bem-estar estejam ao alcance de todos. As desigualdades raciais são galopantes, algo que a covid-19 deixou muito claro; será durante muito tempo uma mancha na alma dos EUA o facto de as pessoas de cor terem sofrido hospitalização e taxas de mortalidade duas a quatro vezes superiores às dos brancos.[28] (Os povos indígenas no Brasil também tinham o dobro da probabilidade de morrer.[29]) As oportunidades para as mulheres ainda estão muito atrasadas; ao ritmo atual de mudança, serão necessários 257 anos para colmatar a diferença salarial entre os sexos.[30]

A grande parte dos rendimentos e ganhos de riqueza dos últimos 30 anos concentrou-se em 1, ou mesmo 0,1% da população. As pessoas que vivem com rendimentos médios não ganharam terreno. Mesmo antes da pandemia, cerca de metade da população mundial ainda ganhava menos de 5,50 dólares por dia, 260 milhões de crianças não recebiam educação, 820 milhões de pessoas passavam fome, e 5,2 milhões de crianças morriam todos os anos antes do seu quinto aniversário por causa de doenças infeciosas, na sua maioria evitáveis.[31] Todos estes dados são atualmente ainda piores. Como disse o secretário-geral da ONU, António Guterres, um pequeno número de pessoas está a navegar em «iates luxuosos enquanto outras se agarram a destroços à deriva».[32]

Alguns perguntam por que razão a desigualdade, por mais moralmente inaceitável que seja, é uma questão relacionada com os negócios. A resposta básica é que as economias não prosperam sem um número crescente de pessoas com rendimento disponível. Mas uma realidade mais dura é o facto de a desigualdade desestabilizar a sociedade. Mellody Hobson, coCEO da Ariel

Investments e presidente da direção da Starbucks, diz que a desigualdade é uma ameaça ao crescimento porque «a agitação civil é má para os negócios... e a agitação civil baseia-se na desigualdade económica».[33]

Os nossos desafios existenciais acarretam um pesado custo económico. Um estudo da RAND Corporation estimou que se a distribuição de rendimentos nos Estados Unidos se tivesse mantido estável desde meados da década de 1970, os 90% da população dos Estados Unidos que auferem menos teriam ganhado 50 *biliões* de dólares.[34] O rendimento médio teria hoje duplicado de 50 mil dólares para cerca de 100 mil dólares.[35]

Do ponto de vista ambiental, a Swiss Re estima que metade do PIB global (42 biliões de dólares) está em risco porque está «dependente de uma biodiversidade que funcione bem».[36] A Swiss Re diz que estamos no bom caminho para perder quase um quinto do PIB global até 2050.[37] Estes são números específicos e assustadores, mas uma ameaça existencial tem um cálculo diferente, mais binário. Qual é o «custo» para cidades costeiras como Miami, Daca ou Manila, se se tornarem inabitáveis? É infinito. É mais fácil perceber os custos para uma determinada organização. Ao longo de cinco anos, a AT&T gastou mil milhões de dólares a reparar equipamento e infraestruturas danificadas por causa de extremos climáticos.[38] A dura realidade do aumento dos custos está a inverter o guião, desafiando as empresas a provar porque é que *não haveriam* de procurar a sustentabilidade (ver a caixa «De "Porquê?" a "Porque não?"»).

Para além dos profundos desafios ambientais e sociais, os líderes nacionalistas ou populistas ganharam grande poder e a democracia enfraqueceu em mais de 80 países.[39] Os Estados Unidos voltaram-se para a democracia nas eleições de 2020, mas o enfoque no interesse próprio, tanto pessoal como a nível nacional, mantém-se. Os governos nacionalistas não colaborarão prontamente em desafios comuns.

DE «PORQUÊ?» A «PORQUE NÃO?»

É normal pedir aos empregados que provem que qualquer investimento vale a pena, desde que seja sustentável; há muito que se parte do princípio de que se trata de um mau uso do dinheiro. Deve ser feito, pensam os CFO, à custa da rentabilidade ou do crescimento. A pergunta formulada pelos executivos mais preocupados é frequentemente: «Porque haveria eu de fazer isto?» Mas à medida que os custos dos nossos grandes desafios aumentam e as ações que constroem um mundo próspero se tornam mais fáceis, mais baratas e mais valiosas, a discussão muda. A evidência é crescente de que a primazia dos acionistas é uma doutrina falhada que destrói o nosso ambiente natural e a coesão social. Chegámos ao ponto de viragem. Como disse o CEO da ADM, Juan Luciano: «Até recentemente, parecia arriscado ser um líder; agora é mais arriscado ser um retardatário»* O ónus da prova inverteu-se. «Mostre-nos a que é que dá importância», bradam os funcionários. «Diga-nos», exigem as partes interessadas, «porque *não está* em busca do propósito e sustentabilidade». Sim, porque *não haveríamos* de participar nesta viagem épica e excitante?

* Juan Luciano (ADM), em conversa com os autores, 15 de maio de 2020.

No contexto deste nosso sistema quase falido, não é surpreendente que, nos primeiros meses da pandemia, apenas 9% dos cidadãos britânicos quisessem que as coisas voltassem a ser como eram. (Este desejo é um fenómeno global).[40] As pessoas querem «reconstruir para melhor» ou instituir um New Deal Verde. Como os governos investem dezenas de biliões em estímulos económicos, seria um tremendo desperdício de vidas e de dólares recriar o velho sistema arruinado. Perdemos uma oportunidade durante a crise financeira de 2008, altura em que os bancos eram demasiado grandes para falir, mas as pessoas demasiado pequenas para terem alguma relevância. Devemos agora concentrar-nos na criação de emprego, no reforço da coesão social e na aceleração da economia limpa.

Mudar a forma como os negócios e a economia funcionam, ao mesmo tempo que se continua a produzir bens e serviços para oito mil milhões de pessoas, já foi comparado a mudar o motor de um avião enquanto está a voar. É uma boa analogia que coloca o famoso dilema da inovação em termos concretos. Destruir o velho para dar lugar ao novo sem parar é um feito de engenharia. É também aterrador para aqueles que têm algo a perder no novo mundo. É fácil cair em desespero, medo ou ansiedade, mas iremos mais longe se partirmos de uma posição de positividade e compaixão.

As escolhas que fazemos agora sobre investir num mundo de emissões reduzidas de carbono e no bem-estar das pessoas em toda a parte irão determinar o que é possível e se a humanidade prospera... ou até se sobrevive. A aposta não podia ser mais elevada para os negócios ou para a economia global, que é, como o economista Herman Daly observou, «uma subsidiária integral do planeta». O pioneiro da sustentabilidade Ray Anderson, da Interface, costumava perguntar sem rodeios: «Para que serve fazer negócios num planeta morto?» Da mesma forma, não há argumentos comerciais a favor de uma pobreza duradoura ou, de facto, uma vasta oportunidade de negócio para gerar milhares de milhões.

Em suma, *os negócios não podem prosperar em sociedades que falham.*

Entrar em grande e pensar em sistemas

Tendo em conta o que estamos a enfrentar, a velocidade e a escala dos esforços de sustentabilidade têm sido lamentavelmente inadequadas — especialmente na crise climática, onde ganhar lentamente é o mesmo do que perder. Das 500 maiores empresas do mundo, quase todas estabeleceram objetivos energéticos ou de carbono, mas apenas 15% planeiam reduzir as suas emissões ao ritmo exigido pela ciência (esta percentagem está a crescer).[41] Vivemos um momento perigoso. Por estarem a fazer *alguma coisa*, as empresas podem pensar que o que estão a fazer é suficiente. O negócio da moda e do vestuário, por exemplo, foi um dos que lideraram, criando a Sustainable Apparel Coalition para desenvolver padrões para as cadeias de distribuição. Mas ao mesmo tempo, a *fast fashion* aumentou dramaticamente as vendas de vestuário... e os impactos na energia, água e resíduos daí resultantes.

Podemos evitar estas ruturas, se adotarmos um pensamento sistémico. O Fórum para o Futuro, reunião internacional de desenvolvimento sustentável sem fins lucrativos, descreve sistemas como «partes ligadas por uma teia de relações em direção a um objetivo», e oferece exemplos de ecossistemas naturais como o ambiente marinho e sistemas socialmente criados, tais como a educação. Um corpo humano, um lar, um bairro, uma organização, uma cidade, um planeta — são todos sistemas.

Consideremos o nosso sistema alimentar e a sua rede de fabricantes de maquinaria, capital natural como a saúde do solo, agricultores, trabalhadores, grossistas, empresas alimentares, retalhistas, e nós, os que comemos. Incentivos financeiros a curto prazo e de foco muito limitado levam o sistema a pagar muito pouco aos agricultores, reduzir a riqueza do solo, diminuir a saúde e a qualidade nutricional dos nossos cultivos, enfraquecer os direitos laborais e muito mais. O sistema alimentar parece corrompido, mas, salienta Sally Uren, CEO do Forum para o Futuro, está de facto a fazer exatamente aquilo para o qual foi concebido: «produzir alimentos baratos, com pouca consideração pelos impactos ambientais e sociais».[42] Mudar um sistema significa mudar também o seu propósito.

Os nossos sistemas são diabolicamente complicados e interligados, pelo que puxar um fio tem impactos imprevisíveis sobre os restantes. As coisas podem ficar fora de controlo — estamos a entrar numa fase de reforço dos circuitos de *feedback* sobre o clima, em que o degelo do *permafrost* liberta mais gases com efeito de estufa e o oceano escuro onde o gelo marinho ártico costumava flutuar absorve mais calor. Uma vez que não sabemos com rigor onde se encontram os pontos de rutura, devemos sentir mais urgência, e não menos. Pensar em sistemas também significa compreender as causas de raiz. Só então, como diz Uren, poderemos «identificar onde concentrar a nossa energia e intervenções para resolver os nossos grandes desafios».

A boa notícia é que, em redes complicadas, alguns circuitos de *feedback* funcionam *a nosso favor*; uma solução para um problema pode resolver muitos outros. Um desenvolvimento económico que ofereça às pessoas que vivem nas florestas tropicais mais segurança, mais educação sobre como melhorar o rendimento das colheitas, reduz a desflorestação e as emissões de carbono, aumenta a biodiversidade e reduz os riscos de pandemia. Este é um enorme valor para o que foi investido. Para utilizar uma metáfora adequada, as empresas e os governos devem trabalhar *sobre* a floresta, e não na floresta.

Segundo uma das principais pensadoras sistémicas, a falecida Dana Meadows: «Nós, humanos, somos suficientemente inteligentes para termos criado sistemas complexos e uma produtividade espantosa; certamente que também somos suficientemente inteligentes para garantir que todos partilham da nossa recompensa e que gerimos de forma sustentável o mundo natural do qual todos dependemos.»[43]

A excelente notícia: ventos de feição e aceleradores

Se olharmos apenas para os desafios e falhas do sistema, pode ser assustador. Mas o esforço global para construir um mundo próspero vale a pena — é a maior oportunidade de negócio de sempre. O caminho para a diferença positiva é um desafio, mas estão a acontecer grandes coisas que estão a aumentar a adesão, a provar o valor da sustentabilidade e a facilitar a mudança.

A diferença positiva é compensatória para os negócios. As empresas que perseguem um modelo de longo prazo, com múltiplas partes interessadas, criam valor de muitas maneiras. Nem todos os passos são automaticamente vantajosos para ambas as partes, mas com o tempo os líderes poupam dinheiro, reduzem o risco, inovam mais, constroem reputações e marcas empresariais valiosas, atraem e retêm talento e têm um maior envolvimento dos funcionários. Os famosos estudos sobre o local de trabalho da Gallup mostram que as organizações envolvidas têm 17% mais produtividade, um aumento de 20% nas vendas e 21% mais rentabilidade.[44] As empresas que são mais sustentáveis encontram frequentemente o Santo Graal do aumento das receitas, à medida que mais consumidores procuram produtos que sejam bons para eles e para o planeta.

A Unilever já colheu esta recompensa. As suas marcas orientadas para um propósito — as que se associam a questões sociais maiores, como o saneamento e a saúde infantil, e trabalham no sentido de ajudar a resolvê-las — cresceram 69% mais depressa do que o resto do negócio e com margens mais elevadas.[45] Ao servir as necessidades dos países onde opera, a empresa construiu uma confiança profunda e ganhou um acesso único a novos mercados e oportunidades de crescimento. A Unilever também prosperou, em parte, ao adquirir empresas de crescimento rápido e orientadas para propósitos específicos que só venderam à Unilever graças ao seu historial.

Os números confirmam tudo isto. Uma meta-análise da Universidade de Nova Iorque de milhares de estudos encontrou uma forte correlação entre empresas que adotam práticas de sustentabilidade e um melhor desempenho financeiro, especialmente em períodos mais longos.[46] A JUST Capital classifica mais de 900 empresas públicas, sediadas nos EUA, no seu desempenho ambiental e social e criou uma lista das empresas com a classificação mais elevada, a JUST 100. Os líderes pagam mais 18% aos trabalhadores, utilizam 123% mais energias verdes e têm seis vezes mais probabilidades de ter estabelecido objetivos de diversidade... e de produzir um rendimento do capital próprio 7,2% mais elevado.[47]

A diferença positiva recompensa os investidores. Fazer o que é correto para as partes interessadas é bom para os acionistas. Após anos de conjeturas, agora há dados sólidos que mostram que as empresas que se concentram no desempenho ambiental, social e de governação (ESG) obtêm retornos iguais ou superiores no mercado. Em 2020, 81% dos índices sustentáveis superaram os seus índices de referência e, durante um período de quatro anos, os portefólios ponderados no sentido de pontuações mais elevadas dos ESG «superaram os seus índices de referência entre 81 e 243 pontos de base».[48] Esta é uma questão curiosa — nenhuma classe de ativos na história jamais teve de provar que tem *sempre* um melhor desempenho.

O dinheiro está a mover-se rapidamente numa direção. Os ativos globais em investimento sustentável ultrapassaram os 40 biliões de dólares (e estão a aumentar).[49] A Moody's informou que o mercado total de obrigações sustentáveis atingiu os 491 mil milhões de dólares em 2020.[50] Com tanto dinheiro em jogo, os investidores estão a pressionar as empresas a explicar as suas estratégias climáticas e a sua abordagem às emissões de ESG. O ativismo dos acionistas em relação às alterações climáticas está a ganhar força. Em 2021, os acionistas da ExxonMobil elegeram dois membros do conselho (que a direção não recomendou) que foram nomeados por um *hedge fund* focado no valor a longo prazo para as partes interessadas.

Nenhum outro investidor está a fazer perguntas mais difíceis do que Larry Fink, CEO da BlackRock, o maior proprietário de ativos do mundo. O homem que gere um fundo de 9 biliões de dólares tem um megafone. Há anos que as cartas anuais de Fink aos CEO e aos seus clientes se têm concentrado extensivamente no ESG. Ele tem aumentado as exigências aos líderes das empresas para disponibilizarem dados sobre a pegada de carbono e o risco climático. Em 2021, Fink disse aos CEO que «não há nenhuma empresa cujo modelo de negócio não vá ser profundamente afetado pela transição para uma economia de diferença zero... as empresas que não se preparam rapidamente verão os seus negócios e avaliações a serem prejudicados».[51] A promessa de avaliações mais elevadas é um grande incentivo à procura de resultados de diferença positiva.

O setor financeiro começou a redirecionar-se para recompensar as empresas que colocam um prémio na criação de valor a longo prazo, mas o setor é conservador em relação à mudança. Um banco de diferença positiva afastar-se-ia da loucura dos derivados e apontaria o capital para o mercado financeiro *real*. Precisamos de financiar uma economia que opere ao serviço dos valores humanos e da vida (e não o contrário), entregando bens e serviços reais a pessoas reais.

Os líderes empresariais estão a repensar o objetivo dos negócios. Em agosto de 2019, a Business Roundtable (BRT), um grupo de mais de 180 CEO das maiores empresas da América, emitiu uma declaração sobre o objetivo dos negócios. «Servimos múltiplas partes interessadas e não apenas acionistas», disseram eles. Alguns meses mais tarde, o Manifesto de Davos, no Fórum Económico Mundial (FEM), declarou que «Uma empresa serve a sociedade... apoia as comunidades... paga a sua quota-parte justa de impostos... atua como guardiã do ambiente... protege conscientemente a nossa biosfera e defende uma economia circular, partilhada e regenerativa». Não são mais que declarações, e o efeito da declaração do BRT tem sido pouco expressivo — a maioria destas empresas não mudou muito. Mas a retórica é importante. Estes grupos estão a dizer claramente que as empresas já não podem apenas maximizar o retorno dos acionistas. Surgiu um novo consenso: apenas 7% dos CEO da *Fortune 500* acreditam que as suas empresas devem «concentrar-se principalmente em obter lucros e não ser distraídas por objetivos sociais».[52]

Temos um enquadramento poderoso para nos orientarmos. Em 2015, 193 países chegaram a acordo quanto aos Objetivos de Desenvolvimento Sustentável (ODS) das Nações Unidas, também chamados Objetivos Globais. Os ODS estão divididos em 17 áreas de incidência inter-relacionadas e 169 metas individuais, fornecendo um roteiro e um quadro de pontuação para aquilo que deveria ser um mundo próspero até 2030: sem fome, água limpa, educação para todos, igualdade de género, redução das desigualdades e oportunidades de trabalho decente, energia limpa, ação climática e muito mais. Nenhuma empresa ou país dá prioridade a todos os objetivos por igual, mas apresentam um modelo viável para um crescimento a longo prazo, desde que as empresas se aproximem deles, por vezes, em parceria. Os ODS «dão-nos uma linguagem comum — é uma pedra de Roseta», diz Kathleen McLaughlin, EVP e diretora de sustentabilidade da Walmart.[53]

Juntamente com este plano, agora temos ideias brilhantes para providenciar uma Estrela Polar. Estruturas como o trabalho do Centro de Resiliência de Estocolmo sobre os *limites planetários* (15 sistemas naturais, tais como o clima e a água doce, nove dos quais se estima estarem próximos dos pontos de rutura), *Doughnut Economics*, da economista Kate Raworth's, e *Future Fit*, de Bob Willard, oferecem perspetivas importantes. Merecem uma exploração mais profunda e recomendamos a todos que as interiorizem. Não lhes faremos aqui justiça, mas resumem-se todos a uma grande ideia: o mundo é finito, com limites biofísicos que não podemos ultrapassar sem ameaçar a nossa sobrevivência, e temos padrões mínimos humanos e morais abaixo dos quais não queremos viver — ou seja, proporcionando um nível de suficiência para que *todos* tenhamos o suficiente para prosperar. Entre esses limites mínimos e máximos, está o que Raworth chama de «espaço seguro e socialmente justo em que a humanidade pode prosperar».[54] Uma empresa de diferença positiva opera nesse espaço e ajuda os outros a chegar lá também.

É recompensador para o mundo. A realização dos Objetivos Globais criaria um mundo socialmente justo, ambientalmente seguro, economicamente próspero, globalmente inclusivo e mais previsível e resistente. O relatório *Better Business, Better World* estimou que atingir os objetivos abrirá pelo menos 12 biliões de dólares em oportunidades de negócio e criará 380 milhões de empregos até 2030 (em apenas quatro setores da economia).[55] Para além das ODS, as oportunidades estão em todo o lado. Ao gastar 1% a 1,5% do PIB para chegar a emissões zero, podemos evitar 160 biliões de dólares de custos relacionados com o clima durante 30 anos.[56] Uma análise à forma como o mundo lida com os recursos, o relatório *Circularity Gap*, estima que a economia global apenas recicla 8,6% do material que nela circula.[57] Isso é uma enorme falha, que desaproveita biliões de dólares que poderiam ser obtidos através de modelos de negócio circulares.

O custo da inação é mais elevado do que o da ação. O relatório *Nature Risk Rising*, do Fórum Económico Mundial (FEM), identificou mais de metade do PIB mundial como moderada ou altamente dependente da natureza. Todas as más notícias, incluindo o recorde de 22 desastres climáticos que custaram mais de mil milhões de dólares cada nos Estados Unidos em 2020, custarão facilmente muitos outros biliões de dólares nos próximos anos.[58] Toda a economia está em risco. Se combinarmos isso com os ventos financeiros de feição, obteremos uma conclusão inescapável: *Vai custar-nos mais ordens de grande magnitude não fazer nada do que adoptar medidas em relação aos nossos maiores desafios.* Melhor ainda, grande parte da ação não é despesa, mas sim investimento em empresas e economias mais saudáveis e de menor custo.

A tecnologia está (maioritariamente) do nosso lado. Em 2014, a Agência Internacional de Energia previu que a energia solar atingiria 0,05 dólares por quilowatt-hora até 2050 — uma marca alcançada 30 anos mais depressa, em 2020.[59] Nos últimos dez anos, os custos da energia solar e eólica caíram 90% e

70%, respetivamente.[60] As energias renováveis são agora, em média, mais baratas de construir do que todas as outras formas de eletricidade.[61] Os preços das baterias também caíram rapidamente, impulsionando o mercado de veículos elétricos. A maioria dos principais fabricantes de automóveis comprometeu-se a trocar progressivamente a gasolina e o gasóleo pelos elétricos (por exemplo, a GM até 2035 e a Honda até 2022 no mercado da UE).[62] A Daimler parou toda a I&D em motores de combustão interna.[63] Passar rapidamente para frotas movidas a energias renováveis e elétricas é o caminho a seguir. Como disse a conselheira nacional americana para o clima, Gina McCarthy: «A questão não é se o setor privado vai entrar nesta onda; vai ser o próprio setor privado a liderá-la».[64]

Não se trata apenas de tecnologia limpa. Revoluções no grande processamento de dados, modelagem GPS, fotografia aérea baseada em drones, robótica, visão por computador, IA, e muitas mais tecnologias estão a alimentar o que o FEM chama «a quarta revolução industrial», uma mudança exponencial na forma como a tecnologia afeta o mundo. Estas novas ferramentas podem ajudar a resolver os nossos grandes problemas. No nosso sistema alimentar, a «agricultura de precisão» está a reduzir grandemente o desperdício, à medida que sementes, água, fertilizantes e pesticidas são colocados exatamente onde são necessários e nas quantidades exatas. Um trator moderno *Deere* é um computador sobre rodas movido a IA. Empresas como a Schneider Electric oferecem sistemas avançados de gestão de edifícios que podem reduzir o desperdício de energia. Temos as tecnologias e o conhecimento para construir casas, redes, cidades e sistemas de transporte e alimentação mais inteligentes. E o acesso à tecnologia, especificamente a móvel, está também a demonstrar que reduz a desigualdade e a pobreza extrema.

O grande senão aqui é o lado negro da tecnologia: as bolhas de informação que os meios de comunicação social criam estão a fomentar o ódio, a desinformação e o oposto da solidariedade de que necessitamos para enfrentar os desafios comuns. Estas empresas devem ter uma visão mais ampla dos seus impactos no mundo e assumir responsabilidade por eles — essa atitude é um atributo fundamental das empresas de diferença positiva.

NÃO LEIAM ESTE LIVRO

Poderíamos passar mais tempo a descrever as emergências planetárias e morais que enfrentamos ou continuar a tentar mostrar a oportunidade de negócio. Mas é chegada a altura de deixarmos de tentar convencer as pessoas e de nos pormos a mexer. Alguns líderes empresariais ainda duvidam que as alterações climáticas sejam uma ameaça real ou que a desigualdade e o racismo estejam enraizados nas nossas instituições. Podem não acreditar que os seus empregados, clientes e comunidades irão exigir que se esforcem para resolver estes desafios. Podem condenar-se a si próprios a serem atrasados que não percebem, juntando-se ao cemitério das empresas que não se aperceberam das grandes mudanças que se avizinhavam. Serão recebidos de braços abertos por empresas como a Blockbuster, Sears, Enron, Lehman Brothers e as 50 empresas de carvão dos Estados Unidos da América que faliram na última década. Perderão a maior oportunidade de negócio da história. Se duvidam que as empresas devem ajudar a construir um mundo próspero ou não sentem qualquer responsabilidade pessoal em fazer parte da solução, então não devem ler este livro. Precisamos de pessoas que queiram ter um impacto e que se preocupem o suficiente para fazer com que a mudança aconteça em grande escala. Se é para ser, que seja em grande.

Os jovens querem ver uma mudança. Os jovens *millennials* e os Gen Zers preocupam-se muito mais com a sustentabilidade e as alterações climáticas do que os mais velhos e também acreditam firmemente que as empresas precisam de agir. Nove em cada dez Gen Zers pensam que as empresas têm a obrigação de resolver problemas ambientais e sociais.[65] O relatório McKinsey *True Gen* concluiu que «Num mundo transparente, os consumidores mais jovens não distinguem entre a ética de uma marca... e a sua rede de parceiros e fornecedores... o modo como agem deve corresponder aos seus ideais, e esses ideais devem impregnar todo o sistema das partes interessadas».[66] As gerações mais jovens escolhem de forma diferente para quem trabalham e a quem compram. Também atuam de acordo com as suas crenças — basta citar o exemplo da adolescente ativista do clima global Greta Thunberg. As empresas em breve descobrirão que têm mais do que uma Greta dentro da organização.

Por isso, a pressão é grande, o que constitui algo de bom. Temos de lutar contra alguns mitos persistentes e noções preconcebidas, tais como: as energias renováveis são demasiado caras, a diversidade e os objetivos de inclusão são impossíveis porque não há pessoas de cor qualificadas em número suficiente, ou não podemos operar sem desperdício. Tudo errado. A humanidade tem muitas das tecnologias e soluções de que necessita, está cheia de solucionadores de problemas e empresários para descobrir o resto, e há por aí muito capital. O que nos impede então, se é que algo nos impede, é a falta de força de vontade, de liderança moral e de imaginação — coisas que as empresas de diferença positiva acolhem e nutrem.

Temos uma escolha... entre menos prosperidade, crescimento mais lento, desigualdade crescente e fronteiras rígidas... ou uma explosão de inovação e produtividade, crescimento inclusivo, indústrias mais resilientes e a emergência de um mundo reconectado. A corajosa multidão de líderes que se movem na direção certa está a crescer. As empresas estão prontas para enfrentar as questões mais difíceis e o vento está de feição.

Somos capazes de levar esta avante.

Um mapa de *Diferença Positiva*, o livro

Por podermos oferecer uma perspetiva a partir do interior, este livro baseia-se fortemente na experiência da Unilever, uma empresa que está há anos a percorrer um caminho de diferença positiva. Mas outras empresas também estão a liderar, pelo que aprenderemos também com algumas dessas histórias.

Este livro não é um manual detalhado sobre como atingir objetivos operacionais, como a redução das emissões de carbono. Em vez disso, o nosso objetivo é ajudar as organizações a transformarem-se para que atinjam esses grandes objetivos como um modo natural de fazer negócios. Esperamos oferecer princípios e estratégias fundamentais para a construção de um novo tipo de organização que sirva o mundo. Embora muito tenha de acontecer ao mesmo tempo, recomendamos uma ordem genérica de ataque, que é seguida neste livro.

Eis um breve resumo de cada capítulo.

No Capítulo 1, *Se destruir o mundo, este será seu (Princípios nucleares de uma empresa de diferença positiva)*, estabelecemos cinco fundamentos de um novo modelo a longo prazo, orientado para múltiplas partes interessadas. Uma história central neste capítulo é como a Unilever pressionou os investidores a pararem com os relatórios trimestrais, libertando a organização para pensar a longo prazo. É um exemplo importante que irá aparecer várias vezes.

Passamos então às estratégias, começando com três áreas que constituem um núcleo interno de mudança e ação. O primeiro passo é observar o seu próprio propósito (e referimo-nos a si, leitor). O Capítulo 2, *Até que ponto se interessa? (Tornar-se um líder corajoso de diferença positiva)*, começa com as características que os líderes devem ter para gerir um negócio de diferença positiva — uma mistura de propósito, humanidade, humildade, positividade, inspiração, colaboração e, acima de tudo, coragem. Um líder orientado por um propósito compreende que está ao serviço de algo maior do que ele próprio. Serve o mundo de hoje e as gerações futuras.

No Capítulo 3, *Libertar a alma da empresa (À descoberta do propósito e da paixão da organização e dos empregados)*, passamos do indivíduo para a organização. Usando a história da Unilever como ponto de partida, exploramos o Plano de Vida Sustentável da Unilever (USLP), a ferramenta central da década de sucesso da empresa. Mas, como discutiremos, uma organização só pode encontrar a sua alma se tiver a sua própria casa em ordem — ou seja, se o negócio estiver a funcionar bem — e a liderança estiver a enviar os sinais certos para induzir um comportamento de diferença positiva. É também fundamental que os empregados encontrem o seu propósito e o associem à missão da organização.

No Capítulo 4, *Expandir os limites (Pensar em grande e estabelecer objetivos agressivos e de diferença positiva)*, começamos a desmontar uma tensão fundamental e importante. A transformação começa por dentro, com o indivíduo e a organização, mas uma perspetiva de fora para dentro irá guiar-nos. Os maiores desafios e limiares do mundo ditam os objetivos que a empresa estabelece; uma empresa almeja a emissões zero, em grande parte, graças à emergência das alterações climáticas à escala planetária. Este capítulo fornece orientações sobre a definição de objetivos, com alvos «baseados na ciência» — compromissos de avançar ao ritmo que os factos e a ciência exigem — como um mínimo essencial. Os objetivos maiores satisfazem as necessidades do mundo, mas também eliminam as restrições mentais da organização e ajudam-na a preparar-se para uma mudança maior e sistémica.

O Capítulo 5, *Ser um livro aberto (Promover a confiança e a transparência)*, descreve a importância da abertura como uma ponte entre o trabalho interno e as parcerias necessárias com as partes interessadas externas. Estando a confiança em declínio, mas a transparência em ascensão, este é um momento complicado para as empresas. Pôr as necessidades dos outros à frente das suas e servir todos os interessados, incluindo aqueles que normalmente o servem (fornecedores), constrói uma confiança profunda. Aqueles que conquistam essa confiança experienciam um acesso único a mercados e parcerias.

O trabalho fundamental vindo do exterior implica três estratégias fundamentais. No início do Capítulo 6, *Fazer com que 1 + 1 = 11 (Criação de parcerias por meio de sinergias e efeitos multiplicadores)*, oferecemos um modelo para pensar em parcerias em duas grandes categorias. Em primeiro lugar, colaborações que incidam sobre questões que possam ser comuns dentro do seu setor, tanto riscos como oportunidades, ou coisas que, com os principais fornecedores, pode gerir em conjunto de forma produtiva. Estas parcerias podem ser muito frutuosas, mas não alteram o sistema numa escala mais ampla.

O Capítulo 7, *São precisos três para dançar o tango (Redefinição de sistemas e apologia da diferença positiva)*, segue para as parcerias que trabalham no sentido de mudar sistemas na sua totalidade. Estas requerem que os três eixos fortes da sociedade — empresas, governo e sociedade civil — trabalhem em conjunto de novas formas, mudando as regras do jogo e construindo quadros políticos mais justos e que nos ajudem a viver dentro dos limites do planeta. É o fim dos *lobbies* tradicionais e egocêntricos e a exploração da apologia da diferença positiva que guia um setor ou região para um caminho melhor. O trabalho a esta escala visa também ajudar economias e países inteiros a desenvolverem-se para que as empresas e as pessoas prosperem.

O último pilar dos fundamentos externos levanta questões que as empresas se esforçam arduamente para evitar. O Capítulo 8, *Enfrentar os elefantes (Gerir as questões sobre as quais ninguém quer falar... mas que não podemos evitar)*, mergulha em temas difíceis como a compensação excessiva dos executivos, a evasão fiscal, a corrupção, os direitos humanos, o dinheiro na política e a diversidade e inclusão. Estas questões estão a contribuir para os nossos maiores problemas, em particular a desigualdade e os desequilíbrios de poder. Uma empresa não pode ser verdadeiramente de diferença positiva se não abordar estas questões espinhosas.

Finalmente, terminamos as estratégias e ideias de ação com o Capítulo 9, *A cultura é a cola (Pôr os valores a agir em toda a organização e nas marcas)*. A cultura percorre todas as estratégias, mas encaramo-la como o culminar do trabalho. Incorporar a cultura no negócio da marca, como o conhecido trabalho da Unilever com a *Lifebuoy* na lavagem das mãos e com a Dove na autoestima, é de outro nível. Analisamos também como uma forte cultura de diferença positiva surge através da diversidade e inclusão, mudando os sistemas de recompensa, trazendo novos negócios empreendedores e líderes para a empresa, e desafiando normas culturais de intolerância.

Terminamos o livro com o Capítulo 10, *Um mundo de diferença positiva (À procura de maiores desafios e oportunidades)*. Exploramos o que está para vir nas empresas num futuro próximo e tornamos a agenda da diferença positiva maior, mais dura e mais gratificante. As empresas terão de ajudar a repensar o capitalismo, as métricas económicas como o PIB, a natureza do bem-estar, o propósito de uma economia baseada no consumo e o papel das empresas na defesa de pilares da sociedade como a democracia e a liberdade. Este é um apelo à ação para se juntar a todos aqueles que querem construir em conjunto um mundo próspero.

Vivemos num momento crítico da história da humanidade, com expectativas crescentes sobre todas as empresas e seres humanos para serem melhores. Como disse o antigo secretário-geral da ONU Ban Ki-moon: «A nossa geração pode ser a primeira a acabar com a pobreza — e a última a enfrentar as alterações climáticas antes que seja demasiado tarde.»[67] O tempo é escasso, mas as oportunidades são vastas. Com a liderança certa, trabalhando em conjunto nas questões mais difíceis, podemos curar o mundo. Podemos ser a diferença positiva. Por isso, mãos à obra.

1

Se destruir o mundo, este será seu

Princípios nucleares de uma empresa de diferença positiva

A responsabilidade de terminar o trabalho [de aperfeiçoar o mundo] não é tua, mas também não és livre de desistir dele.

— Rabi Tarfon, século I d. C.

As lojas que vendem artigos frágeis como cerâmica ou peças de vidro, por vezes, afixam um aviso no qual se pode ler: «Se partir, é seu.» É um aviso para se ter cuidado com as coisas valiosas e pensar nas suas ações.

Durante os últimos 50 anos, os economistas mundiais e o setor privado mergulharam de cabeça numa experiência global, sem realmente pensarem no que se poderia estragar. Com notável confiança quanto aos resultados, embarcaram numa obsessão com os lucros a curto prazo e a primazia dos acionistas. Parecia eficaz, mas havia pouca consideração sobre o que aconteceria quando *todos* se concentrassem numa única métrica. Os resultados, tanto bons como maus, têm sido extremos.

Como observámos, em apenas algumas décadas, mil milhões de pessoas saíram da pobreza extrema, principalmente através do crescimento económico.[1] Mas as desvantagens agora ameaçam destruir essas melhorias e minar o bem-estar coletivo de todos. Em suma, nós no mundo dos negócios — com uma forte ajuda dos governos e de todos nós, enquanto consumidores — criámos fissuras no nosso mundo.

As ameaças do clima e da desigualdade têm vindo a agravar-se exponencialmente. Se não forem controladas, as fissuras tornar-se-ão em abismos que engolirão as empresas e a humanidade. Ninguém nos vem salvar. Nós partimos, agora é nosso. Isso significa que agora somos responsáveis não só para com as nossas próprias empresas, parceiros, empregados e investidores, mas para com toda a sociedade. Com essa visão de uma empresa, gerir a Unilever foi, por vezes, como liderar a maior ONG do mundo (mas com motivação para lucrar).

A responsabilidade é a diferença de fundo entre uma empresa típica e uma empresa de diferença positiva. Afinal, o atual modelo de capitalismo dos acionistas gera um tremendo valor financeiro para as empresas ao *não* se responsabilizarem por questões como a poluição ou a desigualdade, tratando-as como um «problema que não é nosso». Portanto, assumir a responsabilidade é o primeiro passo. Como diz a ex-presidente da Patagonia Rose Marcario, é óbvio que «as empresas causam danos ambientais... o problema é quando as empresas não assumem essa responsabilidade... e quando não estão interessadas em saber como refrear esses danos».[2]

Cinco princípios fundamentais que se centram na responsabilidade levarão o desempenho das empresas a um novo nível. Ajudam os líderes empresariais a expandir os seus horizontes, a repensar as funções dos seus empregos e a reformular o papel da sua empresa na sociedade. Estes atributos, quando plenamente aceites, separam as empresas de diferença positiva das empresas meramente bem geridas e bem-intencionadas:

- Responsabilidade por todos os impactos e consequências, intencionais ou não
- Funcionar tendo em mente o benefício a longo prazo das empresas e da sociedade
- Criar retornos positivos para todas as partes interessadas
- Impulsionar o valor para os acionistas como *resultado*, não como objetivo
- Criar parcerias para impulsionar mudanças sistémicas

Adotar estes cinco princípios como princípios básicos de funcionamento é radical e difícil, mas eles reforçam-se mutuamente, facilitando a criação de uma empresa de alto desempenho que dá mais do que tira.

1. Responsabilidade por todos os impactos e consequências, intencionais ou não

Embora possa externalizar a sua cadeia de abastecimento, a logística ou os investimentos, *não pode* externalizar a sua responsabilidade sobre eles. É cada dia mais difícil externalizar os custos ambientais e sociais que a sua empresa impõe à sociedade. Os limites planetários impostos pela natureza (tais como condições meteorológicas extremas ou escassez de água) estão a custar dinheiro às empresas. A pressão das partes interessadas está a forçar as empresas a internalizar também os seus impactos sociais. É tempo de dizer proativamente «somos responsáveis» por tudo o que acontece com os nossos fornecedores, com os nossos clientes e com o fim de vida dos nossos produtos. Pode parecer um grande salto, mas é isso que é preciso para se tornar uma empresa de diferença positiva.

A sua empresa está a produzir energia ou a fabricar algo barato com combustíveis fósseis? Então, é mais rentável porque evitou os custos que a poluição do carbono e do ar impõem à sociedade, desde a redução da saúde a jusante até às alterações climáticas globais. Produz um produto alimentar que seja rentável? As suas margens elevadas podem estar a depender de trabalho escravo e da desflorestação na cadeia de abastecimento. Será que está a oferecer oportunidades de investimento de baixo custo para os ricos, ao mesmo tempo que fornece produtos financeiros de juros elevados para os pobres? Então está tudo bem, se conseguir não pensar em como está a aumentar a desigualdade.

Todas estas consequências são previsíveis. Os resultados involuntários podem ser ainda mais prejudiciais. As empresas de tecnologia procuram dar a todos o acesso a toda a informação, com o ideal de melhorar o conhecimento e a conexão entre humanos. Infelizmente, sem pretenderem fazê-lo, também criaram bolhas de desinformação que espalham ideologias vis e cheias de ódio que minam a sociedade. Alguns maus resultados eram difíceis de prever, mas isso não desresponsabiliza os líderes.

Neste novo mundo, somos responsáveis pelos impactos das nossas empresas desde as profundezas da cadeia de abastecimento até ao fim da vida de um produto, e as partes interessadas assegurar-se-ão de que estamos conscientes disso. Quando a empresa de bens domésticos Wayfair vendeu colchões ao governo dos EUA, os líderes da empresa aparentemente não sabiam, ou não quiseram saber, que os seus produtos iam para campos de detenção de crianças migrantes — até que os clientes iniciaram um boicote e 500 empregados saíram às ruas em protesto. Isso causou um grande problema e danos à marca, tudo por uma venda de 200 mil dólares.[3]

Quando a Coca-Cola usou antimónio nas garrafas (o que não afeta as bebidas), não pensou nos problemas de saúde que criou quando as pessoas que vivem em aterros sanitários queimavam as garrafas. E quando a Tide concebeu uma cápsula de detergente colorida, a marca não pensou em quão apetecível seria para as crianças pequenas esse invólucro parecido com um doce (ou que os adolescentes lançariam um desafio mortal que se tornou viral para comer as cápsulas). A lista é interminável.

A Unilever enfrentou críticas na Índia por causa de produtos branqueadores da pele. Muitas mulheres indianas defendem a utilização destes produtos, dizendo que a escolha de perseguir um «ideal» de pele mais clara é sua, mas, para a Unilever, era um grande desencontro entre a mensagem dos branqueadores e o propósito de uma marca como a Dove, que ajuda as mulheres a repor a sua autoestima e a apreciar a sua beleza única. A empresa retirou os ingredientes branqueadores desses cremes para o rosto há alguns anos e mudou o nome dos produtos para «Glow & Lovely», em vez de «Fair & Lovely». Mas o dano à marca já estava feito.

Uma grande lição que se retira destes erros é que mais vale ser proativo e olhar holisticamente para a forma como uma empresa trata todos nas múltiplas dimensões de bem-estar, mesmo que isso leve a alguns despertares mais duros. Por exemplo, enquanto a Unilever estava a construir milhões de casas de banho na Índia e a levar eletricidade às comunidades para alimentar fogões de cozinha, a empresa descobriu que algumas pessoas que trabalhavam nas plantações de chá geridas pela Unilever não tinham acesso consistente a água canalizada e a energia nas suas casas. É preciso ter a sua própria casa em ordem antes de se poder dizer a qualquer outra pessoa o que fazer.

Ser responsável por todos os impactos da empresa nas pessoas e no planeta não se trata apenas de descobrir riscos e problemas que decorrem da sua ação. Há importantes vantagens em olhar mais atentamente para todos os impactos de uma empresa: oportunidades de eficiência e poupança, inovação para o crescimento e ligações mais profundas com as pessoas. Responsabilizar-se por tudo muda a cultura e o foco da empresa, tornando-a mais humana. Pode estimular executivos e empregados a pensar em impactos mais amplos, aumentar o bem-estar de todos os que afetam e avançar em direção a um resultado de diferença positiva.

2. Funcionar tendo em mente o benefício a longo prazo das empresas e da sociedade

O pensamento a curto prazo é aliciante. É mais simples concentrarmo-nos apenas na maximização do lucro hoje do que nos preocuparmos com questões complicadas e sistémicas que levam anos a resolver. Muitos investidores querem lucros rápidos e o foco a curto prazo é lucrativo para executivos com ações investidas ou que se aproximam da reforma.

Mesmo os CEO que falam do seu legado podem ainda ir em busca de ganhos rápidos, uma vez que os períodos de posse estão cada vez mais curtos — mais de um terço das maiores empresas públicas do mundo teve pelo menos três CEO em apenas dez anos.[4] É um longo processo para construir uma empresa de diferença positiva que sirva a sociedade. Grande parte das vantagens poderia chegar apenas após a saída dos atuais executivos. As próprias empresas também não são tão duradouras. Uma combinação de foco nos lucros a curto prazo e tecnologia reduziu a duração de vida das empresas S&P 500 de 61 anos em 1958 para 18 anos atualmente (e continua a baixar).[5] O número de empresas públicas diminuiu para metade desde meados da década de 1990.[6]

Há outros dois fatores, ambos provenientes dos conselhos de administração das empresas, que estão também a levar os CEO a concentrarem-se no curto prazo. A duração média dos planos de remuneração de executivos a nível mundial é de 1,7 anos, um valor chocantemente baixo.[7] E, num inquérito a executivos de topo, os conselhos de administração foram citados como a principal fonte de pressão para a obtenção de resultados a curto prazo — mais referido ainda do que os investidores.[8] Não é surpreendente que, neste ambiente, os líderes empresariais se foquem no curto prazo.

Não estamos a dizer que uma empresa deve *ignorar* as necessidades de rentabilidade a curto prazo ou adiar os lucros para uma data posterior como um sacrifício para servir a sociedade no imediato. Mas os líderes precisam da liberdade e da oportunidade para resolver grandes desafios, o que exigirá muitos trimestres de trabalho árduo. Não se pode combater as alterações climáticas ou a desigualdade enquanto nos esgotamos na corrida dos relatórios trimestrais. O pensamento sistémico e a colaboração profunda de que necessitamos não emergirão do pensamento de curto prazo.

Criar valor a longo prazo significa não ter um objetivo grandioso num determinado ano, mas investir <u>todos</u> os anos para obter o efeito aglutinador e os benefícios da coerência ao longo do tempo. Durante a década em que Paul foi o CEO, a Unilever alcançou dez anos consecutivos de crescimento. Se é possível investir desta forma em fábricas ou propriedade intelectual, porque não investir em colaborações e no futuro da humanidade? Um enfoque no curto prazo estrangula potenciais oportunidades de criação de valor. Portanto, se tem de justificar todas as escolhas que faz em termos de rentabilidade durante um trimestre, esta pode não ser a história para si.

O Plano de Vida Sustentável da Unilever (USLP), lançado em 2010 com um horizonte de dez anos, obrigou a pensar a longo prazo dentro da empresa. É uma ferramenta para converter uma filosofia de longo prazo sobre como gerir uma empresa empenhada em agir, e um roteiro para mudar o negócio no sentido de servir os outros.

Alguns executivos dizem que o planeamento a longo prazo é inútil num mundo em rápida mudança onde ocorrem choques súbitos (tais como pandemias). Mas as empresas devem alargar o seu pensamento, utilizando ferramentas como o planeamento de cenários. O objetivo de fazer este tipo de trabalho não é desenvolver uma estratégia detalhada para os próximos 10 ou 20 anos para *aquilo* que a empresa produz. Em vez disso, pense em *quem* é. Quais são os seus valores pessoais e empresariais que não vão mudar? Qual é o motivo da sua existência e como ajuda a construir um mundo próspero? Em suma, qual é o seu propósito?

Há provas crescentes de que um enfoque a longo prazo compensa. Um estudo do McKinsey Global Institute e da FCLTGlobal calculou que em empresas que funcionam com uma verdadeira mentalidade de longo prazo, «o crescimento médio das receitas e dos lucros foi 47% e 36% mais elevado, respetivamente, e a capitalização de mercado também cresceu mais rapidamente». As empresas orientadas para o longo prazo também aumentaram as despesas de I&D e saíram-se melhor em épocas de *stress*.[9]

Acreditamos que são mais as empresas que falharam por causa da visão de curto prazo do que as que tropeçaram por serem demasiado visionárias. A pressão para ultrapassar constantemente os concorrentes em métricas financeiras de curto prazo levou as empresas a desviarem-se daquilo que claramente está certo. Exemplos bem conhecidos incluem a Boeing a perder o seu foco na segurança e a Wells Fargo a pôr a métrica de vendas à frente da ética. Estas ações destroem a confiança. As empresas podem reemergir do desastre e redescobrir quem são, mas os danos infligidos à marca são reais.

Algumas podem, ironicamente, justificar um foco no curto prazo, por os problemas parecerem tão grandes. Quanto mais urgente ou maior a necessidade, mais reativo e de curto prazo é o nosso comportamento. É o instinto de lutar ou fugir. Mas por mais seguro que permanecer focado no agora pareça ser, é melhor gerir a empresa com uma perspetiva de longo prazo e uma bússola moral clara. Isso ajudará a empresa a ser proativa e a liderar as mudanças que se avizinham, em vez de ser delas vítima. A empresa será mais resiliente, navegando pela tempestade ou lucrando com ela... a longo prazo.

3. Criar retornos positivos para todas as partes interessadas

Os primeiros esforços de responsabilidade empresarial centravam-se nas relações-públicas e assuntos comunitários. O objetivo era manter as ONG ou outros intervenientes à distância e evitar conflitos. Hoje em dia, a maioria das grandes empresas trabalha de boa-fé com grupos externos, mas, ainda assim, começa principalmente por perguntar: «O que é que ganhamos com isso?» Uma empresa de diferença positiva põe as necessidades das partes interessadas em *primeiro* lugar. Isto não deveria parecer estranho. A principal razão para qualquer empresa existir é satisfazer as necessidades dos clientes e tornar as suas vidas melhores. Assim, estendamos essa lógica e pensemos também nos empregados ou comunidades não como grupos a apaziguar, mas como pessoas que podemos ajudar a prosperar.

Este princípio está no cerne de se tornar uma empresa de diferença positiva, uma vez que o «positivo» significa melhores resultados para as partes interessadas. Na prática, trata-se de inovar e oferecer novos produtos e serviços que melhoram vidas e curam o planeta. Ou de ajudar os empregados a encontrar o seu propósito e a melhorar a sua saúde e bem-estar, enquanto constroem uma empresa diversificada e inclusiva. Ou ajudar os fornecedores a tornar os seus negócios mais eficientes e sustentáveis, o que constrói relações mais estreitas e estimula a inovação conjunta. Ou ajudar as comunidades a prosperar, indo além do velho argumento de que as empresas fazem o suficiente, oferecendo empregos e pagando impostos (as comunidades globais podem precisar de muito mais do que isso, incluindo apoio às escolas locais ou à construção de infraestruturas de água e energia).

A nível nacional, a maioria das empresas só fala com os políticos para fazer *lobby* por aquilo que consideram ser bom para os seus negócios. Frequentemente, isso traduz-se numa luta contra a regulamentação. Esta já não é uma boa estratégia, se é que alguma vez o foi. O foco deve estar em ajudar a desenvolver os países onde operam — criando indústrias para atrair capital, ajudando a reduzir a corrupção, ajudando a endireitar sistemas fiscais corrompidos para aumentar as receitas e construir condições equitativas para as empresas, e assim por diante. Um país e uma economia mais funcionais serão melhores para todos.

Não é errado procurar vantagem, lucro ou crescimento a partir destas relações melhoradas — a diferença positiva aplica-se também aos negócios. Os parceiros na sociedade civil podem esperar que uma empresa aja como uma entidade sem fins lucrativos nos seus esforços para servir o mundo. Uma das primeiras reuniões externas de Paul como CEO foi com a diretora executiva da UNICEF. Ela pediu à Unilever que doasse barras de sabonete para *kits* neonatais a serem distribuídos, a fim de reduzir a taxa de mortalidade no parto. Paul disse: «Olhe, eu não tenho "sabonete", tenho o *Lifebuoy* — dou-lhe a quantidade de *Lifebuoy* que quiser.» No início, a diretora ficou chocada e disse que era oportunista estarmos a impor uma marca a esta iniciativa. Com o passar do tempo, a ONG ficou mais à vontade com a inclusão do *Lifebuoy*, e, hoje, a UNICEF e a Unilever têm uma parceria global de longa duração em matéria de saneamento e ajuda à prosperidade das comunidades.

Fornecer produtos de marca como parte de um programa mais abrangente que melhora o bem-estar é vantajoso para todos e não há nada de errado com isso. Se o esforço para servir uma necessidade no mundo é feito de forma autêntica e genuína, porque é que a marca não há de ficar com os louros? Se a Apple ou a Dell fornecerem tecnologia a uma comunidade como parte de um programa de desenvolvimento, certamente irão utilizar os seus próprios computadores. Os resultados positivos para todos devem ser rentáveis. Mas, mais importante, tem de ser para se manterem viáveis a longo prazo. É bom que o negócio principal esteja envolvido em programas como este. Os orçamentos de *marketing* e de marca são *muito* maiores do que os fundos das fundações corporativas. Quanto mais a sua empresa crescer através destes esforços, melhor trabalho se pode fazer. Quanto maior for o negócio, maior o impacto.

Também é necessário encontrar soluções vantajosas para as partes interessadas importantes que normalmente não têm um lugar à mesa, tais como as gerações futuras e o próprio planeta. Deveríamos legar aos nossos filhos e netos menos problemas, e não mais. Esgotar recursos e criar um clima onde não se pode viver é algo de horrível que lhes estamos a fazer. Estamos também a legar-lhes um mundo com centenas de milhões de pessoas na pobreza, porque não estamos a investir na suficiência para todos. O planeta, com todas as suas espécies e ecossistemas, é o maior interessado de todos. Não consegue falar, mas comunica. O clima extremo de hoje é um aviso sobre o que está para vir. Como muitos dizem, a Mãe Natureza ganha sempre.

Há uma importante *nuance* e estratégia em tudo isto. *Criar retornos positivos para os intervenientes não significa satisfazer todos ao mesmo tempo, nem concentrar igual atenção e recursos em cada um deles. Não se pode dar prioridade a todos de uma só vez.* Em determinados anos, pode-se gastar mais no desenvolvimento dos funcionários. Outras vezes, investe-se em marcas e produtos que servem bem os consumidores, pelo que estes aumentam nos anos seguintes. Ou podemos atrasar alguns retornos a curto prazo dos acionistas para investir em comunidades ou na rápida redução do carbono e nas energias renováveis. *Mas os resultados a longo prazo para cada grupo têm de ser positivos, e isso inclui os acionistas.*

A ideia é otimizar os resultados para múltiplas partes interessadas, em vez de tentar maximizar para apenas uma. É a obsessão com a criação de valor para qualquer grupo que desequilibra as coisas.

4. Impulsionar o valor para os acionistas como resultado, não como objetivo

O grande Peter Drucker terá dito, certa vez: «O lucro para uma empresa é como o oxigénio para uma pessoa. Se não se tem o suficiente, está-se fora de jogo. Mas se pensamos que o propósito da nossa vida é respirar, está realmente a escapar-nos algo.»[10] Alguns anos antes, Henry Ford comentou também que um negócio gerido exclusivamente para lucro está fadado a morrer, porque não tem razão para existir e, disse ele, «a melhor maneira de ganhar dinheiro no mundo dos negócios é não pensar demasiado em fazê-lo».[11]

Está na hora de acordarmos da nossa obsessão moribunda já com 50 anos com os lucros. O valor para os acionistas deve ser um resultado, não um objetivo. O maior obstáculo à construção de uma empresa orientada para o longo prazo que sirva o mundo é a pressão implacável para o desempenho trimestral. Deforma as empresas e a economia. Alguns investidores institucionais, tais como fundos de pensões e fundos soberanos nacionais, têm uma visão a longo prazo e preocupam-se com riscos sistémicos como as alterações climáticas. Mas a influência dominante nas empresas públicas — que se espalha por todas as empresas — continua a ser os investidores e analistas de ações.

Estes acionistas querem lucros fáceis e crescentes, e as empresas fazem certos jogos para os satisfazer. Com o aumento das opções de compra de ações como incentivos para os executivos seniores, tornou-se ainda mais tentador manipular os ganhos de forma mais ou menos legal. A recompra de ações, por exemplo, é sobretudo um truque para aumentar os ganhos a curto prazo e divergir a atenção do facto de não se estar a investir em coisas que valorizarão o negócio.

Muitos investidores não são nossos amigos a longo prazo. O tempo médio de detenção de ações caiu de oito anos em meados do século XX para cerca de cinco meses em 2020.[12] Se as nossas decisões se mantiverem orientadas no sentido de satisfazer os acionistas, não podemos construir um sistema otimizado para o bem-estar de todos, o que requer uma reflexão a longo prazo. Infelizmente, mesmo face a desafios existenciais de longo prazo, como as alterações climáticas, as empresas globais estão a concentrar-se mais no curto prazo. Um grande estudo concluiu que se as empresas adotassem um pensamento a longo prazo, poderiam «ter um retorno do capital investido superior 1,5 biliões de dólares por ano».[13]

Há uma razão filosófica para parar a obsessão com os acionistas: os mercados estão muitas vezes completamente desligados da realidade económica. Durante a pandemia de 2020, após um breve colapso, os grandes índices bolsistas rapidamente voltaram aos máximos de sempre, mesmo quando a economia mundial perdeu o equivalente a cerca de 400 milhões de empregos a tempo inteiro.[14] Assim, se acreditarmos que o valor de uma ação acaba por estar ligado ao valor dos fluxos de caixa futuros — o que é suposto acontecer —, então não precisamos de convencer os acionistas a comprar as ações. Aumentemos esses fluxos de longo prazo e os compradores virão. E se o mercado de ações *não* estiver ligado ao desempenho real da empresa e aos fluxos de caixa, então é um casino, e não valerá a pena dar-se ao trabalho de falar com os acionistas de curto prazo.

Ainda temos um longo caminho a percorrer antes de a maioria das empresas perceber que o retorno dos acionistas deve ser um resultado, em vez do único objetivo. Os investidores ainda detêm uma posição dominante na *psique* dos CEO, diz Andrew Liveris, o antigo CEO da Dow.[15] Infelizmente, os dados apoiam-no. Um inquérito de Stanford de 2019 aos CEO e CFO mostrou que, embora 89% acreditem ser importante incorporar os interesses das várias partes no seu planeamento empresarial (as boas notícias), apenas 5% entendem que os interesses das partes interessadas eram mais importantes do que os interesses dos acionistas.[16]

Os CEO e os CFO veem claramente o caminho a curto prazo como o que oferece menor resistência, mas o tiro acabará por sair pela culatra. Como nos disse o presidente executivo da Ecolab, Doug Baker, a pressão exercida pela mentalidade de curto prazo tem o seu lugar na gestão das empresas, mas se nos concentrarmos apenas no curto prazo, obtemos o que ele chama «reuniões fáceis, vida difícil» — ou seja, corre tudo bem com os investidores, mas acaba por haver problemas maiores mais à frente no caminho.

Parar com os relatórios trimestrais

A melhor maneira de nos afastarmos do remoinho do curto prazo é deixar de falar tanto com os investidores. Dizer direta e publicamente aos investidores: «Não vamos reportar mais ganhos trimestrais ou fornecer orientação.»

Paul deu este grande passo cerca de três semanas após assumir o cargo de CEO, partindo do princípio de que o conselho não conseguiria despedi-lo assim tão depressa caso corresse mal. Deixar de reportar trimestralmente era (e é) altamente invulgar. A maioria dos CEO realiza centenas de reuniões por ano com investidores — é demasiado tempo que *não* está a ser aplicado a gerir estratégia, crescimento, inovação, foco no cliente, e assim por diante. Se não nos afastarmos da rodinha do hámster dos retornos, somos reféns do mercado financeiro. O lucro não é um objetivo, mas sim um produto final. E, após dez anos ao leme, o produto final de Paul era forte, com um retorno total para os acionistas de 292%, ultrapassando de longe os 131% do índice FTSE.

Esse desempenho foi proveniente do foco nos objetivos do USLP, falando com os investidores apenas a cada 90 dias. Esta ideia nem sempre pareceu radical. Quase 40 anos antes do manifesto da primazia dos lucros de Milton Friedman, Robert Wood Johnson, o presidente da Johnson & Johnson, comprometeu-se com uma abordagem diferente. Ele escreveu *O Nosso Credo*, que dizia que a empresa da sua família deveria servir primeiro os pacientes, médicos e enfermeiros. Seguiam-se os empregados e depois as comunidades (nas quais ele incluía a proteção do ambiente). Por último, os acionistas, que «realizariam um retorno justo».[17] Não um retorno máximo de imediato, mas um retorno justo.

Lamentavelmente, poucas empresas seguiram a liderança da Unilever na abolição de orientações e relatórios, mas uma empresa de diferença positiva fá-lo-á. Alguns CEO, embora não tenham ido tão longe como a Unilever, têm feito recuar os investidores da mesma forma. Em 2014, a Apple anunciou novos objetivos em matéria de alterações climáticas e energia. Quando os investidores desafiaram o CEO Tim Cook a comprometer-se a fazer apenas projetos climáticos que fossem claramente lucrativos, ele disse-lhes que se não acreditavam nas alterações climáticas, deveriam vender as suas ações da Apple (que subiram 500% desde essa reunião). Apontando para a quantidade de escolhas que fazem na Apple por razões que vão além do rendimento a curto prazo, disse: «Se querem que eu aja motivado apenas pelo ROI [retorno do investimento], devem desistir destas ações.»[18]

Há outro caminho para mudar toda esta dinâmica. Não teríamos de trabalhar tão arduamente para pôr um limite nos acionistas se os donos do capital se apercebessem das vantagens da criação de valor a longo prazo. A organização FCLTGlobal, ou Focusing Capital on the Long Term, está a empenhar-se para que esta mudança aconteça. A FCLT aproxima multinacionais como a Bloomberg, Cisco, Dow, DSM, Tata, Unilever e Walmart... de grandes proprietários e investidores como o Barclays, BlackRock, Carlyle Group, Fidelity, Goldman Sachs, State Street e TPG. A organização está a gerar análises que mostram como um foco a longo prazo gera desempenhos superiores e a desenvolver métodos e ferramentas para ajudar as empresas a adotarem melhores práticas. Os investidores estão a avançar na direção certa, mas até que a maioria se volte a concentrar no longo prazo, o melhor que podemos fazer é afastarmo-nos da corrida absurda dos lucros trimestrais.

5. Criar parcerias para impulsionar mudanças sistémicas

Não é possível melhorar os resultados para todos os interessados se não se identificar, compreender e assumir a responsabilidade sobre esses mesmos resultados. Mas isto *não* significa assumir uma responsabilidade exclusiva ou fazê-lo sozinho. São necessários parceiros nesta viagem para corrigir essas fissuras no nosso mundo.

Todas as empresas — e especialmente as multinacionais — têm um efeito no planeta e nas pessoas muito maior do que imaginam. Para a maioria, os seus principais impactos estão fora do seu controlo direto. Assim, lidar com a pegada de uma empresa, quanto mais resolver as questões sistémicas que ameaçam o nosso bem-estar, requer cooperação. Uma empresa que se empenhe em resolver grandes questões como os direitos humanos ou a descarbonização pode ser capaz de resolver 30% ou 40% desses problemas no seu próprio funcionamento. Mas chegar a uma solução a 100% requer a alteração do sistema que lhe é subjacente.

Por exemplo, em algumas partes do mundo, tais como regiões da Índia, China ou África, chegar a emissões zero de carbono é quase impossível. Ainda estão dependentes do carvão e do gasóleo, ou talvez estejam apenas a começar a aumentar as energias renováveis. Não se vai mudar a fábrica de lugar, por isso, o passo lógico é desenvolver uma coligação mais ampla para mudar as opções energéticas disponíveis para todos.

Os resíduos plásticos são outro problema espinhoso comum a múltiplos setores da economia e milhares de milhões de consumidores. Enfrentá-lo sozinho não vai adiantar muito. Uma empresa pode recolher plástico oceânico para os seus produtos e obter algum impacto de *marketing*, mas isso não resolve o problema maior. Da mesma forma, assegurar um salário digno e eliminar o trabalho infantil na cadeia de abastecimento não acontecerá sem uma ampla colaboração dentro de um setor e sem mudanças profundas nas culturas e nas políticas governamentais.

Alguns setores têm uma maior necessidade de colaboração. A área da alimentação está repleta de desafios complicados que cada vez mais batem à porta das empresas que têm de dar resposta aos consumidores. Um CEO de um gigante da alimentação disse uma vez a Andrew que um bom produto costumava ser aquele que sabia bem e era seguro. Ponto final. Atualmente, disse ele, um bom produto também tem de ser obtido, fabricado e distribuído de forma responsável. Esta visão alargada da responsabilidade é uma questão que está atualmente em cima da mesa. O próximo nível de responsabilização no setor alimentar será enfrentar problemas sociais maiores, incluindo imensos desperdícios alimentares e má nutrição e saúde por todo o mundo. Existe um número crescente de parcerias para abordar estes problemas.

Não comemos 40% dos alimentos que produzimos, o que é um incrível desperdício de recursos, especialmente porque o sistema alimentar contribui com até 30% das emissões globais de gases com efeito de estufa e utiliza 70% da água doce do mundo. Em resposta, a coligação Champions 12.3, que inclui a Nestlé, Kellogg, Tesco e Unilever, pretende atingir o objetivo de Desenvolvimento Sustentável 12.3 de reduzir para metade os resíduos alimentares até 2030. A batalha começa com as pessoas certas na discussão.

Da mesma forma, não podemos resolver os desafios da nutrição e da saúde sem uma ampla mistura de intervenientes. O nosso mundo tem dois problemas que estão, estranhamente, em ambos os extremos de um espectro — mais de 650 milhões de pessoas são obesas, enquanto 460 milhões estão subnutridas, e dois mil milhões têm deficiências de micronutrientes.[19] Mais de 50 milhões de crianças com menos de cinco anos estão abaixo da altura e peso típicos.[20] Muitos países lutam contra o «atrofiamento», os danos causados à capacidade mental pela falta de nutrição nos primeiros mil dias de vida.[21] Para lidar com as deficiências, a Unilever ajudou a criar a iniciativa Scaling Up Nutrition, um esforço coletivo de múltiplos intervenientes para acabar com a desnutrição. A Unilever fortificou 60 mil milhões de porções dos seus produtos alimentares (com um objetivo de 200 mil milhões até 2022) com vitaminas, ferro e iodo. Objetivos como este podem ajudar a resolver inúmeros problemas de uma só vez.

As mudanças dos sistemas maiores só podem acontecer em parceria com grupos que excedem o controlo de uma empresa — pares, membros da comunidade, ONG, governos, consumidores, fornecedores, e muito mais. Construída da forma correta, uma rede de intervenientes cria efeitos multiplicadores que ajudam a construir algo maior e mais rápido. Uma rede eficaz exige confiança, que se ganha sendo transparente quanto aos desafios e falhas. Construir essa confiança e lançar parcerias de sucesso requer também o cumprimento dos primeiros quatro princípios de uma empresa de diferença positiva. Se não nos responsabilizarmos, pensarmos a longo prazo, trabalharmos em benefício de outros e colocarmos os acionistas numa perspetiva adequada, qual será a dimensão do pensamento? Porque haveriam as partes interessadas de confiar em nós?

As colaborações que abordam os sistemas maiores também necessitam da legislação certa para serem bem-sucedidas. As políticas podem criar efeitos perversos ou ser ineficazes se não houver um quadro vinculativo para deter os fora da lei. É necessário que as empresas ocupem um lugar produtivo na discussão sobre políticas, tais como metas climáticas, normas de direitos humanos, leis de trabalho infantil, leis fiscais e regimes de subsídios que criem condições equitativas de concorrência.

A inspiração e o enquadramento para ligar todos estes elementos deveriam ser os Objetivos de Desenvolvimento Sustentável. Podemos utilizá-los para reformular o contrato social, repensar o papel das empresas na sociedade e redesenhar as políticas de que necessitamos. Os ODS pressionam-nos a ir mais a fundo e a procurar um planeta e uma sociedade em equilíbrio.

O melhor de cada organização

Combinados entre si, os cinco princípios são o núcleo do modelo de diferença positiva. Tornar estes princípios inegociáveis fará a diferença entre alguns agentes sólidos da sustentabilidade que fazem um bom trabalho e empresas de primeira classe que criam muito mais valor para a humanidade. Os nossos problemas são grandes, por isso precisamos que as empresas e os seus líderes joguem a um nível diferente e contribuam com aquilo que têm de melhor.

É preciso que as empresas de topo dominem o básico. Subjacente aos cinco princípios da diferença positiva está um outro ainda mais fundamental que os sustenta a todos: nada neste novo modelo compromete a necessidade de gerir adequadamente uma empresa. Os produtos têm de saber bem, funcionar bem ou fazer com que os clientes façam boa figura. Têm de ser acessíveis para a qualidade e serviço que prestam. Contratar as melhores pessoas é uma obrigação. O negócio precisará da disciplina para construir redes de fornecimento e fabrico eficientes, canais de distribuição inteligentes, I&D inovadores, *marketing* eficaz, e assim por diante. A diferença positiva só é possível se for construída sobre uma fundação forte e uma cultura de desempenho intransigente.

As pessoas das empresas como a Unilever sentem frequentemente o fardo ou desafio de manter os elevados padrões da visão da sustentabilidade. Mas em vez de pensarmos nos princípios da diferença positiva como trabalho adicional para além do básico, consideremo-lo o modelo através do qual tudo flui. Por vezes, uma empresa pode concentrar-se implacavelmente nos custos, mas apenas *através* deste melhor modelo, e não enquanto estratégia central. Para ajudar a construir comunidades, por exemplo, é necessário fazer escolhas cuidadosas sobre onde gastar o orçamento, mas a ideia de melhorar o bem-estar dessas comunidades permanece inquestionável. Finalmente, são também necessários investimentos no negócio, na qualidade dos produtos e na inovação, mas devem concentrar-se na obtenção de benefícios a longo prazo para muitos interessados. Pode haver necessidade de compromissos ocasionais e de curto prazo — não se pode fazer tudo ao mesmo tempo —, mas a visão é ser melhor em quase todos os sentidos, utilizando controlos regulares do progresso. Feito corretamente, ver-se-á a vantagem crescente e multiplicadora de um melhor modelo de negócios.

A diferença positiva são as grandes ligas. Temos de ser pioneiros, criar novos territórios e reinventar continuamente as empresas e o futuro. Sem este nível de pensamento, uma empresa pode facilmente ficar para trás. Também requer verdadeira dedicação à construção de uma empresa melhor, mas «melhor» pode significar muitas coisas. Para uma empresa de diferença positiva, implica a obtenção de lucros, *bem como* mudanças transformadoras para além do seu próprio interesse direto e a curto prazo. Uma empresa melhor cria bem-estar para as pessoas e para o planeta.

O que fazem as empresas de diferença positiva para desenvolver princípios basilares mais responsáveis

- Desenvolver uma compreensão profunda de como a empresa afeta o mundo e responsabilizar-se por tal, das operações às cadeias de valor e das comunidades ao planeta.
- Ampliar o significado de uma empresa em várias dimensões:
  - **Cadeia de valor.** Trabalhar no sentido de otimizar não só os seus próprios negócios, mas também as operações dos fornecedores e a vida dos clientes.
  - **Tempo.** Procurar benefícios combinados a longo prazo, para a empresa e para o mundo.
  - **Partes interessadas.** Ver para além do óbvio, os empregados e os clientes, para uma gama completa de todos os que estão ligados ao negócio.
  - **Dinheiro.** Repensar a forma de investir capital e reduzir o foco nos investidores e nas suas recompensas.
  - **Independência.** Afastarmo-nos de uma mentalidade de «ir sozinho» ou «não foi inventado aqui», para estarmos abertos a verdadeiras parcerias.

2

Até que ponto se interessa?

Tornar-se um líder corajoso de diferença positiva

Ontem era esperto, por isso queria mudar o mundo.
Hoje sou sábio, por isso estou a mudar-me a mim próprio.

— Rumi, poeta iraniano do século XIII

O sistema económico ocidental baseia-se, em grande parte, em dois mal-entendidos trágicos — um sobre o mundo da natureza, o outro sobre a natureza humana. Dois dos mais importantes pensadores dos últimos 300 anos, Adam Smith e Charles Darwin, não disseram o que todos pensam que disseram.

Charles Darwin não cunhou a frase «sobrevivência dos mais aptos». Como salienta a bióloga Janine Benyus, Darwin escreveu sobre ser adaptável e apto para sobreviver, não sobre ser o *mais* apto. Muitas espécies prosperam em nichos naturais, não através da destruição de outras, mas através da cooperação. Há ecossistemas inteiros que colaboram para a saúde e resiliência gerais. Acontece que a natureza não é «luta até à morte» em que fomos levados a acreditar.

Entre os humanos, a obsessão por mercados «livres» baseia-se, em grande parte, numa leitura errada de *A Riqueza das Nações,* de Adam Smith, publicada em 1776. Os libertários e neoliberais confiam na famosa «mão invisível» de Smith para exigir restrições zero ao capitalismo. Os mercados sem restrições produzirão os melhores resultados — ou assim o dizem. Mas esse entendimento de Smith está errado.

A mão invisível era apenas um detalhe na totalidade do trabalho de Smith, mencionado apenas algumas vezes. Ele introduziu-a 17 anos antes de *A Riqueza das Nações*, no seu ensaio menos conhecido *A Teoria dos Sentimentos Morais*. Embora Smith sugerisse que o interesse próprio conduziria ao bem comum, a sua ênfase era depositada na parte final dessa equação. Aqueles que são bem-sucedidos nos mercados (ou seja, os ricos), escreveu ele, são «levados por uma mão invisível a fazer quase a mesma distribuição das necessidades da vida que teria sido feita se a Terra tivesse sido dividida em partes iguais por todos os seus habitantes».[1] Quem diria que Adam Smith era tão socialista?

Baseava a sua crença na distribuição da riqueza numa visão mais otimista da natureza humana do que aquilo que o dogma moderno sustenta como verdade. Smith acreditava que o interesse próprio estava alinhado com a compaixão e a justiça.[2] A linha de abertura de *A Teoria dos Sentimentos Morais* afirma: «Por muito egoísta que se suponha ser o Homem, há evidentemente alguns princípios na sua natureza *que fazem com que se interesse pela boa fortuna dos outros*, e tornam a felicidade alheia necessária a si próprio, *embora ele dela nada extraia, exceto o prazer de a ela assistir* [ênfase acrescentada].»[3]

Em suma, somos felizes se vemos os outros felizes. Temos compaixão inata e a empatia sabe bem. Neste sentido, o cuidado que leva à felicidade dos outros *é* egoísta.

A dupla de equívocos com as ideias de Smith e Darwin retirou a humanidade dos negócios e da economia. A economia do século XX desenvolveu modelos em que pessoas e organizações maximizam friamente a utilidade. Tirou as *pessoas* da equação, transformando os mercados em máquinas com engrenagens cegas. Pior ainda, nas demonstrações financeiras das empresas, as pessoas nem sequer são consideradas ativos; os empregados aparecem como um passivo no balanço.

Não tem de ser assim. Podemos procurar o sucesso e a riqueza, mas também a integridade, a justiça e a equidade. Os campos da economia comportamental e da psicologia estão a acabar com a visão fria e racional das pessoas e, em vez disso, a reconhecer como os humanos agem na vida real, com afeto, preconceitos, falhas e emoções.

Os CEO e outros executivos deveriam trazer para o trabalho todo o seu ser, mas a constante procura de resultados a curto prazo representa um desafio. Até mesmo as ONG que pressionam as empresas a fazer um melhor serviço reconhecem o problema. Kumi Naidoo, o antigo diretor executivo da Greenpeace e da Amnistia Internacional, diz que «até os executivos mais esclarecidos são apanhados num sistema, uma tirania de ciclos de relatórios trimestrais, que torna quase impossível fazer avançar as coisas».[4] Fazer frente ao sistema requer, acima de tudo, coragem.

É claro que algumas pessoas preferem o sistema em que estão presas. Não devemos fingir que todas as empresas se preocupam com o estado do mundo. Enquanto visitava o campo de refugiados Zaatari, na Jordânia, Paul conheceu uns CEO que pareciam estar lá sob coação. Um gestor de fundos de cobertura bilionário chegou mesmo a queixar-se de como o «raio da situação da tripulação de refugiados» tinha arruinado as suas férias no seu mega-iate no Mediterrâneo. Histórias como esta confirmam os piores receios dos que detestam os empresários e, infelizmente, não é uma interação invulgar nos corredores do poder.

Mas a maioria dos CEO e executivos são humanos. Têm filhos e netos que os desafiam em relação às suas ações. Preocupam-se com o que está a acontecer e querem um mundo mais saudável, mais seguro e mais justo. Podem até acreditar que a sua função é ser intencionalmente cegos, mas poucos querem mais poluição, alterações climáticas ou sofrimento humano. Muitos parecem pensar que não podem agir de acordo com as suas crenças, quer individual quer coletivamente. Mas podem preocupar-se, e para liderar verdadeiramente, têm de o fazer.

Líderes de diferença positiva: encontrar a força de vontade

Inúmeros livros, cursos e escolas de gestão têm explorado o tema da liderança. Há muito que tentamos destilar o que faz com que alguém seja digno de ser seguido. Isso aplica-se a todas as pessoas e não apenas aos CEO. Muitos sentam-se no topo de algum tipo de pirâmide numa organização, gerindo ou influenciando outros a trabalhar para um objetivo. As pessoas podem liderar e inspirar a partir de muitos lugares.

Independentemente do nível, existem qualidades de liderança que eram importantes há 50 anos e continuarão a sê-lo daqui a mais 50. Líderes eficazes partilham traços, como a disciplina, robustez e sujeição das pessoas a padrões elevados, pensamento estratégico, inteligência, curiosidade e um desejo de compreender os principais motores de um negócio como a tecnologia. No mundo atual volátil, incerto, complexo e ambíguo, outros traços, em particular a adaptabilidade e a resiliência, tornam-se também críticos.

Mas liderar uma empresa de diferença positiva requer mais do que o básico. Os melhores líderes, aqueles que as pessoas vão querer seguir neste novo território, são, em primeiro lugar e acima de tudo, bons seres humanos. Estão de bem consigo mesmos, têm integridade e o que dizem e fazem está em sincronia. A liderança de diferença positiva implica também pôr os interesses dos outros à frente dos seus próprios interesses. Também ajuda conhecer os seus próprios pontos fortes e as suas paixões. O ponto de rebuçado é quando um líder faz coincidir aquilo em que é competente, aquilo de que gosta e aquilo de que o mundo precisa. Para lá chegar, pode ser necessário desenvolver novas capacidades e abandonar a zona de conforto.

Identificamos cinco traços críticos que ajudam a criar um líder de diferença positiva, que iremos explorar neste capítulo:

- Um sentido de propósito, dever e serviço
- Empatia: um elevado nível de compaixão, humildade e humanidade
- Mais coragem
- A capacidade de inspirar e mostrar liderança moral
- Procurar parcerias transformadoras

O mundo precisa de líderes que sejam o oposto do velho «homem da empresa» que maximiza friamente os lucros e que, em vez disso, sejam mais vulneráveis, abertos, atenciosos, empáticos e humanos. As organizações também deveriam pugnar por esses traços. A obsessão com o valor para os acionistas transformou as empresas em máquinas de dinheiro sem alma. Tudo se resume a números, estatísticas e lucros. As empresas tornaram-se robóticas, valorizando apenas relações contratuais, em vez de parcerias abertas e de confiança (nenhum de nós é grande adepto de contratos — estamos a escrever este livro em conjunto com base num aperto de mão).

As empresas rejeitaram o equilíbrio da ética de que Adam Smith falava em prol da eficiência pura. Como diz o professor de negócios de Oxford Colin Mayer no seu livro *Prosperity*, na equação, os humanos foram substituídos por «mercados e acionistas anónimos sobre os quais não temos qualquer controlo».[5] Acreditamos que uma empresa é e deve ser humana, com pessoas reais a servir as necessidades de outras pessoas reais. Se começarmos com o pressuposto de que as pessoas são o núcleo do negócio — e não a procura de lucros a curto prazo —, então, o primeiro passo na construção de uma empresa mais humana é olhar para dentro e encontrar a força para mudar a forma como a empresa funciona.

Uma empresa só pode avançar no sentido da diferença positiva se tiver líderes suficientemente corajosos para desafiar a forma como habitualmente se fazem as coisas — líderes que entendem que o *lucro não deve vir da criação dos problemas do mundo, mas sim da sua resolução.* Como podemos continuar a ganhar quando o mundo está a arder? As soluções para muitos dos nossos desafios estão disponíveis e há muito capital para investir. O que é que nos impede? Parte da resposta é que a resistência é elevada, tanto por inércia como por interesses particulares. Portanto, por último, os líderes precisam de determinação para lutar contra os obstáculos no caminho. A força de vontade vem de se cultivarem princípios de liderança de diferença positiva, como propósito, humildade e coragem. Subjacentes a estas características, os valores humanos básicos podem ser o nosso guia e fundamento de um novo tipo de liderança: justiça, compaixão, dignidade e respeito — é novamente a Regra de Ouro. Quando sabemos qual é a coisa certa a fazer, encontramos a coragem para tomar uma posição.

Assumir um papel ativo

O mundo carece de liderança moral. Os executivos empresariais têm jogado pelo seguro, evitando conflitos sobre questões sociais e ambientais difíceis, mas já não é aceitável ficar calado. Ouvimos os CEO dizerem que a política não é da sua conta, o que está errado, estratégica e moralmente.

Se se fica calado, é-se cúmplice. Se nos afastarmos e ficarmos a assistir a líderes no governo ou nas empresas a minar a democracia, a ciência e os direitos civis, estamos a ajudar a autocracia e a ignorância a tomar o controlo. Parafraseando alguns filósofos, a única coisa necessária para que o mal triunfe é que as pessoas boas não façam nada.

As coisas estão a mudar. As empresas começaram a falar mais, participando em debates controversos sobre os direitos LGBTQ, armas, imigração, política climática, e muito mais. Quando o estado da Carolina do Norte aprovou um projeto de lei que proibia as pessoas transgénero de usar a casa de banho da sua preferência, os CEO pronunciaram-se. Líderes com uma grande presença no estado, como o então CEO Mike Lamach, da Trane Technologies[6], e Brian Moynihan, do Bank of America,[7] enviaram uma carta severa ao governador, a que se juntaram dezenas de outros CEO (incluindo Paul). A lei, disseram eles, não se ajustava aos seus valores.

Quando o movimento *Black Lives Matter* ganhou força, houve organizações de todo o tipo a emitirem declarações sobre o seu compromisso com a equidade racial. As empresas estabeleceram novas políticas, com objetivos concretos de diversidade na gestão, ou o compromisso de apostar mais em fornecedores de raça negra. A Academia dos Óscares afirmou mesmo que os filmes só seriam considerados para Melhor Filme se cumprissem os padrões de inclusão e representação.[8]

Por vezes é difícil para os líderes saberem quando se devem pronunciar, mas pode não estar completamente sob o seu controlo — empregados e outros intervenientes importantes podem exigir que a empresa tome uma posição. Algumas questões, como a proteção da democracia ou a defesa da ciência, têm de ser universais, com todas as empresas envolvidas. Muitas empresas americanas apoiaram publicamente o voto e a democracia antes das eleições de 2020, e depois manifestaram-se novamente em reação à insurreição de 2021. Todas as organizações deveriam também defender uma ação pró-clima, tal como um preço sobre o carbono, uma vez que é vida ou morte para a economia e sociedade. Mas em algumas questões, como os resíduos plásticos, por exemplo, a sua empresa pode não ter uma participação, por isso deixe que outros assumam a liderança. Um CEO não pode estar em todo o lado.

Entrar no jogo das causas não é opcional, mas não é isento de riscos. Pode haver uma reação. A Coca-Cola fez um anúncio durante o Super Bowl de 2014, com um grupo de jovens mulheres a cantar «America the Beautiful» em várias línguas. Nas redes sociais, uma horda de maledicentes surgiu para se queixar. Alguns anos mais tarde, a Nike incluiu o jogador de futebol Colin Kaepernick — que tinha protestado contra a violência racial e policial, ajoelhando-se durante o hino nacional — na sua campanha de 30.º aniversário *Just Do It*. A empresa viu-se envolvida numa grande tempestade de debates, e rapidamente surgiram vídeos de pessoas a queimar os seus ténis Nike. Mas também houve bons resultados. A Coca-Cola assistiu a uma segunda onda de reações positivas a abafar as vozes negativas, e as vendas *online* da Nike dispararam 31% nos dias que se seguiram aos anúncios (o valor da marca também aumentou em 6 mil milhões de dólares).[9] Em ambas as empresas, o orgulho entre os empregados estava elevado.

Assumir um papel ativo pode ser a hora da verdade e da inspiração. Após (outro) trágico tiroteio escolar na Florida, o CEO da Dick's Sporting Goods, Ed Stack, ficou perturbado, especialmente porque as suas lojas vendiam armas. No seu livro, *It's How We Play the Game*, Stack diz que naquele dia não parava de pensar *Alguém tem de fazer alguma coisa. Isto tem de acabar*. Mas de repente, escreve ele, «percebi que esse alguém tinha de ser eu».[10]

1. Um sentido de propósito, dever e serviço

No início dos anos 2000, John Replogle estava em alta nos negócios e na vida. Era presidente da marca Guinness para a Diageo e vivia numa bela casa, numa cidade agradável, com a sua jovem família. Mas, um dia, depois de falar com um mentor sobre a sua missão de vida, entrou no carro com as duas filhas pequenas, olhou para elas e foi-se abaixo. Percebeu que não estava a fazer algo em que sentisse um verdadeiro propósito.

Não havia nada de errado em vender cerveja e a Diageo era, de um modo geral, um bom *player* na indústria, mas Replogle queria mais. A partir de então, decidiu trabalhar apenas para empresas orientadas para a sustentabilidade. «De uma vida a preto e branco, passei a vivê-la a cores», diz. Teve um grande sucesso nesta fase da sua carreira, tornando-se o CEO de duas empresas bem conhecidas, Burt's Bees e Seventh Generation, que vendeu à Unilever.

PROPÓSITO PESSOAL

Quem somos e porque estamos aqui? Estas são perguntas a que os filósofos têm tentado responder há milénios. Mas encontrar um propósito não tem de ser complicado. Para muitos, as respostas irão fluir naturalmente. Alguns enquadram-no como encontrar o seu superpoder pessoal — a coisa que melhor fazem. Oprah Winfrey disse que o seu propósito é «ser uma educadora que inspira os alunos a serem mais do que pensavam que poderiam ser»*. A questão central para encontrar o propósito enquanto agente de diferença positiva é esta: o que é que faz de forma única que transforme este num mundo melhor?

* Stephanie Vozza, «Personal Mission Statements of 5 CEO Famous (and Why You Should Write One Too)», *Fast Company*, 25 de fevereiro de 2014, https://www.fastcompany.com/3026791.

Como muitos já notaram, *paixão tem que ver com encontrar-se a si próprio, mas o propósito é perder-se em algo maior do que o indivíduo*. Podemos seguir os nossos interesses em passatempos ou fazer trabalhos que adoramos. Muita gente descobre paixões e constrói carreiras de sucesso das quais desfruta, mas nem todos encontram um propósito no trabalho. A verdadeira realização vem não só de fazer o que se gosta, mas também de servir uma missão maior e de tocar a vida dos outros de formas significativas (ver o quadro «Propósito pessoal»). Trata-se de querer fazer a diferença — ajudar, dar, servir. O sentido do dever pessoal é o caminho para desbloquear mais potencial e ser maior do que nós próprios. Estabelece as bases para a construção de marcas e de empresas de diferença positiva.

Para quem compreende o seu propósito, é fácil sentir a dissonância cognitiva num local de trabalho focado apenas no lucro. Trata-se de uma missão que não passa de uma concha vazia — se tudo o que lhe interessa são os lucros e o seu salário, literalmente *qualquer coisa* que faça dinheiro seria próprio para se vender. Mas quase toda a gente tem aspirações mais profundas para si própria e para as suas famílias. Quem fez o trabalho de identificar o seu propósito tem um farol interior que o guia para o caminho certo, ajudando-o a tornar-se líder moral. Trazer os seus valores para o trabalho e viver o seu propósito vai fazê-lo sentir-se vivo, e vai fazer sobressair o melhor de todos à sua volta.

Não há melhor exemplo de sucesso na construção de uma empresa com um sentido do que a história e a vida do fundador da Patagonia, Yvon Chouinard. Chouinard cresceu no Maine apaixonado pela vida ao ar livre. Tornou-se um dos montanhistas mais proeminentes do mundo, e lançou a Patagonia para vender equipamento. A empresa evoluiu, tornando-se uma marca apreciada, oferecendo vestuário de alta qualidade para o ar livre e, durante a última década, alimentos saudáveis e de origem ética para pessoas ativas. Os valores da empresa são enunciados de forma simples: criar os melhores produtos, não causar danos desnecessários e utilizar a empresa para proteger a natureza.

Mas Chouinard nunca se sentiu confortável no papel de líder empresarial. Como diz no seu livro, *Let My People Go Surfing*, é tão difícil para si admitir estar há 60 anos no mundo dos negócios «como o é para alguém admitir ser um alcoólico ou um advogado». No entanto, ele compreende o poder dos negócios de «produzir alimentos, curar doenças, empregar pessoas e, de um modo geral, enriquecer as nossas vidas... e fazer estas coisas boas e ainda ter lucro sem perder a sua alma».[11]

A empresa existe tanto para ajudar as pessoas a desfrutar do ar livre como para proteger o ambiente — durante 35 anos, a Patagonia doou 1% das receitas a grupos ambientais. A empresa tem tido um desempenho incrivelmente bom. Nunca teve por objetivo o crescimento, mas, mesmo assim, expandiu-se rapidamente, ultrapassando os mil milhões de dólares em vendas (e facilmente poderia ter sido muito maior). A Patagonia cresceu entusiasmando os clientes e demonstrando melhores formas de funcionar — menor utilização de recursos, conteúdo reciclado, uma garantia vitalícia de reparação de produtos para reduzir a utilização de material e incríveis benefícios e qualidade de vida para os empregados. A Patagonia inspirou muitas organizações muito maiores, como a Walmart, que pediram a Chouinard que os aconselhasse.

Chouinard e os CEO da empresa, incluindo Rose Marcario, que conduziu a Patagonia numa fase de rápido crescimento, de 2014 a 2020, mantiveram-se fiéis ao objetivo central e ao dever para com o planeta. Enquanto os Estados Unidos aprovavam reduções fiscais para as empresas, em 2018, Marcario doava 10 milhões de dólares poupados para reverter para causas ambientais. Também não têm medo de sofrer uma descida nas vendas em consequência de fazer o que sabem ser o correto. A empresa tem desafiado constantemente a atitude das pessoas perante o consumo, promovendo a ideia de que não se deve comprar coisas se não se precisar delas. Quando o governo dos EUA reduziu o tamanho de alguns monumentos e parques nacionais, a Patagonia converteu a página inicial do *website* onde vendia os seus produtos exclusivamente para exclamar: «O presidente roubou as vossas terras!»

Chouinard alinhou sempre os seus valores pessoais e comerciais. Foi nutrindo a sua missão principal enquanto se adaptava. «Em cada empresa duradoura», escreve ele, «os métodos de fazer negócios podem mudar constantemente, mas os valores, a cultura e as filosofias permanecem constantes». Um núcleo de objetivos e valores dar-nos-á a coragem de converter a preocupação em ação, de construir empresas de diferença positiva que dão mais do que aquilo que recebem.

Empresas com um propósito geridas por líderes com um propósito são mais benéficas para a sociedade, superam os seus pares e atraem os melhores profissionais, como uma luz forte atrai as traças — tanto a Patagonia como a Unilever estão entre os empregadores mais procurados do mundo. O trabalho nem sempre é divertido, mas é muito mais fácil quando se sente que tem um sentido. John Replogle disse que desde a sua mudança de perspetiva, «mesmo quando tenho um dia difícil, sei que há uma razão pela qual vale a pena lutar». E haverá muitas lutas. Lutar contra as alterações climáticas ou pela justiça e igualdade enquanto se gere bem uma empresa não é fácil.

Um propósito pode dar-nos a força para ultrapassar o pior que a vida nos possa pôr à frente. O psiquiatra Victor Frankl esteve de 1942 a 1945 nos campos de concentração de Auschwitz e Dachau. Perdeu os pais, a esposa e o irmão no Holocausto e, no entanto, manteve miraculosamente a esperança. No livro de Frankl *Man's Search for Meaning*, um dos mais importantes do século XX, o autor explica: «A vida jamais se torna insuportável em virtude das circunstâncias, mas sim pela falta de sentido e de propósito.»[12] Se ele foi capaz de se apoiar num sentido para sobreviver ao mais inimaginável, há esperança para todos nós de travarmos juntos as duras batalhas contra as nossas ameaças existenciais.

2. Empatia: um elevado nível de compaixão, humildade e humanidade

A ideia de que a sorte desempenha um importante papel nas nossas vidas percorre há séculos as sociedades e as religiões. Não estamos a ignorar o trabalho árduo que leva qualquer CEO ou líder ao topo. Mas muitas pessoas começam com uma vantagem tremenda. Nós, os autores deste livro, somos homens brancos, nascidos em países ricos e tivemos o apoio dos nossos pais, que se dedicaram a ajudar-nos a prosperar. A vida presenteou-nos com um bilhete de lotaria premiado à nascença.

Para muitos, não é tarefa fácil reconhecer a sorte e pôr-se no lugar dos outros, sendo mais empático. Também não é tão comum no mundo empresarial como deveria ser; apenas 45% dos empregados acreditam que os seus CEO têm empatia.[13] Infelizmente, aos homens em particular foi ensinado que ser compassivo é uma fraqueza.

Os líderes de hoje precisam de ver os outros como seres humanos, não como «feitos humanos», e valorizar o que todos trazem para a discussão. Devem cultivar a empatia e a compaixão, mesmo que seja desconfortável. Como diz o antigo CEO da Ben & Jerry's, Jostein Solheim: «Se não sentirmos a dor que estamos a infligir à Mãe Natureza, ou se não sentirmos empatia com a profunda ansiedade e medo que uma pessoa negra sente na América... não se pode gerir um negócio sustentável.»[14]

Uma ferramenta que pode ajudar a desenvolver a empatia é o exercício de pensamento «véu da ignorância», popularizado pelo filósofo do século XX John Rawls. Imaginemos que estamos a criar um sistema político e económico, mas desconhecemos o nosso «lugar na sociedade, posição de classe ou estatuto social... [ou] fortuna na distribuição de bens e capacidades naturais, inteligência e força...» Que tipo de sistema conceberíamos se não soubéssemos se nasceríamos um homem branco num país rico ou uma rapariga síria num campo de refugiados? Que tipo de políticas quereríamos ter em vigor e como desejaríamos que as empresas se comportassem?

A resposta é óbvia. Respeito, equidade, compaixão, humanidade e justiça seriam o núcleo duro. O sistema proporcionaria uma base básica de bem-estar e dignidade para todos, com as pessoas no seu centro e não o dinheiro. Os executivos deveriam trabalhar no sentido dessa visão proativamente — não podemos esperar que o mundo fique mais saudável e mais justo como que por magia.

Ajay Banga, presidente e antigo CEO da Mastercard, diz que o que faz com que alguém sobressaia atualmente não são apenas medidas mais antigas como a inteligência (QI) ou as capacidades emocionais (QE). «Eu digo que precisamos de QD — quociente de decência — quando vamos trabalhar todos os dias», diz ele, «e de nos preocuparmos com as pessoas que trabalham connosco, para nós, acima de nós e à nossa volta».[15]

Há muitos executivos que estão a liderar com a sua humanidade. O presidente da gigante indiana de software Wipro, Azim Premji, fez da humanidade o núcleo da sua vida. Investiu grandes parcelas das ações da sua empresa na sua fundação de 21 mil milhões de dólares, que se concentra na transformação das vidas dos mais pobres e vulneráveis. Premji disse que «viver com integridade... torna-se mais fácil se mantivermos a qualidade essencial da humildade».[16]

Em 2021, a nigeriana Ngozi Okonjo-Iweala foi nomeada diretora-geral da Organização Mundial do Comércio — a primeira mulher e a primeira africana a liderar a organização global.[17] Presidiu igualmente à Aliança Global para Vacinas e Imunização (GAVI), e teve um lugar nas administrações do Standard Charter Bank e do Twitter. Em suma, é uma mulher impressionante. No entanto, põe a missão do seu trabalho acima de si própria, dizendo: «Quando se trata de fazer o meu trabalho, o meu ego fica na mala.»[18] Da mesma forma, o CEO da IKEA, Jesper Brodin, gere um negócio próspero, mas permanece despretensioso. Tem sido um dos líderes mais ativos e eficazes na condução dos negócios e da sociedade em direção à sustentabilidade, mas mantém um estilo sueco discreto e mostra respeito pelos outros. «Acredite em si próprio e nos seus pontos fortes», diz ele, «mas não se esqueça de confiar também nos pontos fortes dos outros. Porque somos verdadeiramente mais fortes juntos».[19]

A humildade não exclui, contudo, que se façam grandes coisas. Jacqueline Novogratz, chefe executiva do Acumen Fund, fala sobre pares de valores que trabalham em tensão. «É preciso ter humildade para ver o mundo tal como ele é», diz ela, «mas ter a audácia... de imaginar como poderia ser.»[20]

Estamos perante muitos desafios sem respostas fáceis: como se altera a abordagem da Indonésia à produção de óleo de palma? Como podemos assegurar que todos os trabalhadores das cadeias de produção de vestuário ou eletrónica ganhem um salário decente? O que precisa de acontecer para que as energias renováveis e o seu armazenamento possam alimentar plenamente uma fábrica ou um centro de dados? A única forma de resolver questões difíceis como estas é dizer, humildemente, ao mundo: «Não tenho todas as respostas e preciso de ajuda.» Como diz Premji, da Wipro: «Liderança é a autoconfiança de trabalhar com pessoas mais inteligentes do que nós próprios.»

3. Mais coragem

Os cinco atributos dos líderes de diferença positiva são importantes e reforçam-se mutuamente, mas a coragem rege-os a todos. A poetisa Maya Angelou disse-o da melhor forma: «A coragem é a mais importante de todas as virtudes, porque sem coragem não se pode praticar nenhuma outra virtude de forma consistente.»[21]

A palavra *coragem* vem do latim e uma antiga palavra francesa *corage*, que significa «coração». Assumir uma posição firme requer tanto a cabeça — a lógica e o «porquê» — como o coração. A empatia e o sentido de propósito dão-nos coragem para tomar decisões que, de outra forma, não tomaríamos, para fazermos um esforço extra e para fazer ultrapassar o desconforto. Se não nos sentirmos desconfortáveis, não iremos suficientemente longe. Jeff Hollender, cofundador da Seventh Generation e presidente do American Sustainable Business Council, disse-nos que os objetivos de sustentabilidade e as declarações públicas deveriam ser suficientemente agressivas para deixar toda a gente nervosa: «Quando publica o seu relatório de sustentabilidade, se não der um ataque cardíaco ao seu advogado, não o está a fazer bem.»

É preciso coragem para sairmos da nossa zona de conforto e pensarmos a uma escala dez vezes maior do que nós ou os nossos pares normalmente faríamos — para estabelecer objetivos absurdos que ninguém conseguiria atingir sozinho. Os executivos querem muitas vezes ter tudo sob controlo e previsível, por isso encurtam a escala dos objetivos — jogam para não perderem em vez de jogarem para ganhar. Isso reduz inerentemente o potencial para a empresa e para o mundo.

Os líderes de diferença positiva procuram os maiores desafios. O setor do cimento, por exemplo, é uma das maiores fontes de gases com efeito de estufa, produzindo aproximadamente 8% das emissões globais de carbono.[22] A Dalmia Cement, da Índia, está a lançar uma aposta e a almejar o carbono negativo até 2040. Existem algumas empresas com objetivos de carbono mais agressivos no mundo, mas, para este setor, que faz algo tão intensivo em termos energéticos, é um salto considerável. O CEO, Mahendra Singh, está a investir numa grande experiência, construindo a maior instalação de captura e sequestro de carbono da indústria. É uma tentativa de fazer cimento neutro em carbono através da captura de CO_2 no processo de produção e da sua reorientação para combustíveis, químicos ou materiais.[23] O objetivo da Dalmia 2040, diz ele, «é difícil de compreender, difícil de visualizar, mas com o qual é fácil de sonhar».[24] É preciso coragem para sonhar em grande.

Todos os nossos maiores desafios são intimidantes e requerem pessoas corajosas para os enfrentar. Christiana Figueres foi a secretária executiva da Convenção-Quadro das Nações Unidas sobre Alterações Climáticas (UNFCCC) de 2010 a 2016. É-lhe atribuído, em grande parte, o mérito por ter tornado o histórico Acordo de Paris de 2015 uma realidade. Um artigo da *New Yorker* sobre Figueres descreveu quão difícil foi a sua tarefa: «De todos os empregos no mundo, o de Figueres é talvez o que tem o maior rácio de responsabilidade (evitar o colapso global) em relação a autoridade (praticamente nenhuma).»[25] De alguma forma, Figueres conseguiu reunir os líderes de cerca de 190 países no sentido de um acordo climático aceitável. Falando sobre como as empresas precisam de abordar o desafio climático, ela disse: «É preciso liderança, é preciso uma fria análise custo-benefício [a longo prazo], e, francamente, é preciso coragem moral.»[26] Ela tem demonstrado todas essas capacidades.

Com coragem e uma bússola moral, os líderes podem fazer aquilo que sabem ser o correto, mesmo correndo o risco de incorrer em grandes custos... ou de irritar pessoas armadas. Quando Ed Stack tomou a sua decisão de deixar de ser um simples observador quanto ao tema das armas, foi uma questão altamente controversa nos Estados Unidos (e ainda é). Assistiu a estudantes do ensino secundário que tinham sobrevivido a um massacre na Florida a iniciarem um movimento global sobre a segurança das armas (que inspirou a sueca Greta Thunberg a lançar a sua greve climática escolar). Stack pensou: *Se essas crianças conseguiram reunir a coragem para levar avante a sua luta perante todo o país, temos de ser suficientemente corajosos para dar este passo.*[27]

Stack estava a gerir o negócio iniciado pelo seu pai, mas tinha-o expandido muito para mais de 8 mil milhões de dólares em vendas, com 850 lojas e 30 mil empregados. O segmento da caça — armas, equipamento e acessórios — rendeu cerca de mil milhões de dólares em receitas. Uma das suas marcas de lojas, a Field & Stream, vendia os tipos de armas de assalto que estavam a ser utilizadas para matar crianças em escolas. Depois de ter dito à equipa de liderança que queria sair do negócio das armas, esta estimou que perderiam muitos clientes de longa data e pelo menos 250 milhões de dólares em vendas.[28]

Stack disse não se importar com o impacto no resultado. A sua decisão atraiu a atenção nacional, e ele recebeu centenas de convites para entrevistas. Stack aceitou fazer apenas duas em grandes emissoras e depois decidiu que já tinha dito o suficiente, o que também demonstrou um grande nível de humildade.

O rescaldo foi pior — e melhor — do que o esperado. Dezenas de empregados despediram-se e as vendas sofreram um grande golpe no início. Stack recebeu ameaças de morte e precisou de guarda-costas. Mas, depois uma vaga de reações positivas e «*buycotts*», trouxe mais negócios à Dick's, e a pressão competitiva diminuiu à medida que a Walmart, Kroger, REI e outros restringiram também as vendas de armas.[29] A empresa encontrou formas de inovar em torno das suas ofertas nas lojas que tinham perdido negócios.[30] A Dick's recuperou financeiramente com rapidez.[31]

Os esforços de Stack demonstraram um aspeto-chave da coragem, dizendo a verdade face ao poder — no seu caso, eram poderosos lobistas de armas, políticos e clientes entusiastas. Da mesma forma, quando Paul disse aos investidores da Unilever que a empresa já não forneceria orientação trimestral sobre os lucros, foi preciso ousadia perante os investidores todo-poderosos. Outros CEO viviam situações semelhantes. Um CEO de uma empresa industrial de 15 mil milhões de dólares uma vez disse a Andrew, «Ninguém quer gerir a sua empresa como se fosse um analista de ações de 28 anos.» Mas esse CEO não quis dizer isto em público. O famoso líder da GE dos anos 80 e 90, o falecido Jack Welch, também admitiu: «O valor para os acionistas é a ideia mais imbecil do mundo.»[32] Infelizmente, disse-o depois de se reformar. Parece que muitos CEO e líderes políticos são mais corajosos quando deixam o cargo.

Se um CEO não for capaz de enfrentar investidores que não se preocupam com o futuro da empresa, talvez ele possa não ser a pessoa certa para liderar. Bill George, o especialista em liderança, autor de *True North* e antigo CEO da Medtronic, diz que alguns líderes carecem de coragem porque «concentram-se demasiado em conseguir atingir os seus números... evitam tomar decisões arriscadas e temem o fracasso».[33] Ele cita o exemplo de Indra Nooyi, antiga CEO da PepsiCo, que defendeu com unhas e dentes a estratégia que desenvolveu, Performance with Purpose, para diversificar as ofertas da empresa, para lá da simples água com açúcar. Os investidores ativistas quase a expulsaram da empresa, mas ela equilibrou ganhos a curto prazo com investimentos na transformação. Isso é coragem.

Demasiadas empresas ficam à espera de que outras lhes mostrem o caminho sobre as questões críticas, dizendo: «Somos seguidores rápidos.» Ou os executivos dir-nos-ão algo do género: «Queremos fazer mais, mas não somos a Unilever.» Já ouvimos coisas semelhantes sobre inovação e não ser como a Apple, uma das empresas mais criativas e de maior impacto na história. Que triste. Porque não haveríamos de querer construir uma empresa vibrante e excitante que superasse os seus pares e atraísse talentos? As grandes empresas não seguem as outras: lideram.

Fazer frente aos investidores é difícil, mas ainda mais é repreender publicamente um poderoso líder mundial. Ken Frazier, o CEO da Merck, demonstrou uma enorme força moral quando renunciou ao cargo de presidente do American Manufacturing Council dos Estados Unidos da América. A sua decisão foi tomada na sequência do famoso comício neonazi em Charlottesville, Virgínia. Ao falar sobre o confronto dos supremacistas brancos com os manifestantes contrários, Trump disse que havia «pessoas muito boas de ambos os lados».[34] Frazier deixou o conselho, dizendo: «Os líderes americanos devem... rejeitar claramente as expressões de ódio, fanatismo e supremacia de grupo, que vão contra o ideal americano de que todas as pessoas foram criadas da mesma forma.»[35] Após o homicídio de George Floyd, Frazier falou novamente, dizendo que Floyd «poderia ser eu ou qualquer outro homem afro-americano».[36] Fez um apelo à comunidade empresarial, dizendo que deveria «assumir a liderança quando se trata de... reforma da polícia e acesso ao capital. A comunidade empresarial pode unilateralmente causar um impacto no desemprego e em questões de oportunidades».[37]

A história de Frazier não deveria fazer manchetes. O facto de sobressair como coisa rara é uma tragédia. Porque é que os líderes consideram que é difícil defender o mundo que queremos? Porque é que havia de ser arriscado lutar pelos direitos humanos e pelo fim do trabalho escravo; ou por uma organização diversificada que dá às pessoas com diferentes orientações sexuais, cores de pele ou capacidades a mesma oportunidade; ou para evitar ativamente a destruição do planeta? Pode não ser fácil descobrir como lá chegar, mas vamos tornar mais fácil para as pessoas dizerem o que sabem ser o correto. Sejamos corajosos e haverá outros a seguir-nos.

4. A capacidade de inspirar e mostrar liderança moral

A responsabilidade de um líder é, em última análise, inspirar e unir as pessoas em torno de um objetivo comum. Não se trata apenas de dar energia, mas também de a libertar. É a capacidade de motivar e orientar outros para níveis mais elevados de desempenho e ajudá-los a encontrar o seu próprio sentido claro de orientação e a descobrir como expressar esse propósito. Ou, como disse Bill George (um dos mentores de Paul), ajudar as pessoas a encontrar o seu verdadeiro norte para que se possam tornar líderes «genuínos e autênticos». George também procurou mostrar aos empregados o impacto positivo que o trabalho deles tinha no mundo. Quando era CEO da Medtronic, convidava regularmente as pessoas a falar com os empregados sobre como um *pacemaker* Medtronic lhes tinha salvado a vida.

Os líderes nos negócios (ou na vida) serão mais dignos de confiança, inspiradores e dignos de serem seguidos se as suas palavras e ações coincidirem. Os empregados farejam a hipocrisia à distância. Cada executivo mostra o seu nível de compromisso através de uma mistura do que diz, do que faz e daquilo a que dá prioridade. Criam a «sombra de um líder», o que ajuda a definir a cultura da organização. Com o atual nível de transparência, não se trata apenas de como as pessoas agem no trabalho, mas também do que fazem na sua vida privada. Com o aumento exponencial do teletrabalho e das reuniões em vídeo, os nossos colegas têm agora literalmente uma vista para dentro das nossas casas. As redes sociais colocam todas as nossas ações em exposição — estamos sempre em público, especialmente os líderes seniores altamente expostos.

Porquê esconder os nossos valores ou assumir que eles não se aplicam ao nosso trabalho? Conhecemos pessoas que fazem parte de conselhos de organizações de conservação, mas não fazem nada para ajudar a preservar o ambiente através das suas empresas. Já não se atua no escuro nem se é passivo. A inação é uma forma de ação. Em 2020, quando o CEO do Facebook Mark Zuckerberg não eliminou publicações que incitavam à violência, os trabalhadores encenaram uma marcha de saída.[38]

Demonstrar os nossos valores é importante. Os trabalhadores veem quando os seus líderes *não* estão à altura dos valores que declaram ter, e isso afasta-os. Os líderes devem encontrar formas de mostrar aquilo a que dão prioridade no trabalho e em casa. Por exemplo, podem demonstrar equilíbrio nas suas vidas e um compromisso com o bem-estar através das suas ações. Inspirar as pessoas a serem saudáveis e a encontrarem um equilíbrio. *Pessoas exaustas não beneficiam ninguém. Acabamos por ter pessoas esgotadas num planeta esgotado.* Sejamos mentores para os outros e ajudemo-los a serem pessoas inteiras no seu contexto de trabalho. É assim que obtemos um efeito multiplicador.

Paul fez das ligações pessoais um elemento central do seu estilo de liderança. Quando viajou pelo mundo para ter a experiência dos diferentes mercados, antes de se dirigir à delegação local, visitou residências para falar com pessoas reais e compreender as suas vidas. Na conferência anual de liderança da Unilever, deu a cada um, de centenas de executivos, um livro para impulsionar novas formas de pensar e dedicou algum tempo a escrever uma nota pessoal a cada um. Também tentou relacionar-se com pessoas do ecossistema da Unilever, mesmo quando era difícil — como uma visita à viúva de um homem que morreu enquanto trabalhava numa instalação da Unilever. Assumir responsabilidade pessoal pela segurança, mesmo para pessoas fora do controlo direto da empresa, demonstra carinho e empenho, e as pessoas reparam nisso. É também a coisa certa a fazer.

Grandes acontecimentos e situações de tensão trazem à tona o melhor e o pior de cada líder. À medida que a covid-19 foi atingindo o mundo, algumas empresas cancelaram contratos com clientes e desviaram negócios para o licitante com a oferta mais alta quando os mercados começaram a ficar apertados. Ou não cumpriram as suas promessas para com os empregados e puseram-nos em licença ou despediram-nos sem qualquer tipo de ajuda. Outras honraram os seus compromissos e lidaram com as escolhas difíceis de forma humana. O CEO da AirBnB, Brian Chesky, recebeu elogios durante a crise pela sua «mensagem empática e transparente sobre despedimentos».[39] Alguns líderes acompanharam a conversa. O Dr. Ed Kuffner, o médico-chefe da Johnson & Johnson's Consumer Companies, voluntariou-se nos hospitais da cidade de Nova Iorque durante os piores dias do início da pandemia.[40] Disse que foi «uma decisão relativamente fácil», mas perigosa, e temos a certeza de que os empregados sabiam disso.

A insurreição nos Estados Unidos, em janeiro de 2021, foi também um teste profundo aos valores corporativos. Muitas empresas mantiveram-se em silêncio, o que foi uma falha moral. Mas uma série de CEO corajosos, como Arne Sorenson, da Marriott — um bom homem e líder que recentemente perdeu, demasiado jovem, a sua batalha contra o cancro —, rapidamente se chegou à frente e tomou uma posição, suspendendo todos os donativos aos políticos que apoiavam uma tentativa de golpe. Era arriscado — muitos empregados e potenciais clientes podiam ficar ofendidos, mas era a coisa certa a fazer.

Ser inspirador provém de ações que correspondem a valores, de se mostrar interessado e de estar conectado a um propósito.

5. Procurar parcerias transformadoras

Estivemos a referir-nos aos traços interiores que caracterizam uma liderança de diferença positiva. Durante muito tempo, a estratégia empresarial também se concentrou no interior das empresas — que capacidades tem, e como construir estratégias e táticas a partir daí. Mas essa visão de dentro para fora de uma empresa é apenas uma parte da equação. O elemento mais crítico da mentalidade de diferença positiva é compreender as necessidades do mundo — ou seja, uma perspetiva de fora para dentro. Não basta perguntar em que é somos bons e o que podemos oferecer ao mundo. Perguntemos, em vez disso: quais são os limites e constrangimentos do mundo? Onde é que estamos a falhar face à humanidade?

Só iremos além das soluções incrementais para os nossos grandes problemas se trouxermos todas estas necessidades e perspetivas externas para as nossas empresas. Isto começa com líderes que estejam abertos a escutar (humildade) e que procurem trabalhar com as partes interessadas para um objetivo maior. É uma nova mentalidade entender que aprender com ONG ou críticos, tentar influenciar o comportamento dos consumidores, apoiar políticas governamentais pró-sustentabilidade e adotar a ciência mais recente deve fazer parte do funcionamento normal das empresas.

As fases iniciais da construção de uma empresa mais sustentável estão repletas de frutos fáceis de colher, na sua maioria, internos. As eficiências fáceis podem vir rapidamente, e podemos continuar a encontrá-las durante anos para ajudar a pagar as medidas mais ambiciosas. Mas rapidamente descobriremos a quantidade de coisas que não podemos fazer sozinhos. A mudança transformativa requer amplas parcerias. Os líderes têm de demonstrar que estão abertos a trabalhar com os outros, e não apenas a comandar por detrás de uma secretária. E não apenas abertos aos outros, mas procurando-os, ansiosos por resolver com eles desafios maiores. A tendência habitual para a ação que qualquer bom líder tem, tem de se tornar uma tendência para um tipo de ação *transformadora* e *colaborativa*.

Uma empresa de diferença positiva trata todos como merecedores de respeito e parceria. Transformar toda uma cadeia de valor implica não só pressionar os fornecedores a fazer melhor, mas também inovar com os fornecedores para repensar a forma como os produtos e serviços são entregues. Por fim, o sistema não mudará sem que ocorram as mudanças certas nas políticas, o que significa criar parcerias abertas e produtivas com os governos.

Trabalhar bem com estes diversos grupos é uma nova competência de liderança. Ninguém nesta cadeia de partes interessadas trabalha para nós ou para a empresa. Pôr-se ao mesmo nível de todos os parceiros, ou mesmo estar ao seu serviço, requer humildade, e estar atento a qualquer desdém que se possa ter e descartá-lo (tal como assumir que as ONG não têm perspicácia comercial).

Para os líderes das ONG, é também inútil pensar que os empresários não têm alma. Não julgue nem atribua categorias às pessoas.

As coligações só serão transformadoras se todos os participantes estiverem abertos a trabalhar em parceria verdadeira e igualitária. Os parceiros também precisam de ver os benefícios do trabalho. Parece trivial, mas encontrar as vantagens mútuas rápidas, em que há valor partilhado por todos, é como se constrói um terreno comum, se faz a ponte entre todos e se constrói confiança.

Muitas empresas e CEO estão profundamente empenhados no trabalho de transformação. François-Henri Pinault lidera a Kering, o conglomerado de luxo de 19 mil milhões de dólares com marcas de topo de gama como Gucci, Yves Saint Laurent e Balenciaga. Durante anos, Pinault tem sido eloquente e inovador sobre como valorizar e proteger a natureza. A marca Puma da Kering foi a primeira grande empresa a estimar o valor financeiro do que a natureza fornece ao negócio. A sua «P&L* ambiental» foi inovadora e aumentou a consciência sobre o valor que as empresas extraem dos sistemas naturais sem pagar por isso.

Pinault e a sua empresa trabalham com as partes interessadas para mudar a indústria da moda, que tem uma enorme pegada de terra, água e carbono. A Kering fez uma parceria com a Universidade de Cambridge para estudar como as empresas de moda podem transformar as estratégias de biodiversidade e está a trabalhar com a Conservation International para converter um milhão de hectares de terras agrícolas em agricultura regenerativa até 2025. Tudo isto faz parte do seu compromisso de restaurar seis vezes a área de terra utilizada por toda a sua cadeia de abastecimento.[41] Este é um trabalho de diferença positiva.

Após o presidente francês Emmanuel Macron ter dado a Pinault a missão de liderar o seu setor em matéria de proteção ambiental, lançou o Pacto da Moda, com a ajuda da organização de Paul, a IMAGINE. O Pacto reúne dezenas das maiores marcas de moda para abordar as alterações climáticas, a biodiversidade e a proteção dos oceanos.

Que impacto pode ter um grupo de duas dúzias de grandes protagonistas do setor? Quantos hectares de agricultura regenerativa podem eles criar? Quantas pessoas podem inspirar através das suas marcas? As respostas são ainda desconhecidas, mas é excitante explorar o potencial de mudança real quando todos colaboram entre si.

---

* *Profit and Loss; Lucro e Prejuízo*

Falar com os netos

Este versículo bíblico é revelador: «A colheita é abundante, mas os trabalhadores são poucos» (Mateus 9:37). Há tanta necessidade no mundo, e muito trabalho importante para fazer, mas não há pessoas suficientes a bordo. Precisamos de mais líderes que sejam decentes, empáticos, bondosos e que sintam a obrigação de melhorar a sociedade para todos. Uma empresa de diferença positiva prospera ao cuidar e pôr as pessoas em primeiro lugar. As empresas podem parecer líderes improváveis de um movimento que visa trazer mais humanidade ao mundo, mas porque não? Podemos passar de organizações e economias sem rosto e robóticas para o reconhecimento da humanidade uns dos outros.

O primeiro passo é preocupar-se com o que está a acontecer no mundo. Preocupa-o que centenas de milhões de pessoas vão para a cama com fome, sem saberem se acordarão no dia seguinte? Ou que dois mil milhões e meio de pessoas ainda não tenham acesso a água potável e saneamento? Ou que na maioria dos países as mulheres ainda não têm os mesmos direitos que os homens? E por aí adiante.

Sem ficarmos assoberbados, podemos trabalhar para encontrar soluções e alimentar as nossas próprias almas. Como Adam Smith disse, pôr-se ao serviço dos outros também o tornará bem-sucedido. Portanto, a resposta à pergunta «Preocupa-se?» é, na verdade, outra pergunta: a quem serve? (Será gratificante se a resposta for «os meus acionistas»?)

Paul deu uma entrevista na rádio há alguns anos nos Estados Unidos. O locutor perguntou porque é que ele estava a fazer todo este trabalho de sustentabilidade — era porque era bom para o negócio ou para os seus netos? Sem hesitar, respondeu: «Os meus netos, claro.» Andrew estava a ouvir essa entrevista e, no início, pensou que era uma oportunidade perdida de explicar quão boa é a sustentabilidade para o negócio, mas, afinal, «Para os meus entes queridos» é a resposta certa. Por que outra razão estamos a trabalhar que não seja para servir os outros, mesmo que seja apenas para os nossos círculos íntimos?

Como é que curamos o mundo? Talvez a solução possa ser tão simples como o amor. No final, encontrar a nossa humanidade no trabalho é saber para quem trabalhamos e o que queremos que os nossos entes queridos digam sobre a forma como passámos a vida. O CEO de um grande fabricante automóvel europeu deu recentemente ao seu conselho de administração trabalhos de casa para uma sessão de estratégia: escreva uma carta aos seus netos sobre o que fez neste conselho.

O que diria a sua carta?

O que fazem as empresas de diferença positiva para promover uma liderança corajosa e solidária

- Perguntar: «Que tipo de mundo desejaríamos se não soubéssemos em que circunstâncias iríamos nascer?» (O «véu da ignorância»)
- Cultivar um sentido de responsabilidade e dever de servir o mundo e encorajar as pessoas a trazer os seus valores para o trabalho
- Ajudar as pessoas na empresa a encontrar o que fazem de único para o mundo (o seu propósito)
- Ter empatia, compaixão e humildade, e procurar abertamente ajuda e parceria de outros
- Recompensar a coragem, dizer a verdade perante o poder, e fazer o que está certo, mesmo que implique custos

3

Libertar a alma da empresa

À descoberta do propósito e da paixão da organização e dos empregados

Nada pode ser maior do que um negócio, por mais pequeno que seja, governado pela consciência, e nada pode ser mais insignificante ou mais mesquinho do que um negócio, por maior que seja, governado sem honestidade e irmandade.

— Lord William Lever, fundador da Unilever

O que motiva as pessoas? O que as faz felizes? Após milénios em que filósofos tentaram responder a esta pergunta, os economistas do século XX, na sua maioria liderados pela Escola de Economia de Chicago, decidiram que a resposta era simples: só queremos mais dinheiro e mais coisas.

Na altura em que Andrew se licenciou em Economia, todos os modelos partiam do princípio de que as pessoas só procuram maximizar a utilidade e competir superando os demais. Novos campos de estudo, incluindo a economia comportamental, chegaram a conclusões diferentes, muito mais realistas: as pessoas *nem sempre* são racionais e têm dezenas de preconceitos cognitivos que afetam a tomada de decisões. Procuramos informações que confirmem aquilo em que já acreditamos, por exemplo, ou confiamos demasiado na primeira (ou última) informação que ouvimos.

Outra linha de investigação procurou desenvolver uma melhor visão sobre o que realmente nos impulsiona. Dois professores de Gestão de Harvard, Nitin Nohria (que se tornou reitor da Escola de Gestão) e Paul Lawrence, aprofundaram esta questão no seu livro *Driven. How Human Nature Shapes Our Choices*. O seu trabalho reconhece que existem dois impulsos humanos fundamentais que se enquadram no modelo económico do «salve-se quem puder»: queremos *adquirir* e *defender*.[1]

Mas acrescentam dois impulsos fundamentais à equação: *criar laços* com os outros e *compreender* o nosso mundo. Precisamos de ligação, significado e propósito. Restará alguma dúvida da veracidade desta afirmação? Michael Pirson, professor da Universidade de Fordham, desenvolve as ideias de Nohria e Lawrence no seu livro *Humanistic Management*. Pirson pede-nos que imaginemos uma empresa que trabalhe para satisfazer estes quatro impulsos. Essa empresa seria construída em torno do desempenho e do crescimento, como qualquer empresa maximizadora de lucros, mas, fundamentalmente, buscaria também conexão e propósito.

Encontrar um significado pessoal e organizacional não é uma estratégia de coração mole e antinegócios. Na verdade, satisfazer as necessidades humanas básicas é um caminho poderoso para o sucesso empresarial. Uma empresa de diferença positiva trabalhará para satisfazer os quatro impulsos dos seus empregados. Irá melhorar as suas vidas, dando-lhes empregos bem remunerados, claro, mas principalmente ajudando a descobrir e desbloquear o seu propósito — permitindo-lhes estabelecer uma ligação entre o coração e o cérebro.

Esse trabalho começa por encontrar o propósito da organização.

Reanimar o coração da Unilever

Em 2000, a Unilever comprou a Bestfoods por 24,3 mil milhões de dólares.[2] Foi a maior aquisição de sempre da Unilever e a maior na história do ramo alimentar. A empresa estava otimista e numa onda de compras. As expectativas eram elevadas, mas, em 2008, surgiu um cenário diferente.

O preço das ações não se tinha movimentado durante uma década. Algumas marcas estavam a abrandar e, após a venda de alguns grandes negócios, tais como detergentes americanos, as receitas desceram de um pico de 55 mil milhões de euros para 38 mil milhões de euros. A Unilever tinha ficado para trás relativamente aos seus maiores concorrentes em margens e crescimento anual durante 20 anos; era a única que tinha diminuído significativamente durante os anos 2000. A empresa perdeu o estatuto de maior empresa de bens de consumo do mundo, tornando-se um distante número três, muito menor em receitas e valorização do que os seus principais rivais, Nestlé e P&G.

O que aconteceu é uma velha história. Na expectativa de sinergias e de crescimento, as aquisições tiveram um preço elevado, mas depois falharam a sua concretização. Os acionistas exigiam um retorno, pelo que os executivos se concentraram em atingir objetivos de lucro irrealistas e a curto prazo. Isto levou a reduções drásticas no investimento e na inovação, o sangue vital de uma empresa de bens de consumo. Durante anos, a Unilever não construiu uma fábrica, não lançou uma nova marca significativa nem se envolveu em M&A* significativas, para além de vender empresas «de baixo desempenho». (Há um fundo de verdade no ditado que diz que não há empresas com um desempenho abaixo do esperado, apenas organizações com um desempenho abaixo do esperado.) As principais marcas foram privadas de publicidade e apoio promocional, o que acelerou o declínio. As palavras «*marketing*» e «inovação» foram substituídas por «finanças» e «reestruturação». É uma espiral descendente com a qual muitas empresas se podem relacionar.

A Unilever tinha sucumbido à primazia dos acionistas.

A organização parecia estar a aceitar o seu declínio. As quotas de mercado dos principais bastiões estavam a descer rapidamente, mas os sinais de alarme não pareciam estar a soar. Na Alemanha, as vendas totais diminuíram em mais de metade em 20 anos, e o plano era vender o negócio em retração e sair do mercado. Mas porquê evitar uma batalha? Não fujamos dos problemas mais difíceis, corramos em direção a eles. Se conseguirmos ganhar nas condições mais difíceis, podemos ganhar em qualquer lugar. E não se pode ganhar se não se tentar.

O declínio geral afetou a cultura da organização e tornou-a mais concentrada no seu interior. Apesar das tentativas de criar uma «Unilever unificada», a empresa era altamente descentralizada e as pessoas tinham mais fidelidade às suas próprias carteiras, marcas, funções e regiões do que à empresa em geral. O orgulho e a coesão pareciam estar em falta — as casas de banho da empresa utilizavam sabonetes da concorrência e as cafetarias armazenavam chás da concorrência e tinham manteiga, mas nenhuma das margarinas da Unilever.

Paul chegou à Unilever após uma carreira em bens de consumo, os três anos mais recentes como CFO da Nestlé e chefe dos negócios nas Américas. Foi o primeiro CEO que a Unilever contratou fora da empresa. A variedade de questões com que a Unilever se deparava agora pode parecer terrível, mas a possibilidade do que a empresa podia oferecer era cativante. A Unilever estava repleta de pessoas fantásticas que vendiam produtos muito apreciados. O coração de uma organização estimulante com um propósito ainda estava lá, ainda que estivesse a bater lentamente.

---

* *Mergers and Acquisitions; Fusões e Aquisições*

Estava na altura de reinventar a Unilever, mantendo o que era valioso — valores essenciais, capacidades e uma longa história de liderança —, mas dando um choque ao sistema e sacudindo a empresa num caminho de regresso ao vigor e ao sucesso. Precisavam de alimentar o seu núcleo enquanto estimulavam o progresso (parafraseando Jim Collins em *Good to Great*). Se as bases não estiverem lá — crescimento, investimento, inovação, orgulho, unidade e abertura a novas ideias —, o resto desmorona-se, e não se consegue fazer nada de relevante. Até um simples objetivo como «desperdício zero» vai parecer impossível.

A Unilever precisava de recuperar o seu espírito e lutar. Não é divertido trabalhar numa empresa em declínio. As primeiras prioridades eram o básico: pôr a casa em ordem, colocar as pessoas certas a conduzir, aguçar a estratégia, trazer de volta uma mentalidade e cultura de crescimento, e pôr-se a andar.

Pôr a casa em ordem

Se os alicerces não forem os de um negócio saudável, qualquer tentativa de uma estratégia orientada para uma missão ou de um modelo de diferença positiva irá provavelmente falhar. Não terá os recursos, a energia e o foco no propósito de que necessita. Pôr a casa em ordem na Unilever centrou-se em algumas áreas:

Concentrar-se no básico e reinvestir na empresa. Paul aumentou os investimentos em pessoas, marcas, I&D e fabrico para melhorar a qualidade, assegurar a competitividade e restabelecer a vitalidade e o crescimento dos negócios principais. Introduziu novas ferramentas e práticas para identificar áreas de crescimento, eliminar custos e libertar capital para reinvestimento — nada que a maioria das outras empresas não faça, mas foi um trabalho árduo.

No primeiro ano, o programa 9 para '09 deu a todos objetivos sólidos, mas exequíveis, de crescimento e redução de custos para provar quanto podiam alcançar trabalhando em conjunto e apostando na escala global. O slogan «Somos Unilever» ressoou — o antigo diretor de sustentabilidade, Jeff Seabright, diz que estavam a redescobrir o «Uni» de Unilever. Outra iniciativa, Max the Mix, centrou-se no desenvolvimento de produtos inovadores que proporcionassem mais valor para os consumidores e maiores margens para o negócio. Para aumentar a eficácia da I&D, estabeleceram um objetivo que 75% das inovações tinham de aumentar as margens e atingir uma escala mínima — em média, novas iniciativas estavam a acrescentar apenas 2,5 milhões de libras ao volume de negócios, um mero erro de arredondamento para uma empresa com receitas de 38 mil milhões.

Reiniciar o crescimento, eliminar custos sem valor acrescentado e o trabalho rigoroso de gestão de capital (do positivo ao negativo) libertaram fundos para reinvestir em prioridades a longo prazo e com propósitos claros e para acelerar as fusões e aquisições. À medida que a empresa regressava a si, também a confiança e o entusiasmo em relação ao potencial da empresa se tornavam realidade, o que levou a mais investimento. Foi o início de um círculo virtuoso positivo que ganhava força.

Criar uma visão apelativa baseada em valores essenciais. A mensagem de crescimento era clara, mas a linguagem a partir do topo mudou de outras formas importantes. A utilização consistente de expressões como *propósito, múltiplas partes interessadas* e *longo prazo* — e depois agir com base nessas ideias — começou a transformar a cultura. A Unilever também criou um novo enquadramento estratégico, o Compass, um documento simples de duas páginas que estabelece os princípios básicos para o sucesso em bens de consumo. Este documento deixava claro porque é que a empresa existia e proporcionava a disciplina, um conjunto comum de valores, uma tendência para a ação e padrões claros de liderança — coisas como manter uma mentalidade de crescimento, investir nas pessoas e assumir responsabilidades. Uma empresa gerida por princípios, dentro de um enquadramento, é muito mais eficaz do que uma empresa gerida por regras.

Com o lançamento do Plano de Vida Sustentável da Unilever (USLP), um ano mais tarde, o «porquê» principal do Compass foi alterado para corresponder à nova missão. Isto fez com que a estratégia e os roteiros de sustentabilidade se alinhassem. Numa pequena mudança de linguagem para construir orgulho, Paul disse que se deveria sempre referir a nova estratégia como o Plano de Vida Sustentável da *Unilever* (e não um plano genérico de vida sustentável). É importante jogar o nosso próprio jogo — seremos sempre um distante segundo lugar ao tentarmos ser outra pessoa.

Simplificar a estrutura para obter velocidade. A Unilever reorganizou-se para reduzir a descentralização e a complexidade. Estar próximo das diferentes geografias e mercados para os compreender era vital, mas também eram vitais a solidariedade e o propósito comum. A liderança queria que a Unilever desse a impressão de uma única empresa com marcas poderosas, não um conglomerado de silos independentes, mas que permanecesse suficientemente ágil para vencer em mercados altamente competitivos. Era um equilíbrio. A empresa mudou para estruturas mais ágeis para obter um *feedback* mais rápido dos mercados e minimizar a síndrome da «perda pela tradução» de que as empresas sofrem frequentemente. O centro de gravidade teve de mudar do foco interno nos interesses da empresa para uma visão de «fora para dentro», centrada nos cidadãos que a empresa servia. Para dissolver esses feudos de produtos e países, a Unilever reorganizou-se em torno de categorias principais de produtos — alimentos e bebidas, cuidados de saúde e beleza, e cuidados domésticos e pessoais.

Fazer-se acompanhar do conselho de administração. Nenhuma organização pode ser bem-sucedida a longo prazo sem o apoio do conselho de administração. No entanto, como mencionámos, os executivos seniores classificam os conselhos como a fonte número um de pressão para o desempenho a curto prazo.[3] A lacuna surge, em parte, porque os membros da administração têm dificuldade em compreender o significado de ESG (ambiental, social e governação), a forma como está ligado à estratégia, como providenciar uma monitorização ativa sobre a mesma e como se preparar para expectativas externas mais elevadas. Num inquérito às empresas da UE, apenas 34% dos membros do conselho de administração disseram ter os conhecimentos necessários sobre as alterações climáticas (contra 91% em finanças).[4] A maioria dos membros dos conselhos de administração cresceram noutra era e acham que o foco no propósito é algo de inquietante. Manifestam frequentemente a preocupação de que o tratamento de questões de ESG exponha o conselho a mais riscos, mas é o contrário — compreender e gerir questões de sustentabilidade reduz o risco e aumenta as oportunidades. Os nossos grandes desafios, tais como as alterações climáticas e pandemias, estão a expor estas deficiências dos conselhos de administração e a levantar mais questões sobre como melhorar a governação empresarial.

A Unilever modificou o conselho de administração de forma a apoiar um modelo a longo prazo, com múltiplas partes interessadas. Aumentou a diversidade racial e, infelizmente, continua a ser a única administração importante no Reino Unido com equilíbrio de género. A Unilever tem tido a bênção de incorporar pessoas com conhecimentos significativos em áreas que vão desde as alterações climáticas até ao futuro da alimentação. A liderança da Unilever também expôs o conselho de administração às muitas parcerias e atividades orientadas para a missão da empresa, o que aumentou consideravelmente a sua adesão. Quando a administração está em sincronia, a sustentabilidade penetra mais profundamente no ADN da empresa. Durante a tentativa de aquisição fracassada por parte da Kraft Heinz, a administração foi posta à prova, mas manteve-se unida, não só na adesão ao USLP, como também no seu reforço.

Estabelecer uma ligação entre os funcionários e a missão. Foi mais fácil fazer as mudanças estruturais do que mudar as crenças. Com um novo CEO, mudanças nas fileiras de executivos e uma nova e intensa missão, muitos empregados estavam céticos — especialmente depois de muitas tentativas anteriores de revitalizar a empresa terem falhado. Para alguns, o USLP parecia demasiado ambicioso. A Unilever alavancou o Compass para conseguir o envolvimento de todos. Para impulsionar o desempenho, a organização recorreu a uma página do livro *Execution*, de Larry Bossidy, e pediu aos 170 mil empregados que escrevessem um plano «3 + 1» para si próprios: três objetivos profissionais relacionados com o Compass, e uma área pessoal a ser trabalhada. Sandy Ogg, a vice-presidente sénior de RH na altura, diz que a liderança sénior analisou amostras de planos de empregados e ligou a algumas pessoas para dizer: «És espetacular e aquilo em que estás a trabalhar é fixe.» Ou, em momentos mais duros, podem «ligar a um tipo qualquer no meio da Suécia e dizer: "Olhei para os teus 3 + 1 e não estão nada por aí além — melhora lá isso, meu".»[5]

Enviar os sinais certos para criar o ambiente certo

Voltar ao básico lançou as bases para lucrar com o propósito, mas esses elementos não foram suficientes. Paul e a equipa de gestão tiveram também de enviar sinais claros sobre a nova direção. Os líderes deveriam demonstrar total coerência na mensagem, compromisso, ações e comportamento para evitar a lacuna entre o que dizem e o que fazem. As pessoas lembrar-se-ão mais do que foi feito do que daquilo que foi dito. Se não vivermos de acordo com o que apregoamos, porque é que alguém haveria de nos levar a sério?

Quando Paul disse aos investidores que não daria mais orientações trimestrais, enviou um sinal poderoso aos investidores. Mas teve um impacto ainda maior na organização. Passava aos gestores a ideia de que podiam pensar a uma escala maior, fazer investimentos em inovação e em marcas estagnadas e tomar decisões a longo prazo. Isto contrasta fortemente com o mau hábito comum de manipular os lucros para atingir os objetivos trimestrais.

A Unilever enviou sinais através da empresa para alinhar a organização em torno de uma missão revitalizada e do foco a longo prazo. Por exemplo, ao sair do jogo dos ganhos trimestrais, também examinou a forma como o seu *próprio* fundo de pensões de 26 mil milhões de dólares estava a ser gerido. Como qualquer fundo, tinha dinheiro no mercado inteiro, incluindo em combustíveis fósseis. Não era coerente falar de pensamento a longo prazo e de alterações climáticas ao mesmo tempo que investia o fundo de pensões para obter rendimentos a curto prazo e investia dinheiro em empresas carboníferas. Vejamos a questão do ponto de vista sistémico: o negócio da Unilever será severamente prejudicado pelas alterações climáticas, pelo que a empresa estava a financiar parcialmente o seu próprio desaparecimento.

A Unilever comprometeu-se a alinhar o seu fundo de pensões com os Princípios para o Investimento Responsável da ONU, que obriga os gestores de dinheiro a considerar um desempenho ESG (não tinham quaisquer diretrizes prévias). Os incentivos para os gestores do fundo passaram a recompensar o desempenho a longo prazo e não o trimestre. O fundo começou a ter um melhor desempenho. A empresa foi também consistente e criativa no financiamento. Emitiu o primeiro título de sustentabilidade empresarial, por 250 milhões de libras, para construir fábricas mais sustentáveis na África do Sul, China, Turquia e Estados Unidos.[6] Estas medidas fiscais deram credibilidade à empresa, bem como um lugar na discussão de levar os mercados financeiros a pensar a longo prazo.

A Unilever também reformulou a remuneração dos executivos. Mesmo com o abrandamento das vendas nos anos 2000, os bónus permaneceram elevados. Esta desconexão criou um desincentivo ao crescimento e à evolução. Por uma questão de consistência, o sistema de remunerações foi uniformizado para que as pessoas ao mesmo nível obtivessem a mesma estrutura salarial a nível global, após dedução de impostos, independentemente do local onde vivessem (o que retirou da equação as discussões sobre salários em benefício próprio). A Unilever enviou sinais organizacionais de várias formas que iremos abordar ao longo de todo o livro, tais como a reformulação do código dos fornecedores de forma a refletir os objetivos e prioridades do USLP; a emissão de um dos primeiros relatórios anuais integrados (ou seja, financeiros e de desempenho ESG num único documento); a publicação de relatórios sobre direitos humanos e escravatura moderna; a publicação de um código fiscal; a alteração das políticas de recrutamento; a melhoria da paridade de género na gestão e na remuneração (a empresa atingiu 50/50 em género em 2019); e a inclusão da diversidade racial e de género no conselho de administração.

Combinados, estes esforços criaram um efeito multiplicador e aceleraram a mudança. A coerência resultou em maior confiança e mais ação.

Os indicadores-chave de desempenho (KPI) apropriados também enviaram sinais claros de apoio à visão de longo prazo e de múltiplas partes interessadas. O USLP original forneceu muitas métricas declaradas publicamente, mas existiam outros objetivos internos importantes para ajudar a acompanhar o movimento em direção a uma diferença positiva: métricas sobre a diversidade, o fosso salarial e se a empresa era, por exemplo, procurada como um empregador de eleição.

Enviar os sinais certos exigiu concentração, empenho e coragem. Mas sabe o leitor o que é que a maioria deles não exigiu? Dinheiro. Claro, a forma como se atribui capital e se dá prioridade aos orçamentos envia sinais poderosos, e essas mudanças aconteceram também na Unilever. Mas não tem qualquer custo enviar sinais importantes sobre aquilo com que uma empresa se preocupa ou harmonizar os seus valores pelas operações. Então, porque não fazê-lo?

Começando pelo topo

Como diz o antigo diretor de *marketing* da Unilever, o responsável pelo regresso de um propósito associado às marcas, Marc Mathieu: «Se queremos mudar uma marca na mente dos consumidores, temos primeiro de a mudar na mente dos empregados, especialmente dos líderes.»[7] Os esforços de mudança podem assemelhar-se à reconstrução de um motor enquanto o carro está em movimento e a acelerar. A maior área em que se trabalhou para pôr a casa em ordem foi nos RH. Para uma agenda de mudanças desta dimensão, a empresa precisava de colocar as pessoas certas a conduzir a iniciativa, o que significava executivos que se preocupassem com o mundo e os seus desafios e que tivessem entusiasmo pelo propósito. A Unilever contratou uma empresa externa para entrevistar a equipa de liderança sénior e fazer corresponder as competências aos postos de trabalho. O projeto expôs alguns aspetos perturbadores sobre a cultura e as capacidades: baixo nível de curiosidade, falta de diversidade de pensamento e baixa consciência das principais tendências no mundo. Doug Baille, um executivo operacional sénior que assumiu os RH em 2011, diz que as avaliações mostraram «que éramos fracos a pensar de forma sistémica».

Nesses primeiros meses, as mudanças de pessoal foram dramáticas. Não há problema em ter céticos produtivos por perto, mas os cínicos são prejudiciais.

Nenhuma empresa se pode dar ao luxo de gastar tempo a tentar converter pessoas. Alguns executivos declararam-se desinteressados em toda esta coisa do propósito, incluindo o então diretor de *marketing*. Cerca de 70 dos 100 principais executivos foram «refrescados», juntamente com alterações substanciais no conselho de administração.

Em paralelo, os sistemas de RH precisavam de ser reformulados para que a nova estratégia ganhasse vida. Associaram descrições de funções e requisitos ao USLP, por exemplo, para ajudar a criar uma cultura de desempenho orientada para um propósito. Se escolhermos um caminho guiado por um propósito e os resultados comerciais forem péssimos, os acionistas céticos dirão: «Eu avisei-vos». Toda a experiência para demonstrar que as empresas podem ser uma força para o bem fica arruinada. Com a Unilever a prosseguir um propósito, a organização sentiu *mais* pressão para obter bons resultados financeiros, e não menos.

Com as alterações das altas patentes executivas, os melhores profissionais não foram colocados nos maiores cargos, mas sim nos papéis mais decisivos para o sucesso futuro. A Unilever combinou comunicação, *marketing* e sustentabilidade num único cargo, o de diretor de *marketing*, encarregado de integrar o USLP na empresa. Tratava-se de uma função central, não de um grupo especial de sustentabilidade à margem da organização. Keith Weed, a primeira pessoa a ocupar o cargo combinado, diz que a posição alinhava as comunicações internas e externas e tornava clara a forma como a empresa comunicava o seu propósito. Ao criar esta posição, diz ele, a Unilever construiu «uma máquina organizacional para ajudar a concretizar o USLP e as suas grandes ambições».[8]

A Unilever também precisava das capacidades certas e de participação em departamentos-chave — I&D, vendas e desenvolvimento de clientes, *marketing*, cadeia de abastecimento, finanças — para integrar a estratégia e criar consistência. A integração destas áreas é uma tarefa difícil. Para a maioria das empresas, as finanças são a área mais difícil de mudar, e na Unilever não foi diferente. Os executivos financeiros têm os analistas e investidores à perna mais do que qualquer outro líder empresarial. Tendem também a evitar o risco, uma atitude que não é a das empresas de diferença positiva.

Para reforçar o conhecimento e o empenho, Paul encorajou o CFO, Graeme Pikethly, a representar a Unilever nas principais parcerias globais de sustentabilidade, tais como o projeto de Redefinição de Valor do Desenvolvimento Sustentável do World Business Council. Pikethly também desempenhou o cargo de vice-presidente da Task Force on Climate-Related Financial Disclosure (TCFD), um protocolo que todos os CFO precisam de compreender.

As mudanças dos RH ajudaram a garantir que as pessoas percebessem verdadeiramente a missão, e que se empenhassem nela de corpo e alma. Todo este trabalho para pôr a casa em ordem, enviar os sinais certos e alinhar a organização fez com que o coração da Unilever batesse mais forte. Mas estas foram mudanças básicas — implicaram um trabalho árduo, mas francamente nada de novo. Alcançar o nível seguinte exigiu mais — foi necessário um propósito.

Procurar um propósito

Não há nada mais poderoso para uma organização do que chegar ao âmago da razão da sua existência, e depois fazer com que esse propósito ganhe vida. Propaga-se por toda a empresa e gera confiança junto dos consumidores, fornecedores, comunidades e outros interessados. Ter uma Estrela do Norte clara é o ingrediente oculto que cria resiliência e faz vencer o sucesso sobre o fracasso, o compromisso sobre a indiferença e o respeito sobre o desdém.

Mas qual é o objetivo da empresa? Colin Mayer, o líder do programa *The Future of the Corporation*, da Said Business School, de Oxford, argumenta que «o objetivo das empresas é resolver problemas de forma lucrativa, e não lucrar com a causa ou exploração de problemas».[9] A um nível mais profundo, o propósito deve expressar uma razão duradoura e significativa para que a organização exista. Tudo o que diz respeito à empresa deve girar em torno da concretização deste propósito, de forma lucrativa e a longo prazo (ver a caixa «Cinco perguntas a fazer»).

Há muitas declarações de propósito inspiradoras, tais como as da Unilever (tornar a vida sustentável um lugar-comum):

- Bayer: *Saúde para todos, fome para ninguém*
- LinkedIn: *Criar uma oportunidade económica para cada membro da força de trabalho global*
- Tesla: *Acelerar a transição do mundo para a energia sustentável*
- Timberland: *Equipar as pessoas para fazer a diferença no mundo*
- IKEA: *Criar uma vida quotidiana melhor para muitas pessoas*
- Schneider Electric: *Capacitar todos para tirar o máximo partido da nossa energia e recursos*

CINCO PERGUNTAS A FAZER

O trabalho de viver o nosso propósito deve começar a nível corporativo. Os compromissos motivados pela missão, tais como a desflorestação zero ou o respeito pelos direitos humanos, devem aplicar-se a toda a empresa, ou não há credibilidade. Saberemos que o propósito é fundamental para a estratégia se conseguirmos responder sim a estas cinco perguntas. O propósito...

1. Contribui atualmente para aumentar o crescimento e a rentabilidade da nossa empresa?
2. Influencia significativamente as nossas decisões estratégicas e escolhas de investimento?
3. Molda a nossa proposta de valor central?
4. Afeta a forma como construímos e gerimos a nossa equipa e as nossas capacidades organizacionais?
5. Participa na agenda das nossas reuniões de liderança e de direção, sempre?

Com um sólido compromisso a nível empresarial, incorporá-lo mais profundamente na organização significa desenvolver declarações de propósito para linhas de produtos individuais. A gigante dos alimentos e doces Mars gere também o maior negócio mundial de cuidados de animais de estimação (Iams, Pedigree, Whiskas), com o propósito de *criar um mundo melhor para os animais de estimação*. A marca Dove, da Unilever, procura *ajudar as raparigas a elevar a autoestima*, e a Knorr quer *assegurar que os alimentos saudáveis e nutritivos são acessíveis a todos*. Introduzir um propósito nas marcas é um trabalho de diferença positiva do mais alto nível (mais sobre isto no Capítulo 9).

As marcas utilizam as missões como faróis para as orientar para as iniciativas certas a realizar com as partes interessadas. O propósito também as ajuda a centrarem-se em aquisições e expansões estratégicas — a Unilever adquiriu dezenas de negócios orientados para propósitos específicos. A empresa utilizou o propósito como uma forma poderosa de levar a cabo uma reviravolta, mas não é a única com esta abordagem. Quando Hubert Joly assumiu o leme do retalhista de produtos eletrónicos em dificuldades Best Buy, em 2012, precisava de obter receitas e cortar nos gastos. Segundo Joly, a direção rapidamente perguntou — «Que imagem queremos assumir quando crescermos?» A resposta era ir além da venda de dispositivos e visar um propósito de enriquecer as vidas das pessoas através da tecnologia.[10] Numa era de declínio do retalho, a missão da Best Buy impulsionou a inovação na oferta de produtos e serviços. Agora, a empresa vale quatro vezes mais do que valia em 2012.

O propósito é um pilar central que sustenta uma organização forte, como os pilares de um arranha-céus, permitindo-lhe crescer em altura. Mas algumas empresas não fazem boas fundações para os seus pilares. Colam um autocolante do propósito na empresa e elaboram belos discursos, mesmo que haja uma desconexão fundamental. Dá para distinguir quando as declarações de propósito tentam cobrir os danos que as empresas fazem, ou distrair-nos da sua verdadeira obsessão, maximizando os lucros de todas as formas possíveis.

Algumas das implosões empresariais mais famosas, como a falência da Enron ou as questões de segurança do *Boeing Max 737*, aconteceram em organizações com declarações de missão aparentemente fortes. O propósito por si só não garante que se esteja ao serviço do mundo. É preciso uma sobreposição básica de serviço, valores partilhados e comportamentos que ajudem o mundo a prosperar. A Philip Morris tem um claro propósito em torno do direito de fumar, e as empresas de combustíveis fósseis falam em servir o mundo fornecendo energia. Mas se o seu produto principal mata ou torna o planeta inabitável, qual é o valor desse propósito?

Muitos bancos falam de propósito, mas se não estão a tornar as suas carteiras de investimento sustentáveis, o seu dinheiro continua a fluir para as empresas que estão a depauperar o mundo. O líder de seguros francês AXA começou a abandonar os seus investimentos em carvão em 2015, um passo precoce que cumpre o propósito declarado de «agir em prol do progresso humano, protegendo o que importa».

O propósito deve promover a consistência em todos os comportamentos, e não apenas uma escolha a partir de um menu de ações *à la carte*.

Torná-lo legal. As empresas que pretendam tornar claro que são um negócio de múltiplas partes interessadas podem procurar a certificação da B Labs e tornar-se uma B Corp. Em contraste com o foco de maximização do lucro das empresas tradicionais, uma B Corp assina uma Declaração de Interdependência sobre como é orientada por um propósito e utiliza a empresa como uma força para o bem. Se uma empresa B Corp agir segundo os seus princípios, estará certamente no caminho para a diferença positiva. Isto não é apenas para as pequenas empresas. A gigante alimentar francesa Danone certificou uma grande parte dos seus negócios com a B Labs, tornando-a a maior B Corp do mundo (ultrapassando a brasileira Natura, a primeira grande empresa pública a ser certificada).[11] O número de B Corps está a crescer rapidamente, com mais 3500 (no momento em que escrevemos este texto) em 74 países.

As empresas podem ir ainda mais além e incorporar um propósito na sua estrutura legal, tornando-se uma corporação de benefícios (disponível em alguns estados dos EUA). Na Europa, a Danone tornou-se a primeira empresa cotada em França a ser nomeada como Entreprise à Mission, a qual incorpora oficialmente nos seus estatutos o propósito e os objetivos ESG.[12] Uma surpreendente percentagem de 99% dos acionistas apoiou a mudança. A Unilever teve a sorte de adquirir várias B Corps, sendo a Ben & Jerry's uma verdadeira pioneira do movimento. Estas empresas superaram os restantes negócios da Unilever e contribuíram para mudar a sua cultura para melhor.

O propósito compensa. Um estudo de empresas de elevado crescimento ao longo de oito anos procurou os fatores tradicionais por detrás do sucesso, tais como a inovação. Mas os autores descobriram que o propósito, um fator que não tinham procurado, criava «organizações mais unificadas, intervenientes mais motivados e crescimento mais lucrativo».[13] O propósito também atrai talentos, envolve os empregados e proporciona bem-estar psicológico. Ter um «porquê» claro cria uma sensação de entusiasmo que é difícil de igualar.

As JUST Capital 100 — uma lista de empresas classificadas com um elevado nível de propósito e de serviço à sociedade — produziram um retorno total para os acionistas 56% mais elevado em cinco anos.[14] A investigação da Deloitte mostrou que as empresas orientadas para uma missão têm níveis de inovação 30% mais elevados e níveis de retenção de empregados 40% mais elevados.[15] No Reino Unido, durante um período de três anos, as B Corps cresceram 28 vezes mais depressa do que a economia.[16]

O propósito também atrai clientes. Dois terços dos consumidores afirmam estar dispostos a mudar para uma marca menos conhecida, mas que seja movida por um propósito e 70% dizem pagar mais por produtos mais sustentáveis.[17] Segundo a Google, quando as pessoas procuraram um produto *online*, utilizaram a palavra-chave «sustentável» dez vezes mais em 2020 do que em 2015.[18] As empresas dirigidas para um propósito podem explorar um mercado crescente de multibiliões de dólares para produtos sustentáveis e éticos.[19]

Há muitos caminhos para encontrar um propósito. A Unilever, ao longo do tempo, abordou a questão de algumas formas, incluindo redescobrir a missão original da empresa; ajudar os altos executivos — e depois todos os empregados — a encontrar o seu propósito individual; e procurar perspetivas externas sobre o que o mundo precisa (os ODS da ONU deram à empresa uma lista completa de áreas a abordar).

O propósito é uma excelente forma de criar valor comercial, mas é muito mais fácil de se agir com base num propósito se a empresa estiver a funcionar bem logo à partida. As empresas precisam de propósito e desempenho. A Unilever tinha um historial de ambos a que recorrer.

Propósito retrospetivo — Uma história de serviço

Para pôr em prática as mudanças drásticas de que a empresa necessitava, não bastava que Paul as decretasse. A Unilever precisava de voltar às suas raízes, o inegável coração da empresa. Assim, nas semanas antes de assumir o papel de CEO, Paul pesquisou a rica história da Unilever. Visitou Port *Sunlight*, a pequena aldeia no Noroeste de Inglaterra onde, em 1878, os irmãos fundadores Lever construíram uma comunidade para trabalhadores da sua fábrica de sabão. Antes de a fábrica estar em pleno funcionamento, construíram casas, uma escola, uma instalação de cuidados de saúde e casas de teatro e arte.

Uns 131 anos mais tarde, Paul realizou deliberadamente a primeira reunião com a sua equipa sénior no local onde tudo começou. A discussão centrou-se nos valores que tinham tornado a empresa grande e duradoura. Os irmãos Lever criaram as primeiras marcas da empresa, o detergente *Sunlight* e o sabonete *Lifebuoy*, para melhorar a saúde na Grã-Bretanha vitoriana. Lord William Lever, ainda no século XIX, falou em termos de prosperidade partilhada e ao serviço da sociedade. O seu objetivo inicial era «tornar a limpeza um lugar-comum e diminuir o trabalho para as mulheres», e lançou uma forma de capitalismo moral.[20]

Nem tudo foi fácil. Uma tentativa de construir uma comunidade semelhante a Port *Sunlight* no Congo, com o governo belga, falhou. Resultou em plantações de trabalho forçado, um problema não raro, mas profundamente preocupante na altura.[21] Mas no seu país, a Lever Brothers foi altamente inovadora e socialmente progressista. Foi a primeira empresa no Reino Unido a oferecer pensões e uma semana de trabalho garantida de seis dias. Quando os trabalhadores partiram para combater na Primeira Guerra Mundial, a empresa manteve os seus empregos abertos e pagou os salários destes homens às suas famílias. Era algo altamente invulgar. Assim, um século mais tarde, quando o sucessor de Paul, Alan Jope, garantiu empregos durante meses após o início da pandemia, estava a seguir as pegadas dos fundadores.

Nem todas as empresas têm 140 anos de história de onde possam resgatar um propósito, mas a maioria tem um fundador com uma história. Têm uma razão de ser e vale a pena encontrá-la. Na Índia, o líder da Mahindra Finance, Anand Mahindra, procurou saber por que razão o seu avô fundou a empresa e reorientou-a para a missão de ajudar as comunidades rurais a «crescer». Através de taxas de empréstimo justas para casas e pequenos negócios agrícolas, a empresa cresceu ao ponto de servir 50% das aldeias indianas e seis milhões de clientes.[22]

Na Unilever, o trabalho de criar um propósito nunca cessou. Foi um dos primeiros líderes na sustentabilidade empresarial moderna. Nos anos 90 e 2000, a empresa criou o Marine Stewardship Council (MSC), com o World Wildlife Fund para proteger a pesca, cofundou a Mesa Redonda para o Óleo de Palma Sustentável, desenvolveu um código de prática para a agricultura sustentável e dirigiu muitos programas comunitários em mercados emergentes. Algumas marcas tinham começado a integrar o propósito. As duas maiores iniciativas foram o programa de lavagem de mãos da *Lifebuoy* e a campanha global de autoestima de Dove. Estes esforços eram todos bons modelos de responsabilidade social empresarial. Mas eram desajustados, não estavam vinculados ao núcleo da empresa e assemelhavam-se mais ao típico trabalho de responsabilidade social empresarial (RSE).

A história estava lá. Lord Lever tinha implantado um significado e o «fazer o bem» no ADN da empresa, e outros CEO da Unilever tinham defendido temas semelhantes, mas nunca foram centrais para a estratégia da empresa e, demasiadas vezes, desvaneceram-se para segundo plano como um gene recessivo.

Muitos gestores da Unilever tomaram a herança da empresa como um dado adquirido. A empresa precisava de uma forma de trazer a história de novo para primeiro plano. Precisava de uma estrutura, foco, consistência e da ambição para procurar esforços transformadores — as mudanças sistémicas que são a marca distintiva de uma empresa de diferença positiva.

Uma nova direção exigiria algum esforço e tempo — e um grande e novo plano à volta do qual se reunir.

Dar protagonismo ao propósito: o Plano de Vida Sustentável da Unilever

Após dois anos de foco renovado na história de serviço da Unilever e de preparação da organização, fazendo-a crescer novamente, era tempo de lançar uma estratégia mais formal e unificada em torno do propósito. Era tempo de olhar em frente e compreender o panorama futuro. Necessitamos de ambos, ou ficamos presos na nostalgia do passado.

Em 2010, a empresa lançou o Plano de Vida Sustentável da Unilever (USLP). A necessidade de travar o declínio do negócio e redescobrir o propósito e a identidade foi fundamental para o lançamento. O propósito passou de algo que era simpático ter para um motor explícito de sucesso, aumentando significativamente a ambição e incorporando-a em toda a empresa. Como diz o antigo executivo de sustentabilidade da Unilever Gavin Neath, a estrutura de Paul tornou a história e o propósito «centrais na estratégia da empresa, e [nós] gerimo-los como a outras atividades empresariais, estabelecendo objetivos e métricas e recompensando o bom desempenho».[23]

Para além das razões comerciais, o USLP também partiu de um lugar mais profundo, elementar e moral. A liderança sabia que já não era suficiente que as empresas fossem menos más. Com as alterações climáticas e a desigualdade, as grandes empresas tinham de ser boas; tinham de fazer uma diferença positiva.

O USLP traduziu o propósito da empresa de tornar a vida sustentável num lugar-comum num objetivo central: duplicar a dimensão do negócio através de um forte desempenho, dissociando o impacto ambiental desse crescimento e otimizando o impacto social positivo da Unilever. No lançamento, isso traduziu-se em três objetivos audaciosos a alcançar numa década:

- Melhorar a saúde e o bem-estar de mais de mil milhões de pessoas
- Reduzir o impacto ambiental para metade
- Melhorar milhões de sustentos através do crescimento da empresa

O objetivo do impacto ambiental tinha um significado mais amplo, comprometendo-se a «dissociar» o negócio da utilização material. A Unilever teria como objetivo o crescimento sem utilizar mais recursos. Na prática, alguns objetivos iam mais longe — visando apenas a utilização de energia verde, por exemplo. Outros objetivos procuravam reduzir os impactos através da melhoria das normas, tais como o objetivo de abastecimento 100% sustentável. Em 2010, estas eram metas altamente agressivas, especialmente para uma empresa de receitas de 40 mil milhões de dólares. Com as outras duas declarações centradas no impacto social, a intenção total do plano era avançar para um resultado de diferença positiva.

Subjacentes aos três objetivos globais estavam sete subcategorias, cada uma com objetivos específicos para a empresa: saúde e higiene, nutrição, gases com efeito de estufa, água, resíduos, abastecimento sustentável e melhores condições de vida. Esta última categoria abrangia toda a agenda social. A pedido de Marcela Manubens, vice-presidente global de sustentabilidade social integrada da Unilever, foi mais tarde alargada a três pontos da agenda social: justiça no local de trabalho, oportunidades para as mulheres e empresas inclusivas (ver Figura 3-1). À medida que a empresa continuou a «aprender fazendo», houve outros ajustamentos pelo caminho, mas os três grandes objetivos permaneceram no lugar durante uma década.

Antes do USLP, um grupo reduzido de líderes de empresas privadas movidos por uma missão tinha desenvolvido planos agressivos para construir empresas de diferença positiva — Patagonia, IKEA, Mars e Interface com a sua Missão Zero. Mas para as grandes empresas públicas, os grandes objetivos de sustentabilidade eram quase inexistentes. Em 2007, o retalhista britânico Marks & Spencer lançou o Plano A (porque não há plano B) com cerca de uma centena de objetivos para a pegada operacional, aprovisionamento, clientes e produtos, saúde e bem-estar, e muito mais. Era detalhado e de vanguarda, e inspirou outros, incluindo a Unilever.

O USLP abriu um novo caminho. Estabeleceu objetivos e aspirações mais audaciosos à escala de mil milhões de pessoas, alargou o horizonte temporal para dez anos, introduziu a ideia de dissociação e cobriu todas as marcas e toda a cadeia de valor. Estabeleceu também alguns objetivos para sistemas inteiros, não apenas para a empresa. O plano era mais do que apenas estratégia ou tática — o «P» poderia também significar uma filosofia. Era uma aspiração e uma forma de se preparar para um mundo que estava a evoluir rapidamente. O USLP precisava de ser visto como uma forma de fazer negócios.

O plano alcançou muito em termos de resultados mensuráveis (ver a caixa «O sucesso do USLP»), e a Unilever aprendeu muito através da criação e implementação de algo tão amplo e profundo. Vejamos o que funcionou, o que foi necessário para esse sucesso e o que poderia ter sido feito de forma diferente, em retrospetiva.

FIGURA 3-1

Plano de Vida Sustentável da Unilever (USLP)

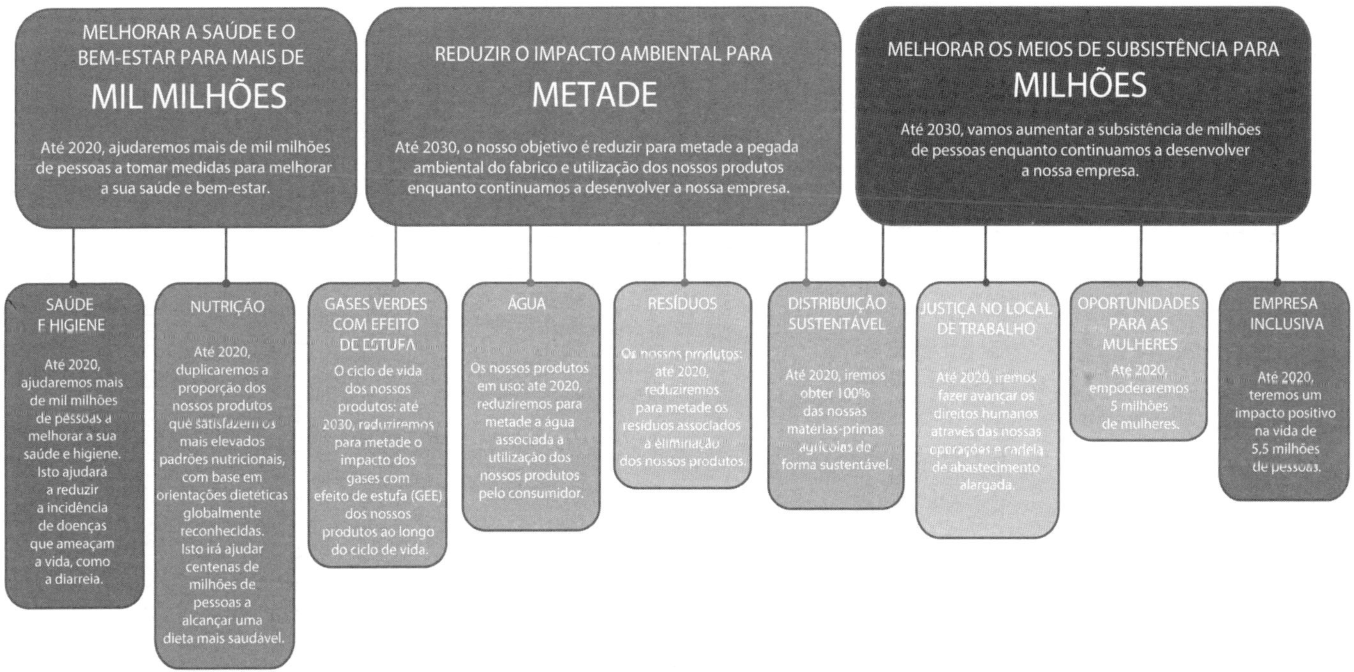

O SUCESSO DO USLP

Ao fim de dez anos, em 2020, o USLP tinha atingido ou excedido a maior parte dos seus objetivos, alcançando, por exemplo:

- Mais de 1,2 mil milhões de euros de custos evitados
- Ajudou 1,3 mil milhões de pessoas a melhorar a saúde e a higiene
- 100% de energias renováveis para a eletricidade na indústria transformadora
- Redução de 65% no CO_2 da energia gasta na produção
- Paridade global de género na gestão: as mulheres são 51%
- 67% das matérias-primas agrícolas de origem sustentável, quando antes eram 14%; 99,6% de óleo de palma e 88% de 12 culturas mais importantes
- Utilização de água reduzida em 49% por tonelada de produção
- Zero resíduos para aterro em todas as fábricas*

* Para estatísticas extensivas sobre o USLP, ver Unilever Sustainable Living Plan 2010 to 2020 Summary of 10 Years' Progress, Unilever, março 2021.

O que funcionou. Quando foi lançado, o USLP fez duas coisas importantes. Disse ao mundo: «Não temos todas as respostas», tornando a empresa acessível e humana, e disse «Não podemos fazê-lo sozinhos», o que forjou parcerias cruciais.

O USLP foi concebido como uma estrela-guia, mas suficientemente flexível para evoluir à medida que a empresa e o mundo mudavam. O plano não era um complementar ao estilo CSR, paralelo ao negócio principal. Era, e é, a estratégia e está fortemente ligado à agenda de crescimento. Como não eram coisas distintas, a empresa não podia exceder-se se o USLP não fosse bem-sucedido, e vice-versa. Desde cedo, o USLP foi verificado independentemente pela PwC e utilizado como um instrumento de transparência, responsabilidade, honestidade e confiança. O plano incluía mais de 50 alvos públicos, uma escolha que foi fortemente debatida. Alguns viam-no como um risco se falhassem alguns. Mas com a confiança nos negócios tão baixa como estava, ser mais transparente era a melhor forma de a restabelecer.

O USLP era também obstinado. Os gestores tiveram de fornecer factos, testes e provas de que as iniciativas guiadas pelo propósito de ajudar a sociedade — tais como alcançar 1,3 mil milhões de pessoas (até à data de hoje) com programas de saúde e higiene — eram eficazes na sua missão *e* ajudavam os negócios. Como diz agora Sandy Ogg, ex-executiva de RH, «O USLP não tinha nada de brando (nem Paul)».

O que é necessário para ter sucesso. A adesão dos empregados e das principais partes interessadas é imprescindível. Se os objetivos de um plano como o USLP são suficientemente grandes, é evidente que não o podemos concretizar sozinhos, e as parcerias tornam-se essenciais. Uma empresa também precisa de credibilidade como um todo antes de a impulsionar nas marcas ou divisões. E isso vem, em grande parte, da consistência. Tanto os líderes individuais como as empresas precisam de coragem para fazerem o que dizem e cumprir as suas promessas. Quando souber o que está certo, encontre a força para lutar por isso.

Principais aprendizagens. A Unilever cometeu erros com os quais os outros podem aprender. Subestimou o nível e a regularidade das comunicações necessárias para vender o plano às partes interessadas. A administração era uma parte interessada interna particularmente importante, e instruí-los continuadamente sobre os limiares mundiais e a abordagem da empresa deu mais trabalho do que o esperado. Para concentrar esforços e atenção, a Unilever criou um comité de administração separado sobre sustentabilidade e reputação corporativa; foi uma opção melhor do que simplesmente acrescentar a agenda aos comités de auditoria ou de remuneração. (Hoje em dia, à medida que os requisitos de apresentação de relatórios aumentam, as comissões de auditoria do conselho de administração devem também ser competentes em matéria de apresentação de relatórios não financeiros. As coisas estão a avançar rapidamente.)

A nível externo, a Unilever deveria ter envolvido mais os acionistas nas discussões sobre a criação de valor. Ao não relatar os ganhos trimestralmente e ao abolir as orientações, Paul teve muito menos conversas com os investidores. As que aconteceram foram mais estratégicas, mas precisavam de defender o propósito de vincular o desempenho ESG aos resultados estratégicos e financeiros. O baixo nível geral de compreensão em relação à materialidade dos ESG, e a falta de métricas para medir ou comparar o desempenho, tornou estas discussões mais difíceis. Agora temos dados melhores, mas, nessa altura, a prova da ligação entre os ESG e a criação de valor estava manifestamente ausente. Quando se promove um modelo que trata o lucro como resultado e não como objetivo, os investidores precisam de ser envolvidos e instruídos; caso contrário, irão dificultar a vida. A Unilever perdeu alguns investidores iniciais e levou mais tempo do que o esperado para atrair investidores que abraçassem o modelo a longo prazo. A maioria das empresas ainda satisfaz a sua base acionista existente, em vez de procurar melhores parceiros.

Olhando para trás, é também claro que o primeiro plano tinha demasiado do «E» de ESG, e não o suficiente da agenda social ou da governação. Não estava completo. A empresa reforçou essas áreas ao longo do tempo, e acontecimentos mais recentes, como a covid-19, aumentaram ainda mais a consciência de um contrato social fraco e a necessidade de abordar as disparidades raciais e de rendimentos.

Quando se torna público um grande plano, as ONG e outras organizações vão exigir de nós um nível mais elevado. Assumir a liderança faz de nós um alvo. É sobretudo uma coisa boa, porque atrai parceiros, mas se falhar alguns dos objetivos que requerem ajuda — por exemplo, mudar a cadeia de abastecimento —, as ONG serão críticas quando não se chega lá. Por vezes, a Unilever antecipou-se às ONG e quase foi uma defensora maior de determinada questão. Queremos ONG que estejam dispostas a juntar-se à viagem e a apoiarem-se mutuamente. A empresa aprendeu também que é preciso muito tempo para estabelecer amplas parcerias para enfrentar grandes desafios.

Não faltavam cínicos e céticos quando a Unilever lançou o USLP. Em 2010, os benefícios fundamentais da sustentabilidade ainda não tinham sido provados. E após anos de fraco desempenho financeiro, muitos sentiram que a Unilever não se podia dar ao luxo de fazer experiências fofas com o «propósito». Mas o tempo justificou o USLP e este realizou muito pela empresa. Trouxe o tão necessário oxigénio a um negócio que estava estagnado. Tem tido o papel de roteiro orientado para um propósito que inspira, encoraja a consistência, fornece uma perspetiva para ajudar a fazer melhores escolhas e impulsiona os negócios. A Unilever é hoje mais bem-sucedida e resiliente e o plano compensou diretamente de muitas formas, tanto financeiras como intangíveis.

O único verdadeiro pesar é que, dado o estado do mundo, o USLP não tenha sido *mais* agressivo, uma vez que o mundo ainda está muito aquém do que é necessário. Muitos dos objetivos originais são apostas mínimas ou já não são suficientemente bons. Não são totalmente de diferença positiva.

Vamos falar mais sobre o USLP nos próximos capítulos, aprofundando a forma como os objetivos ajudaram a expandir o pensamento e como o plano criou confiança e transparência no relacionamento com as partes interessadas.

Criar líderes autênticos e com um propósito

O USLP não seria bem-sucedido sem líderes fortes em toda a organização. Desde cedo, Paul pediu ao guru da liderança Bill George para criar um programa de formação de executivos com Jonathan Donner, o vice-presidente de liderança e desenvolvimento da Unilever. Reuniram uma série de outros especialistas em liderança e, juntos, criaram o Programa de Desenvolvimento de Liderança da Unilever (ULDP), um exercício com a duração de uma semana, e lançaram-no com os 100 principais executivos.

O programa explorava que tipo de líderes seriam necessários nas empresas daí a uma década, assumindo um mundo volátil, incerto, complexo e ambíguo (VUCA). Um elemento central do programa era orientar os executivos para encontrarem o seu próprio propósito individual. Donner descreve o programa como uma viagem, «observando longa e duramente quem somos, o que queremos fazer da nossa vida e como a convertemos em algo que pode ser maior do que nós próprios».[24] Ficou fascinado com uma das ideias-chave de George, o «cadinho», um evento transformacional que tenha afetado o nosso percurso de vida e estilo de liderança. Pediram aos participantes que partilhassem momentos profundamente pessoais que os tenham tornado quem são.

Era importante começar pelo CEO. A vulnerabilidade fazia parte de ser honesto e autêntico, e aproximava as pessoas. Paul partilhou os seus momentos pessoais «de cadinho», incluindo o facto de o seu pai ter trabalhado até à morte, mantendo dois empregos para assegurar uma vida melhor aos seus filhos; a escalada do Monte Kilimanjaro com oito cegos oriundos de todo o mundo (o que esteve na origem da sua fundação, que agora apoia mais de 25 mil crianças deficientes visuais em África); e a sobrevivência a uma experiência aterradora durante um ataque terrorista em Bombaim. Com a abertura do CEO, as pessoas sentiram-se mais confortáveis para partilhar as suas histórias pessoais.

Acolheram a transparência. Um estudo de caso da *HBR* observa que, numa sessão, «duas pessoas competindo pela mesma posição partilharam publicamente os seus planos de desenvolvimento».[25] Donner dá crédito ao programa como responsável pelo arranque da organização no sentido de um propósito e por promover a confiança e a assunção de riscos necessários para que tal acontecesse.

A Unilever também contratou uma empresa de pesquisa de topo, a MWM, para conduzir entrevistas aprofundadas com cada executivo e fornecer um *feedback* exaustivo sobre o seu perfil profissional e aspirações. À medida que os executivos avançavam no programa e iniciavam a autorreflexão, começaram a basear-se nestas avaliações brutalmente diretas para construir planos detalhados de desenvolvimento pessoal. Consideraram o que pretendiam nas suas carreiras, e se tinham as competências ou a experiência para lá chegar. Paul acabou por ler centenas destes planos e deu a cada um deles uma resposta pessoal. Isso ajudou-o a conhecer melhor os talentos e a conhecer o que a sua equipa alargada queria para o seu trabalho e desenvolvimento pessoal.

A Unilever alargou o programa de uma semana às 1800 pessoas de topo da empresa. A vaga de desenvolvimento que se seguiu traduziu essa energia organizacional em ações mais tangíveis. A Unilever trabalhou com importantes pensadores em sistemas (Peter Senge), liderança (Bob Thomas) e sustentabilidade empresarial (Rebecca Henderson) para ajudar os executivos a passar os seus objetivos da missão à ação. Também recorreram ao trabalho do consultor C. K. Prahalad sobre os mercados «da base da pirâmide» nos países em desenvolvimento (uma ideia cocriada com Stuart Hart).

Com o tempo, a Unilever ofereceu uma versão de um dia e meio de formação para *todos* os empregados; até à data, mais de 60 mil já completaram o programa. A chefe de RH, Leena Nair, diz que os participantes descobrem o seu próprio propósito e paixão, as suas lacunas de competências, e como querem gerir o seu bem-estar físico, mental, emocional e espiritual. Esta informação é integrada num «plano de encaixe futuro» pessoal.

O propósito é a melhor forma de inspirar e desbloquear o potencial de toda a organização, e tudo começa com o olhar para dentro e encontrar um propósito individual. *Desbloquear a alma da empresa tem de começar pela nossa própria alma.*

Criar empregados inspirados e exigentes

Independentemente de quantos retiros dedicados ao propósito se fizerem com os executivos, um plano tão amplo como o USLP não vai a lado nenhum sem a adesão de toda a organização. Como diz Nair, «o USLP torna-se real por causa dos empregados — as pessoas dão vida a isto». O objetivo foi sempre o de colocar toda a organização a remar na mesma direção, ao mesmo tempo que satisfazia as necessidades pessoais dos funcionários. Esta abordagem torna-se ainda mais importante à medida que os trabalhadores mais jovens assumem o controlo da força de trabalho global.

Grant Reid, o CEO da Mars, falou sobre como os Gen Zers já estão a remodelar o local de trabalho e a exigir transparência. Eles querem uma visão holística do mundo e confiança na sustentabilidade dos produtos.[26] São inovadores e exigentes e em breve serão uma força económica. Até 2030, os *millennials* deverão herdar mais de 68 biliões de dólares dos seus pais *baby-boomers*.[27]

O inquérito global de 2020 da Deloitte às duas gerações mais jovens revelou que as suas principais preocupações — entre todas as questões possíveis — são as alterações climáticas e a proteção do ambiente.[28] Enquanto consumidores e empregados, os *millennials* e os *zers* deixam claro que se preocupam profundamente com os valores e a sustentabilidade. Dois terços dizem não aceitar um emprego numa empresa com más práticas de RSE.[29] Um estudo da Gallup concluiu que «um profundo sentido de propósito liga os *millennials* aos seus empregos». Se os trabalhadores mais jovens souberem que valores são defendidos pela sua organização, o estudo concluiu que 71% tencionam lá permanecer. Se não conhecem o propósito, apenas 30% dizem que ficarão por lá alguns anos.[30] Não é tão grande, mas também há uma lacuna de propósito entre os trabalhadores mais velhos.

A formação da Unilever ajuda a conectar o propósito pessoal com os objetivos maiores da empresa. Os trabalhadores devem compreender a abordagem da sua empresa e os seus pontos fortes e fracos à medida que esta se encaminha para a diferença positiva. Pensemos nisso como uma preparação para uma conversa de um jantar com amigos e familiares que possam ter perguntas difíceis: porquê usar tanto plástico nas embalagens? Há crianças ou escravos a trabalhar na sua cadeia de abastecimento? Porque não pagam o suficiente aos agricultores? Porque é que ainda utilizam combustíveis fósseis?

Para que os empregados tenham um conhecimento mais aprofundado e possam aderir, um programa de dois dias não é o suficiente. Tem de haver uma comunicação consistente e extensa. Paul escreveu regularmente num blogue durante dez anos, reforçando repetidamente temas em torno do propósito, parceria e desempenho. Realizou regularmente reuniões de CEO com grupos de novos funcionários e outras muito maiores frequentadas por cerca de dez mil funcionários. Os líderes nacionais e locais dirigem mais 80 reuniões regionais todas as semanas. Os executivos tentam diligentemente aproveitar as oportunidades para celebrar os que fazem um bom trabalho, ou falar sobre o USLP para celebrar o seu progresso e reforçar as ambições do plano.

Dar aos empregados a oportunidade de viverem os seus valores cria um íman de talentos. A Unilever recebe anualmente dois milhões de candidaturas para 15 mil postos de trabalho e um milhão de estudantes candidatam-se a cerca de 600 postos de estagiários licenciados. *Três quartos das novas contratações dizem ter vindo para a Unilever por causa da missão.* Durante a última década, a posição da Unilever como empregador em demanda aumentou dramaticamente. No LinkedIn, a Unilever é uma das organizações mais seguidas do mundo, logo a seguir a gigantes tecnológicos altamente desejáveis como a Apple e a Google. Em 52 dos 54 países onde a Unilever recruta nas universidades, é o empregador de eleição no setor dos bens de consumo. É o empregador mais procurado no total em 20 países. No início dos anos de 2010, a Unilever nem sequer estava no top 10 da sua categoria em mercados centrais como o Reino Unido e a Índia.

Os benefícios de encontrar um propósito pessoal são difíceis de descrever. Como disse (possivelmente) Mark Twain: «Os dois dias mais importantes da tua vida são o dia em que nasces e o dia em que descobres porquê.» Quando sentimos que nos estamos a tornar quem realmente somos, isso dá-nos um sentido de pertença e a vida torna-se repleta de sentido. Com um propósito, um trabalho pode servir necessidades humanas profundas.

As recompensas e os riscos de um envolvimento profundo

Para além de atrair os empregados, trabalhar o propósito também compensou no que diz respeito ao aumento do envolvimento dos empregados. A líder de RH da Unilever Nair diz-nos que o seu departamento tem dados que remontam a décadas, que revelam que a percentagem de empregados felizes por ali trabalharem continua a aumentar todos os anos. Mais de 90% dizem ter orgulho na empresa, um número impressionante num mundo em que o empenho dos empregados tem uma média de apenas 15%.[31]

Sunny Verghese, que fundou a empresa de agronegócios Olam, com sede em Singapura, tem uma forte opinião sobre o envolvimento dos empregados. A um nível básico, diz ele, satisfaz as pessoas, oferecendo-lhes formação, proporcionando um ambiente de trabalho seguro e objetivos justos. A um nível superior a esse é uma questão de «empenho», em que as pessoas têm mais autonomia e uma oportunidade de dominar as competências como parte de uma equipa vencedora. Mas tornar as pessoas «inspiradas», diz Verghese, é uma espécie diferente: «Elas precisam de ter um objetivo à vista... e de saber que todo o esforço vai fazer a diferença.» Não se trata de mais lucro ou de cultivar mais cacau, mas de encontrar um significado, especialmente para os trabalhadores mais jovens.

O propósito de Olam é *reimaginar a agricultura global e os sistemas alimentares*. Para convidar os trabalhadores a participar nessa missão, a sua empresa fez um exercício, pedindo aos empregados que reimaginassem o sistema agrícola global para que este pudesse alimentar nove ou dez mil milhões de pessoas — e fazê-lo com uma fração dos recursos utilizados atualmente. Mais de 18 mil empregados responderam ao apelo. Numa parte diferente da cadeia alimentar, a Trane Technologies — um dos maiores produtores mundiais de soluções climáticas para edifícios, casas e transporte refrigerado de alimentos — convidou os seus 35 mil empregados a juntarem-se a um *brainstorm* a nível mundial sobre inovação denominado Operação Possível. O objetivo era identificar «os absurdos que impedem um futuro melhor» e ordená-los por favoritos. Os funcionários escolheram como primeiro «a coexistência da fome e do desperdício alimentar», um sério desafio para o qual podem dar alguma ajuda. Nos primeiros tempos do USLP, a Unilever também quis envolver todos na viagem. Miguel Veiga-Pestana, o chefe global dos assuntos externos e sustentabilidade quando foi lançado o plano, ajudou a organizar um *brainstorm* global de 24 horas. Reuniu 20 mil pessoas dentro e fora da empresa para fazer perguntas e procurar respostas sobre como alcançar os objetivos do USLP. Foi uma forma poderosa de fazer as pessoas aderir à visão. Mais uma vez, anos mais tarde, ao conceber o USLP pós-2020, a Unilever abriu a discussão e 55 mil funcionários quiseram participar. É um número enorme de pessoas que sentem que têm um interesse no futuro da empresa.

Há um problema interessante (e uma oportunidade) que surge com tanto empenho: suscita expectativas altíssimas. Os empregados que se juntam à empresa com a ideia de mudar o mundo podem, por vezes, ficar desiludidos por se depararem com um trabalho regular e não relacionado com a sustentabilidade. Mas todos os cargos precisam de pessoas que pensem de forma sistémica, em termos de diferença positiva e sobre como ajudar o mundo a prosperar. Estas novas contratações inspiradoras pressionam a empresa a ir mais depressa.

As exigências dos empregados sobre as empresas para fazerem mais, especialmente sobre o clima, são uma força crescente a ter em conta. Antes de 2020, altura em que a Amazon começou a assumir posições de liderança em matéria de alterações climáticas, a empresa não se tinha pronunciado em relação à sustentabilidade. As coisas mudaram quando quase nove mil funcionários assinaram uma carta aberta ao CEO, Jeff Bezos, com uma lista de exigências, tais como um objetivo de emissões zero e a redução de donativos políticos aos negacionistas do clima.[32] Outros trabalhadores lançaram a Amazon Employees for Climate Justice para continuar a pressão.[33] Os funcionários estão a apelar às suas empresas nas redes sociais e mesmo em conferências de imprensa, se as suas ações não cumprirem com a ética ou os valores declarados. Há poucas hipóteses de esta tendência abrandar. Portanto, abracemos os nossos empregados mais jovens e deixemos que eles nos puxem para o futuro.

Se estivermos a caminhar na direção certa, a pressão dos empregados não é um problema, mas sim uma vantagem. Para uma empresa que tenta acelerar em direção à diferença positiva, é um ativo poderoso ter aliados agressivos em toda a organização. Aproveitemos e ajudemos a criar ativistas e empreendedores sociais dentro da empresa que exigirão muito dela e de si próprios ao serviço do mundo.

Servir os empregados e permitir-lhes aceder à sua humanidade

Grande parte da discussão sobre o envolvimento dos empregados centra-se nos benefícios para a empresa, tais como uma maior produtividade. Mas e se as empresas funcionassem ao serviço desses empregados? Trabalhariam para melhorar o bem-estar dos empregados, para um resultado de diferença positiva e permitir-lhes-iam trazer o seu ser em plenitude para o trabalho. Ajudá-los-iam em grandes momentos da vida, por exemplo, concedendo licenças extensivas aos novos pais ou a outros que prestam cuidados.

A crise da covid-19 foi um grande teste — e uma oportunidade — para as empresas. Como lidam com as necessidades dos empregados? Tratam-nos como números e bens ou como pessoas merecedoras de respeito? Empregados, comunidades e governos observavam de perto as empresas para ver se continuariam a pagar aos seus vendedores, ou como lidavam com os despedimentos — prestaram ajuda com saúde mental, empréstimos, reconversão profissional, e mais? Algumas empresas falharam o seu teste covid-19 miseravelmente, o que é uma boa maneira de destruir o envolvimento dos empregados. Algumas põem o pessoal em risco direto ao não lhes fornecerem equipamento de proteção suficiente — as fábricas de embalamento de carne foram particularmente negligentes. As empresas que tiveram sucesso durante a crise cuidaram do pessoal direto e indireto, assegurando alguma estabilidade financeira aos fornecedores e clientes. Não é dispendioso fazer isto bem feito. A Unilever estava atenta à saúde mental dos empregados à medida que as pessoas se transferiam para o teletrabalho, para garantir que ninguém se sentisse isolado ou deixado para trás.

Fora dos momentos de crise, as empresas podem ajudar o seu pessoal a viver vidas mais sustentáveis — como um programa da Goldman Sachs que oferece a todos os empregados dos EUA acesso a energia limpa para a sua casa ou subsídios para os empregados comprarem veículos elétricos.[34] As organizações também estão a encorajar os empregados a serem cidadãos ativos. Centenas de empresas, incluindo HP, L'Oréal, PVH, SAP e Walmart, juntaram-se à iniciativa Time to Vote, dando aos empregados um dia de folga eleitoral para irem cumprir o seu dever cívico. Em 2020, a Old Navy (propriedade da Gap, Inc.) pagou oito horas aos empregados se estes trabalhassem nas urnas.[35]

Na medida em que mais pessoas querem que as suas vozes sejam ouvidas e os protestos nas ruas são cada vez mais comuns, as empresas irão enfrentar mais momentos de escolha. Até que ponto são solidárias? No início de 2021, a gigante consultora McKinsey fez a escolha errada. Com o aumento dos protestos na Rússia em apoio ao líder da oposição Alexei Navalny, o escritório de Moscovo da McKinsey enviou um *e-mail* ao pessoal a dizer que as manifestações «não serão autorizadas... os funcionários devem manter-se afastados das áreas públicas... e, por favor, abstenham-se totalmente de fazer publicações relacionados com o assunto em qualquer rede social... esta linha de conduta é obrigatória». Mesmo para a Rússia, isto é de uma frieza ao nível da Sibéria. E terá seguramente sido enervante para os funcionários.

Em contrapartida, durante as marchas climáticas globais, o retalhista da Patagonia e da canadiana Lush fechou lojas para deixar o seu pessoal aderir ao movimento. A empresa australiana de *software* empresarial Atlassian vai ainda mais longe para encorajar os empregados a tornarem-se ativistas climáticos. O cofundador Mike Cannon-Brookes escreveu sem rodeios num blogue, *Não f@#$% o planeta*, anunciando que os empregados poderiam tirar uma semana paga por ano para caridade, marchas e greves.

As empresas estão a aperceber-se de que também precisam de resolver problemas sistémicos (como o racismo) que os seus empregados enfrentam — num inquérito, 87% dos empregadores «planeiam tomar medidas para ultrapassar barreiras e construir uma cultura de dignidade ao longo dos próximos três anos». Isso é superior aos 59% de há apenas alguns anos.[36]

Tratar as pessoas da forma que *elas* querem e precisam, ou o que alguns chamam a Regra de Platina (uma reviravolta na Regra de Ouro, em que se trata as pessoas da forma que *nós* queremos ser tratados). Pergunte aos empregados como querem servir a sociedade, e ajude-os a ter um impacto de diferença positiva.

A magia do desbloqueio

Cada organização tem uma história de origem. Nem todas são tão claras como o foco de Lord Lever na saúde e bem-estar, mas há sempre uma razão para que a empresa tenha nascido. Todas as pessoas têm um ou dois objetivos, mesmo que não tenham pensado nisso dessa forma.

É verdade, no entanto, que o *timing* é tudo. As empresas podem fazer a coisa certa, mas no momento errado. O caso clássico é a campanha Beyond Petroleum da BP no final dos anos 90, uma tentativa de lançar o gigante do petróleo como uma empresa de energia do futuro. Os investimentos da empresa continuaram quase inteiramente centrados nos combustíveis fósseis e a cultura ficou presa num modo de redução de custos. A intenção era boa, mas faltava a execução. O nosso amigo David Crane liderou a empresa de energia NRG durante anos, empurrando a sua administração para iniciar a transição afastando-se do carvão. Ele tinha razão e estava a pensar no longo prazo, mas a cultura da organização não estava pronta — nem os acionistas. Assim, o conselho de administração pressionou-o, e bastante.

Se a organização estiver pronta e tiver os elementos necessários, identificar o propósito da empresa e o propósito pessoal, e encontrar as ligações entre eles, cria um círculo virtuoso. É assim que se desbloqueia o potencial da empresa. Os dados académicos que comprovam este caso estão a ficar mais fortes. Um estudo sobre o propósito da empresa e o desempenho financeiro encontrou correlações claras entre o que eles definiram como «clareza-propósito» e o desempenho financeiro e no mercado bolsista.[37] As empresas com a maior classificação de propósito também registaram um aumento de 4% na rentabilidade dos ativos. Um dos autores do estudo, o professor da Harvard Business School George Serafeim, publicou uma série de análises mostrando que as empresas que gerem as suas questões de sustentabilidade material superam em grande os seus pares.

Pondo de lado os dados concretos, oiçamos o CEO da Best Buy, Hubert Joly, que diz: «Se conseguirmos relacionar a procura do indivíduo por significado com o propósito da empresa, acontecem coisas mágicas.» Quer sejam mágicas ou práticas, as ligações entre o propósito do indivíduo, o da marca e o da empresa criam um negócio mais forte, mais bem-sucedido e mais resistente — um negócio preparado para o trabalho duro que se avizinha.

Construir uma empresa de diferença positiva requer coragem, pensamento a grande escala e trabalhar em sistemas em profunda colaboração. Com propósito, a empresa e os seus líderes estarão prontos para alargar o seu pensamento e redefinir o que é possível. Na altura em que Paul deixou a Unilever, a empresa realizava um importante trabalho de propósito com a nova equipa executiva, liderada pela conselheira Valerie Keller. Um dos resultados foi um novo mantra em torno da ferramenta de estratégia da empresa, o Compass: *As pessoas com propósito prosperam, as marcas com propósito crescem e as empresas com propósito duram.*

O que as empresas de diferença positiva fazem para encontrar um propósito e desbloquear um desempenho superior

- Voltam às suas raízes para compreender o propósito original da empresa e a sua razão de ser, e para aproveitar o ADN da empresa para servir melhor as partes interessadas
- Anseiam por compreender como as necessidades do mundo irão evoluir e onde o propósito da empresa pode servir melhor o mundo
- Põem a casa em ordem e investem em pessoas, marcas e inovação para acelerar a procura de resultados de diferença positiva
- Enviam os sinais certos e definem políticas que impulsionem o pensamento e comportamento de diferença positiva
- Ajudam os executivos de topo a tornarem-se autênticos líderes e a serem consistentes em palavras e atos para viverem o propósito da empresa
- Permitem que todos os empregados encontrem o seu próprio propósito e o associem ao da empresa

4

Expandir os limites

Pensar em grande e estabelecer objetivos agressivos e de diferença positiva

A pessoa que diz que não pode ser feito
não deve interromper a pessoa que o faz.

— Provérbio chinês

Quebrar a barreira do som, correr uma milha em quatro minutos, sobreviver no espaço. Cada um destes feitos parecia impossível... e depois tornaram-se comuns. Em 1947, um piloto de testes morreu quando o seu avião se desintegrou à medida que se aproximava da velocidade supersónica (760 milhas por hora). Alguns cientistas receavam que um avião não se aguentasse a essa velocidade. Mas apenas alguns meses depois, Chuck Yeager passou Mach 1.0 no seu *Bell X-1*.[1] Quando o atleta britânico Roger Bannister correu uma milha em 3 minutos 59,4 segundos, provou que o corpo humano o conseguia fazer. No espaço de um ano, três pessoas correram uma milha em quatro minutos numa única corrida.

É preciso coragem e perseverança para ir além dos limites do que foi feito antes, mas uma vez revelados os limites, a mentalidade muda e muitos repetem a proeza, ou vão para além dela.

Consideremos os objetivos de uma empresa de diferença positiva como sendo a barreira dos quatro minutos para os negócios. Parece quase impossível, mas a demanda é excitante e quando a barreira se rompe, abrem-se as comportas. Uma vez que se veja feito, passa a ser exequível. Uma fábrica com zero de resíduos parecia uma ideia ridícula, mas agora é bastante comum.

A energia verde era demasiado cara, mas agora é mais barata do que os combustíveis fósseis na maior parte do mundo. Um carro elétrico que podia percorrer centenas de quilómetros era ficção científica, mas agora está a caminho de tornar obsoleto o motor de combustão. Eliminar o flagelo da poliomielite era um sonho, mas os casos estão a descer 99,9%. Alguns executivos afirmam que não há talento suficiente para chegar à paridade de género nas grandes empresas, mas alguns, como a Unilever, já lá chegaram.

Ir mais longe e encontrar formas de não só cortar os impactos negativos, mas também criar uma marca positiva, pode parecer uma tarefa complicada. Mas, ao contrário de ultrapassar a velocidade do som, que não era necessário para que a humanidade prosperasse, atingir objetivos de diferença positiva é essencial para que a nossa economia e sociedade floresçam a longo prazo. Temos tarefas difíceis pela frente, como construir uma economia circular ou mesmo regenerativa, descarbonizar a indústria e os transportes, acabar com a pobreza extrema e construir uma sociedade inclusiva e justa. Não são impossíveis, mas precisamos de coragem para acreditar que uma única empresa ou pessoa poderia progredir em ideais tão grandiosos.

Voltamo-nos agora para a expansão dos limites do nosso pensamento e das organizações que nos impedem de obter resultados positivos líquidos. Pensemos da seguinte forma: se nos cingirmos às proverbiais «quatro paredes» dos negócios, então o máximo que podemos alcançar para muitos impactos é zero — zero desperdícios, carbono ou acidentes de trabalho, por exemplo. Isso é ótimo, mas para entrarmos em território de diferença positiva, temos de expandir os nossos horizontes.

Alargar o pensamento

Não podemos fazer compromissos simbólicos sobre algo tão grande como as alterações climáticas. Os nossos objetivos precisam de estar à altura do momento. Quer pareçam exequíveis ou não, não é relevante, e estamos a correr contra o tempo. No entanto, antes de uma empresa poder avançar para a mudança sistémica de que precisamos, tem de se transformar. Tem de encontrar as ideias fixas que se atravessam no caminho de um pensamento mais abrangente e rompê-las. Chega de jogar pelo seguro ou de cair de novo no pensamento incremental e linear. Embora seja tentador jogar para não perder ou para evitar comprometer-se com um objetivo antes de ter todas as respostas, temos de pensar em como ganhar — não podemos pensar modestamente.

O impedimento na realização de mudanças sistémicas somos tanto nós próprios como as barreiras reais. Um objetivo suficientemente grande será difícil de engolir, mas irá conduzir a uma nova forma de pensar. Quando o sabonete *Lifebuoy* da Unilever estabeleceu o objetivo de ensinar a mil milhões de pessoas hábitos saudáveis de higiene das mãos, o chefe global da marca na altura, Samir Singh, pensava que o número era proibitivamente grande. Mas, segundo ele, «levou-nos a pensar de forma mais criativa sobre tudo e mais alguma coisa»: construir parcerias com organismos de saúde pública e ONG, descobrir como chegar mais eficazmente às áreas pobres e rurais, encontrar inovações impactantes na mudança de comportamento e explorar a melhor forma de ensinar crianças e mães sobre higiene de uma forma que sustente as mudanças de hábitos.

Se um objetivo não nos deixar desconfortável, não é suficientemente agressivo e é provável que outros nos perturbem. Deparamo-nos com o dilema da inovação. Não é no sentido tradicional das ideias de Clayton Christensen sobre como as empresas consolidadas não conseguem mudar para tecnologias novas e disruptivas, por terem investido tanto no *statu quo*. Em vez disso, temos o dilema da inovação *emocional*. Sabemos que, digamos, as violações dos direitos humanos na cadeia de distribuição não são aceitáveis. Mas não nos movemos por causa do medo, ou porque não vemos outros a moverem-se, ou porque não sabemos como isso irá afetar o valor para os acionistas.

Os objetivos maiores — geralmente os que começam com «zero» ou «todos» — expandem os horizontes e forçam o tão importante pensamento sistémico. É preciso ser mais holístico para compreender todos os benefícios adicionais, ou consequências, de atingir estes objetivos. Fábricas de resíduos zero geralmente têm melhores registos de segurança e funcionam melhor e os seus funcionários são mais empenhados. Quando se desmantela o velho modo de pensar, constata-se que se pode levar uma fábrica até a um nível zero de resíduos *e* poupar dinheiro. Os edifícios mais sustentáveis poupam dinheiro em energia (ou produzem mais do que precisam), mas também tornam as pessoas mais produtivas e felizes por trabalharem lá ou, num hospital, ajudam-nas a sarar mais rapidamente. Por vezes, a causa e o efeito podem parecer contraintuitivos. *A palavra mágica aqui é «e», não «ou».*

Olhar apenas para as contrapartidas é uma forma de preguiça intelectual ou de pensamento datado. O primeiro limite a desafiar situa-se entre os seus ouvidos. Muitos destes grandes alvos não são, de todo, contrapartidas, à medida que a tecnologia tem melhorado ou novos processos se tornam comuns. Os limites que colocamos em torno das pessoas determinam o seu pensamento e comportamento — se for demasiado restrito, o comportamento será diferente do que se nos abrirmos às possibilidades. Mas serão necessárias duas coisas para ajudar a organização a estabelecer objetivos de diferença positiva: uma compreensão do que o mundo precisa (uma visão externa) e mais liberdade para pensar em grande (o espaço para ter sucesso).

De fora para dentro

Nem sempre é claro para os executivos porque é que a empresa tem de atingir o impacto *zero*, quanto mais entrar em território de diferença positiva. Afinal de contas, a decisão sobre quanto ou quão rápido cortar custos numa única área do negócio seria normalmente motivada pela altura em compensa fazê-lo ou quando há capital disponível. Porquê ir muito mais depressa?

É evidente que não se trata apenas de um cálculo interno — assumimos objetivos maiores porque são a escala certa para ajudar a resolver problemas *globais* em torno da utilização de recursos, resíduos, alterações climáticas e muito mais. A diferença está em trazer as realidades externas para a empresa. A ideia-chave é pensar nos limiares que o planeta não pode ultrapassar sem ramificações sérias, tais como 1,5 ou 2 graus Celsius de aquecimento.

O Centro de Resiliência de Estocolmo desenvolveu um modelo de limites planetários que seriam prejudiciais de ultrapassar. A lista original de nove inclui alterações climáticas, perda de biodiversidade e extinção de espécies, acidificação oceânica, utilização de água doce e introdução no ambiente de poluição tóxica, microplásticos e outras «novas entidades». Um dos principais autores do modelo, Johann Rockström, fala atualmente de 15 sistemas naturais globais e de quantos estão próximos dos pontos de rutura. Ele diz que três — perda de gelo marinho ártico, glaciares na Antártida ocidental a deslizar para o oceano e morte dos recifes de coral — provavelmente já passaram o ponto de não retorno.[2]

É irónico que a melhor forma de expandir os limites mentais numa empresa seja através da compreensão dos limites físicos do mundo. Mas os limites existem. Como acontece com toda a boa ciência, os debates sobre estes limites continuam acesos. Os números exatos, ou mesmo se é possível medir alguns deles com precisão, estão em discussão. Mas a ideia básica de limites num planeta finito, nestas categorias, é inatacável e deve guiar o pensamento em todas as organizações a nível mundial.

Essa é a perspetiva externa da ciência. Mas há também necessidade de compreender melhor a gama de sistemas (naturais e humanos) com os quais a empresa está a interagir. Os executivos devem ouvir opiniões não embelezadas das partes interessadas sobre as suas prioridades. A Unilever recorreu a conselhos consultivos externos para obter conselhos diretos e fornecer um sistema de alerta precoce para que os líderes possam preparar respostas e estratégias. Existem diferentes tipos de conselhos, alguns centrados nas perspetivas das ONG ou dos críticos, outros em ajuda mais estratégica e alguns sobre um tópico específico onde o conhecimento profundo é importante. Por exemplo, para além do conselho consultivo de sustentabilidade global, a Unilever criou um outro especializado em agricultura sustentável em 2000, que mais tarde se expandiu para se concentrar em todas as fontes sustentáveis.

Andrew integrou muitos destes grupos de consultoria estratégica, incluindo para a Caesars Entertainment, HP, Kimberly-Clark, Trane Technologies e Unilever (na América do Norte). Os bons dão aos consultores acesso regular aos diretores e ao quadro administrativo. Os melhores são claramente liderados pelo executivo de topo. Kees Kruythoff, o chefe da Unilever América do Norte na altura, liderou as reuniões do conselho — era a *sua* reunião, não a do responsável pela sustentabilidade.

Os consultores de longa data do conselho global da Unilever, como o perito em sustentabilidade Jonathan Porritt, passaram um tempo significativo a visitar operações em todo o mundo e a reportar a Paul. É importante ouvir estes conselhos com humildade. Deixá-los falar sobre o que se passa no mundo exterior e expandir o nosso pensamento. Aborrecê-los de morte com uns PowerPoint sobre como quão bem estamos a fazer o nosso trabalho não nos vai ajudar.

Também é bom ir ao encontro das ONG, tanto de críticos como de apoiantes. Estas podem levantar questões que deveremos abordar e com as quais podemos necessitar da sua ajuda. Se o ponto de vista de onde provimos é o da primazia dos acionistas, as preocupações de uma ONG só são importantes se afetarem os custos ou a imagem pública. Mas se abordarmos a ONG com um desejo genuíno de compreender um problema e ajudar a resolvê-lo, poderemos inovar mais graças a um parceiro conhecedor. Ou então poderemos receber da forma mais dura a sua ajuda para evitarmos cometer erros.

Quando a Unilever descobriu uma tecnologia para fazer óleo a partir de «saquetas» usadas, as embalagens de pequeno formato que criam tanto desperdício na Índia e noutros locais, contactou uma ONG parceira para discutir a inovação. A ONG não ficou entusiasmada com tal tecnologia, dizendo: «Não temos interesse no investimento de capital num paradigma que já não presta.» Duro, mas justo — a reciclagem de plásticos era vista como uma não-solução, que torna as coisas um pouco menos más, mas evita a verdadeira questão: todo o sistema de embalagem e distribuição de produtos.

A ONG salientou que a indústria precisava de uma mudança mais radical nos materiais e modelos de negócio (tais como lojas sem embalagens). Só se ouve estas avaliações honestas se partirmos de uma postura de humildade e de um desejo de aprender. O antigo diretor de sustentabilidade da Unilever, Jeff Seabright, disse que as ONG o ajudam a ir muito além de pôr a sua casa em ordem. «Deixe as ONG entrar e criar uma tensão construtiva... a "casa" na Unilever é muito maior agora com mais pessoas a entrar e a sair, a trabalhar em conjunto, a remodelar o negócio», diz.

Tudo isto está em desacordo com uma mentalidade mais tradicional e prevalecente de operações e estratégia que é «de dentro para fora», em que os produtos ou inovações são impingidos aos clientes, independentemente de abordarem necessidades reais ou resolverem desafios mais amplos. Num mundo volátil, olhar para dentro e servir-se a si próprio (e aos acionistas) é uma receita para rapidamente se tornar irrelevante. A beleza de uma perspetiva «de fora para dentro» é que coloca as pessoas e a resolução de desafios comuns no âmago da empresa. Foi um motor fundamental do Plano de Vida Sustentável da Unilever (USLP).

O espaço para o sucesso

A forma como as pessoas se comportam numa empresa e aquilo a que dão prioridade são impulsionados por valores, mas igualmente controlados por regras, normas e limites. Se colocarmos as pessoas numa pequena caixa, definindo estritamente o seu papel ou o que a empresa pode realizar, asfixiamos a criatividade. Não inovaremos à escala que precisamos. Se recompensarmos as pessoas pelas coisas erradas, obteremos os resultados errados.

Por vezes, a conceção organizacional coloca as pessoas em caixas ou cria obstáculos. As diferentes partes da empresa precisam de estar ligadas de forma coerente para que os respetivos objetivos não colidam uns contra os outros. O fabrico poderia ter um objetivo, por exemplo, o de funcionar ao menor custo, mas isso poderia entrar em conflito com os objetivos de capacidade de resposta, velocidade ou personalização. Ou, numa multinacional, os lucros de uma marca podem ser medidos globalmente, pelo que os objetivos de crescimento se aplicariam uniformemente em todo o mundo. Mas isso não se coaduna com objetivos de investimento em novos mercados ou em marcas que precisam de mais tempo para se estabelecerem.

A solução é dar às pessoas espaço para pensar no longo prazo. Quando Paul aboliu as diretrizes de ganhos trimestrais, deu à organização espaço de manobra e distância da pressão implacável para atuar em 90 dias. Se soubermos que a administração não vai pedir justificação para cada escolha que fazemos dentro do trimestre, podemos estabelecer objetivos maiores. Continuava a ser necessário produzir e atingir objetivos de desempenho, e isso obrigou a escolhas difíceis sobre prioridades, mas acabaram por ser melhores escolhas. É um bom equilíbrio. Devemos pedir a todos que pensem em grande, mas também reconhecer que o capital financeiro e humano são finitos; devemos fazer planos para voar bem alto, mas não podemos fazer tudo ao mesmo tempo.

Concentrarmo-nos num conjunto comum de valores e objetivos ajuda os gestores a estabelecerem prioridades. Os dois documentos estratégicos centrais e estreitamente relacionados da Unilever — o USLP e o Compass — foram os pontos cardeais. Um gerente de fábrica pode optar por investir em operações de conversão para atingir o desperdício zero e concentrar-se menos na produção ao menor custo possível por unidade nesse trimestre. Os executivos de uma marca podem escolher a melhor forma de investir nas mudanças sociais orientadas por um propósito. A Unilever estabeleceu que as questões sociais mais exigentes — raça, diversidade e inclusão, direitos LGBTQ, saúde pública, etc. — faziam parte das prioridades do negócio. Investir parte do orçamento de *marketing* em projetos comunitários como programas de lavagem de mãos torna-se então uma decisão *de negócios*, e não uma decisão baseada em prioridades filantrópicas ou de responsabilidade social empresarial.

Com menos fronteiras, todos têm mais flexibilidade para pensar na direção para onde o negócio pode seguir. A Unilever tornou-se muito mais inclinada a adquirir empresas B Corps a partir do momento em que a liderança começou a pensar de uma forma mais ampla sobre o que queria que a empresa alcançasse.

Quebrando fronteiras com o USLP

O USLP não só ajudou a revitalizar a Unilever, como reorientou a empresa, que era demasiado insular, para o mundo exterior. A inspiração veio da realidade dos desafios planetários e das necessidades das pessoas em toda a parte. Quando os Objetivos de Desenvolvimento Sustentável (ODS) da ONU foram lançados em 2015, o plano da Unilever tornou-se ainda mais centrado em objetivos globais.

O USLP não foi criado de dentro para fora e não se baseou num processo de consenso. Paul sentou-se com precisamente duas pessoas, os líderes da sustentabilidade na altura, Karen Hamilton e Gavin Neath. Reuniram perspetivas de consultores externos e ONG, como a Greenpeace e World Wildlife Fund (WWF). Também recorreram a conhecimentos internos sobre agricultura sustentável, análise do ciclo de vida, nutrição e higiene. Mas, na sua grande parte, foram os três que o redigiram. Sabiam que algumas pessoas da gestão não veriam o plano como imediatamente prático ou desejável. A adesão interna levaria tempo e muitos na organização só começaram a prestar atenção quando, diz Neath, «se aperceberam de que o Paul estava a levar o plano muito a sério».[3]

Os três grandes objetivos do USLP — ajudar mil milhões de pessoas a melhorar a sua saúde e bem-estar, reduzir para metade a pegada ambiental ao mesmo tempo que duplicava as vendas, e melhorar a subsistência de centenas de milhares de pessoas — eram uma quebra de fronteiras. Os programas da empresa então existentes, como a formação em lavagem das mãos da *Lifebuoy*, tinham atingido vários milhões de pessoas — uma grande realização, mas ridiculamente longe de mil milhões. O aumento de 100 vezes no objetivo alargou o pensamento das pessoas. Muitas metas secundárias foram mais longe do que nunca, como o objetivo de que *todas* as distribuições fossem sustentáveis. Foi mais holístico, *versus* fazer um trabalho bem-intencionado, mas desarticulado, em algumas partes da empresa, sob a bandeira da responsabilidade social empresarial.

As palavras «zero» e «todos» aparecem frequentemente no USLP. Os objetivos zero podem não conseguir por si só fazer com que uma empresa seja de diferença positiva, mas certamente quebram limites. É improvável que consigamos atingir um alvo assim sem parceiros ou sem trabalhar em questões de conceção mais sistémicas. Por exemplo, para atingir um objetivo a longo prazo de emissões zero, a Unilever analisou todas as fontes de carbono, concentrando-se em questões como os produtos refrigeradores utilizados nas arcas de gelados. Trabalhar com parceiros industriais para desenvolver agentes de refrigeração naturais com muito menor impacto de aquecimento global tem sido um projeto plurianual — um período de tempo que obriga os parceiros a quebrar os limites do pensamento trimestral.

A organização utilizou objetivos intermédios e sucessos de dopamina rápida para dar confiança, gerar movimento positivo e mudar o comportamento e a cultura. A Unilever criou ou modificou outras ferramentas para ajudar a incorporar o USLP na organização; uma taxa interna sobre o carbono, por exemplo, envia um sinal aos empregados para levarem a sério as reduções de emissões. A empresa também deve muito ao antigo diretor de *marketing*, Marc Mathieu, que acrescentou «propósito de marca» ao design da sua «chave do amor à marca», que o pessoal de *marketing* utiliza para definir o foco central de um produto e os principais benefícios que este proporciona aos consumidores (mais sobre este assunto no Capítulo 9).

As empresas de diferença positiva apostam tudo no centro de uma marca, o que é uma forma poderosa de desbloquear a inovação. A missão do USLP «tornar comum uma vida sustentável» levou as equipas de I&D e de marca a quebrar fronteiras sobre o que os seus produtos poderiam fazer pelo mundo — não apenas benefícios funcionais, mas maiores impactos nos desafios sistémicos. A marca de limpeza Domestos, por exemplo, passou de fazer melhorias marginais na eficácia da limpeza, que mal mantinham o negócio vivo, para focalizar a marca em parte na questão de saúde associada à defecação ao ar livre. Desbloqueou todo um novo horizonte.

O USLP nunca foi concebido para ser um plano de dez anos estático; tratava-se de um documento vivo. As empresas de diferença positiva precisam de objetivos que evoluam à medida que a compreensão dos limiares e do mundo amadurece. Depois de a Unilever ter reduzido para metade as emissões de gases com efeito de estufa, os objetivos do nível seguinte tornaram-se mais agressivos. A fasquia tem de ser continuamente elevada. À medida que a compreensão dos limites e sistemas se expande, o mesmo pode acontecer com a visão do plano de sustentabilidade.

O trabalho energético da Unilever

Além de passar por uma análise de materialidade, uma das primeiras coisas que uma empresa faz para compreender os seus impactos no mundo é fazer uma avaliação do ciclo de vida de todo o negócio. É revelador descobrir onde se encontram realmente os impactos de uma empresa, e isso ajuda a ultrapassar fronteiras. Para a generalidade dos setores, a grande maioria da pegada de carbono, em particular, está fora do controlo direto da empresa. Os dados da Unilever assemelham-se aos da maior parte das empresas de produtos de consumo, com apenas 4% da pegada de gases com efeito de estufa no fabrico ou distribuição.[4] A maioria está nas cadeias de abastecimento e na fase de utilização dos produtos pelo consumidor (principalmente aquecimento de água para lavar roupa, louça ou pessoas).

A luta contra a desflorestação é uma das atividades que mais contribui para a redução das emissões a montante e os esforços para alterar a utilização que os consumidores fazem da energia são a melhor forma de combater as emissões a jusante (através, por exemplo, da inovação para desenvolver produtos que possam lavar com água fria). Mas embora esse trabalho em toda a cadeia de valor seja o objetivo final, a visão dos limiares do planeta ainda obriga a empresa a gerir a *sua própria* pegada. Era uma boa prática, mas se a Unilever queria promover a ação climática de forma mais ampla, para começar, tinha de agir de acordo com o seu próprio discurso e reduzir drasticamente as suas emissões diretas.

O USLP original visava uma redução de 40% por tonelada de produção, tanto nas emissões *in situ* da Unilever como nas emissões relacionadas com o consumo de eletricidade da rede nacional. Esse objetivo permitiria à empresa atingir a sua meta de 2020 de duplicar as vendas sem adicionar nem mais um grama de carbono por ano — dissociaria as emissões do crescimento comercial esperado.

Ao longo do tempo, a Unilever aumentou a agressividade dos objetivos e deslocou as metas energéticas para reduções absolutas, e não por tonelada. Na reunião climática de Paris em 2015, a Unilever tinha como objetivo o carbono positivo nas suas comunidades operacionais, uma das primeiras empresas a estabelecer tal finalidade. Por exemplo, comprou energia renovável para cobrir as emissões de eletricidade para a sua fábrica de Port *Sunlight*, mas também cobriu as emissões de outra empresa, um soprador de garrafas, no local. A empresa alargou os seus objetivos para se tornar positiva em termos de carbono em todo o negócio até 2030, adquirindo 100% de toda a energia (elétrica e térmica) a fontes renováveis e eliminando qualquer eletricidade proveniente do carvão até 2020. Mas um desafio difícil para a descarbonização, tal como muitas empresas constatam, é como gerir o calor industrial, onde ainda é comum a utilização de carvão e gasóleo.

Em alguns mercados desenvolvidos como o Reino Unido, havia acesso ao biogás. Na Índia e na China, contudo, a empresa teve de ajudar a criar empresas locais para transformar resíduos agrícolas — dos campos onde compravam os alimentos — em granulados ou briquetes para biomassa. A Unilever também instalou o solar térmico em locais com muito sol, como o Quénia, e desativou os geradores a *diesel*. Em 2016, a empresa abriu uma fábrica de cuidados pessoais de última geração no Dubai, onde a energia solar fornece 25% das necessidades energéticas do estabelecimento.[5] Ao longo da década, a Unilever tornou-se muito mais eficiente, reduzindo a procura absoluta de energia em 29% até 2019 (enquanto continuou a crescer). A poupança total atingiu 733 milhões de euros desde 2008, mostrando que se podem estabelecer objetivos absolutos e ter uma prestação ainda melhor. A empresa atingiu a meta de 100% de energias renováveis para a eletricidade e está a cerca de meio caminho de utilizar energias renováveis para todos os seus gastos energéticos. As operações de descarbonização são importantes, mas neste momento é a mais básica das apostas em cima da mesa e os objetivos mais recentemente estabelecidos pela Unilever refletem essa realidade. Pretende-se atingir a neutralidade de carbono para todos os produtos, desde a cadeia de abastecimento até à venda, até 2039. Para fazer este tipo de progresso, são necessários objetivos que mudem os comportamentos.

Objetivos corajosos e desconfortáveis

Desde que o USLP foi lançado, o seu formato tem sido infinitamente imitado. Estruturas semelhantes — três grandes missões abrangentes (como melhorar a vida de mil milhões de pessoas) e múltiplas submetas subjacentes — surgiram na Mars, Olam, 3M, DuPont e muitas outras empresas. O impressionante plano da Mars, Sustainable in a Generation, tem três áreas de enfoque: planeta saudável, pessoas prósperas e bem-estar nutritivo.[6] O gigante dos doces e alimentos para animais de estimação reservou mil milhões de dólares para combater as alterações climáticas, um número que a geração seguinte do USLP da Unilever igualou um par de anos mais tarde. A corrida ao topo, com a partilha das melhores práticas, aumentou o número destes planos de visão alargada. Nem todas as empresas precisam da mesma estrutura de planos, mas precisam de algo para estabelecer objetivos robustos, por vezes assustadores, utilizando uma série de abordagens e estilos. Olhamos aqui para cinco dimensões-chave de objetivos de sustentabilidade eficazes que irão conduzir uma organização no sentido da diferença positiva: torná-los «SMART», concentrar-se tanto no quê como no como, certificar-se de que estão de acordo com a ciência (ou ir ainda mais longe), aplicá-los a toda a cadeia de valor, e visar uma «marca da mão» positiva (um impacto positivo, por oposição a uma «pegada», que é usada principalmente como negativa).

Em cada categoria, daremos uma série de exemplos em rápida sucessão. Cada organização é um pouco diferente das restantes, mas há alguns objetivos que quase todas deveriam ter. Recordemos que se alguns dos nossos objetivos não nos criam algum desconforto, é porque não estamos a pressionar o suficiente. O presidente do gigante indiano de TI Wipro, Azim Premji, diz: «Se as pessoas não se estão a rir dos seus objetivos, então os seus objetivos são demasiado pequenos.»[7]

SMART 2.0

No mundo dos oradores motivacionais, há um bom acrónimo que as pessoas usam para ajudar a estabelecer bons objetivos. Torne-os SMART, aconselham-nos: Específicos, Mensuráveis, Alcançáveis, Realistas e limitados no Tempo. Concordamos inteiramente com específico, mensurável (que geralmente significa quantitativo) e com delimitado no tempo (há um prazo). Mas os outros dois são problemáticos. O que é realista, para além do que já se sabe fazer? Mas não se pode realmente saber o que é plausível até se aplicar alguma ingenuidade. Se recuarmos e olharmos para um sistema na sua totalidade, grandes mudanças podem ser mais possíveis do que imaginamos.[8]

De qualquer forma, os objetivos devem ser grandes e fortemente influenciados de fora para dentro. O clima não se importa se é realista eliminar as emissões de carbono até 2040 ou 2050. Como disse o CEO da Apple, Tim Cook: «Algo mágico acontece quando se estabelece um objetivo que é um pouco louco... os resultados são sempre melhores.»[9] Portanto, vamos usar *orientados para os resultados* para a letra «R», em vez de *realistas.*

Também não gostamos de *alcançáveis.* Se já soubermos que é viável, então não é suficientemente grande. Há muito que os objetivos corporativos são estabelecidos de baixo para cima (e de dentro para fora); pergunte a cada um o que pensam que conseguem atingir e depois estabeleça um objetivo ligeiramente superior. Conseguimos cortar 10% na energia este ano? OK, então vamos apontar para 12%. *Mas um objetivo com um percurso fácil não é realmente um objetivo — é um plano de ação.*

Preferimos *aspiracionais*, *ambiciosos* ou *audaciosos* para a letra «A». Almejar a neutralidade de carbono até 2030 ou tentar melhorar mil milhões de vidas. *Se o objetivo for grandioso e falharmos em 10%, e daí? Chegaremos muito mais longe do que se tivermos por alvo uma melhoria incremental e a alcançarmos.* É igualmente mais inspirador.

Também recomendamos outro «A» — objetivos na sua maioria *absolutos* em vez de relativos. Proporcionam maior clareza à organização sobre para onde se dirige. Em vez de recalcular os impactos tendo em conta o crescimento, basta estabelecer um objetivo total de redução e deixar a organização descobrir onde melhor fazer os cortes. Um outro «R» é fundamental: a *responsabilização*. Quem é responsável pelo objetivo e quem tem uma participação no mesmo?

Uma rápida reflexão sobre o «M» de SMART, se é ou não *mensurável*: por vezes, os objetivos qualitativos fazem sentido, mas as métricas quantitativas para medir o desempenho ambiental, social e de governação (ESG) estão a melhorar. Na base de dados de Andrew dos objetivos ESG das 200 maiores empresas, www.pivotgoals.com (gerida em conjunto com os consultores de sustentabilidade Jeff Gowdy e Sustainserv), praticamente nenhuma empresa tinha estabelecido objetivos quantitativos sociais ou de governação há uma década. Muitas tinham declarações de intenção vagas, mas faltavam-lhes números.

Atualmente, mais de 25% das maiores empresas têm objetivos sociais numéricos específicos, tais como zero violações dos direitos humanos ou uma percentagem alvo de mulheres na gestão. Muitas novas metas estão à porta. Na esteira do movimento *Black Lives Matter*, a cadeia de produtos de beleza e cosméticos Sephora comprometeu-se a comprar 15% dos produtos que vende a empresas detidas por negros.[10] Para ajudar a atingir esta meta, a empresa retalhista também relançou o seu programa incubador para acelerar as pequenas empresas de beleza com fundadores BIPOC (negros, indígenas, pessoas de cor).[11] A Unilever também estabeleceu um objetivo de gastar 2 mil milhões de euros anuais com fornecedores pertencentes a pessoas de grupos sub-representados.[12]

A base de dados de objetivos também mostrou um grande aumento de objetivos que incluem «todos», «zero» ou «100%». À medida que as metas se tornam maiores, há claramente mais BHAG (objetivos grandes, difíceis e audaciosos) que tiram os líderes da sua zona de conforto. Mas tentemos encarar os objetivos «zero» como mais do que apenas desconfortáveis, mas como oportunidades. Permitem que a organização compreenda o problema mais claramente, encontre parceiros com quem trabalhar e construa melhores sistemas que eventualmente passem do zero para território de diferença positiva.

O quê e como

A maioria dos objetivos ESG têm um resultado específico, um «o quê», que os torna fáceis de imaginar. A redução das emissões em 30%, por exemplo, é um objetivo «E» [ambiental] clássico — é claro e estimula a ação. Um grande exemplo de um objetivo «S» é o compromisso de Woolworths com a paridade de rendimentos: «Nenhuma diferença salarial entre empregados masculinos e femininos de posições equivalentes a ganhar à hora em todos os níveis da empresa». Não há aqui espaço de manobra para interpretações.

Os objetivos podem parecer simples, mas mesmo assim forçam as empresas a quebrar fronteiras. Desbloqueiam a organização, mudando o seu modo de funcionamento e os parceiros com quem trabalha. Após o lançamento do USLP, foi atribuído ao antigo diretor de sustentabilidade de produção da Unilever, Tony Dunnage, o objetivo de fazer com que o fabrico global da organização chegasse ao nível zero de resíduos. Rapidamente, pediu ajuda a terceiros, conversando com académicos, fornecedores e empresas externas para apresentar planos sobre o que fazer com múltiplos fluxos de resíduos. Uma fábrica indonésia tinha algumas lamas não tóxicas para tratar e nenhum lugar para as colocar no sistema regular de resíduos. O objetivo de resíduos zero forçou a empresa a encontrar um recetor disposto a fazê-lo — tornou-se matéria-prima para fábricas de cimento propriedade da LafargeHolcim (que convenientemente tinha instalações em todas as mesmas áreas que a Unilever). Enquanto fonte de energia para o fabrico, compensou os combustíveis fósseis, reduzindo a pegada de carbono da Holcim.

A Unilever reduziu para zero os resíduos inócuos destinados a aterros em todas as 242 fábricas em 2014, seis anos antes do previsto, o que permitiu poupar cerca de 223 milhões de euros em material e custos de eliminação durante os anos restantes. Isto libertou a empresa para pensar na redução de resíduos ao longo de toda a cadeia de valor, o que levou a que realizasse reuniões com pares e fornecedores para tratar de questões relacionadas com resíduos ao nível do setor. Estes benefícios em cadeia resultaram do estabelecimento, desde o início, de um objetivo ousado.

Para muitos objetivos, contudo, declarar um resultado não será o suficiente. A organização pode precisar de um impulso na reflexão sobre *como* lá chegar. Nessas situações, os objetivos de processo ajudam e a diferença é importante. Digamos que temos por meta pessoal melhorar a nossa saúde. Como é demasiado abrangente, estabelecemos um objetivo mais específico: «Nos próximos seis meses, vou perder 5 quilos.» Mas afixar esse objetivo na parede sem um plano não nos levará muito longe. Um objetivo de processo poderia concentrar-se no exercício, com o alvo de correr três vezes por semana. Isso é bastante específico, mas ainda melhor seria algo do género: «Todos os domingos à noite, marcarei três corridas no meu calendário nessa semana».

Quando a Marriott se tornou a maior empresa hoteleira do mundo, criou um novo e detalhado conjunto de objetivos de sustentabilidade (Andrew aconselhou a empresa ao longo do processo de mais de um ano). Os objetivos «Servir 36» incluíam metas de processo específicas em cada categoria principal. Nas operações, a empresa comprometeu-se a ter 650 hotéis a obter a certificação de construção LEED. Uma meta menor era fazer com que cada propriedade colocasse métricas de impacto no seu *website*, forçando os proprietários a fazer medições, o que normalmente conduz a melhorias nos resultados.

Outra questão importante para a hospitalidade é o tráfico humano, que muitas vezes passa pelos hotéis. Um objetivo de resultados sobre este tópico é difícil de garantir, pelo que a Marriott estabeleceu uma meta de formar 100% dos seus empregados em direitos humanos e sensibilização para o tráfico. Também se comprometeu a incorporar critérios de direitos humanos nas políticas de recrutamento e aprovisionamento.

Ter bons objetivos de processo em adição a ter grandes objetivos de resultados melhora as probabilidades de sucesso e assegura a sua consistência em toda a organização.

Baseado na ciência: o mínimo indispensável

Se o seu médico lhe disser que tem cancro e que precisa de seis meses de quimioterapia para o vencer, não dirá: «Vou apontar para quatro meses e talvez fazer os seis meses como meta alargada». Nem diz: «O meu partido político não apoia a quimioterapia». A ciência está a ser politizada com as alterações climáticas e mesmo com as pandemias. Mas a verdade e os factos são importantes. O diagnóstico planetário quanto ao carbono é claro. O mundo precisa de reduzir as emissões para metade até 2030 e de as eliminar até 2050 (ou antes). Estabelecer um objetivo de carbono para qualquer coisa abaixo desse ritmo é participar num pacto suicida.

Um objetivo que coloca uma empresa no caminho da redução que a ciência exige é, logicamente, chamado meta baseada na ciência (SBT[13]). Estes objetivos consistem em fazer o que devemos, não o que pensamos que podemos ou o que possa parecer um esforço suficiente para as partes interessadas. E são impulsionados pelo conhecimento exterior: olhar para os limites do planeta e estabelecer o nosso objetivo em conformidade. Mas a expressão «baseado na ciência» não cobre por completo a gama de objetivos demolidores de fronteiras de que necessitamos. Um termo mais amplo, «baseado no contexto», abrange objetivos fundamentados em mais do que apenas os limiares que a ciência proporciona. Os limites humanos de aceitabilidade — ou seja, ética e justiça — entram em jogo, bem como mais *nuances* nas dimensões geográfica, social e económica. Um objetivo hídrico, por exemplo, deve ser estabelecido por bacia hidrográfica, tendo em vista tanto o total disponível como a atribuição justa para as atividades da comunidade. O contexto completo inclui limites morais, tais como a não aceitação da escravatura moderna nas cadeias de abastecimento. Quando falamos de SBT, estamos a usar o termo como um substituto para um contexto científico *e* moral maior.

Quando vista através da lente dos limiares, uma SBT não é um objetivo de alargamento; é o mínimo necessário, tanto biofísica como moralmente. Em meados dos anos 2010, uma SBT para o carbono era rara. Atualmente, 2100 empresas aderiram à Iniciativa de Metas Baseadas na Ciência (SBTi) do World Resources Institute, e algumas centenas comprometeram-se a RE100 (100% de energias renováveis).[14] Estas metas impulsionam claramente o desempenho: entre 2015 e 2020, as empresas com uma meta aprovada da SBTi cortaram as emissões em 25%, ultrapassando de longe o *aumento* global de 3,4% das emissões energéticas e industriais durante o mesmo período.[15]

Embora o número de empresas que estabelecem SBT relativas ao clima esteja a crescer, ainda não é uma medida suficientemente comum. Apenas 30% das 500 empresas da *Fortune Global 500* têm um objetivo que assenta em energias renováveis, neutras em carbono ou baseadas na ciência.[16] Mas os líderes estão a pressionar a fasquia para um nível mais elevado a cada dia. No início de 2020, a Microsoft estabeleceu o objetivo climático mais agressivo do mundo. Não só a empresa, até 2030, seria negativa em termos de carbono (ou seja, positiva em termos líquidos), mas até 2050 removeria do mundo o carbono que tinha emitido desde a sua fundação.[17] O compromisso da Microsoft de eliminar as emissões históricas foi o primeiro objetivo de neutralidade retroativa.

Para atingir essa meta, a Microsoft tornou-se um dos maiores investidores em projetos de sequestro de carbono; é o primeiro comprador de créditos de carbono que a Land O'Lakes está a ajudar os agricultores a gerar através de uma gestão inteligente do solo.[18] Esta é a verdadeira solução. Reduções de carbono como estas, provenientes da agricultura regenerativa, são *verdadeiras* reduções de carbono, e não apenas compensações de carbono ou energias renováveis, que variam muito na sua legitimidade e valor.

Num dos eventos regulares das partes interessadas do USLP da Unilever, o atual CEO, Alan Jope, comentou entusiasticamente sobre o rasto que a Microsoft estava a trilhar para o carbono e a diferença que faria.[19] É ótimo quando as empresas se surpreendem e se estimulam umas às outras. A Google pegou na deixa da Microsoft e foi mais longe, dizendo que compensaria as suas emissões históricas, não até 2050, mas com efeito imediato.[20] A Google realizou este feito com acordos de compra de energia e certificados de energias renováveis (REC) menos perfeitos, que lhe permitem comprar os atributos de energia limpa da produção noutro lugar, para que outro, e não o gerador de energia, possa reivindicar a redução de carbono. Mas a Google também se comprometeu a utilizar *apenas* energia renovável (e armazenamento de baterias) no local para todos os seus centros de dados em todo o mundo até 2030 — ou seja, sem créditos de energia renovável ou compensações de qualquer tipo. A empresa não esconde que ainda não sabe como o vai fazer, mas não apostamos contra a Google. (A IBM também pretende atingir 90% a 100% de energias renováveis, sem compensações ou sequestros, até 2030.[21])

A corrida à neutralidade de carbono acelerou. Embora poucos o tenham ainda feito, o Fórum Económico Mundial pediu a todos os seus membros que estabelecessem um objetivo de emissões líquidas zero em 2050.[22] Os líderes já estão a avançar mais rapidamente. A Amazon reuniu mais de 100 grandes empresas para assinar o Compromisso Climático de atingir a meta de carbono zero líquido até 2040. A Unilever está a visar 2039, apenas para aumentar um pouco a concorrência. A IKEA quer ser positiva em termos climáticos até 2030, e dissociou o crescimento das emissões de gases com efeito de estufa (as receitas aumentaram 14% em cinco anos, enquanto as emissões diminuíram 14%). A IKEA já produz 32% mais eletricidade a partir do vento e da energia solar do que a necessária para as suas operações.[23] A Walmart também tem como objetivo zero carbono até 2040 e declarou que quer ser uma empresa regenerativa. O retalhista de 600 mil milhões de dólares de receitas comprometeu-se a, até 2030, «gerir ou restaurar» um milhão de milhas quadradas de oceano e 50 milhões de acres de terra, o que incluirá a adoção de práticas de agricultura regenerativa.[24]

Em áreas como a biodiversidade, o estabelecimento de metas ainda está a dar os primeiros passos, mas algumas organizações e empresas aceitaram o desafio das medições. A Science Based Targets Network (SBTN) está a trabalhar com empresas como a Natura, Unilever e LafargeHolcim para desenvolver um método de definição de SBT para a natureza, com base nos melhores dados sobre os limites da Terra. Enquanto a ciência ainda está a ser trabalhada, um objetivo de atalho em matéria de biodiversidade poderia ser apoiar o Projeto Half-Earth do biólogo E. O. Wilson, que procura conservar metade da terra e do oceano do planeta. Ou olhar para a coligação «Business for Nature», com 900 grandes empresas e grandes ONG a instarem os governos a adotar políticas para inverter o declínio da natureza nesta década.

Líderes como a Microsoft e a Natura estão a ir além da sua própria neutralidade para remover *mais* carbono do que emitem ou a ajudar a estabelecer novos padrões para criar um efeito multiplicador. Estas ações de diferença positiva vão para além da ciência e para além dos limites das quatro paredes de cada empresa. Se a ciência nem sempre é clara ou se não sabemos se nos sentimos confortáveis com um objetivo agressivo, consideremos revertê-lo e ver como isso nos faz sentir (ver a caixa «O desafio do objetivo invertido»).

Quatro paredes... sem paredes...

Objetivos operacionais, mesmo aqueles com «zero», ajudam a coadunar ações e discurso, mas estão limitados às fronteiras do negócio. Para ter um impacto maior e possivelmente de diferença positiva, é necessário estabelecer objetivos para a pegada maior do ciclo de vida. As escolhas que se fazem na conceção de produtos e na prestação de serviços criam efeitos multiplicadores ao longo de toda a cadeia de valor. Por exemplo, a Apple comprometeu-se com a neutralidade de carbono em toda a sua cadeia de valor, mas também estabeleceu um objetivo invulgar na utilização de materiais. Lamentando os sistemas lineares de metais que vão para a eletrónica e se convertem em lixo eletrónico, a empresa disse que queria montar um sistema de fornecimento em circuito fechado e «desafiar-nos a um dia acabar completamente com a nossa dependência da mineração».[25]

As empresas de diferença positiva precisam de objetivos agressivos para os fornecedores e para os clientes, mas em quais se devem concentrar difere de setor para setor. As empresas que fazem produtos que consomem energia procuram oportunidades a jusante. A Trane Technologies, o grande fabricante de equipamento de controlo climático (44 mil milhões de dólares), comprometeu-se a reduzir uma giga tonelada (mil milhões de toneladas métricas) de emissões de carbono das pegadas dos clientes até 2030. As empresas tecnológicas também tendem a estabelecer objetivos a jusante, argumentando que os seus produtos permitem reduções de emissões — nas operações dos clientes ou no mundo em geral — maiores do que as que produzem diretamente. Salientam que as reuniões virtuais eliminam a necessidade de viagens intensivas em carbono, ou que *big data* e *analytics* tornam o transporte ou os edifícios muito mais eficientes. A BT e a Dell foram os primeiros a adotar estes objetivos de «habilitação» e, mais recentemente, a Telefonica estabeleceu um objetivo de reduzir as emissões dos clientes em dez vezes o seu próprio objetivo até 2025.

O DESAFIO DO OBJETIVO INVERTIDO

Para compreender porque é que as metas baseadas na ciência são o mínimo e porque é que os objetivos «zero» ou «todo» fazem mais sentido, basta inverter qualquer objetivo que estejamos a considerar e dizê-lo em voz alta. Se fixarmos uma meta para chegar a 60% de energias renováveis, estamos também a comprometermo-nos com uma meta que diz: «Quarenta por cento da nossa energia produzirá gases que alteram o clima e custar-nos-á mais.» O objetivo «metade da nossa carteira de produtos terá atributos de sustentabilidade até 2025» significa que o nosso objetivo é também «metade dos nossos produtos não farão melhorias no impacto ambiental ou social e talvez piorem as coisas». Se destinou alguma percentagem da sua carteira de investimentos a fundos de investimento responsáveis, isso significa que o resto está comprometido com investimentos irresponsáveis?

As empresas financeiras têm um desafio e uma oportunidade diferentes. Os impactos físicos dos seus escritórios e viagens dos seus empregados são triviais em comparação com a pegada das empresas que financiam (imaginemos uma carteira de projetos energéticos que um banco financiou ou ao qual concedeu empréstimos para projetos). Estas chamadas «emissões financiadas» são *700 vezes* maiores do que as emissões diretas dos próprios bancos. Alguns bancos finalmente retiraram financiamentos ao carvão e, numa série de anúncios recentes, a maioria dos grandes bancos estabeleceu objetivos para as suas carteiras de investimento. A Morgan Stanley e o Bank of America comprometeram-se a financiar emissões líquidas-zero até 2050 — tal como fez o Citigroup, com o anúncio da CEO Jane Fraser no seu primeiro dia de trabalho (o que nos mostra as suas prioridades).[25] Uma grande coligação de investidores chamada Asset Owners Alliance, iniciada em parte pela Allianz e o seu CEO Oliver Bäte, comprometeu-se a investir os seus 5,5 biliões de dólares em carteiras de investimento na transição para emissões líquidas-zero até 2050.

Isto é bom, mas, de uma perspetiva de limiar, é tarde demais. Se estivermos a financiar infraestruturas até 2049, ainda estaremos a construir fábricas que emitirão carbono décadas depois da data mortal de 2050. Um exemplo melhor é a seguradora australiana Suncorp, que deixou de subscrever novos investimentos em petróleo e gás, prometeu terminar o seguro dos projetos existentes até 2025 e prometeu deixar de investir totalmente no setor até 2040.[27] Trinta grandes investidores com 5 biliões de dólares em ativos concordaram com objetivos de descarbonização das suas carteiras até 2025. Objetivos como estes irão acelerar a transição para a economia limpa.

É mais comum encontrar objetivos em torno da rede de abastecimento e as multinacionais estão a impor metas cada vez mais científicas aos fornecedores. Os gigantes alimentares foram os primeiros adeptos, uma vez que a agricultura industrial dominava a sua pegada de ciclo de vida. A General Mills, Kellogg e a Campbell's Soup, todas elas fixaram SBT em carbono para as explorações agrícolas e agro-negócios a quem compram. Outras empresas de todos os setores — GSK na farmácia, H&M no retalho, Schneider Electric e Walmart com o seu Desafio Gigaton, para citar alguns — estabelecem objetivos de carbono neutro para toda a sua cadeia de valor. Alternativamente, em vez de estabelecermos um objetivo para eles, podemos pressionar os fornecedores a fazerem-no. A retalhista Target estabeleceu a meta de que 80% dos seus fornecedores tivessem o seu próprio SBT.[28]

As empresas líderes estão a utilizar tanto recompensas como castigos de forma inovadora para aumentar uma pressão produtiva sobre os fornecedores, particularmente no que diz respeito ao clima. A Tesco, retalhista alimentar, fez uma parceria com o banco Santander para oferecer condições preferenciais de financiamento aos fornecedores que demonstrem um forte desempenho global em questões climáticas, incluindo o estabelecimento de metas agressivas.[29] Do lado do castigo, a Salesforce deu aos fornecedores normas rigorosas sobre a sua ação climática sob a forma de uma espécie de contrato (chamam-lhe Prova de Sustentabilidade). Os fornecedores devem medir as suas emissões totais da cadeia de valor e fornecer os seus produtos e serviços numa base «neutra em termos de carbono».[30] Se falharem, é considerado um «incumprimento ambiental» e a Salesforce cobrar-lhes-á uma «taxa de remediação» não trivial, a primeira do género (tanto quanto sabemos).

A existência de objetivos de diferença positiva dentro da cadeia de valor pode conduzir uma empresa para opções diferentes e mais sustentáveis. A Unilever comprometeu-se a obter 100% dos ingredientes de carbono nos seus produtos de limpeza e lavandaria a partir de fontes que não sejam baseadas em combustíveis fósseis. A empresa está a apostar naquilo a que chama um arco-íris de carbono, ou seja, diversas fontes de carbono desde CO_2 capturado, plantas, algas e resíduos.[31]

A Starbucks está também empenhada em encontrar origens mais sustentáveis para as suas bebidas à base de café. Uma avaliação aprofundada à pegada da empresa revelou que, mesmo com 31 mil lojas que utilizam energia, a maior parte das emissões de carbono do seu ciclo de vida está nos fornecedores — mais especificamente, nos produtores de leite.[32] Os lacticínios industriais e as suas vacas produtoras de gases com efeito de estufa constituem 21% da pegada de carbono da empresa. Até que os lacticínios das explorações agrícolas que utilizam práticas de agricultura regenerativa estejam disponíveis em grande escala, o melhor caminho da Starbucks para reduzir as emissões é reduzir o recurso a vacas na cadeia de abastecimento.

O CEO, Kevin Johnson, disse que «os leites alternativos serão uma grande parte da solução». A Starbucks tem de fazer com que os consumidores de café encomendem produtos não lácteos, o que não será fácil. Apenas um número reduzido de empresas alterou efetivamente o comportamento dos consumidores. Durante anos, a cadeia alimentar sueca Max Burgers aumentou as opções sem carne nos menus e comunicou com sucesso dados sobre a pegada de carbono da carne proveniente do sistema industrial clássico. Os pedidos de carne diminuíram substancialmente. A Panera, uma cadeia de alimentação saudável, está a avançar num sentido similar, comprometendo-se a fazer com que metade das ofertas do seu menu seja à base de plantas.[33]

Estabelecer metas para o impacto dos nossos fornecedores e clientes é uma forma poderosa e eficaz de quebrar fronteiras na forma como a organização se vê a si própria. Claro que, quanto maior for a porção do ciclo de vida que os nossos objetivos cobrem, menos controlo teremos, o que nos torna mais desconfortáveis. Isso é uma coisa boa. Levam-nos para um novo território. A Starbucks provavelmente não imaginava que teria de assumir uma posição sobre os arrotos das vacas, contudo, aqui estamos nós.

Impacto positivo mais vasto

Há uma progressão lógica para a reflexão sobre objetivos. Comecemos por enfrentar a nossa pegada imediata e passar as nossas teorias à ação. Depois, expandir a nossa visão para a cadeia de valor e possivelmente para o setor. Com essas fundações criadas, podemos estabelecer metas para criar um impacto positivo no mundo em geral, ou aumentar a «marca da nossa mão» de formas mensuráveis.

O USLP adotou objetivos a todos os níveis, desde os alvos de redução da pegada operacional até ao grande objetivo de melhorar a vida de mil milhões de pessoas. Incluía também uma meta altamente invulgar na altura: taxas de reciclagem, não para si própria, mas para alguns dos países em que operava. A empresa estava a tentar melhorar as taxas de reciclagem em todo o sistema. Este tipo de alvo certamente ultrapassa os limites e força a colaboração. À medida que o USLP continua a evoluir, acrescenta mais objetivos de diferença positiva que incidem sobre os sistemas.

Objetivos de «marca de mão» que vão muito além dos SBT estão a tornar-se mais uma fixação no propósito da empresa e nas declarações de sustentabilidade. Alguns exemplos no domínio ambiental:

- Timberland: *Criar um impacto de diferença positiva sobre o ambiente até 2030.* O CEO também falou em «dar mais do que aquilo que recebem». Claramente, estamos em sintonia.
- Kroger: *Zero fome|Zero resíduos nas suas comunidades.* Com mais de 2750 supermercados, a Kroger está a doar três mil milhões de refeições até 2025 e a criar um fundo de inovação de 10 milhões de dólares para acelerar novas ideias que reduzam o desperdício alimentar.[34]
- Kering: *Ter um impacto de diferença positiva na biodiversidade*, regenerando seis vezes a área total de terra utilizada pela sua cadeia de abastecimento.[35]

Com uma visão que ultrapassa a esfera comunitária, focando-se em problemas partilhados e sistémicos, um grupo de grandes ONG ambientais sob o lema *Nature Positive* criou um «objetivo global para a natureza», apelando a uma perda líquida de zero de habitats naturais para o presente, a um aumento na totalidade dos habitats até 2030 e à recuperação de ecossistemas prósperos até 2050.

Do ponto de vista social, as empresas têm-se tornado mais específicas com compromissos em termos de dinheiro e resultados no que respeita ao florescimento humano. Por exemplo:

- Sistema de Saúde Henry Ford: *Eliminar o suicídio entre os seus pacientes.* Em vez de tratar apenas a doença, o prestador de cuidados de saúde trabalhou proativamente para melhorar a saúde e os resultados da comunidade (em Detroit). Em vez de tratar apenas doenças e enfermidades, o sistema de saúde utilizou tecnologia para dar às pessoas um acesso mais rápido aos cuidados e manter-se em contacto com eles. Em dois anos, os suicídios diminuíram 75% e em alguns anos atingiram o zero.[36] Outros sistemas de saúde seguiram o exemplo da Ford, e com o aumento das mortes por desespero, programas como este podem ter importantes repercussões.

- Citigroup: *Derrubar as barreiras do racismo sistémico e aumentar a mobilidade económica nas comunidades de cor*, consagrando mais de mil milhões de dólares ao esforço.[37]
- Mastercard: *Trazer mil milhões de pessoas e 50 milhões de micro e pequenas empresas para a economia digital.* Também ajudará 25 milhões de mulheres empresárias a montar os seus negócios. O presidente executivo, Ajay Banga, vê este esforço como uma forma de reconstrução pós-covid e de reforço da resiliência no mundo. «Se vamos recuperar de forma sustentável a longo prazo», diz ele, «temos de garantir que todos sejam incluídos... Esta é uma oportunidade de... ajudar a sociedade em geral a prosperar».[38]

Os objetivos também podem aspirar a todo o mundo. A Dow comprometeu-se a «redefinir o papel das empresas na sociedade e facilitar a transição do mundo para uma economia circular», e a Toyota falou em «estabelecer uma sociedade baseada na reciclagem». É necessário que haja especificações e métricas sobre estas declarações, mas podem ser inspiradoras se forem seguidas de ação.

Faça a mudança, ajude outros a mudar

Num mundo tão disruptivo como este, é obrigatório mudar. Para algumas empresas, um exame honesto do que os limites planetários significam para elas poderia sacudi-las até ao âmago. Podem ter de fazer uma mudança profunda e modificar o negócio em que se encontram para evitar a irrelevância. Mas a mudança pode também representar uma enorme oportunidade de participar em novos mercados de grandes dimensões.

Em 2006, quando os líderes da Danish Oil & Natural Gas (DONG) examinaram os seus negócios com uma visão de fora para dentro e projetaram o seu futuro provável, não devem ter gostado do que viram. A DONG estabeleceu novos objetivos agressivos que não se limitaram a contornar ou a alargar limites; repensou completamente a empresa e fez uma grande mudança de um negócio antigo para um novo, apto para um futuro com baixo teor de carbono. A DONG foi à conferência climática global de 2009 com uma nova visão para passar de 85% de combustíveis fósseis para 85% de energia verde. Durante a década seguinte, a empresa vendeu ativos, mudou o nome para Ørsted e construiu o maior negócio eólico *offshore* do mundo (com 29% da capacidade instalada a nível mundial).[39] Atingiu o objetivo de 85% e depois estabeleceu novas metas. As emissões de carbono irão diminuir 98% (desde 2006) até 2025, com uma eliminação completa do carvão até 2023, um corte de 50% nas emissões da cadeia de abastecimento até 2032 e uma neutralidade completa da cadeia de valor até 2040.[40]

O mercado valoriza o futuro da Ørsted muito mais do que o dos gigantes do petróleo. Por exemplo, as receitas da BP (279 mil milhões de dólares) são 33 vezes superiores às da Ørsted (8,4 mil milhões de dólares), mas o seu limite de mercado de 92 mil milhões de dólares é apenas 1,4 vezes superior aos 65 mil milhões de dólares da Ørsted (à data da escrita deste livro).[41]

Qualquer empresa de combustíveis fósseis sem um plano como o da Ørsted não tem um plano sério. As empresas de combustíveis fósseis enfrentam uma ameaça existencial, a necessidade global de eliminar as emissões de carbono, mas não é preciso algo tão dramático para mudar os modelos no sentido de uma diferença positiva. Em 2014, o gigante da saúde CVS Health retirou os cigarros das prateleiras das suas cerca de oito mil lojas (agora dez mil). A mudança eliminou cerca de 2 mil milhões de dólares em vendas. Foi uma jogada estratégica inteligente de reposicionamento das drogarias para a saúde de forma mais ampla, mas foi também corajosa. Do mesmo modo, quando o departamento de negócios de aquecimento e arrefecimento da Ingersoll Rand se transformou num negócio independente, renomeou-se a si próprio Trane Technologies e tornou-se numa «empresa climática» (um duplo significado agradável). Tanto a escala do impacto climático do seu setor — a refrigeração cria cerca de 5% das emissões globais — como a oportunidade de fazer algo a este respeito eram irresistíveis.

A um nível mais pequeno, a empresa de média dimensão Clarke Environmental produziu pesticidas para matar mosquitos durante décadas antes de o neto do fundador, Lyell Clarke, ter levado a empresa para um novo patamar. A empresa desenvolveu repelentes orgânicos, que ganharam um Prémio de Química Verde dos EUA, e mudou a missão para proteger a saúde pública e «tornar as comunidades de todo o mundo mais habitáveis, seguras e confortáveis».

Estas movimentações constituíram mudanças corajosas e duras e exerceram pressão sobre os outros ou inspiraram-nos a mudar também. A Neste, da Finlândia, enveredou por um caminho paralelo ao da Ørsted, passando da refinação de petróleo para se tornar o maior produtor mundial de gasóleo e combustível para aviões a jato renováveis, fabricados a partir de resíduos. Noventa e quatro por cento dos lucros de 2020 da Neste foram obtidos a partir de energias renováveis.[42] Os 10 a 15 anos de avanço da Neste e da

Ørsted deveriam ser motivo de preocupação para outras empresas de energia. O gigante energético italiano Enel estabeleceu agora uma meta baseada na ciência, comprometendo-se a eliminar progressivamente o carvão até 2030 (ou antes) e a descarbonizar até 2050.[43]

Não é necessária uma reformulação completa do modelo de negócio para forçar a mudança nos demais. Os líderes podem levar a indústria a enfrentar de frente questões difíceis, algo que a Unilever tem feito repetidamente. Em 2014, a Unilever deixou de utilizar plásticos de microesferas, um ano antes de qualquer proibição voluntária ou obrigatória começar a ser discutida. Em 2018, a empresa começou a pressionar a Facebook e a Google para gerirem melhor o conteúdo ilegal e extremista. Em 2020, fez uma pausa na publicidade nas redes sociais, à qual se juntaram alguns outros grandes anunciantes, incluindo a Coca-Cola e a Levi's.[44] Estas ações e muitas outras — produzir um relatório sobre direitos humanos, divulgar ingredientes de fragrâncias, emitir obrigações verdes — pressionaram os concorrentes a mudar de formas fundamentais.

Todo este trabalho impulsiona o ritmo da mudança. As primeiras empresas a abrir a forma de pensar e a expandir os seus limites realizarão mais, fá-lo-ão a maior escala e liderarão, o que é muito melhor do que seguir. *É melhor levantar pó do que comê-lo.*

As empresas mais duradouras mudaram frequentemente o foco central pelo menos uma vez. Durante décadas, a IBM fabricou apenas máquinas informáticas, mas depois evoluiu para fornecer principalmente serviços técnicos e de consultoria. A família Wallenberg, na Suécia, proprietária a longo prazo de múltiplas empresas, tem um credo que remonta a 1946: «Passar do antigo para o que está prestes a vir é a única tradição que vale a pena manter.»

O que as empresas de diferença positiva fazem para expandir limites

- Compreendem os limiares que moldam o mundo, tanto biofísicos como sociais ou morais, e avaliam como se comportarão os seus negócios num mundo que vive dentro desses limites
- Questionam em que negócio estão realmente envolvidos e se o modelo atual é adequado para o futuro
- Removem restrições rígidas sobre aquilo em que a empresa pode trabalhar e dão às pessoas espaço para pensar a grande escala, trabalhar a longo prazo e investir no futuro
- Estabelecem objetivos agressivos que movam uma empresa no sentido da diferença positiva e que sejam, no *mínimo*, baseados na ciência; abrangem fornecedores e consumidores; e inspiram a empresa a melhorar a «marca da sua mão», e não apenas a reduzir a pegada
- Usam o desafio do objetivo invertido e reconsideram cada meta perguntando: o que *não* estamos a comprometer-nos a fazer? — e veem se estão orgulhosos desse objetivo

5

Ser um livro aberto

Promover a confiança e a transparência

Porque não há nada oculto que não venha a ser revelado
nem nada escondido que não venha a ser conhecido e trazido à luz.

— Lucas 8:17

Em setembro de 2015, a Agência de Proteção Ambiental dos Estados Unidos anunciou que a Volkswagen (VW) tinha violado a Lei do Ar Limpo e defraudado os testes de emissões ao programar os automóveis a *diesel* para parecer que produziam menos poluição do que a lei da Califórnia permitia — muito menos. Em condições de condução reais, os automóveis emitem até *40 vezes* o limite legal de NO_x[1], um grande poluente que prejudica a saúde das pessoas e contribui anualmente para milhões de mortes por poluição atmosférica.[2] A VW vendeu meio milhão destes automóveis fraudulentos nos Estados Unidos e 11 milhões em todo o mundo.[3]

No dia em que a notícia do «dieselgate» chegou, a VW perdeu um quarto do valor de mercado. Perdeu então a posição de maior fabricante de automóveis do mundo.[4] A VW teve vendas mais baixas durante alguns anos e pagou multas de mais de 33 mil milhões de dólares.[5] Abusar da confiança da sociedade é uma má ideia, como a Wells Fargo ou a Boeing também podem atestar. Um estudo da Accenture, «The Bottom Line on Trust», traduziu em números como isso pode ser prejudicial.[6] Classificou sete mil empresas em três motores de «agilidade competitiva»: crescimento, rentabilidade e sustentabilidade e confiança. A Accenture ficou surpreendida ao perceber que a componente de confiança, por si só, «afeta desproporcionadamente a competitividade e o resultado de uma empresa».

Cada «incidente relativo à confiança» que reduziu a pontuação de competitividade também atingiu fortemente as receitas e os ganhos — até uma perda de 20%, em alguns setores. Estes números devem preocupar qualquer líder, uma vez que a confiança leva tempo a construir e apenas segundos a perder.

Se uma empresa fizer algo de errado, será sabido. O escândalo da VW é surpreendente porque o fabricante de automóveis conseguiu manter segredo durante sete anos. Na era moderna da transparência radical, com empregados a transportar câmaras por todo o lado e a afixar nas redes sociais, é improvável que uma empresa consiga esconder algo tão grande para sempre.

Confiança em declínio, transparência em ascensão

Os escândalos de alta visibilidade acontecem com frequência suficiente para manter a confiança nas empresas baixa. Mas a confiança nas instituições *em geral* tem vindo a diminuir há décadas. Enquanto 73% dos inquiridos globais do *Barómetro Edelman Trust de 2021* dizem confiar nos cientistas, apenas 48% confiam nos CEO e 41% confiam nos líderes governamentais.[7] A falta de confiança custa dinheiro a todos; baixa confiança implica mais honorários de advogados. Impede a colaboração e reduz a eficiência. Uma menor confiança tem um custo para os empregados, mas o inverso também se verifica. As pessoas que trabalham em organizações de alta confiança são 76% mais empenhadas, 50% mais produtivas e muito mais leais. Sofrem menos 40% de esgotamento e tiram menos 13% de dias de baixa por doença.[8]

A confiança torna-se ainda mais crucial em tempos de crise. Após o início da pandemia, confiar que uma marca irá fazer o que está certo era essencial para 81% dos consumidores.[9] Ter a confiança das principais partes interessadas, resumiu a Edelman, dá às empresas mais licença para operar. E lembremo-nos do apoio das ONG que a Unilever obteve durante a tentativa de aquisição hostil — que se baseou na confiança.

O CEO da Microsoft, Satya Nadella, disse que «o nosso modelo de negócio depende de uma única coisa: o mundo ter confiança na tecnologia».[10] Uma vez que a confiança proporciona a base para construir as colaborações mais profundas de que precisamos para resolver os maiores desafios do mundo, é o sangue vital de uma empresa de diferença positiva. É o ativo mais valioso que uma empresa pode ter.

A partir de todos estes dados, emergem algumas grandes verdades. Viver com confiança torna-nos mais felizes; viver na desconfiança leva ao medo, à raiva e à alienação. A vida moderna é construída sobre a coesão social e um sentido de «nós», não de «eu». Nenhuma sociedade prospera muito tempo sem a confiança como base da prosperidade. Mas o que é que verdadeiramente move a confiança? Ser aberto.

Transparência em ascensão

Há um velho ditado de que Warren Buffett gosta: «Só quando a maré vaza é que se descobre quem estava a nadar nu.»[11] Num mundo que exige abertura sobre tudo, a maré está sempre a vazar. Se tivermos um bom controlo sobre os problemas nas nossas operações (ou nas dos nossos parceiros) — e estivermos empenhados em encontrar soluções de uma forma genuína e consistente —, estamos em grande forma e a transparência não é ameaçadora. Mas se algo estiver em desacordo com os valores e objetivos que declarámos, tais como violações dos direitos humanos na cadeia de abastecimento, a maré baixa será embaraçosa.

A confiança e a transparência são o lubrificante de um modelo de múltiplas partes interessadas. Quem se encolhe numa sala de reuniões, encarando as ONG como o inimigo e todas as empresas como concorrentes, permanece calado. Não se arrisca a ser penalizado ou a perder qualquer vantagem que possa ter, por partilhar demasiado. De uma forma geral, os CEO têm receado ser demasiado abertos — os seus departamentos jurídicos, de relações públicas ou de comunicações têm-nos assustado com histórias de declínio da reputação ou da responsabilidade legal (um receio maior nos Estados Unidos). Isso é uma desculpa. Ser reservado não é uma boa estratégia. Torna mais difícil construir confiança. Também se perde as oportunidades de ligação e aprendizagem que advêm de partilhar abertamente os desafios.

A transparência virá ao nosso encontro de qualquer forma. Empregados, clientes, comunidades e investidores estão a desafiar as empresas, fazendo perguntas difíceis sobre o que representam e a quem servem. Dois terços das resoluções dos acionistas estão ligadas a questões ambientais, sociais e de governação (ESG).[12] O desempenho das questões ESG está a tornar-se mais transparente: em 2021, a S&P Global divulgou as suas pontuações ESG em 9200 empresas — as pontuações que utiliza para selecionar empresas para os Índices de Sustentabilidade Dow Jones (DJSI).[13] A gigante investidora

BlackRock afirmou também que espera que as empresas divulguem as suas metas de redução das emissões de carbono e de gases com efeito de estufa (GEE).[14]

Nos setores da alimentação e dos produtos de consumo, as questões inserem-se na bandeira do movimento do «rótulo limpo». Os consumidores querem saber muito mais sobre o que estão a comprar e os seus ingredientes — nada artificial ou desnecessário, nem nomes químicos rebuscados. Isto faz parte do que está a impulsionar o rápido crescimento dos alimentos orgânicos. Mas uma filosofia de «rótulo limpo» pode ir além dos alimentos, especialmente para os trabalhadores e consumidores mais jovens (*millennials* e Gen Zers). Estes querem mais informação sobre tudo o que compram ou utilizam. Os clientes mais jovens dos bancos privados, por exemplo, estão efetivamente a pedir carteiras «limpas» que tenham um impacto positivo no mundo.

A transparência é reforçada por um salto tecnológico — telefones com câmara nas mãos de todos e novas ferramentas, como as bases de dados *blockchain*, que rastreiam tudo. Qualquer má ação pode tornar-se viral. Quando um gerente de uma loja Starbucks chamou a polícia, acusando duas pessoas de cor de permanência prolongada — o que metade de nós faz no Starbucks —, um vídeo do incidente foi visto oito milhões de vezes em poucos dias. Qualquer pessoa com um telemóvel é um auditor.

A confiança, apoiada pela transparência, é uma combinação poderosa. São facilitadores de trabalho de diferença positiva e criam boa vontade e valor intangível. Há 40 anos, mais de 80% do valor das empresas do S&P 500 estava embrulhado em ativos tangíveis e sólidos — fábricas, edifícios, inventários e assim por diante. Hoje, é o contrário: os ativos intangíveis constituem mais de 90% do total.[15]

Os ativos intangíveis têm sido difíceis de medir, mas as empresas estão a melhorar, incluindo a colocação de números no valor da marca, a lealdade dos clientes, o envolvimento dos funcionários e a confiança. As empresas, especialmente as que se encontram no caminho da diferença positiva, devem comunicar constantemente este valor aos mercados financeiros e ligar claramente os intangíveis ao modelo de criação de valor da empresa.

Construir confiança

Há um antigo provérbio holandês que se traduz como qualquer coisa do género: «A confiança vem a pé e parte a cavalo.» É preciso tempo, consistência e humildade para a construir. Uma empresa não se pode compartimentar e ser digna de confiança apenas nos aspetos públicos do seu negócio. O que acontece longe dos olhos do público importa ainda mais. Não se pode falar apenas de confiança; é preciso demonstrá-la e merecê-la. É preciso ter a humildade de dizer: «Não sei como fazer isto. Pode ajudar-me?» Ter a vulnerabilidade de partilhar o que não está a funcionar. É necessário mantermos a mente aberta sobre o que podemos estar a fazer mal, tentar servir os outros e colocar as suas necessidades à frente das nossas e fazer o melhor que pudermos para fazer o que está certo. As pessoas vão apreciar essa atitude e vão confiar em nós. Tal como com o propósito, a confiança é muitas vezes construída de baixo para cima, projeto a projeto, escolha a escolha. Vejamos cinco caminhos que acreditamos que as empresas devem adotar para gerar confiança.

Divulgue os seus planos, os seus sucessos e as suas falhas

O Plano de Vida Sustentável da Unilever (USLP) era um projeto para revitalizar a Unilever e colocá-la num caminho para a diferença positiva. Mas era também um poderoso instrumento de transparência. Desde o primeiro dia, o plano detalhado — com os seus 3 grandes objetivos, 7 subcategorias (mais tarde 9) e mais de 50 alvos — foi exposto à crítica pública, com defeitos e tudo. A abertura ao público com números específicos cria responsabilidade, o que é fundamental. Coloca a organização debaixo de fogo; uma vez que um alvo é exposto, deixa de ser voluntário.

Um dos objetivos mais desafiantes foi o compromisso da Unilever com o abastecimento 100% sustentável de matérias-primas agrícolas até 2020. Com centenas de ingredientes em milhares de produtos, esta é uma tarefa de grande envergadura. A maioria dos ingredientes não tinha uma definição reconhecida para o que significava «sustentável». Tornar o alvo público permitiu à Unilever pedir ajuda e deu-lhe credibilidade na procura de respostas.

Jan Kees Vis, diretor global da Unilever para o desenvolvimento de recursos sustentáveis, trabalhou durante anos para construir normas e códigos para uma agricultura sustentável. Precisou da confiança de pares, comunidades e ONG em questões espinhosas. Os compromissos da empresa, segundo ele, ajudaram a responsabilização de todos os envolvidos. «Eu podia apontar para o USLP», diz Vis, «e dizer aos fornecedores e parceiros: "Não estou a falar só por mim... é um dos meus objetivos e a minha política exige um tratamento justo dos trabalhadores e melhores práticas de gestão de terras... se duvidarem de que estamos a falar a sério, trarei o meu CEO que lhe dirá a mesma coisa".»[16] Desenvolvendo normas abertamente, responsabilizamo-nos (e aos nossos parceiros) por um melhor desempenho, antes que as ONG o façam por nós.

A escala dos objetivos também construiu relações. Quando dizemos: «Queremos melhorar os hábitos de higiene de mil milhões de pessoas», estamos claramente a pensar em grande e não podemos fazê-lo sozinhos. Estamos a dizer: «Não temos todas as respostas», o que nos dá credibilidade. Esta combinação de arrojo e humildade atrai ONG, empresários com novas tecnologias e líderes governamentais dispostos a trabalhar connosco. Pier Luigi Sigismondi, o antigo chefe da cadeia de abastecimento da Unilever, diz: «Quando se vai a público dizer que se precisa de ajuda, começa-se a receber muitos *e-mails* e pedidos para se juntar ao movimento.»

Para manter a transparência e a confiança, a Unilever divulgou relatórios de progresso do USLP auditados pela PwC. O relatório deu a cada alvo uma marca verde, amarela ou vermelha, juntamente com explicações sobre o que não estava a funcionar. Os objetivos mais difíceis de atingir, por exemplo, têm sido consistentemente a redução da pegada de carbono dos produtos durante a sua utilização pelo consumidor. A energia necessária para água quente para sabonetes e champôs constitui cerca de dois terços da pegada de carbono da cadeia de valor da empresa. Mesmo com a inovação de produtos, a Unilever nunca resolveu este problema de comportamento humano (coisas como duches longos). É importante ser positivo. Ser honesto, mas oferecer esperança e otimismo. A melhor maneira de avançar é falar abertamente sobre esses desafios e partilhar o conhecimento sobre o que funcionou.

A transparência ao nível do USLP é mais normal agora, mas não o era há uma década. Com exceção dos primeiros líderes, como a Interface, IKEA e Marks & Spencer, quase nenhuma empresa tinha publicado alvos concretos e agressivos — a maioria ainda não tinha sequer estimado a sua pegada. Este nível de abertura ainda é desconfortável para muitos líderes. Resta uma forte corrente de pensamento da velha guarda, uma voz interior que diz: «Não digas muito ao mercado porque serás responsabilizado ou eles virão atrás de ti». Contudo, é o oposto que é verdade. Estar aberto transforma frequentemente os nossos atacantes em parceiros.

Diga às pessoas o que elas querem saber (e não se retraia)

Não somos nós que decidimos o que os nossos clientes ou comunidades querem saber sobre a nossa empresa ou produtos. É quase certo que as suas exigências vão continuar a aumentar. Por isso, abraçar a transparência é um processo de desprendimento. As empresas de diferença positiva adotam a mentalidade de que a empresa não lhes pertence realmente, mas sim a todos os interessados.

A Unilever tem procurado ser proativa e partilhar coisas que outros não fazem. Foi precoce na publicação *online* dos seus princípios fiscais (com base na crença em apoiar a sociedade através de uma tributação justa), por exemplo, e na publicação de dados operacionais que normalmente permanecem privados. A Unilever partilhou publicamente a sua lista de 1800 lagares de óleo de palma na sua cadeia de abastecimento — latitude, longitude e o nome da empresa. Quando Jeff Seabright era o chefe de sustentabilidade, essa transparência criou um momento memorável.

Estava em reunião com um grupo de povos indígenas quando uma mulher da Colômbia falou, dizendo que uma empresa de óleo de palma estava a destruir a sua comunidade. Seabright puxou de uma lista de locais onde havia fábricas. A senhora disse: «Ali, perto de Cartagena. Esta é a minha comunidade, e esta empresa é a que está a envenenar e a matar o meu povo.» Agora, a empresa podia investigar o que estava a acontecer com aquele fornecedor específico. Seabright diz: «Foi pungente e humano, e mostrou o poder da transparência.» Também se identificou ali um fornecedor que a empresa precisava de ajudar a mudar ou então de se distanciar.

A transparência operacional é apenas um tipo de abertura. Pense no que os seus principais interessados querem saber, ou quererão saber em breve. Os futuros e atuais funcionários podem querer informações sobre quão justa é a remuneração, por exemplo. Podem procurar dados salariais na Glassdoor, o que torna então mais difícil para uma empresa manter uma diferença salarial de género ou raça.

Por seu lado, os investidores estão cada vez mais a pedir métricas de ESG e divulgação de riscos de sustentabilidade material. Larry Fink, CEO do maior proprietário de ativos do mundo, a BlackRock, pediu a todas as empresas «que reportassem em consonância com as recomendações da Task Force on Climate-Related Financial Disclosure (TCFD) e do Conselho de Normas Contabilísticas de Sustentabilidade (SASB), que abrangem um conjunto mais amplo de fatores de sustentabilidade material».[17]

Os consumidores também estão a exigir mais e querem saber o que está contido em tudo o que compram. A Unilever abriu um novo caminho na partilha de informação sobre o que está listado nos rótulos dos produtos como sendo «fragrância», o que não é uma única coisa — pode conter dezenas de produtos químicos. Os subingredientes têm sido sempre escondidos dos consumidores. A Unilever analisou mais de mil dos seus produtos e colocou em linha todos os químicos que constituem mais de 100 partes por milhão de uma fragrância (com uma explicação do que esse ingrediente faz). Os consumidores podem encontrar os detalhes *online* ou utilizar uma aplicação telefónica, a SmartLabel, para digitalizar um código de barras e obter a lista completa enquanto fazem compras.[18]

O Environmental Working Group, uma ONG que defende agressivamente a proteção da saúde humana e a redução da exposição a produtos químicos, elogiou publicamente a Unilever. O fundador Ken Cook aplaudiu a empresa por elevar a fasquia da transparência e «quebrar a caixa-negra dos químicos de fragrâncias».[19] No início, os principais fornecedores de fragrâncias — parceiros de longa data como a IFF, Givaudan, Firmenich e Symrise — mostraram-se reticentes. Têm uma significativa porção de propriedade intelectual envolta nos seus sabores e fragrâncias. Mas o antigo diretor de I&D da Unilever, David Blanchard, diz que compreendeu para onde os consumidores se dirigiam em termos de transparência e que ser proativo foi a atitude inteligente. O comboio já estava de partida, e quando se começa a dar informações aos consumidores, diz Blanchard, «é impossível travar a transparência».

Uma das cadeias alimentares de crescimento mais rápido, a Panera Bread, fez da abertura o coração da sua marca. As «promessas alimentares» da empresa centram-se nas palavras «transparente», «cultivado de forma responsável» e «limpo». A Panera define esta última como «sem conservantes artificiais, adoçantes ou aromas e corantes». A empresa publica uma «*No Breda List*» única de ingredientes que diz «nunca estará na nossa despensa». A Panera diz que os seus compromissos são «baseados na confiança».[20] Da mesma forma, em 2020, a Unilever anunciou um novo objetivo de «comunicar a pegada de carbono de cada produto que vendemos» na embalagem, uma tarefa nada trivial quando se vendem 70 mil produtos.[21]

Os clientes empresariais também exigem mais informação sobre a sua pegada na cadeia de abastecimento e pode ser uma vantagem competitiva dar-lhes essa informação. O fornecedor agrícola baseado em Singapura, Olam, lançou um produto de dados, o AtSource, que dá aos clientes informações sobre 90 indicadores de sustentabilidade — pegada de carbono, resíduos, número de agricultores, diversidade, etc. — para todas as matérias-primas e ingredientes que vende. Com o AtSource, a Olam está a ajudar as empresas alimentares a desenvolver uma história honesta e baseada em dados que podem contar aos seus consumidores.

Se não formos capazes de fornecer os dados aos clientes, eles podem contornar-nos. Para acompanhar a desflorestação, a Global Forest Watch recolhe resmas de imagens de satélite de florestas e plantações de óleo de palma. A Unilever contratou uma pequena empresa com experiência em IA, a Descartes Labs, para melhorar a utilização de imagens de satélite para identificar áreas problemáticas.[22] A empresa está a evoluir no sentido da imagem em tempo real da desflorestação na sua cadeia de distribuição, com ou sem a ajuda de fornecedores de palma.

A transparência orientada para os dados está a revolucionar os negócios. Juntamente com melhor informação, ter partes independentes a avaliar as operações de uma empresa permite rótulos de confiança, que asseguram aos clientes que a história é verdadeira. Durante muitos anos, a Unilever vendeu chá que era certificado por uma respeitada ONG, a Rainforest Alliance. As certificações não são perfeitas, mas dão aos consumidores uma história de fundo e um olhar algo transparente sobre a forma como um produto é feito. As pessoas podem comprar um produto com maior confiança de que é bom.

Pôr as necessidades das comunidades à frente das nossas próprias necessidades

Uma licença para existir não é um pedaço de papel literal, mas pode parecer real. Se as comunidades não confiarem em nós, será difícil negociar com elas, isto, se nos for sequer permitido entrar. Ser um bom servidor significa mostrar às pessoas o nosso compromisso para com o seu bem-estar. Ajudar as comunidades em momentos de crise, tais como furacões e pandemias, é importante para que saibam que estaremos ao seu lado para as ajudar. Mas é o trabalho a longo prazo que gera confiança duradoura.

Ao procurar lucros através de um propósito, as empresas e as marcas podem aproximar-se das comunidades e ajudá-las a prosperar como uma parte normal do negócio. Tudo começa com a pergunta: «Como podemos ajudá-lo com os nossos produtos e competências?» E *não* perguntando: «Como podemos ganhar dinheiro com estas pessoas?» As comunidades conseguem distinguir quando existe um desejo genuíno de investir no país, construir relações a longo prazo e um negócio duradouro.

Por todo o mundo, muitas das marcas da Unilever têm gerido programas para ajudar as comunidades a desenvolverem-se e a prosperarem. As marcas de higiene Lysoform e Klinex na Europa fornecem produtos de limpeza às escolas, juntamente com materiais educativos sobre como manter-se seguro e saudável. Na Grécia e Itália, alcançaram o objetivo de atingir dez milhões de pessoas num par de anos. A Unilever Indonésia também gere programas de higiene que atingem milhões de crianças todos os anos, e o programa de lavagem de mãos da divisão etíope combate a diarreia mortal e o flagelo do tracoma, uma doença que vem de esfregar mãos sujas nos olhos e pode levar à cegueira. As marcas da Unilever trabalham numa série de desafios: o detergente *Sunlight* gere um programa para construir estações de água em aldeias nigerianas e várias marcas trabalham em programas rurais que ajudam os pequenos agricultores a prosperar. As empresas de diferença positiva, onde quer que funcionem, dinamizam comunidades.

Todas estas iniciativas contribuem para o objetivo global do USLP de melhorar a vida de um mil milhões de pessoas, mas as comunidades sabem que também é bom para o negócio da Unilever — um maior enfoque na higiene e nutrição, por exemplo, traz maiores vendas de pasta de dentes *Pepsodent* e de misturas de sabores *Knorr*. Estes programas estão quase sempre associados a uma marca, utilizando produtos de limpeza ou purificação de água da Unilever. É importante ser autêntico. Como diz um executivo que trabalha no Vietname: «Eles veem a sinceridade do que tentamos fazer.» Constrói-se confiança ao ser genuíno no desejo de ajudar *e* ao ser honesto acerca dos benefícios para o negócio.

Esses benefícios são definitivamente reais. Como parte dos objetivos de crescimento do USLP, a plataforma Living Hygiene tinha objetivos agressivos de pegar numa marca de limpeza adormecida e duplicar o seu tamanho a nível global. Doina Cocoveanu, que liderou esse trabalho, disse que fizeram mais do que duplicar as vendas, mas não foi a uma única ação. Novos mercados e inovações (alguns com objetivos movidos por um propósito, mas não todos) desbloquearam o crescimento.[23] Ao não confiarem apenas nos programas de objetivos como o único motor, libertaram o negócio para servir honestamente a comunidade. Ser uma empresa de diferença positiva não requer que *apenas* se concentre em iniciativas orientadas pela missão — elas são uma parte importante do conjunto que forma um negócio, mas não a totalidade.

Anos de trabalho com governos, investimento em países e a ajudar as pessoas a melhorar a saúde e a higiene (entre outros objetivos) tem gerado confiança. É uma filosofia de fazer negócios, não uma série de programas pontuais.

Ser transparente com críticos credíveis

Encontre críticos conhecedores e abra-lhes as suas portas. Assim se constrói uma confiança que se valorizará, para além de ser a melhor maneira de ficar a saber onde é preciso melhorar. As empresas líderes fazem-no sistematicamente. A VBDO, uma associação holandesa que trabalha para tornar os mercados de capitais mais sustentáveis, avalia os fundos de pensões em relação ao seu desempenho como investidores responsáveis. Quando lhe perguntaram o que faz os líderes melhorarem, a diretora executiva da VBDO, Angélique Laskewitz, diz que é o facto de eles se abrirem. Os mais bem classificados são aqueles que chamam as partes interessadas mais críticas, incluindo a VBDO e sindicatos, e perguntam abertamente: «O que pensa da nossa política de investimentos sustentáveis?»[24]

Pode ser doloroso, mas as empresas devem convidar críticos produtivos para discutir as questões mais difíceis, incluindo temas de direitos humanos como a escravatura moderna e o trabalho infantil. Em 2011, a Unilever pediu à ONG internacional Oxfam para rever as condições de trabalho nas suas operações e cadeia de distribuição, dando-lhe carta-branca para explorar. A empresa era um livro aberto. A Oxfam escolheu o Vietname como um bom estudo de caso para avaliar quatro questões principais: liberdade de associação e negociação coletiva, salários dignos, número de horas de trabalho e trabalho contratado.

Os advogados da Unilever receavam expor legalmente a empresa, e a administração não se sentia confortável em entregar munições a pessoas de fora. Mas a liderança da Unilever considerou que valia a pena correr esse risco. Estar na dianteira e fazê-lo de forma mais aberta faz com que as ONG tenham menos probabilidades de nos derrubar; elas precisam que continuemos a marcar o ritmo se estivermos a fazer coisas boas. Transparência não é estar certo sobre tudo, mas estar disposto a estar aberto e a fazer a viagem rumo à melhoria.

A Oxfam concluiu que a Unilever tinha políticas adequadas, em teoria, mas problemas significativos na prática, tais como o pagamento de salários superiores ao mínimo, mas ainda abaixo de um salário digno. O relatório ajudou as ONG a compreender melhor a situação — se a Unilever enfrentava desafios ao lidar com a complexidade dos subcontratantes, muito provavelmente todos o tinham. Tornou também mais seguro que outras empresas se abrissem.

Desde essa altura, a Unilever estabeleceu o objetivo de que nenhum dos seus 169 mil empregados diretos seria pago abaixo do salário mínimo até 2020.

Depois de cumprir efetivamente esse objetivo, a Unilever assumiu, em 2021, um compromisso para a sua rede de fornecedores. A empresa exigirá que qualquer organização «que nos forneça bens ou serviços» pague um salário digno até 2030.[25] Estes esforços foram iniciados pelo trabalho inicial de transparência anos antes.

O relatório do Vietname foi publicado em 2013, o mesmo ano de uma das maiores tragédias na história dos negócios, o desabamento da fábrica de vestuário Rana Plaza no Bangladesh. A morte chocante de 1100 trabalhadores despertou o mundo para as condições de trabalho escandalosas das pessoas que fabricam as nossas roupas e eletrónica. As empresas começaram a olhar mais de perto para esta questão e a Unilever aumentou o seu foco na vertente social do USLP.

Com o relatório da Oxfam como base da sua reflexão, a Unilever publicou um relatório sobre direitos humanos em toda a empresa em 2015, o primeiro do género. A empresa foi transparente sobre as suas operações em 190 países, todas com normas, leis e pontos de vista diferentes sobre os direitos humanos. Foi honesta, o que era necessário que fosse. Como nos disse Sharan Burrow, secretária-geral da Confederação Internacional de Sindicatos, uma empresa é real quando é verdadeira sobre estas questões. «Vimos relatórios sobre direitos humanos que só nos dão boas notícias», diz Burrow, «o que quer dizer que estão a mentir». Quem percebe disto «sabe que não são perfeitos, fazem a sua devida diligência em questões de direitos humanos e laborais, e depois, em vez de o encobrirem, pedem-nos que os ajudemos a resolvê-lo».[26]

Marcela Manubens, vice-presidente global de sustentabilidade social integrada da Unilever, lidera a agenda de sustentabilidade social e direitos humanos da Unilever desde 2013. Acredita que o primeiro relatório foi fundamental para fazer qualquer progresso. Segundo diz: «A transparência foi o elemento-chave e é um facilitador... permite-me falar.» Dá-lhe e à Unilever credibilidade para trabalhar com as ONG e com as comunidades em questões difíceis. Se a empresa não tivesse feito o trabalho árduo, com a ajuda do autor dos altamente respeitados princípios de Ruggie sobre direitos humanos, John Ruggie, até que ponto teriam sido levados a sério?

O relatório também aumentou o à-vontade para falar sobre as questões no seio da Unilever. Manubens não queria que o relatório falasse apenas a alguns especialistas de direitos humanos — ela queria que todos na empresa (ou qualquer parte interessada) o lessem, percebessem e perguntassem: «Qual é o meu papel nisto?» À medida que a organização foi ficando mais familiarizada com as questões, tomou medidas, como melhorar as condições de trabalho, reforçar o direito de associação e aperfeiçoar o procedimento de queixa para melhor captar os abusos. Na maioria dos locais, os trabalhadores não tinham um mecanismo fácil de comunicação, tal como uma linha de reclamação anónima ou entrevistas regulares com auditores. A Unilever também instou o Fórum de Bens de Consumo a analisar atentamente os direitos laborais e humanos na cadeia de distribuição de óleo de palma e na indústria do camarão. Treinou mais de mil empresas da cadeia de abastecimento alargada sobre como erradicar o trabalho forçado.

As multinacionais têm um grande alvo nas suas costas e as empresas que divulgam aquilo que fazem de bom recebem ainda mais atenção. Quando as críticas chegam, é importante descobrir com quem se está a lidar (ver a caixa «Conheça os seus críticos»). Queremos organizações úteis, mesmo que não estejam contentes connosco, mas não puros cínicos que não trabalhem de boa-fé. Algumas pessoas querem resolver problemas; outras vêm apenas para nos derrubar. Encontre os parceiros certos, construa uma relação de confiança com eles e trabalhem juntos em grandes obras.

Em caso de dúvida, faça o que está certo

Durante a pandemia, algumas empresas fizeram más escolhas. Supermercados no Reino Unido, incluindo o Sainsbury's, Tesco e o Asda, da Walmart, ficaram debaixo de fogo por terem aceitado uma redução fiscal pandémica enquanto pagavam bons dividendos aos acionistas (todos eles estão a pagar os impostos).[27] Os governos ofereceram empréstimos a empresas para ajudar a mantê-las em funcionamento. Um programa, nos Estados Unidos, destinado às pequenas empresas estava sobrecarregado de assinaturas. Dezenas de grandes empresas públicas, muitas com muito dinheiro em mão, tiraram milhões do pote.[28] Em várias empresas, os executivos pagaram a si próprios grandes bónus, enquanto dispensavam milhares de trabalhadores.

Agora, comparemos essas ações com a forma como a IKEA lidou com a situação. Alguns governos ofereceram financiamento para cobrir 80% ou mais dos salários dos trabalhadores despedidos. Quando o negócio da IKEA recuperou mais depressa do que o esperado, anunciou que iria reembolsar os Estados Unidos e oito governos na Europa.[29] Era a coisa certa a fazer. Felizmente, a IKEA não estava sozinha durante a crise e a maioria das empresas tentou contribuir para um bem maior.

CONHEÇA OS SEUS CRÍTICOS

Muitos intervenientes procuram progredir em questões nas quais creem não estar a ver um progresso suficientemente rápido, como o plástico nos oceanos, as alterações climáticas, as energias renováveis ou a inclusão. Mas as críticas variam muito na sua utilidade. Quando a sua empresa se depara com algum julgamento, primeiro descubra com quem está a falar:

- *Os interessados e conhecedores* levantam questões de genuína preocupação e assinalam o que lhe pode ter escapado, como melhores formas de melhorar os padrões dos produtos agrícolas ou as condições de trabalho dos trabalhadores agrícolas. Ouça estas pessoas.
- *Os céticos* desafiam-no, chamando a atenção para a lavagem ecológica ou refutando quando uma empresa diz que algo não pode ser feito. Podem trazer para a discussão soluções que lidam com a complexidade dos sistemas e consequências involuntárias. Se não ficar na defensiva, eles vão ajudá-lo a melhorar.
- *Os absolutistas* são uma minoria sonora com um único foco e, por vezes, respostas demasiado simples — podem querer que as empresas deixem completamente de utilizar óleo de palma, por exemplo, o que poderia levar milhões de pessoas à pobreza. Ou alguns exigem zero testes em animais, mas as empresas de bens de consumo embalados (CPG) são legalmente obrigadas a testar em animais na China e na Rússia. As empresas podem fazer mais para resolver problemas como estes e alterar as leis destes mercados. Se os absolutistas puderem ser pragmáticos sobre os caminhos para o seu objetivo, podem ajudar.
- *Os cínicos* acreditam que as empresas são sempre o problema, assumem que se está a mentir e julgam as empresas apenas pelos seus erros. Geralmente, abdicam da responsabilidade de ajudar a encontrar soluções viáveis. As suas mentes estão fechadas e não oferecem qualquer ajuda, por isso não gaste tempo a tentar agradar-lhes. Simplesmente avance no sentido de uma diferença positiva e fará com que se torne difícil para eles sustentarem as suas objeções.

A gigante francesa de luxo LVMH produziu um higienizador de mãos e a Apple fez máscaras faciais. A Ford, GE e 3M fabricaram ventiladores. Para ajudar estas empresas a fabricar algo que nunca tinham feito, a empresa de cuidados de saúde e biomédica Medtronic divulgou as especificações de design e o código de *software* para um dos seus ventiladores portáteis.[30] Por sua vez, para além de transferir a sua produção para equipamento médico, a Unilever converteu edifícios de escolas em hospitais temporários, em plantações de chá quenianas e tanzanianas. Estas empresas fizeram escolhas morais, colocando as necessidades imediatas das pessoas à frente dos objetivos empresariais do momento e mostrando às comunidades quem de facto são.

As empresas são cada vez mais solicitadas a fazer escolhas sobre a forma como atuam no mundo e sobre o que representam. As partes interessadas estão atentas, e as oportunidades para as empresas fazerem o que está certo — ou errado — são cada vez mais comuns. Enquanto os protestos sobre a igualdade racial e a brutalidade da polícia irrompiam nos Estados Unidos em meados de 2020, o CEO da IBM, Arvind Krishna, apelou aos governos para combaterem o racismo sistémico. A empresa deixou de vender *software* de reconhecimento facial — que tem um preconceito racial inerente e identifica pessoas de cor muito mais frequentemente — à polícia ou a outras agências de segurança.[31] A Microsoft e a Amazon rapidamente se juntaram à IBM. Estes gigantes tecnológicos desistiram do que eram provavelmente clientes lucrativos em favor do apoio à equidade racial. Mais uma vez, a coisa certa a fazer.

Quanto mais as empresas fazem o que está certo, maiores são as expectativas. Com um plano tão público como o USLP, as partes interessadas esperam frequentemente que a Unilever resolva todos os problemas ambientais ou sociais que afetem os seus negócios de alguma forma, incluindo os cantos mais obscuros da cadeia de distribuição que necessitam de atenção. É uma fasquia alta, mas, ao mesmo tempo, não é difícil, pelo menos, identificar os problemas. Muitas ONG e sindicatos sabem o que está a acontecer.

Mesmo antes de o relatório da Unilever sobre direitos humanos desenterrar as questões, já as partes interessadas falavam claramente dos problemas na cadeia de abastecimento. Ron Oswald é o secretário-geral da IUF, uma federação de sindicatos que representa dez milhões de trabalhadores na agricultura e hotelaria. No final dos anos 2000, a IUF dirigiu uma campanha contra a Unilever por causa de uma fábrica de chá no Paquistão com 800 empregados, mas apenas 22 empregos a tempo inteiro. Os restantes eram mão de obra contingente, empreiteiros diários com salários baixos e sem segurança de emprego. A IUF chamou à campanha, inteligentemente, Casual-T.[32]

Como parte de um esforço maior para reduzir a mão de obra contingente em toda a empresa, Paul trabalhou com Oswald no Paquistão na elaboração de uma solução. O plano consistia em criar algumas centenas de empregos permanentes, com benefícios. Antes de o lançar, porém, foram à comunidade e perguntaram às pessoas o que queriam — menos, mas melhores empregos, ou mais posições contratuais. Os trabalhadores escolheram a estabilidade. No primeiro dia, os trabalhadores recém-contratados levaram as suas famílias para celebrar.

Tal como acontece tantas vezes, esta solução de diferença positiva acabou por ser a melhor para a Unilever. Quando se adiciona as pessoas à empresa, tem-se uma melhor economia. Não é necessário estar constantemente a contratar trabalhadores temporários. Os trabalhadores também ficam mais empenhados; sentem-se parte da empresa. A Unilever também poupou dinheiro ao *não* precisar de pagar elevados honorários a empregados em Londres para gerir processos laborais contra a empresa — dinheiro que poderia ir para a contratação de mais trabalhadores na fábrica.

Graças a anos de trabalho de boa-fé e à confiança que isso gerou, agora os sindicatos ajudam a Unilever a identificar problemas e a resolvê-los antes que estes impludam. Oswald aumentou a consciencialização sobre um problema na logística. Grandes frotas de camionagem na Europa Ocidental estão frequentemente registadas em países da Europa Oriental, como a Lituânia, Bulgária e Polónia, onde há padrões de trabalho deficientes e salários mais baixos. Os motoristas vivem em países ocidentais mais caros, mas ganham o equivalente a 300 a 400 dólares por mês por turnos excessivamente longos. Quando surgem histórias como estas, os executivos deveriam sondar, ponderar a sua própria humanidade e pensar: *E se eu tivesse seguido um caminho diferente e esta vida fosse a minha?*

Mas a empatia é apenas um começo. Neste caso, não há uma solução fácil. Não é possível simplesmente despedir os maus intervenientes uma vez que, diz Oswald, o problema é galopante em todo o continente. Apesar do tanto a que tem assistido no âmbito do seu trabalho, diz: «Nunca pensei que iria lidar com questões sistemáticas de direitos humanos na Europa Ocidental.» A Unilever e a IUF estão a construir uma coligação com empresas de bebidas e de CPG para melhorar a vida destes camionistas. É um trabalho em curso, mas um bom exemplo de abordagem de uma situação que as empresas há muito ignoram. É difícil manter a confiança da sociedade se não se fizer o que está certo quando problemas soterrados vêm ao de cima.

E virão sempre ao de cima.

Na sala onde tudo acontece

Se confiarem em si, terá um lugar à mesa nas conversas importantes. Quando as Nações Unidas começaram a trabalhar nos Objetivos de Desenvolvimento Sustentável (ODS) em 2013 — uma atualização dos Objetivos de Desenvolvimento do Milénio (ODM) estabelecidos em 2000 —, o setor privado não tinha uma voz proeminente no processo. Os representantes dos governos nacionais e da ONU não confiavam nas multinacionais, mas alguns governos sabiam que tinham de trazer as empresas para a discussão, uma vez que era pouco provável que o mundo conseguisse alcançar os ODM sem todos os envolvidos.[33]

Os governos do Reino Unido e dos Países Baixos apresentaram Paul como candidato porque confiavam nele. A empresa tinha trabalhado nos ODM, tinha feito uma parceria com o Programa Alimentar Mundial da UNICEF e tinha-se empenhado no passado com os secretários-gerais da ONU Kofi Annan e Ban Ki-moon. A Unilever conquistou a credibilidade de que colocaria as necessidades do mundo em primeiro lugar, não perseguindo apenas os seus próprios interesses. Paul tornou-se o único representante comercial do setor privado no grupo de trabalho do SDG. Essas primeiras reuniões foram algo tensas, pois todos os olhos se voltavam para o homem de negócios, querendo que ele respondesse pelos pecados do capitalismo, mas a relação de trabalho melhorou e a Unilever manteve o seu lugar na primeira fila do desenvolvimento de um painel de instrumentos para o mundo. Foi um momento decisivo para Paul e para a Unilever.

A empresa teve acesso às mais recentes ideias sobre o campo do desenvolvimento global, além de um envolvimento regular com os chefes de estado. A Unilever ganhou um avanço ao ver os SDG, compreender a sua visão e poder e começar a internalizá-los. Foi a primeira empresa a falar sobre eles num relatório anual, mas a influência foi em ambos os sentidos. Uma das maiores iniciativas lideradas pela empresa tem sido o seu programa de lavagem de mãos para crianças, para as ajudar a evitar doenças mortais. Graças a algum incitamento, o alvo de lavagem das mãos chegou à lista final dos SDG. Isto foi bom tanto para a saúde pública como para o negócio da Unilever.

Ao longo desses dois anos e meio de trabalho nos SDG, a empresa gerou uma enorme boa vontade. O que tinha começado como confiança evoluiu ainda mais. Tal como a ONU, muitos países confiaram na Unilever e deram-lhe um acesso único. Quando o governo britânico criou um comité para melhorar os direitos humanos na sua cadeia de valor, os membros incluíam a Cruz Vermelha, Oxfam, Amnistia Internacional, académicos... e Marcela Manubens, a executiva da Unilever, que liderava os esforços da empresa em matéria de direitos humanos. Ela tinha estado a trabalhar com o governo do Reino Unido na criação da Lei da Escravatura Moderna. Manubens era a única representante do setor privado na equipa. Da mesma forma, quando a Etiópia criou o seu Fórum Nacional sobre como combater a covid-19, a Unilever foi a única empresa convidada.

A Unilever mantém há muito tempo relações de confiança com os governos. Nos anos 50, depois de a Índia ter garantido a sua independência do Reino Unido, o governo não permitia que empresas estrangeiras fossem proprietárias da maior parte de uma filial indiana. A Unilever, com a sua presença há muito estabelecida no país e pessoal sénior local, obteve uma isenção especial e mantém o controlo maioritário da Unilever hindustana até aos dias de hoje.[34]

Mas, por vezes, pode ser uma bênção mista estar na sala onde as conversas mais importantes estão a acontecer. Os governos e as ONG podem esperar que façamos muito mais do que os nossos pares. Estar à frente é bom, mas não tão à frente que se fique em desvantagem. No entanto, há uma reviravolta interessante nestas reuniões — torna-se mais claro para as partes interessadas quem *não* está na sala. Os críticos podem apontar a outros no setor e perguntar porque não estão a fazer mais, apresentando os líderes como exemplos. Nivela o campo de jogo e incita os que vão atrás a avançar.

À medida que a confiança aumenta, os críticos de longa data podem vir até nós para pedir ajuda. Ao longo de muitos anos, a Unilever construiu uma relação sólida com a Greenpeace, apesar de a ONG ter feito muitas vezes campanha contra a empresa. O antigo diretor executivo da Greenpeace, Kumi Naidoo, enfrentou uma vez uma situação terrível e precisou de ajuda. Quando dezenas de ativistas da Greenpeace tentaram embarcar numa plataforma petrolífera russa, foram presos, acusados de pirataria e enfrentaram 15 anos de dificuldades.[35] Naidoo mexeu todos os cordelinhos que pôde para os libertar e falou frequentemente com Paul durante a provação. Paul falou diretamente com os líderes russos e baseou-se em relações profundas no país para ajudar a libertar os ativistas. Naidoo diz que não vê como é que a Unilever pode ter retirado qualquer benefício ao colocar desta forma o pescoço no cepo. A empresa estava a correr o risco de alienar os líderes políticos num mercado em crescimento.

Mesmo com um intenso apreço pela ajuda da Unilever na Rússia, a Greenpeace pressionou simultaneamente a empresa em questões que considerava problemáticas, como a utilização de pesticidas no chá na Índia. O facto de terem uma relação produtiva e respeitosa ajuda. Naidoo comenta que a confiança conquistada com a experiência russa ajuda a Greenpeace e a Unilever «a trabalhar em coisas em que estão de acordo e a dialogar em coisas em que não estão de acordo».[36] As relações entre o setor privado e a sociedade civil são claramente desafiantes e existe uma tensão constante. Mas são também gratificantes, produtivas e necessárias. Nada de importante que precise de ser mudado pode ser mudado isoladamente. Humildade, honestidade e colocar os outros em primeiro lugar são o caminho para gerar confiança. Seja um livro aberto, e o potencial para parcerias de sucesso cresce exponencialmente.

O que fazem as empresas de diferença positiva para gerar confiança

- Começar sempre com transparência, sendo abertas sobre o que estão a tentar realizar
- Trabalhar em conjunto com a sociedade, convidando proativamente as pessoas a entrar em vez de esperar que batam à porta — ou que a derrubem
- Desenvolver objetivos comuns para a sociedade, trabalhando com as partes interessadas
- Publicar relatórios sobre os seus progressos e iniciar discussões abertas sobre sucessos e fracassos — estas empresas pedem ajuda
- Ao entrar em novos mercados ou parcerias, começam com o que podem fazer pelas partes interessadas, não por si próprias
- Tomam uma posição e pronunciam-se para defender os seus valores, especialmente quando é difícil fazê-lo; são corajosas no uso que fazem da sua voz

6

Fazer com que 1 + 1 = 11

Criação de parcerias por meio de sinergias e efeitos multiplicadores

Se quiseres ir depressa, vai sozinho.
Se quiseres ir longe, vai acompanhado.

— Provérbio africano

Numa emergência, quando as pessoas precisam de levar baldes de água para um incêndio ou sacos de areia para impedir uma inundação, muitas vezes criam-se «brigadas do balde», filas de pessoas a passar objetos pesados de umas para as outras. É muito mais rápido do que cada um a transportar um único balde e é um exemplo clássico de parceria que produz retornos não lineares. A expressão que utilizamos para os efeitos multiplicadores da colaboração é «um mais um é igual a onze».

Para travar a batalha contra os nossos desafios ambientais e sociais, precisamos da rápida expansão da produtividade que a parceria permite. Nenhuma empresa pode fazer por si só uma profunda diferença nos problemas que toda uma indústria, ou o mundo, enfrenta. Só em colaboração um setor ou região podem mudar as regras-padrão ou a estrutura de custos de, por exemplo, tecnologias de eficiência de construção, energia renovável ou óleo de palma sustentável. Alguns dos objetivos de diferença positiva de uma empresa serão impossíveis de alcançar sem ajuda. Fazer com que as fábricas tenham zero resíduos, por exemplo, pode ser difícil para alguns materiais. Poderemos chegar a metade da solução por nós próprios, mas depois será preciso encontrar empresas que possam utilizar o material ou parceiros da cadeia de valor para partilhar o fardo de construir infraestruturas de reciclagem.

Quando o antigo diretor de sustentabilidade de fabrico da Unilever, Tony Dunnage, foi incumbido de transformar as mais de 200 fábricas da empresa em estruturas com zero resíduos, o seu chefe perguntou-lhe: «De que orçamento precisa? De quantas pessoas e quantos consultores?» Dunnage diz que o chefe ficou chocado quando respondeu: «Não preciso de pessoas nem de orçamento... do que preciso é de parcerias.»[1]

Em nenhum outro assunto esta necessidade de colaboração é mais urgente do que na luta contra as alterações climáticas. As grandes empresas estão quase todas empenhadas em reduzir as suas emissões diretas e indiretas (a partir da rede elétrica) de carbono — chamadas Âmbito 1 e Âmbito 2 pelo Protocolo de Gases com Efeito de Estufa. Mas os verdadeiros avanços advêm de assumir a responsabilidade pelas emissões dos fornecedores e dos clientes, denominadas Âmbito 3, e de formar equipas para lidar com esse problema. Na maioria das indústrias, o Âmbito 3 constitui a grande maioria das emissões da cadeia de valor.

Uma empresa de diferença positiva, pelo facto de se basear num modelo de múltiplas partes interessadas, procurará inerentemente alianças dentro de um ecossistema de intervenientes que partilham interesses. Esta rede deve crescer de forma a incluir pares, fornecedores, ONG e governos. Não é apenas por algumas questões serem difíceis de resolver sozinho; é que os nossos desafios estão tão interligados, que é impossível trabalhar num problema de cada vez. As parcerias irão inevitavelmente sobrepor-se, o que levará forçosamente a um pensamento sistémico. Os Objetivos de Desenvolvimento Sustentável (ODS), com as suas 17 áreas de ação, são deliberadamente concebidos para interagir de forma sistémica e reforçarem-se mutuamente. Sem formar parcerias, que é o 17.º ODS, será impossível alcançar os outros 16 objetivos.

Os ODS são um compromisso para a humanidade; são multigeracionais, com propósito no seu âmago e visam assegurar que ninguém é deixado para trás. As empresas que enveredarem pela oportunidade de cumprir os ODS — uma estimativa de 12 mil milhões de dólares e 380 milhões de empregos a nível mundial, até 2030, em apenas quatro setores — irão prosperar.[2] É a maior oportunidade de negócio da história, à espera de ser desbloqueada.

Como alguém sábio disse uma vez (provavelmente Einstein), não podemos resolver os nossos problemas no mesmo nível de pensamento que os criou. Chegou o momento de criar parcerias transformadoras a um nível mais elevado.

Dois tipos fundamentais de parcerias

Este capítulo e o próximo exploram colaborações em duas grandes categorias (ver Tabela 6–1). Fazemos uma distinção entre os problemas que podem ser resolvidos por um subconjunto de intervenientes, otimizando os resultados *no contexto* do nosso sistema atual, e aqueles que exigem a intervenção de *todos* os intervenientes (e em particular os governos) para que ocorra mudança de sistemas.

TABELA 6–1

Duas escalas de parcerias

Capítulo 6: 1 + 1 = 11 Criação de parcerias por meio de sinergias e efeitos multiplicadores	*Capítulo 7:* São precisos três para dançar o tango. *Redefinição de sistemas e apologia da diferença positiva*
– Dimensionamento dentro do sistema	– Mudar o sistema
– Pode precisar de concorrentes para fazer mais	– Necessidade de mais intervenientes (políticas, finanças)
– Resolução de riscos industriais partilhados	– Construir o bem comum maior
– Regiões ou cadeias de abastecimento localizadas	– Sistemas completos
– Alguns parceiros da sociedade civil	– Todos os participantes no sistema
– Ação (Mais «fazer»)	– Ação e sensibilização (Mais «falar»)

Imaginemos empresas concorrentes que colaborem com os fornecedores que têm em comum para inovar relativamente a novos materiais para embalagens recicláveis. O esforço beneficiaria todos no setor. Esta é a primeira categoria, e aquilo a que chamamos uma parceria *1 + 1 = 11*, uma vez que cria efeitos multiplicadores. As empresas podem fazer progressos em questões como esta sem muito apoio governamental, mas isso não significa que *apenas* as empresas se devem unir; pode ser necessária uma perspetiva técnica do meio académico ou das ONG. Estas parcerias abordam frequentemente oportunidades ou riscos que os concorrentes partilham — por exemplo, uma questão de direitos humanos na cadeia de distribuição do setor é um problema de todos. Em termos gerais, este tipo de colaboração está centrado em ações que visam a ampliação de soluções.

Em contraste, uma parceria sistémica visa mudar a dinâmica subjacente. Tomando novamente a questão da embalagem, uma empresa de diferença positiva iria para além de colaborar com os seus pares em busca de novos materiais. Defenderia, e ajudaria a conceber em parceria com os governos, melhores políticas para criar uma economia circular, mudar os hábitos dos consumidores, eliminar os plásticos de certas utilizações e apoiar o financiamento público/privado para custear novas infraestruturas de reciclagem. Estes são os tipos de mudanças estruturais e de modelo empresarial com as quais se poderia abordar a questão das embalagens a longo prazo. Uma parceria ao nível dos sistemas necessita da participação dos três intervenientes sociais na discussão: o setor privado, os governos e a sociedade civil. Chamamos a isso «São precisos três para dançar o tango». Os esforços para redefinir os sistemas recaem mais na sensibilização — principalmente, mas não inteiramente, pois aquilo que é necessário em termos de políticas por vezes é mais bem demonstrado através da ação.

Fazer acontecer as parcerias «para o tango» depende de primeiro mostrar sucesso com alianças do tipo 1 + 1 = 11. Até demonstrar uma mudança positiva e mensurável para o setor ou cadeia de valor, é difícil ser levado a sério em conversas maiores com todas as partes interessadas.

Nenhuma categorização é perfeitamente limpa. O mundo real é confuso e as abordagens podem esbater-se umas nas outras. Pode começar-se com um projeto do setor e expandi-lo para trabalhar num sistema maior, mas antes de mergulharmos em parcerias, queremos explorar rapidamente a mistura de iniciativas em que uma empresa embarca e ficar com uma ideia de como será o portefólio de esforços de uma empresa de diferença positiva.

A combinação de iniciativas no presente e no futuro

Consideremos os programas ou iniciativas a que uma empresa se dedica sob o lema da sustentabilidade. No total, essas iniciativas irão criar algum impacto — uma redução nos resultados negativos ou uma melhoria nos positivos. Pensemos no efeito total que temos em todas as iniciativas como uma pirâmide (ver Figura 6–1).

Os primeiros esforços, mostrados na parte inferior, começam geralmente no interior, investindo na diminuição da pegada da própria empresa dentro das suas quatro paredes. Podemos reduzir as emissões de carbono através de reduções no consumo de energia, por exemplo. Mesmo com metas como o desperdício zero, que nos forçam a pensar em maiores dimensões e a expandir limites (Capítulo 4), o impacto é limitado pela própria pegada da empresa. Este é um trabalho essencial e as empresas de diferença positiva percebem que o problema começa em casa. É preciso ganhar um lugar à mesa, arrumando a sua própria casa.

Acima dessa base, mostramos parcerias que ampliam o trabalho para além da empresa, começando com a cadeia de valor. Para a maioria dos setores, os impactos ambientais e sociais da empresa recaem, em grande parte, nessas emissões de âmbito 3, pelo que o potencial de impacto é maior. Ao subir a pirâmide, o trabalho avança para projetos a nível setorial e o potencial impacto positivo cresce. A realidade destas parcerias setoriais, contudo, pode ficar aquém das expectativas. Há demasiadas empresas que não estão dispostas a assumir responsabilidades para além das suas próprias operações. Ou as parcerias da cadeia de valor continuam a ser transacionais e centradas na extração do menor custo para todos. As empresas de diferença positiva assumem uma responsabilidade mais ampla e procuram maiores ganhos — compreendem o vasto poder da parceria.

FIGURA 6–1

Combinação de impactos e iniciativas (presente)

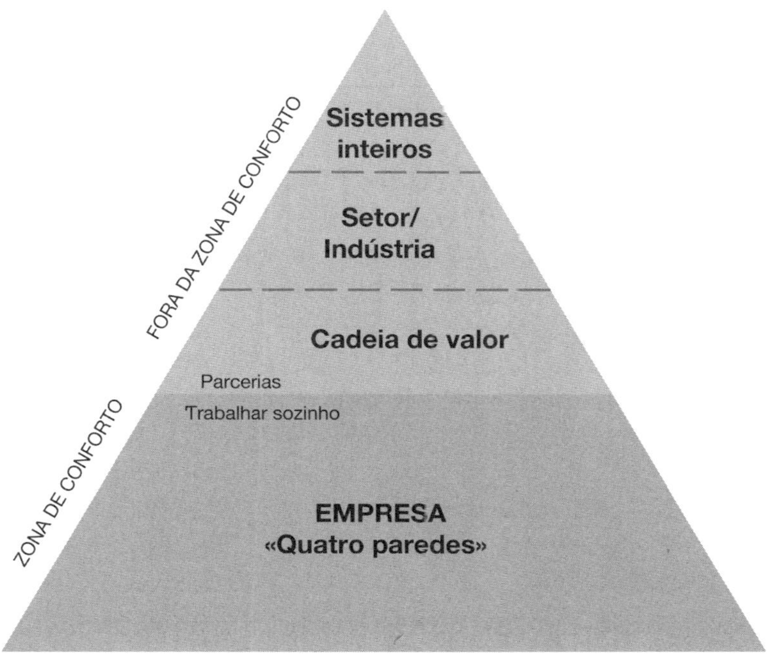

O topo da pirâmide é onde entram todas as colaborações de mudança de sistemas (aquelas de que falaremos no Capítulo 7). Desenhamos a pirâmide com esta forma para indicar, direcionalmente, que a maior parte do trabalho hoje em dia está na base, com esforços internos. Uma parceria setorial única e bem gerida para reduzir o impacto em toda a indústria poderia diminuir o trabalho individual, mas ainda há poucas dessas colaborações mais amplas. As empresas estão também um pouco receosas de se aventurarem a sair da sua zona de conforto entrando nestas parcerias. A mistura de iniciativas hoje em dia é, portanto, mais pesada onde estão as ideias mais fáceis de gerir e de menor impacto — a pirâmide é pesada no fundo.

No entanto, a combinação de uma empresa de diferença positiva parecerá radicalmente diferente (ver Figura 6–2). Impulsionados pelo propósito e pela noção da necessidade imperiosa de agir, os esforços da empresa deslocar-se--ão dramaticamente para cima. Desbloquearão um valor maior ao construir alianças fortes que envolvem a cadeia de valor, o setor ou sistemas inteiros. Neste cenário futuro, os esforços atuais entre as quatro paredes da empresa (mostrados no pequeno triângulo sombreado junto à grande pirâmide) ainda são baseados na ciência e abrangentes — tais como alcançar 100% de energia renovável —, mas o impacto total é minúsculo em comparação com o que a cadeia de valor, o setor e as parcerias de sistemas podem alcançar.

FIGURA 6–2

Combinação de impactos e iniciativas (futuro)

À medida que se sobe na escala, há mais impacto e interesse de todos os interessados, mas é preciso mais coragem, empenho e investimento de energia e concentração. O sucesso gera sucesso e o pensamento a uma escala maior resulta de sólidas parcerias do tipo 1 + 1 = 11 a funcionar com sucesso.

Desafios das parcerias

O potencial para resultados de diferença positiva é grande e vale a pena o esforço, mas as parcerias são um desafio, especialmente à medida que a combinação de intervenientes se expande. Quanto maior for o alcance, mais complicado é e mais pontos de falha se podem encontrar. O número de alianças empresariais cresce todos os anos, mas estima-se que 60% a 70% falham.[3] Um colaborador prodigioso como a Unilever tem visto muitas falharem. As parcerias podem ter um desempenho insuficiente por muitos motivos.

Visões e objetivos não alinhados. Mesmo com o consenso de que existe um problema, as organizações têm diferentes motivos para participar na discussão. Steve Miles, o antigo vice-presidente executivo da marca global Dove, diz: «É preciso uma interseção de interesses, mas não espere que o diagrama Venn se sobreponha na perfeição — algo que não acontece com uma ONG.»[4] A Unilever pode concentrar-se no abastecimento sustentável de uma mercadoria, cobrindo múltiplas dimensões ambientais e sociais, enquanto uma ONG, como a Oxfam, pode estar a focar-se nos meios de subsistência e salários decentes. Não é incompatível, mas também não é exatamente igual.

Falta de um entendimento ou acordo claro sobre o que cada um traz para a discussão. Nos Estados Unidos, uma parceria promissora que a Unilever tinha com a empresa de energia NRG não correu como planeado. O objetivo era estabelecer um novo tipo de relação comercial para fornecer um portefólio estratégico de projetos de energia limpa em múltiplas instalações na América do Norte. Mas nenhuma das empresas estava organizada para executar esse objetivo e cada uma pensava que a outra parte tinha capacidades que não tinha. Por isso, voltaram a dedicar-se a projetos pontuais de energia renovável, negociados individualmente em cada local. Da mesma forma, numa outra parceria, a Unilever e a ONG Acumen estavam alinhadas quanto ao princípio, mas descobriram que as suas escalas não estavam em sincronia. A Acumen trabalhava com pequenos agricultores e cooperativas, enquanto a Unilever precisava de encontrar soluções para o aprovisionamento sustentável numa ordem de grandeza maior.

Métricas mal definidas ou inexistentes sobre o valor comercial. As parcerias, especialmente as de sistemas integrais, são difíceis de valorizar (na mentalidade tradicional, de curto prazo, de maximização do acionista). Uma empresa do ramo alimentar pode gastar dinheiro hoje em dia para cumprir orientações alimentares mais saudáveis, reduzindo o sal, a gordura e o açúcar. Uma visão a curto prazo diria que não vale a pena. Mas o investimento pode valer a pena nos mercados em crescimento de alimentação mais saudável. Há também um argumento de «bem maior» — as sociedades pouco saudáveis não prosperam. Além disso, sem uma boa métrica, as colaborações podem carecer dos frequentes ciclos de *feedback* de que necessitam para ajustar o rumo.

Desafios culturais. Os executivos empresariais podem ter dificuldade em lidar com concorrentes, ONG e governos, todos a participar da mesma discussão. Os líderes precisam de novas competências — ouvir, encontrar pontos em comum e convencer as pessoas a dedicar tempo e recursos. Os diretores de sustentabilidade estão muitas vezes bem preparados para este trabalho, habituados como estão a ter de criar conexões em rede nas suas empresas para conseguirem concretizar alguma coisa.

A Unilever, mesmo com todos os seus sucessos, tem tido fracassos que provam todos estes obstáculos. Numa grande colaboração, a Unilever, a Mondelez, a DSM, a Aliança Global para a Melhoria da Nutrição e o Programa Alimentar Mundial juntaram-se por cinco anos numa iniciativa de combate à subnutrição infantil. O programa, que faz parte de uma plataforma maior com várias partes interessadas chamada Project Laser Beam, contou com um bom financiamento — 25 milhões de dólares de cada uma das empresas — e os parceiros eram experientes. Porém, não resultou em melhorias duradouras. O projeto foi concebido de cima para baixo, e globalmente, sem foco e coordenação suficientes ao nível das comunidades locais. Não havia métricas e mensuração de resultados sólidos, o que resultou na falta de um circuito de *feedback*. Mas, mais que tudo, o desalinhamento de objetivos abalou o esforço.

As parcerias podem transformar-se em «festas para conversar», faltando escala e impacto. No entanto, uma empresa de diferença positiva desbloqueia o poder destas reuniões; estabelece menos parcerias, mas maiores, para aumentar o impacto. Menos é mais, quando bem feito. Parcerias robustas e duradouras também têm um compromisso a longo prazo — estão incorporadas na empresa e não estão sujeitas ao apoio de executivos individuais.

Com os obstáculos longe da vista, passemos aos caminhos que levam a um maior desempenho. Podemos saltar estes obstáculos e há excelentes exemplos com os quais podemos aprender — não tantos como precisamos ainda, mas verdadeiros sucessos.

Fazer com que 1 + 1 = 11

Não nos centraremos nos elementos gerais de uma boa parceria, que não são, em teoria, muito difíceis de perceber (são a outra face dos desafios). A diferença nestas colaborações, portanto, não é a forma de as gerir, mas o objetivo e a abordagem em geral. Destinam-se tanto a servir o bem maior como a beneficiar os próprios parceiros e têm impacto, escala e poder de permanência.

Apresentaremos exemplos de seis abordagens para parcerias de diferença positiva com parceiros variáveis e em expansão:

- Dentro da sua cadeia de valor
- Dentro da sua indústria
- Em todos os setores
- Com a sociedade civil
- Com governos (não-sistemas)
- Em grupos com múltiplas partes interessadas (não-sistemas)

Nada disto está escrito na pedra e uma determinada parceria pode passar por múltiplas abordagens durante a sua existência. Mas é útil começar por identificar o problema partilhado que está a tentar resolver e quem precisa de entrar na discussão. Os objetivos aqui são trabalhar a um nível mais profundo do que apenas «reduzir as emissões» ou «reduzir os problemas de direitos humanos com os meus fornecedores».

Tentamos utilizar exemplos com um historial e resultados assinaláveis, que demonstram empenho e consistência ao longo do tempo. Vejamos as seis abordagens.

Parcerias dentro da sua cadeia de valor

O primeiro passo para sair do conforto das nossas próprias operações é chegar, em verdadeira parceria, à nossa cadeia de valor direta. É o início da expansão do sentido de responsabilidade — as empresas de diferença positiva não externalizam as suas responsabilidades sobre o ciclo de vida. Este é o maior desbloqueio imediato em termos de valor, dada a pegada total muito maior na cadeia de valor. Há frequentemente enormes poupanças ou receitas mais elevadas se trabalharmos melhor, em confiança e cooperação, com fornecedores e clientes.

Se assumirmos uma visão de curto prazo, maximizadora de lucros nos negócios, vemos os fornecedores de uma forma puramente funcional — são apenas empresas que nos servem ao menor custo possível (para que possamos manter margens elevadas e agradar aos investidores). Esta é uma descrição algo exagerada e poucas empresas são tão friamente desligadas dos fornecedores com quem fazem negócios há anos. Mas é o modelo dominante em muitos setores — as empresas de moda, por exemplo, trocam de fornecedor para poupar um cêntimo. Durante muito tempo, os fornecedores da Unilever sentiram que a relação era puramente transacional, o que era verdade — os compradores da empresa tinham uma mentalidade tradicional de redução de custos. A Unilever poupava dinheiro, mas perdia face a um valor mais elevado.

Inverter o guião e servir os fornecedores irá ajudar ambos, em última análise, a servir os clientes ou cidadãos no final da cadeia de valor. Esta é a verdadeira mudança necessária para criar um efeito de diferença positiva. No início do desenvolvimento do USLP, a Unilever estabeleceu objetivos desconfortáveis e deixou claro que não poderia alcançá-los sozinha. Fez das parcerias uma pedra angular deliberada e lançou um novo programa chamado Partner to Win para criar uma ligação mais forte com os fornecedores.

Marc Engel, o chefe da cadeia de abastecimento da Unilever, diz: «Queríamos que os fornecedores se entusiasmassem com a viagem e se juntassem a nós.»[5] A Unilever também precisava de inovação significativa de produtos para diminuir a sua pegada e atingir os objetivos do USLP. Tal como todas as empresas de produtos de consumo, a Unilever colhe os louros pelas inovações, mas, na maior parte das vezes, são os fornecedores que criam novos ingredientes e inventam novos benefícios para os produtos. A Unilever pode implementar e ampliar a escala dessas novas ideias, mas obtém a maior parte da sua inovação da I&D dos fornecedores.

Antes do lançamento do USLP, os fornecedores da Unilever não viam a empresa como um lugar para a inovação. Os fornecedores não lhes traziam novas ideias. Era uma enorme oportunidade perdida. Quando se é um grande cliente, diz Engel: «Está-se a pagar parcialmente pela I&D do fornecedor, por isso a questão é: estamos a ter o benefício, ou estarão outros a tê-lo?»[6]

O objetivo do Partner to Win era tornar-se o cliente de confiança de eleição e o parceiro de inovação preferido dos grandes fornecedores. Engel admite que inicialmente foi estranho para ele, mas Paul levou-o numa viagem para se reunir com quatro grandes fornecedores e constatar quão não-estratégicas eram as relações. O novo programa pedia aos 100 principais fornecedores, que forneciam uma percentagem significativa dos recursos da empresa, que desenvolvessem planos de negócios conjuntos num horizonte de cinco anos. A Unilever responsabilizou cada um dos 50 maiores executivos da empresa — *todo o tipo* de executivos e não apenas os do departamento de compras — pelas relações com os principais fornecedores. Paul era responsável por duas das relações (incluindo o principal fornecedor BASF); o chefe de I&D era responsável por duas; o chefe dos desodorizantes, três; e assim por diante.

Através do Partner to Win, a Unilever construiu pontes fortes, o que deu os seus frutos à medida que os fornecedores começaram a trazer cada vez mais novas ideias. A lista de inovações conjuntas que utilizam as melhores tecnologias dos fornecedores para resolver uma necessidade da sociedade já é longa. Em apenas uma categoria, produtos que ajudam as pessoas em regiões com escassez de água, a Unilever lançou sabonetes que matam bactérias mais rapidamente, amaciadores de uma só passagem por água e champô sem água. A empresa também trabalhou com a líder de sustentabilidade Novozymes para substituir alguns produtos químicos em detergentes por enzimas. As novas fórmulas limpavam igualmente as roupas, mas a temperaturas mais baixas, uma grande vitória para reduzir as emissões de carbono na fase de utilização do produto.

As relações mais profundas compensam de forma paradoxal: se nos preocuparmos apenas com o preço, não conseguiremos o preço mais baixo. Parece ridículo, mas só quando se trabalha com os fornecedores para coordenar investimentos de inovação e melhorar as estruturas globais de custos — sem obsessão pelo preço por unidade — é que se obtêm realmente melhores preços. Portanto, não se concentre no número, mas na criação conjunta de valor. Não se concentre na transação, mas sim no cliente que ambos servem. Mais uma vez, como sempre, não há forma de trabalhar em tamanha proximidade e partilhar as economias, sem uma reserva de profunda confiança.

Marc Benioff, o CEO da Salesforce, conta uma história sobre ligações significativas entre clientes e fornecedores. No livro *Trailblazer*, descreve uma visita de David MacLennan, o CEO da Cargill, a maior empresa privada dos Estados Unidos e um grande cliente da Salesforce. Saíram do escritório de Benioff e viram uma dúzia de pessoas a usar *t-shirts* «Trailblazer» da Salesforce. MacLennan perguntou-lhe: «São os seus empregados?» Benioff respondeu: «Não, são os *seus* empregados... mas eles utilizam a nossa tecnologia, pelo que se tornaram parte da nossa família.»[7]

As empresas de diferença positiva formam parcerias com fornecedores inovadores para desenvolver e testar novas tecnologias que reduzem a pegada ecológica ou melhoram vidas. Ao mesmo tempo que a Apple procurava tentar partir só uma vez essencialmente livre de carbono nas suas próprias operações, também procurava soluções de redução de carbono em toda a sua cadeia de valor. Num passo fascinante, a empresa fez uma parceria com os gigantes mineiros Alcoa e Rio Tinto para reduzir as emissões na fundição de alumínio. Este metal é um dos materiais mais reciclados do mundo, mas a nova produção de alumínio é incrivelmente intensiva em energia, criando cerca de 1% do total das emissões globais de carbono (e um quarto da pegada de produção dos produtos da Apple).[8]

A *joint-venture* criada pelas três empresas, a ELYSIS, desenvolveu-se uma tecnologia de fundição sem carbono que emite apenas oxigénio. A uma grande escala, esperam que reduza os custos operacionais em 15% com uma maior produtividade. A Apple investiu 13 milhões de dólares no empreendimento, forneceu apoio técnico e depois comprou o primeiro lote de alumínio ELYSIS no final de 2019.[9] Lisa Jackson, vice-presidente de ambiente, política e iniciativas sociais da Apple, disse que «há mais de 130 anos que o alumínio é produzido da mesma forma... forma essa que está prestes a mudar».[10] A Apple não representa um grande volume na utilização global do alumínio (comparemos com: carros, latas e construção), mas é suficientemente grande para que a sua marca tenha um impacto ao demonstrar o que é possível, o que ajuda a atrair outros compradores de alumínio. Isso já aconteceu — a Audi está a utilizar o alumínio sem carbono ELYSIS nas rodas do seu novo carro desportivo elétrico.[11] Com mais impulso, a *joint-venture* pode levar a indústria a reduções maciças de carbono, tornando-a numa grande jogada de diferença positiva para a Apple, e um ponto de viragem para o mundo.

Na medida em que assumimos mais responsabilidade pelos impactos e encontramos formas de aumentar a marca da nossa mão ao longo da cadeia de valor, precisaremos de mais relações como estas. Elas libertam um valor tremendo, criam resiliência e aumentam a transparência, rastreabilidade e confiança. A Unilever investiu na confiança durante os confinamentos iniciais da covid ao reservar, como dissemos anteriormente, 500 milhões de euros para apoiar os seus fornecedores e conceder crédito aos clientes.[12] Isto é o que se pode chamar financiamento de diferença positiva.

O que as empresas de diferença positiva fazem para maximizar o impacto da cadeia de valor

- Assumem a responsabilidade pelo seu impacto total na cadeia de valor e avaliam as áreas com maior potencial de colaboração
- Tratam os fornecedores como parceiros e família, não como fornecedores de baixo custo de mercadorias, e procuram a criação conjunta de valor *versus* transferência de valor
- Criam confiança e transparência com os seus fornecedores e clientes através de objetivos e incentivos alinhados e, em alguns casos, de livros abertos
- Identificam grandes desafios que atrasam a indústria e grandes oportunidades para melhorar vidas ou testar novas tecnologias em conjunto
- Começam e terminam tendo em mente os cidadãos a quem servem

Parcerias dentro da sua indústria

À medida que expandimos o nosso horizonte e a nossa visão de responsabilidade, torna-se claro que nós e os nossos pares partilhamos muitos desafios que beneficiariam com a cooperação. Estas questões podem ser impossíveis de resolver sozinho, demasiado dispendiosas ou precisam de ser abordadas à escala do setor, porque têm implicações negativas em todos. Com questões como o trabalho escravo no vestuário ou o lixo eletrónico na tecnologia, por exemplo, se um concorrente ficar mal visto, todos eles ficarão mal vistos (e o inverso também se aplica). As empresas de diferença positiva trabalham ativamente com os seus pares para mudar as normas da indústria, reduzir os impactos combinados e melhorar muito os resultados e a imagem do setor.

Em desafios e oportunidades comuns, as empresas não se devem focar em superar os seus concorrentes. De que serve se, por exemplo, apenas uma empresa alimentar enfrentar os problemas do trabalho infantil na produção de cacau na África Ocidental? A questão resolve-se melhor coletivamente, de um modo «pré-competitivo». Da mesma forma, quando a Merck ajudou a J&J a produzir a sua vacina contra a covid-19 para acelerar o acesso, colocou o mundo e o seu setor à frente de si própria, ajudando a tão criticada indústria a ser elogiada.[13] As empresas de diferença positiva compreendem que, apesar das pressões para apresentar resultados, *não devem competir no que concerne o futuro da humanidade*.

Reunir os principais pares reduz os riscos e os custos de todo esse esforço (não é completamente novo para os setores unirem-se no sentido da redução geral dos custos, então porque não o fazerem também em torno de programas de sustentabilidade?) A despesa acabará por ser menor por empresa e o sistema será mais robusto. Uma empresa de diferença positiva tem todo o prazer em assumir a liderança e investir em melhores soluções se os seus pares se juntarem a ela sem demora. Mas ajuda a criar um sentido de urgência e de movimento e um entendimento de que não é opcional. Basta conseguir juntar empresas suficientes numa sala e, como diz o antigo CEO da Dow, Andrew Liveris, «ganha-se velocidade e massa».

O número de colaborações da indústria está a aumentar e têm objetivos diversos. Vejamos alguns dos objetivos que as colaborações setoriais podem almejar. Estes esforços podem ter um amplo impacto e preparar as empresas para sistemas maiores e para uma atuação de diferença positiva no futuro:

Implementar melhorias operacionais em toda a indústria. As alianças industriais podem encontrar formas de melhorar muito a forma como o setor opera a nível tático — há muitas oportunidades nas trincheiras. O Fórum de Bens de Consumo (CGF), que Paul ajudou a fundar em 2009, reúne 400 retalhistas e fabricantes de bens de consumo com 4 biliões de dólares em receitas combinadas. O setor já trabalhou em conjunto algumas vezes antes do CGF, mas de uma forma menos direcionada. Continuam a colaborar em questões como o desperdício alimentar, direitos humanos e trabalho forçado, saúde e bem-estar, empacotamento e a prevenção da desflorestação. O grupo nem sempre esteve à altura do seu potencial, uma vez que alguns membros jogam demasiado à defesa ou empatam em questões difíceis — com um quadro pesado de 55 membros, falar sobre direitos humanos ou outras questões complexas pode dar a impressão de estarmos a arrancar dentes.

Mas quando há uma clara ligação à eficiência e à poupança de custos, a conversa corre mais suavemente. O setor tem tido uma série de êxitos substanciais na melhoria das operações das empresas. Por exemplo, os parceiros padronizaram globalmente o tamanho das paletes de transporte marítimo. Só para contextualizar, existem mais paletes no mundo, cerca de dez mil milhões, do que pessoas.[14] Quando milhares de milhões de pilhas de produtos entram e saem de camiões, armazéns e lojas, as ineficiências acumulam-se. Com um pequeno número de dimensões-padrão de paletes, o preenchimento é mais rápido e as empresas podem acondicionar a carga nos camiões até 58% mais apertada, poupando significativamente em combustível e emissões de carbono.[15] Os membros da CGF desenvolveram, concordaram e implementaram estas normas, em conjunto. Os benefícios revertem tanto para as empresas individuais como para o coletivo.

Fazer face aos setores de maior impacto. A Mission Possible Partnership, liderada pela Comissão de Transição de Energia, RMI, We Mean Business e o Fórum Económico Mundial, está a reunir empresas de setores de alta intensidade energética: alumínio, aviação, cimento e betão, químicos, transporte marítimo, aço e camiões. O objetivo é criar uma disrupção tecnológica e desenvolver mapas setoriais para a transição para um mundo de baixas emissões de carbono.

Partilhar as melhores práticas. O setor alimentar e agrícola cobre 40% da superfície terrestre mundial, utiliza 70% da água doce e produz até um terço das emissões de gases com efeito de estufa.[16] A CGF lançou uma coligação para combater os resíduos alimentares, que Denis Machuel, CEO da Sodexo, chama «a ação climática mais importante dos setores alimentares».[17] O nosso futuro depende deste setor — que terá de alimentar muito mais pessoas — para o conseguir. O World Business Council on Sustainable Development (WBCSD) e o seu presidente, Sunny Verghese, CEO do agronegócio Olam International, com sede em Singapura, criaram a Global Agribusiness Alliance (GAA) para fornecedores de alimentos. O objetivo é partilhar as melhores práticas para reduzir os impactos operacionais, gerir o uso do solo e da terra (o que poderia levar ao sequestro de carbono), melhorar os meios de subsistência, proteger os recursos hídricos e eliminar o desperdício de alimentos. O foco está em desenvolver vias de ação mais específicas, porque aquilo que as empresas fazem bem, diz Verghese, não é teorizar e fazer modelos, mas sim executar.

Os grandes protagonistas alinharam porque a motivação é tanto a cenoura (o trabalho coletivo é mais eficaz) como o varapau; evitam, como diz Verghese, «a cantiga dos grandes e maus dos negócios agrícolas... tal como os grandes e maus das farmacêuticas ou os grandes e maus da energia». Verghese tem uma visão bem clara dos desafios. «Somos uma indústria intensamente competitiva, pelo que só nos unimos se o mundo estiver literalmente a arder» — e assinala que é o caso.

Chegar aos pontos de viragem. Para catalisar mais parcerias no setor, Paul cofundou a IMAGINE, uma fundação e empresa de benefícios mútuos, com os antigos executivos da Unilever Jeff Seabright e Kees Kruythoff, e com a especialista em liderança transformacional Valerie Keller. Concentram-se na transformação dos setores, reunindo uma massa crítica — pelo menos 25% do total da cadeia de valor — para atingir pontos de viragem. Um objetivo inicial é o setor da moda, um gigante de 2,5 biliões de dólares com uma enorme pegada ambiental em água e resíduos de material (73% das roupas acabam em aterros ou incineradoras) e um grave problema de sobreconsumo (o crescimento da *fast-fashion*).[18]

A IMAGINE ajudou o Pacto da Moda, liderado pelo CEO da Kering François-Henri Pinault, a encontrar um caminho para gerir os impactos partilhados pelo setor nos três principais desafios: clima, biodiversidade e oceanos. Os membros concordaram com as reduções de carbono baseadas na ciência, em conformidade com os objetivos globais de 1,5°C (reduzir as emissões para metade até 2030 e para zero até 2050), incluindo uma mudança para 100% de energia renovável até 2030. O plano de biodiversidade inclui compromissos de abordagens regenerativas para o algodão e o trabalho dos oceanos centra-se na eliminação da poluição por plásticos e microfibras de utilização única. Nenhuma destas empresas poderia fazer este trabalho sozinha.

Compromisso com códigos de conduta e normas de atuação. As normas não são sedutoras, mas normas e dados melhores podem melhorar consideravelmente os resultados ambientais e sociais. Há uma década, a Sustainable Apparel Coalition criou o Índice Higg, uma ferramenta para ajudar as marcas e retalhistas a medir consistentemente o desempenho de sustentabilidade de uma empresa ou produto. Do mesmo modo, a Coligação Empresarial Responsável da indústria das Tecnologias de Informação e Comunicação (TIC) faz com que os seus membros se comprometam com a imposição de um código de conduta partilhado (ligado a múltiplas normas, incluindo a Declaração

Universal dos Direitos Humanos) a si próprios e aos seus fornecedores de nível 1.[19] Uma coligação de grandes fornecedores de redes móveis também se comprometeu com metas conjuntas baseadas na ciência para a redução de gases com efeito de estufa.[20] Estes compromissos podem impulsionar um setor no sentido de resultados de diferença positiva. Obviamente que as intenções e as normas não equivalem a resultados. Mas quando as normas levam a mudanças substanciais nas operações das empresas, resultam em reduções consideráveis da pegada em todo um setor. A maioria das normas não visa ainda resultados de diferença positiva, mas envolve setores e prepara as empresas para uma maior reflexão posterior.

Resolver novos problemas antes que se tornem graves. À medida que a utilização de tecnologias limpas cresce exponencialmente, estas indústrias estão a aumentar, criando os seus próprios problemas ambientais ou sociais. Por exemplo, à medida que a energia eólica evolui, as turbinas mais antigas vão sendo reformadas. Há poucas opções para lidar com estas pás do comprimento de um campo de futebol uma vez chegadas ao fim de vida — não são facilmente recicláveis. Owens Corning, que fabrica materiais que permitem que estas pás sejam mais longas e mais resistentes, estima que haverá um quarto de milhão de toneladas de pás a precisar de uma solução de fim de vida dentro de dois anos. A empresa está a assumir a responsabilidade pelo ciclo de vida e a colaborar com os seus pares na American Composite Manufacturers Association para encontrar soluções como o prolongamento da vida útil das pás ou a remoção de metais e a sua transformação em *pellets* para embalagem e outras utilizações. Estão a trabalhar em conjunto para encontrar soluções que possam ser desenvolvidas em grande escala.

Testar ou acelerar novos modelos de negócio. Num teste inovador que constitui um desafio às normas, o programa Loop, liderado pela TerraCycle, está a trabalhar com gigantes de CPG, incluindo Body Shop, Honest Company, Nestlé, P&G, RB e Unilever, bem como com os retalhistas Carrefour, Kroger e Walgreens. O programa oferece aos consumidores as suas marcas preferidas em recipientes reutilizáveis. Quando as pessoas acabam de usar o champô, gelado ou outros produtos, o Loop recolhe a caixa, limpa as garrafas e latas vazias e recarrega-as. Pode ou não funcionar, mas vale a pena experimentar.

O que fazem as empresas de diferença positiva para mudar a sua própria indústria

- Liderar parcerias setoriais para abordar os maiores obstáculos e oportunidades comuns para ajudar o mundo a prosperar
- Reunir uma massa crítica, cerca de 25% da produção do setor ou mais, para trabalhar em conjunto e criar pontos de viragem
- Preocupar-se menos com quem fica com os louros ou com competir sobre estes assuntos e concentrar-se em soluções mais abrangentes
- Identificar mudanças operacionais que poupam dinheiro, recursos e pegada ecológica a todos
- Desenvolver normas conjuntas, tal como a melhor forma de medir o desempenho da sustentabilidade ou objetivos baseados na ciência para os quais os membros individualmente, bem como todo o setor, possam apontar

Parceria entre setores

Uma vez que os intervenientes do setor se sintam à vontade para trabalhar em conjunto, podem expandir os seus esforços e trabalhar com outros setores que enfrentam questões semelhantes — podem partilhar partes de uma cadeia de abastecimento, por exemplo. Estas são algumas das maiores e mais impactantes parcerias do tipo 1 + 1 = 11. Ajudam as empresas a ultrapassar as ineficiências da grande escala.

As tensões de um mundo volátil estão a reunir os mais improváveis companheiros de viagem. A pandemia levou as empresas de todos os setores a resolverem os problemas em conjunto. Durante a ascensão inicial do vírus, ficou claro que o mundo precisava de mais equipamento médico, e depressa. A Unilever juntou-se ao consórcio Ventilator Challenge UK para combinar recursos e fabricar rapidamente mais ventiladores. Os parceiros incluíam a Airbus, Ford, equipas de Fórmula 1, Rolls-Royce e Siemens (e a Microsoft para apoio informático). Esta foi uma parceria de curto prazo, mas outras como esta podem funcionar ao longo de muitos anos.

Um dos esforços conjuntos mais antigos e bem-sucedidos reúne pares intersetoriais juntamente com fornecedores (com a ajuda crucial de um grupo de ONG) para trabalhar em novas tecnologias de refrigeração. As substâncias químicas da classe do fluoro carbono (CFC e HFC), que dominam a indústria há mais de um século, causam enormes danos ao clima. Têm um elevado potencial de aquecimento global, o que significa que retêm mais calor do que uma quantidade semelhante de dióxido de carbono — até 11 mil vezes mais ao longo de um período de 20 anos. Alguns danificam também a camada de ozono.[21]

Nos anos 90, algumas empresas começaram a procurar melhores soluções. O grupo, Refrigerants, Naturally!, foi fundado em 2004 pela Greenpeace com a Coca-Cola, McDonald's e Unilever (a PepsiCo e a Red Bull são agora parceiros centrais). O grupo tem-se concentrado em grande parte em arcas frigoríficas e máquinas de venda automática, trabalhando com fornecedores químicos para criar uma procura suficiente de substitutos no mercado. As novas opções incluem, ironicamente, hidrocarbonetos e o próprio CO_2, que tem impacto zero sobre o ozono e, por definição, um potencial de aquecimento global de 1.[22] Depois de uma expansão de uma década (estas coisas levam tempo), os parceiros deixaram de adquirir máquinas com fluorocarbonetos em 2017. A Coca-Cola atingiu a sua milionésima unidade com nova tecnologia em 2014, e, no total, o grupo pôs mais de sete milhões de unidades em funcionamento.[23]

Analisando o que tornou esta parceria eficaz, Amy Larkin, anteriormente da Greenpeace, comenta que a sua ONG trabalhou primeiro com algumas empresas de liderança. Primeiro, fizeram avançar a tecnologia, «e depois, juntos, movemos uma indústria de múltiplos milhões de dólares» (também tiveram influência para pressionar os governos a mudar as normas reguladoras globais, aventurando-se no território de «São precisos três para dançar o tango»).[24] Este efeito multiplicador é o que faz com que 1 + 1 = 11, e juntos, diz Larkin, reduzirão uns impressionantes 1,5% de emissões globais de gases com efeito de estufa ao longo de 20 anos. Passar de uma ONG com uma ideia para a implementação de uma nova tecnologia em grande escala foi o resultado de ter a mistura intersetorial certa a participar na discussão.

Este exemplo bem-sucedido de uma parceria *multiplayer* ajudou a definir o aspeto pré-competitivo (ver a caixa «Não se preocupe com o que é pré-competitivo»). Na altura, ninguém estava a publicitar refrigerantes ou gelados com base na forma como estes eram refrigerados. Os consumidores estão atualmente muito mais conscientes dos aspetos ambientais e sociais do que compram, motivo pelo qual há mais pressão para resolver os desafios comuns. Em particular, as embalagens e o plástico são questões prementes. Um par de parcerias inovadoras está à procura de novos modelos.

O gigante das bebidas espirituosas Diageo criou recentemente uma nova parceria no setor das bebidas, juntamente com uma pequena empresa de embalagens sustentáveis, a Pulpex Limited.[25] Convidaram a PepsiCo e a Unilever a testar um recipiente não plástico, à base de papel. É uma colaboração inteligente, uma vez que as empresas operam principalmente em diferentes espaços — bebidas alcoólicas, bebidas não alcoólicas e bens de consumo embalados. Permite alguma escala sem concorrência direta.

NÃO SE PREOCUPE COM O QUE É PRÉ-COMPETITIVO

Para resolver problemas em grande escala, as empresas concorrentes precisam de trabalhar em conjunto. Mas é difícil dizer quais são os problemas pré-competitivos e quais poderiam dar-lhe uma vantagem. Quando a coligação de refrigeração se reuniu, ninguém estava a competir na forma como arrefeciam as suas máquinas. Mas os tempos mudaram. Alguns consumidores podem, de facto, comprar algo com base na história completa de como é fabricado ou distribuído. De qualquer forma, trabalhar em conjunto deveria ser a opção-padrão. Dê um passo atrás e questione-se: será este um problema que deixa mal vistos todos os membros deste setor? Será algo que não podemos resolver sozinhos? Ou em questões sociais, como a igualdade racial, considere como é inútil para uma só marca ser campeã. Adotar a transparência. Raramente se deve reter informação exclusiva sobre um desafio que é partilhado. Se o fizer, poderá ver alguma vantagem a curto prazo, mas nunca obterá os benefícios do tipo 1 + 1 = 11 que resolvem o problema para todos. Comece com confiança, faça o que é certo para a comunidade e o setor, e depois preocupe-se em como tirar partido disso. Uma vez reduzidos os obstáculos comuns, descobrirá que as empresas não estão igualmente preparadas para agir rapidamente. Se construiu uma empresa de diferença positiva, alinhada por um objetivo, com pessoas que têm uma missão, a sua empresa mover-se-á mais rapidamente e colherá os benefícios mais depressa.

Os retalhistas e as empresas de CPG estão a experimentar formas de reduzir grandemente as embalagens ou mesmo de as eliminar. Os retalhistas britânicos Asda (propriedade da Walmart), Morrison e outros 30 juntaram-se para oferecer opções sem embalagem nas suas lojas.[26] Os consumidores enchem os seus próprios sacos e frascos a partir de caixas com grãos e nozes, detergente, champô, e muitos outros produtos. Na Indonésia, a Unilever associou-se a uma loja que não utiliza embalagens para oferecer 11 marcas a partir de máquinas que aparentam ser de refrigerantes, mas que dispensam o champô *TRESemmé* ou sabonetes *Lifebuoy* e *Dove*.[27] A forma e o aspeto das embalagens há muito que fazem parte da imagem das marcas, mas, no final, não é esse o objetivo do produto. E uma embalagem única que não pode ser reutilizada cria poluição, uma diferença negativa.

É possível que todos estes esforços venham a fracassar ou que não reduzam o impacto total como esperado. Será melhor transportar garrafas reutilizáveis e depois limpá-las, ou será que infraestruturas de reciclagem mais robustas, com embalagens 100% recicláveis, alcançariam um menor impacto? Só há uma forma real de descobrir: testes, medições e partilha de resultados no mundo real. Estas parcerias são experiências de aprendizagem inestimáveis, mesmo que tropecem, desde que falhemos rapidamente, falhemos no sentido do progresso e sigamos em frente.

O que as empresas de diferença positiva fazem para resolver problemas transversais aos setores

- Identificam os principais desafios que intersetam a indústria e formar coligações mais amplas para os resolver — questões como a educação, a compra conjunta de energia, os direitos humanos, as leis laborais e as alterações climáticas são algumas das muitas que oferecem terreno fértil
- Desenvolvem novos modelos de negócio através da união de indústrias improváveis
- Veem a sua responsabilidade para com as partes interessadas que se estende para além da sua própria pegada industrial

Estabelecer parcerias com a sociedade civil

A maioria das grandes empresas tem algumas parcerias básicas com organizações da sociedade civil — um esforço anual de angariação de fundos da United Way, ou o apoio a uma causa nos mercados em desenvolvimento, ou um projeto de estimação do CEO. Muitas são iniciativas ao estilo da RSE — *marketing* essencialmente relacionado com as causas. São pouco mais do que donativos e não colaborações reais. Uma empresa pode distribuir algum dinheiro com um esforço limitado, uma vez que não requer muito em termos de recursos humanos ou planeamento. Na melhor das hipóteses, o programa está associado a uma marca, mas muito distante da estratégia global da empresa.

As empresas evitam frequentemente parcerias mais profundas com partes interessadas fora do setor privado, tais como académicos, ONG ou filantropos. Mas as empresas de diferença positiva procuram parceiros na sociedade civil para tornar os seus negócios mais eficazes e resilientes. Adotam parceiros pelo seu conhecimento, paixão, capacidade de resolver problemas e pelas suas relações estreitas com as comunidades. Nestas colaborações mais ricas, as partes interessadas são mais do que meros recipientes para donativos de dinheiro ou organizadores de reuniões: são atores principais na execução de um programa.

A Unilever, como todas as empresas, começou com um trabalho mais convencional, um pouco mais superficial, ao estilo da RSE. A empresa tinha um historial de «100 mil flores a desabrochar» na abordagem ao envolvimento de ONG. Espalhavam um fertilizante filantrópico aqui e ali, com pouca coordenação. Tudo isto era bem-intencionado, mas não necessariamente impactante. Por volta da altura em que Paul chegou à Unilever, Rebecca Marmot (agora a diretora de sustentabilidade) juntou-se à empresa para assumir um papel global trabalhando na apologia, política e parcerias. Recolheu informações sobre as parcerias filantrópicas e de marca da Unilever e ficou chocada com o volume. «Perdemos a conta quando chegámos às *quatro mil parcerias distintas*», diz.[28]

Parte do seu trabalho, com a exortação de Paul, era dar sentido a tudo isto. Rapidamente centralizaram esforços provenientes de todo o mundo e de centenas de marcas, concentrando-se em temas-chave, como saúde e higiene, alimentação e nutrição e meios de subsistência. Depois, passaram a ter relações mais profundas e estratégicas com apenas cinco ONG globais: Oxfam, PSI, Save the Children, UNICEF e o Programa Alimentar Mundial. Depois de haver uma centralização, foi possível descentralizar, mas fizeram-no estrategicamente, deixando os mercados locais personalizar e alavancar as relações maiores. Os esforços maiores foram geridos globalmente para um impacto máximo, mas reservaram 25% do orçamento das parcerias para iniciativas locais.

Este modelo de parceria orientada ajudou a Unilever a trabalhar em esforços maiores e mais coordenados, o que assegurou que os esforços globais e locais se reforçassem mutuamente e se ligassem ao negócio. Um programa, denominado Perfect Villages, trabalhou com ONG para ajudar as comunidades locais a desenvolverem-se de forma mais holística. Estabeleceram parcerias com escolas para melhorar a educação, ajudaram as empresas locais a obter microfinanciamento, trabalharam para melhorar as infraestruturas locais e muito mais.

A Unilever e a UNICEF colaboram produtivamente há uma década, em questões de WASH (água, saneamento e higiene) e através de múltiplas iniciativas em grande escala com marcas-chave, como a campanha de lavagem das mãos da *Lifebuoy* e os esforços da *Domestos* para fornecer saneamento seguro (que deu acesso a casas de banho a 30 milhões de pessoas). Charlie Beevor, agora vice-presidente de higiene doméstica da Unilever, trabalhou na marca *Domestos* desde o início, em colaboração com a UNICEF. O programa, diz ele, estava diretamente vinculado ao propósito da marca, ligando-a «a um problema social complicado que afeta 2,3 mil milhões de pessoas».[29] A história da luta pela melhoria do saneamento tem sido parte do produto; Beevor diz que a missão tem sido divulgada de forma orgulhosa e proeminente em cerca de 270 milhões de embalagens de *Domestos*. Marmot também deixa claro como esta ligação é importante, dizendo: «Se queremos realmente mudar a forma como as empresas funcionam, precisamos certamente de integrar esta forma de pensar no núcleo do negócio, e não manter [as parcerias] como uma coisa à parte.»[30]

Quando as ONG e as empresas se respeitam mutuamente como colegas de equipa, podem melhorar as prestações umas das outras. As ONG vão frequentemente a reuniões de acionistas para exercer pressão sobre a gestão em questões que as preocupam. Quando as ONG iam às reuniões anuais da Unilever, Paul gostava de mostrar, quando podia, que a empresa já estava a planear ir mais longe numa determinada questão do que aquilo que a ONG estava a propor. A ideia era pressionar as ONG a usar a sua influência sobre *outras* empresas do setor, fazendo com que todos avançassem mais depressa. Ter boas relações com as ONG é fundamental. Durante os dez anos em que esteve ao leme, nenhuma ONG atacou seriamente Paul ou a Unilever — nem a Greenpeace, nem a Amnistia Internacional, nem a Transparency International.

Não porque a Unilever fosse perfeita; tratava-se de relações, parcerias, confiança e de um desejo de alargar os limites de forma contínua.

As ONG dão credibilidade a uma empresa no local, mas uma empresa de diferença positiva também tem de construir relações comunitárias mais profundas e diretas. Isto significa muitas vezes colaborar com os verdadeiros detentores do poder na maioria das comunidades dos países em desenvolvimento: as mulheres. A Unilever Vietname dirigiu um programa local para instruir as crianças sobre higiene dentária. Estabeleceu parcerias com os ministérios da educação e da saúde, trazendo camiões-consultório para as escolas para a realização de *check-ups* gratuitos. Mas para conseguir que as crianças e as famílias participassem, precisavam também do apoio das associações locais de mulheres, a maior das quais tinha *um milhão* de membros. Com o seu apoio, a iniciativa foi extremamente bem-sucedida. Em dez anos, o programa abrangeu sete milhões de crianças. A incidência de cáries dentárias em crianças com menos de dez anos diminuiu de 60% para 12%.

A iniciativa Shakti é outro dos programas bem-sucedidos da Unilever, que melhoram as comunidades através do trabalho com mulheres. O programa desenvolve-se em muitos países (sob vários nomes), mas é na Índia onde assume a maior escala. Em comunidades mais rurais, a Unilever estabelece parcerias com mulheres locais, concentrando-se nas que se encontram em situações de desvantagem. A empresa ensina-lhes como montar lojas e vender pequenas quantidades de produtos da Unilever. O programa também tem obviamente benefícios comerciais — é um canal de distribuição para aldeias remotas. A iniciativa Shakti atingiu grandes proporções — triplicando numa década — e agora faz parte do negócio principal, dando uma contribuição considerável para as receitas da Hindustan Unilever, mas o impacto económico e social para as 136 mil mulheres indianas do programa é ainda mais significativo. Como diz o presidente da Hindustan Unilever Sanjiv Mehta, «o seu estatuto na aldeia e família aumenta, e aumentam o rendimento familiar em cerca de 25%».[31] É difícil imaginar um ganho para ambas as partes de maior diferença positiva do que este.

Mesmo sem uma ligação direta às vendas, a Unilever ajuda a enriquecer as comunidades em que está presente. Em Assam, na Índia, onde tinha plantações (entretanto vendeu-as), a empresa dirigia a única escola da região para deficientes, posicionando-a junto à fábrica. A maioria das empresas incluiria essa história num relatório anual como um grande acontecimento. As empresas de diferença positiva consideram-na apenas a forma normal de fazer negócios.

O que as empresas de diferença positiva fazem para criar parcerias bem-sucedidas com a sociedade civil

- Trabalham estrategicamente com ONG e comunidades, não apenas em iniciativas filantrópicas de RSE, e fazem destas parcerias uma parte da sua estratégia a longo prazo
- Incorporam estes esforços nos seus negócios, concentrando as suas atividades com as suas ONG e comunidades onde melhor possam aumentar o bem-estar através dos seus negócios e marcas
- Tratam as organizações da sociedade civil como parceiros em pé de igualdade e valorizar a defesa da voz do povo que representam

Parcerias com os governos (não-sistemas)

As parcerias mais desafiantes são frequentemente as que envolvem os governos, mas dado o seu alcance e escala, estas colaborações podem ter o maior impacto. Ainda não estamos a falar de mudanças reais ao nível dos sistemas (ver Capítulo 7), mas sim de oportunidades para ajudar as comunidades a desenvolverem-se e tornarem o ambiente de funcionamento das empresas melhor para todos.

As empresas contribuem com uma gama de competências e capacidades que ajudam os governos a serem mais eficazes, especialmente nos países em desenvolvimento. Adotar uma atitude de colaboração em relação aos governos, em vez do costumeiro tom de oposição, pode levar uma empresa de diferença positiva a debruçar-se sobre questões surpreendentes. A Unilever ajudou o governo vietnamita a desenvolver sistemas de pensões e planos de propriedade de ações para que a empresa pudesse oferecer aos empregados os mesmos benefícios em todo o lado. A Unilever ajudou muitos governos a criar capacidade e conhecimentos para combater o flagelo da contrafação de produtos (que suga receitas às empresas e comunidades). A empresa formou inclusivamente inspetores fiscais na Colômbia, Nigéria, Vietname, Bangladesh, Paquistão, entre outros lugares. Estas pessoas ajudam os seus países a criar, aplicar e mecanizar um melhor sistema fiscal — que seja eficiente, alargue a base tributária, recolha mais daquilo que é devido (para que o país possa investir no desenvolvimento) e crie um terreno nivelado e previsível para as multinacionais.

As pessoas de outras empresas perguntam frequentemente à Unilever porque é que faz este tipo de trabalho minucioso com os governos. Os benefícios são muitos. Ser um bom parceiro em matéria de impostos cria confiança junto das autoridades, o que torna todas as parcerias governamentais mais produtivas. Abre discussões em torno de outras questões regulamentares, como a construção de sistemas de reciclagem que ajudam a alcançar os objetivos de embalamento e resíduos, ou a criação de incentivos para programas de nutrição e micronutrientes. A Unilever percebeu que era possível trabalhar eficazmente com estes governos em muitas questões de fundo graças às relações que já tinham desenvolvido em questões estratégicas, como impostos.

As empresas de diferença positiva trazem as melhores práticas que utilizam noutros países para resolver problemas que são de todos. Por exemplo, as multinacionais da indústria de produtos de consumo abandonaram em grande parte a prática dos testes em animais, com a dolorosa exceção dos produtos vendidos na China e na Rússia, onde é exigida. A Unilever esforçou-se em ambos os países para mudar as políticas, mas acabou por introduzir tecnologias de ensaio alternativas, que permitiram salvar milhões de animais. O trabalho transformou um poderoso crítico — Pessoas pelo Tratamento Ético dos Animais (PETA) — num aliado. Imagine-se quão difícil será para a PETA ter uma conversa produtiva com os governos chinês ou russo. Uma empresa com operações significativas nestes países pode abordar assuntos difíceis que a PETA não consegue. A ONG permite agora que a Unilever utilize o seu rótulo «sem crueldade», que atrai clientes, em marcas como Dove, Simple e St. Ives. Este é um exemplo de como ter valores pode gerar valor.

Pode ser um desafio manter a ética em algumas situações. Muitos países estão repletos de corrupção e alguns líderes e governos estão a fazer coisas horríveis aos seus próprios cidadãos. Trabalhar com governos com políticas problemáticas é complicado, mas, na sua essência, algumas iniciativas são apolíticas. Quando o presidente Narendra Modi na Índia lançou a Missão Swachh Bharat (que significa «Índia Limpa»), um objetivo-chave era conseguir que houvesse uma casa de banho em todos os lares. Esta foi uma oportunidade para a Unilever e a UNICEF expandirem os seus programas de saneamento. Dar uma casa de banho a todos os indianos não é um tema político. As multinacionais assistem a líderes governamentais a sucederem-se continuamente e uma empresa de diferença positiva encontra uma forma de mover as coisas na direção certa, independentemente de quem esteja no poder.

A Unilever foi sempre bem-sucedida? Não propriamente. Em 2017, quando o anterior presidente dos EUA estava prestes a retirar o país do acordo climático de Paris, Paul e o então responsável pela sustentabilidade, Jeff Seabright, tentaram convencer a administração a manter-se no acordo global. Conseguiram ver a filha e o genro do presidente. Todos sabemos como é que esse acordo acabou. Por vezes, somos bem-sucedidos, outras, não.

O que fazem as empresas de diferença positiva para colaborarem produtivamente com os governos

- Utilizam os seus conhecimentos e competências para ajudar os governos a desenvolver capacidades, melhorando o ambiente operacional das empresas para todos
- Procuram áreas em que seja necessário nivelar o terreno e os governos estejam dispostos a empenhar-se ativamente
- Não viram as costas aos governos com os quais não concordam, mas tentam estabelecer parcerias e melhorar o bem-estar dos cidadãos
- Compreendem aquilo que é a curto prazo e político *versus* aquilo no qual é preciso um foco a longo prazo

Parceria com múltiplas partes interessadas (Não sistemas)

As parcerias mais espalhadas e complicadas do tipo 1 + 1 = 11 trazem todos para a discussão — pares, fornecedores e clientes, governos, ONG, académicos e financeiros. É aqui que a magia pode acontecer, mas é também onde demasiados ingredientes podem estragar a sopa. É um equilíbrio difícil. As colaborações que aqui analisamos estão a melhorar e a aumentar a escala daquilo que funciona dentro do sistema atual... mas ainda não estão a reiniciar sistemas inteiros.

A Unilever tem constatado que o trabalho com as múltiplas partes interessadas é altamente eficaz na indústria do chá. É um negócio gigantesco, mas o setor assenta em mais de nove milhões de pequenos agricultores de todo o mundo.[32] A África Oriental é uma fonte importante, com 500 mil agricultores no Quénia e 40 mil no Ruanda (o terceiro maior empregador do país).[33] Como grande comprador, a Unilever tem tido uma presença significativa na região há um século. Se estas comunidades prosperam ou não, reflete-se diretamente sobre a empresa. A mudança para práticas mais sustentáveis na agricultura — gerir a saúde do solo ou reduzir os pesticidas, por exemplo — aumenta os meios de subsistência, a produtividade e a qualidade do chá. Mas isso leva anos. Os agricultores precisam de apoio financeiro ou de garantias dos compradores para mudarem para melhores práticas.

No Ruanda, a Unilever estabeleceu uma parceria com o governo nacional, a Wood Foundation, IDH (uma ONG holandesa) e o Departamento de Desenvolvimento Internacional do Reino Unido para desenvolver uma nova plantação de chá. A Unilever comprometeu-se com 30 milhões de dólares ao longo de quatro anos — o que a Wood Foundation referiu como «capital paciente» — para desenvolver as quintas e um centro de processamento de chá numa das áreas mais pobres do Ruanda, o distrito de Nyaruguru.[34]

A colaboração forneceu a dezenas de milhares de pessoas meios de subsistência — agricultores, trabalhadores de fábricas e pessoas em estruturas de apoio, como escolas. Proporcionou também assistência técnica e formação sobre a utilização eficiente dos recursos e sobre como resistir à seca e às alterações climáticas. A Unilever construiu também infraestruturas de água limpa para as famílias dos trabalhadores. O programa criou um círculo virtuoso de desenvolvimento económico, ambiental e social numa única cadeia de abastecimento e região. Este é o tipo de resultado 1 + 1 = 11. Para que isso acontecesse, a Unilever precisou da parceria de ONG e governos locais, mas neste caso, pôde fazê-lo sem os seus pares. Criar novos produtores e consumidores no Ruanda é um bom exemplo do desenvolvimento do mercado «na base da pirâmide», uma estratégia que o consultor C. K. Prahalad trouxe à Unilever.

As parcerias criativas com múltiplos intervenientes podem preencher grandes lacunas no desenvolvimento de uma comunidade. A falta de sistemas de saneamento geridos com segurança, por exemplo, impede que milhares de milhões de pessoas prosperem. Em muitas comunidades, se houver sequer algum saneamento, tratam a água dos esgotos e voltam a colocá-la nos cursos de água. Não capturam os nutrientes, que podem ser uma matéria-prima para fertilizantes, combustível e energia (a digestão anaeróbica transforma os resíduos em biogás valioso).

A Toilet Board Coalition (TBC), com os fundadores Firmenich, KimberlyClark, LIXIL, Tata Trusts, Unilever e Veolia — mais 50 parceiros interessados, incluindo agências da ONU e o Banco Mundial —, está a tentar resolver este problema através da criação de um mercado com fins lucrativos para soluções sanitárias. A teoria de uma «economia do saneamento» é a seguinte: se explorarem bens anteriormente não valorizados no sistema de resíduos, construirão mais infraestruturas de saneamento do que os governos por sua própria conta. Como diz a antiga diretora executiva da TBC, Cheryl Hicks, «para chegar a um saneamento para todos, devemos concentrar-nos no valor que os sistemas podem gerar, e não apenas no custo de prestação de serviços».[35]

A TBC é um acelerador de empresas inovadoras, em fase inicial, com tecnologias de valorização de resíduos, tais como sanitários inteligentes que captam dados sobre fluxos de recursos. As multinacionais da parceria operam como consultores, clientes, investidores e parceiros que podem ajudar as novas empresas a crescer. Pode parecer errado tratar um direito humano como uma proposta de negócios, mas é pragmático: aos governos e às comunidades faltam os recursos para suprimir uma falha que afecta milhares de milhões de pessoas. A forma mais rápida de fazer com que as tecnologias sanitárias atinjam uma grande escala é transformar o desperdício em algo valioso e depois fazer valer o poder das empresas e dos mercados. Estas abordagens não retiram valor às comunidades mais pobres, como frequentemente acontece com as indústrias de extração; antes, constroem infraestruturas permanentes que melhoram profundamente a saúde e a qualidade de vida. É um resultado de diferença positiva em todas as dimensões.

O número de colaborações de múltiplas partes interessadas, que visam a resolução dos nossos maiores problemas, está a crescer rapidamente. Vejamos alguns exemplos, nomeadamente na água, em que é impossível agir bem sem todos os intervenientes de uma bacia hidrográfica. Vale a pena estar atento e aprender com estas colaborações (sejam elas bem ou malsucedidas):

- O Banco Mundial acolhe o Grupo de Recursos Hídricos 2030, reunindo grandes empresas de bebidas como a AB InBev, Coca-Cola, Nestlé, PepsiCo e Unilever em conjunto com parceiros da sociedade civil para desenvolver estratégias regionais e locais de gestão de recursos hídricos.
- Doug Baker, o presidente executivo da Ecolab, iniciou a Coligação da Água para acelerar o CEO Water Mandate patrocinado pela ONU. Os membros comprometem-se com a gestão da água, transparência e novos objetivos que, diz Baker, «espelham os objetivos baseados na ciência de carbono a 1,5°C». Nas bacias hidrográficas em situação de *stress*, visarão uma redução de 50% do consumo de água até 2030 e uma redução de 100%, ou «renovação», até 2050. O trabalho existente da Ecolab com a The Nature Conservancy prova, segundo Baker, que na proteção de bacias hidrográficas «se pode fazer uma enorme diferença sem muito dinheiro».[36]

- A Global Battery Alliance reúne setenta organizações de empresas, governos, agências da ONU, ONG e parceiros especializados para assegurar que as reduções maciças de carbono de que o mundo precisa a partir dos veículos elétricos aconteçam de facto.
- A Coligação Getting to Zero liga grandes expedidores marítimos (como a Maersk), fabricantes de mercadorias e produtos, bancos, portos e ONG para reduzir os gases com efeito de estufa dos transportes marítimos em 50% até 2050.

O que as empresas de diferença positiva fazem com os grupos de múltiplos intervenientes

- Lideram colaborações de múltiplas partes interessadas, convidando todos os intervenientes que possam ser necessários, por mais complicado que seja
- Analisam holisticamente as suas operações e comunidades para encontrar lacunas e oportunidades para melhorar o bem-estar
- Exploram modelos empresariais e de financiamento inovadores para resolver problemas sociais de novas formas

Força e resiliência na quantidade

Há mais parcerias entre as quais escolher do que nunca. É difícil saber por onde começar. Podemos dizer com confiança que algumas organizações-chave estão envolvidas na maioria dos esforços de grande escala. Veja-se o WBCSD, We Mean Business (ou uma das suas organizações membros, como a Ceres ou The Climate Group), agências da ONU como o Pacto Global da ONU ou outras organizações multilaterais, como o Banco Mundial. Não é um grande risco aderir a múltiplas parcerias. É importante não nos dispersarmos demasiado, mas rapidamente saberemos se um grupo é suficientemente ativo — ou se se move demasiado depressa caso ainda não estejamos preparados. Estes grupos permitem a liderança num ambiente mais seguro. Estar meio passo à frente do desfile, ditando a cadência, pode criar vantagem, mas não queremos ir *demasiado* afastados, ou corremos o risco de arcar com todas as culpas por aquilo que possa não funcionar na perfeição. Podemos alargar mais os limites ao trabalhar em conjunto. Quando se reúnem grupos, as pessoas são mais corajosas, criando o que a firma de Paul, a IMAGINE, chama «coletivos corajosos».

Esse é um dos muitos benefícios destas parcerias. No total, estas criam resiliência para os membros. Nada pode proteger uma empresa de todos os resultados possíveis — afinal de contas, uma pandemia era tecnicamente previsível, mas era impossível para setores como a hotelaria estarem totalmente preparados. Mas trabalhar em conjunto significa ter aliados, os proverbiais barcos amarrados entre si para enfrentarem as tempestades. E quando os mares estão suficientemente calmos, o grupo pode avançar rapidamente em direção a uma diferença positiva.

7

São precisos três para dançar o tango

Redefinição de sistemas e apologia da diferença positiva

Sempre que me deparo com um problema que não consigo resolver, torno-o sempre maior.

— Dwight D. Eisenhower, 34.º presidente dos Estados Unidos da América

Quando a Índia estava sob o domínio britânico, o governo colonial estava preocupado com o número de cobras em Deli, pelo que decidiu oferecer uma recompensa por cobras mortas. O programa parecia funcionar e estavam sempre a chegar cobras mortas, mas o número de cobras na rua não diminuía — afinal, as pessoas estavam a criar cobras para ganhar dinheiro. Quando o governo deixou de pagar, os criadores libertaram todas as suas cobras, aumentando em muito o número de cobras nas ruas.

É possível que esta história de consequências não intencionais seja um mito, mas demonstra de uma forma simples que quanto mais complicado for o sistema, mais provável é que haja surpresas.[1] No planeamento dos transportes, por exemplo, quando as cidades constroem mais estradas para aliviar o congestionamento, o nível de congestionamento acaba por voltar, muitas vezes pior do que antes. A capacidade e velocidade adicionais permitem que mais pessoas vivam mais longe do centro da cidade — mais subúrbios, mais pessoas, mais carros.[2] Não se trata de retirar valor às regulamentações. Precisamos de regras para o bem comum e para proteger o que não se pode proteger a si próprio (o clima, os desalojados, outras espécies). Mas o governo, por si só, sem considerar os ciclos de *feedback* ou trazer todos para a discussão, conduzirá muitas vezes a resultados subotimizados. Da mesma forma, se as empresas controlarem sozinhas a agenda (através de influência ou corrupção), o interesse próprio poderá prevalecer. A ação unilateral é totalmente inadequada para atacar os problemas mais difíceis dos dias de hoje.

E se as comunidades e as empresas adotassem uma abordagem diferente para o problema do congestionamento? Com todos os interessados a trabalhar em conjunto, talvez defendessem soluções mais sistémicas do que a construção de mais estradas. Uma melhor combinação de políticas poderia incluir incentivos para habitações acessíveis no centro da cidade, metropolitano ligeiro para os subúrbios, aumento do teletrabalho e preços de congestionamento. À medida que os nossos desafios se tornam maiores e mais interligados, precisamos de um pensamento mais abrangente.

Consideremos novamente os Objetivos de Desenvolvimento Sustentável que estabelecem a lista de afazeres dos principais desafios que precisamos de resolver em conjunto. As parcerias do tipo 1 + 1 = 11 dentro de um setor ou de uma cadeia de valor não são suficientes para gerir muitas destas questões. Não podemos enfrentar desafios globais como as alterações climáticas, segurança alimentar, pandemias, desigualdade, biodiversidade ou cibersegurança, trabalhando uma empresa ou mesmo um setor de cada vez. Estas questões não conhecem fronteiras e requerem uma ação coletiva sem paralelo para serem resolvidas.

Soluções de grande dimensão necessitam dos três pilares da sociedade — setor público, setor privado e sociedade civil — a trabalhar em conjunto, a dançar um tango complicado. Com o envolvimento de todos, podemos mudar sistemas inteiros para o bem-estar geral. O potencial de impacto positivo é exponencialmente maior do que fazê-lo sozinhos. Ao longo da história, confiámos nos governos e instituições multilaterais para tomar a iniciativa, mas, num ambiente político nacional e internacional cada vez mais desafiador, espera-se que as empresas líderes se mobilizem e ajudem a tornar a ação política menos arriscada para os pares e governos. Este é o derradeiro trabalho de uma empresa de diferença positiva.

O fim dos *lobbies* no interesse próprio

A maior parte das crenças que os céticos antinegócios têm sobre as empresas têm fundamento no *lobbying* tradicional. As empresas de bebidas lutam contra as faturas das garrafas que cobram taxas para infraestruturas de reciclagem;

as empresas agrícolas exigem grandes subsídios para que o milho vá para a produção de etanol em vez da de alimentos; e as empresas de combustíveis fósseis gastam rios de dinheiro a convencer os legisladores a dar-lhes acesso barato a terras públicas para mais exploração.

Ganhámos a desconfiança da sociedade.

As empresas utilizam basicamente duas ferramentas de influência para criar os resultados que desejam: a corrupção e o *lobbying*. A diferença entre as duas é, muitas vezes, uma questão de semântica. Corrupção é pagar aos legisladores ou funcionários públicos por baixo da mesa, *depois* de uma lei ser escrita, e é considerada ilegal; o *lobbying* é pagar aos legisladores *antes* de quaisquer regras serem promulgadas (para garantir que são escritas da forma que os lobistas querem), o que, de certa forma, é legal. Os Estados Unidos legalizaram a corrupção sob a forma de donativos essencialmente irrestritos por parte das empresas. As empresas gastam coletivamente 3,5 mil milhões de dólares por ano a fazer *lobby* junto do governo dos EUA.[3] O fluxo de dinheiro pode ser maior nos Estados Unidos, mas há *lobbying* em serviço próprio em todo o lado — os líderes das empresas visitam as capitais mundiais para defenderem regras que os beneficiam. As políticas estabelecidas quer pela corrupção quer pelo *lobbying* egoísta protegem os interesses dos que têm as carteiras mais recheadas; não servem o bem comum nem protegem a democracia.

Mesmo assim, a prática de *lobbying* não é inerentemente errada. É apenas um instrumento, e nem toda a prática atual é feita com má intenção. As empresas, por vezes, lutam contra leis regionais bem-intencionadas para poderem, em vez disso, aproximar-se de um padrão nacional. Ou, mais importante ainda, trabalham ativamente com os governos para conseguir a regulamentação correta. A Unilever, por exemplo, defendeu ativamente a eliminação dos testes em animais, e a necessidade de combater as contrafações de produtos a nível mundial. Na Europa, insistiu na implementação de um quadro de economia circular. Por vezes, as empresas têm razão em procurar legislação mais simples, menos entraves ou regras uniformizadas que satisfaçam um objetivo social e ajudem as empresas. As empresas de diferença positiva compreendem que a obtenção de melhor legislação que resolva as nossas principais questões pode exigir que se procurem soluções para além do seu limitado interesse próprio.

O enorme poder político das empresas vem da escala (ou de comprar o poder) e não vai desaparecer. O nosso objetivo é acrescentar um elemento de poder *moral*, que tem a força máxima e orientar todo o processo no sentido de melhores resultados. Propomos uma nova forma de influência, a *defesa da diferença positiva* — amplas coligações que têm conversas abertas sobre políticas que servem os interesses de todos. É tempo de acabar com a abordagem unidimensional do tipo «basta dizer não» às relações com os governos, que procura evitar todas as regulamentações, e mudar para uma que procura oportunidades partilhadas para construir um mundo próspero. As empresas devem ser absolutamente proativas; é inteligente moldar as regras antes que elas nos moldem, mas nunca se deve tentar egoisticamente manter o *statu quo* à custa de um futuro próspero.

As partes interessadas inteligentes reconhecem esta tensão e querem que as empresas de confiança desempenhem um papel ativo e positivo. Ron Oswald, o secretário-geral da IUF, o grande sindicato de trabalhadores agrícolas e de hotelaria, diz: «Costumávamos queixar-nos de empresas com demasiada influência política, mas agora em questões críticas como o ambiente e os direitos humanos, dizemos, por favor usem-na... se confiarmos nelas.»

Embora haja sempre necessidade de relações unilaterais positivas entre uma empresa e o governo, deveríamos iniciar cada vez mais discussões maiores com governos, pares, ONG e trabalhadores. Se uma grande empresa abordar os decisores políticos com uma ONG ambiental como a World Wildlife Fund (WWF) ao seu lado, está a enviar um sinal. É mais seguro para as outras empresas participarem e mais seguro para os políticos se exporem, mesmo que a ação vá contra um círculo eleitoral importante.

É assim que diminuímos o risco do processo político.

Uma forma de criar esta mentalidade é aplicar os nossos princípios essenciais de diferença positiva às relações governamentais e ver o que muda. Por exemplo, as empresas que assumem a responsabilidade pelos seus impactos globais ajudarão a moldar leis que incentivem modelos circulares e adotem uma responsabilidade alargada aos produtores. Os líderes com uma visão a longo prazo operam com base em princípios e objetivos políticos mais amplos, em vez de ficarem presos no quadro temporal dos ciclos políticos, em que os objetivos e os políticos mudam.

As empresas e os governos precisam uns dos outros. Os países podem assinar acordos climáticos, mas, sem as empresas para os implementar, não atingirão os seus objetivos. As empresas que estabelecem metas agressivas de redução de carbono também não chegarão lá sem políticas que mudem a rede elétrica para as energias renováveis.

As empresas de diferença positiva não veem os governos como adversários numa série de batalhas antagónicas pontuais; veem-nos como parceiros numa relação contínua, trabalhando para objetivos partilhados e um futuro melhor.

E, se forem inteligentes, envolvem ativamente a sociedade civil para assegurar a legitimidade necessária. Afinal de contas, os líderes empresariais não são eleitos.

Os desafios das parcerias público-privadas

A defesa de uma diferença positiva, com parcerias reais, dará uma sensação diferente do ritmo do *lobby* tradicional quando uma empresa pede o que quer e deixa claro o que fará em troca para o político. Nesta nova modalidade, as empresas irão pôr as necessidades de um país, região ou comunidade em primeiro lugar e procurarão políticas que resolvam problemas para todos. As coligações entre as empresas e os governos não são fáceis. Acrescentar partes da sociedade civil torna-o ainda mais complicado, mas, em última análise, mais robusto. Não importa quão boas sejam as intenções, existem obstáculos que se interpõem na forma como ambos os lados precisam de se preparar e navegar.

Poder. Os líderes empresariais tentarão influenciar situações que não conseguem resolver de forma agressiva. Eles não são eleitos e, na maior parte das vezes, não são detentores do poder. É a coligação, o trabalho com pares e ONG para um propósito maior, que dá credibilidade aos esforços.

Rapidez. As empresas, apesar de todas as suas falhas e burocracias, tendem a avançar mais depressa. O governo tem ineficiências incorporadas para o controlo e o equilíbrio; é suposto que a elaboração de leis seja deliberada.

Organização. Muitos, no governo, operam em silos e nem sempre trabalham num modo de múltiplas partes interessadas. Os ministros do governo podem não falar muito entre si e podem competir por orçamentos limitados. Mas se os abordarmos de forma holística, conseguiremos ir mais longe. As empresas e as ONG são muitas vezes igualmente compartimentadas em silos.

Ignorância. Os políticos de carreira ou os trabalhadores da sociedade civil podem não compreender o setor privado. O oposto também se verifica. Os empresários não compreendem totalmente o mundo político e as suas pressões. Ambos os lados podem ser ingénuos.

Objetivos. Uma empresa procura geralmente algum resultado concreto e clareza. Um político pode querer apenas ser reeleito, pelo que fazer com que o seu eleitorado pense que está ao seu serviço é a principal prioridade, e não uma política eficaz para o bem maior. Os representantes eleitos podem ser punidos se se afastarem demasiado do prometido, e é por isso que a diminuição do risco dá cobertura tanto aos líderes empresariais como aos políticos.

Interdependência. Falta um pensamento sistémico a ambos os lados. Consideremos, por exemplo, a frequência com que uma taxa corre terrivelmente mal, mesmo quando um setor faz *lobby* a seu favor e pensa que a quer. Os produtores de aço podem adorar entraves ao aço estrangeiro, mas depois os preços sobem e os grandes compradores de aço diminuem à medida que a economia sofre.

Partidos. Até há pouco tempo, as empresas, de modo geral, evitavam estar do lado de um determinado partido, fazendo alegremente donativos a todos. Em teoria, as empresas deveriam defender as melhores políticas que precisam de ser implementadas, e trabalhar com quem quer que o faça. Mas, em alguns casos, estar do lado de uma política ou princípio significa escolher uma das partes. No atual Congresso dos EUA, por exemplo, quase zero republicanos votaram alguma vez a favor da ação climática ou proteção ambiental. É pouco produtivo fingir que as conversações sobre o clima, a desigualdade e a democracia são igualmente frutíferas com ambos os lados das fileiras.

Dinheiro e corrupção. O dinheiro está em toda a parte na política. Mesmo que se acene com aquilo que é melhor para o país, alguns representantes não se importam e perguntam o que é que têm a ganhar com isso. Não há respostas fáceis, mas avançar com uma ampla coligação ajuda. Cria uma pressão para que todos trabalhem em prol do bem comum.

. . .

Com esses desafios e diferenças, não é de admirar que a falta de confiança se atravesse no caminho. É o dilema de um prisioneiro: quem se moverá primeiro num espírito de cooperação? Dado o ceticismo justificado sobre as intenções do setor privado, é provável que nós, nas empresas, necessitemos de ser os primeiros a dar o braço a torcer. Ao abordar os governos na companhia de múltiplas partes interessadas e munidos de um genuíno desejo de trabalhar em conjunto, avançaremos no caminho da diferença positiva.

Os caminhos para a mudança de sistemas

O foco aqui é a colaboração com a participação dos três pilares da sociedade (ver Tabela 7–1). Estes *tangos* a três, dançados por empresas, ONG e governos terão como objetivo reiniciar sistemas maiores. Identificamos quatro objetivos finais fundamentais de colaborações que combinam a promoção (o «dizer») e a ação (o «fazer») para provocar uma mudança real.

Analisaremos parcerias que, por exemplo, se empenham em:

- *Encorajar os decisores políticos a pensar a grande escala*, com uma campanha ativa de sensibilização que torne claro onde se situam as empresas em questões como as alterações climáticas

TABELA 7–1

Duas escalas de parcerias	
Capítulo 6: 1 + 1 = 11 Criação de parcerias por meio de sinergias e Efeitos multiplicadores	*Capítulo 7: São precisos três para dançar o tango* *Redefinição de sistemas e apologia da diferença positiva*
– Dimensionamento com o sistema	– Mudar o sistema
– Pode precisar da concorrência para conseguir realizar mais	– São necessários mais agentes (políticas, finanças)
– Resolução de riscos industriais partilhados	– Criar um bem comum maior
– Regiões ou cadeias de abastecimento localizadas	– Sistemas completos
– Alguns parceiros da sociedade civil	– Todos os participantes no sistema
– Ação (mais «fazer»)	– Ação e sensibilização (mais «dizer»)

- *Orientar as políticas para permitir resultados de diferença positiva*, tais como a criação de incentivos para embalagens mais ecológicas e reciclagem, ou acelerar a legislação específica sobre alterações climáticas
- *Ajudar os países a prosperar*, através de parcerias público-privadas, de forma a apoiar o crescimento económico e a construir novos setores ou expandir ecossistemas de negócios
- *Enfrentar os maiores problemas das sociedades*, tais como o complicadíssimo sistema de produção de óleo de palma que está ligado às alterações climáticas, à desigualdade e à maioria dos outros grandes desafios globais

Estes objetivos fornecem orientação quanto aos tipos de parcerias necessárias para construir e concentrar todos os interessados nos resultados certos. Estas colaborações são novas para a maioria das empresas (especialmente nos Estados Unidos da América), mas o retorno é enorme, para as empresas e para a sociedade.

Sensibilização coletiva ativa

O apoio das empresas tem sido fundamental para a realização de progressos em matéria de alterações climáticas. O acordo climático de Paris aconteceu em 2015, em grande parte, graças a uma presença sem precedentes de empresas e CEO nas reuniões. Todos falaram a uma só voz, exigindo progressos.

A ONG Ceres coordenou uma Declaração Climática de 1600 empresas. Setores específicos, como finanças, também emitiram declarações de apoio.[4] Existem bons motivos para as empresas agirem proativamente. Muitas regiões do mundo têm alguma forma de imposto sobre o carbono, mas não é uniforme. Um quarto das emissões mundiais já está sujeito a um esquema de preços.[5] Uma vez que nenhuma empresa gosta de funcionar em muitos ambientes regulamentares diferentes, faz sentido apelar a políticas harmonizadas.

Muitas empresas tornaram-se mais visíveis quando, em junho de 2017, o presidente dos Estados Unidos anunciou que estava a retirar o país do Acordo de Paris, tornando efetivamente a maior economia do mundo no único país de fora. Alguns dias antes do anúncio, Paul e o então diretor executivo da Dow, Andrew Liveris, esforçaram-se para conseguir que um grupo de CEO se pronunciasse. Na manhã da decisão, as 30 multinacionais que reuniram publicaram uma carta aberta como anúncio de página inteira no *Wall Street Journal*, exortando o presidente a manter os Estados Unidos no acordo. Alegavam que o acordo de Paris iria criar novos empregos de tecnologia limpa, reduzir os riscos para as empresas e comunidades e reforçar a competitividade do país. O anúncio foi assinado pelos CEO de grandes marcas como a 3M, Allianz, Bank of America, Citi, Coca-Cola, Disney, Dow, DuPont, GE, J&J, JP Morgan Chase e Unilever.

Alguns dias mais tarde, outra coligação criada pela WWF, Climate Nexus e Ceres conseguiu que centenas de empresas declarassem publicamente «Nós ainda fazemos parte» (que desde então se fundiu com outro movimento em prol da «América ainda faz parte»). Agora, os signatários são cerca de 2300 empresas, 400 universidades, 300 cidades e distritos e 1000 grupos religiosos.

CEO e governadores foram fundamentais para manter os Estados Unidos envolvidos em negociações climáticas globais após o país ter saído do Acordo de Paris.

Para a conferência climática de 2019, Paul e Liveris voltaram a dirigir-se aos CEO para fazerem ouvir as suas vozes de forma coletiva e um grupo maior apelou esmagadoramente para a reentrada no Acordo de Paris. Anne Kelly, a vice-presidente de relações governamentais da Ceres, diz que ter dois CEO a pressionar tanto foi «um verdadeiro fator de mudança e parte do seu sucesso».[6] No final, os CEO de 80 grandes empresas assinaram uma declaração «Unidos por Paris», que acrescentou alguns elementos novos e importantes: a declaração reconheceu a crise climática como uma crise humana e de desigualdade, não apenas ambiental, e os signatários incluíam a AFL-CIO, uma coligação de sindicatos que representa 12,5 milhões de trabalhadores.

Ver as empresas e os trabalhadores lado a lado passou uma mensagem poderosa aos decisores políticos. A declaração comprometia as empresas a apoiar «uma transição justa da força de trabalho que respeite os direitos laborais... através do diálogo com os trabalhadores e os seus sindicatos». Essa frase era altamente invulgar. Sharan Burrow, secretária-geral da Confederação Internacional de Sindicatos, diz que as empresas americanas geralmente lutam contra as políticas de direitos laborais e «é por isso que ter assinaturas das empresas e da AFL-CIO [juntas] foi tão importante».[7] Durante a pandemia, uma grande coligação de empresas, legisladores e ativistas na UE manifestou-se em forte apoio a uma recuperação verde centrada na economia limpa, proteção da biodiversidade e uma transformação do sistema agrícola.[8] Os CEO da lista incluíam os líderes europeus mais visionários, tais como o então CEO da Danone, Emanuel Faber, Jean-Paul Agon, da L'Oréal, e Jesper Brodin, da IKEA. Outra coligação, Business for Nature, reúne 700 grandes empresas e grandes ONG para «apelar aos governos para que adotem agora políticas para inverter a perda da natureza nesta década».[9]

Estas declarações públicas são meras palavras, é claro. Não são o mesmo que ação e mudanças com resultados mensuráveis. Mas comprometem as empresas a apoiar as políticas certas, o que depois dá aos empregados e outras partes interessadas meios para os responsabilizar. Também torna mais fácil avançar para parcerias mais concretas — tudo isto cria uma dinâmica que passa de «dizer» a «fazer». Nos seis anos desde o Acordo de Paris, por exemplo, mais de 2000 empresas já se comprometeram a estabelecer objetivos de redução de carbono baseados na ciência, enquanto centenas estão empenhadas em atingir os 100% de energias renováveis.

Em questões climáticas, a comunidade empresarial, em muitas regiões, está à frente dos governos. Nos Estados Unidos, em particular, as empresas avançaram publicamente as suas reduções de carbono e a utilização de energias renováveis enquanto o governo estava a retroceder. Os CEO que continuem hesitantes em se pronunciar devem considerar que um inquérito da Edelman mostra que mais de 86% das pessoas estão a contar com que o CEO assuma a liderança em questões como as alterações climáticas e a justiça racial.[10]

O que as empresas de diferença positiva fazem para se pronunciarem de forma coletiva

- Fazem declarações públicas de compromisso com medidas em larga escala e fazer uso da sua influência junto dos seus pares para conseguir que outros participem
- Utilizam os compromissos públicos para atrair mais interessados para a discussão e exercer pressão, através da sensibilização para a diferença positiva, sobre os governos

Orientar as políticas no sentido de resultados de diferença positiva

A Unilever lançou o USLP com objetivos grandes, difíceis e audaciosos. Era evidente que muitos dos objetivos eram impossíveis de alcançar sem uma parceria com os governos e a sociedade civil. A Unilever envolveu-se proativamente com muitas partes interessadas para construir relações mais profundas e preconizar a mudança. Miguel Veiga-Pestana, o chefe global dos assuntos externos e sustentabilidade na altura, liderou o trabalho da empresa em Bruxelas. O seu objetivo era empenhar-se com os líderes da UE nas suas prioridades — como o aumento da competitividade europeia e a participação na discussão emergente sobre a construção de uma economia verde.

A Unilever vê a elaboração de políticas como um funil. No topo da pirâmide, quando os representantes se concentram numa questão como as alterações climáticas, discutem um vasto leque de opções políticas. O funil restringe-as a algo específico, tal como um imposto sobre o carbono, e depois a minúcias sobre preços e mecanismos. Quando as discussões ainda estavam no topo do funil e ainda ninguém fazia ideia de como agir, Veiga-Pestana trouxe executivos para se reunirem com os decisores políticos. «É importante sublinhar a importância de ter um CEO como Paul ou outros líderes seniores na conversa desde o início», diz ele.

A Unilever ofereceu à UE ajuda em áreas em que tinha conhecimentos específicos: segurança alimentar e cadeias de abastecimento, desflorestação e alterações climáticas, higiene e saneamento, capacitação das mulheres, economia circular, e muito mais. Os executivos ajudaram os funcionários da UE a compreender como uma política pode ter impacto nos negócios e mercados. Os responsáveis políticos manifestaram frequentemente surpresa pela forma como a Unilever os abordou. Outros líderes empresariais vinham normalmente queixar-se da legislação ou pedir uma taxa de impostos mais baixa, mas como um funcionário governamental explicou, «a Unilever vem proativamente com ideias sobre como ajudar a Europa». Este tipo de trabalho autêntico cria credibilidade e ganha o direito de ser uma voz forte no desenvolvimento e implementação de políticas. No domínio específico do clima, as empresas de diferença positiva devem apoiar um conjunto de regras e ações governamentais existentes ou potenciais (ver a caixa «Políticas climáticas pelas quais as empresas devem lutar»).

Os céticos dirão que isto soa exatamente igual ao *velho* lobby de interesse próprio. Não propriamente. A diferença é que a sensibilização para a diferença positiva não beneficia *apenas* a empresa: conduz a mudanças que tornam o sistema mais sustentável. Não há nada de errado em defender políticas de melhoria da sociedade que também ajudam a empresa a atingir os seus objetivos.

A Unilever Rússia dá um bom exemplo deste equilíbrio. Para reduzir a pegada do seu produto e agradar aos consumidores, a Unilever quis aumentar a utilização de materiais reciclados (PCR) pós-consumo nas suas embalagens. No entanto, faltavam infraestruturas de reciclagem na Rússia. Irina Bakhtina, então vice-presidente de assuntos corporativos e negócios sustentáveis da Unilever na Rússia, trabalhou com recicladores e retalhistas para criar a sua própria infraestrutura. No espaço de um ano, a Unilever lançou uma gama de produtos de beleza e cuidados pessoais em garrafas 100% PCR*.

Paralelamente, Bakhtina tentou melhorar as políticas na Rússia que dificultam o progresso. Não abordou o governo para pedir reduções fiscais especiais para as infraestruturas de reciclagem construídas pela Unilever (a empresa contava com recuperar o investimento nas vendas e no valor da marca). No

* *Post-Consumer Recycled*

entanto, queria mudar a forma como os regulamentos russos incentivavam as escolhas sobre a utilização de materiais. O país tem uma lei de responsabilidade alargada do produtor (EPR) que cobra aos fabricantes por cada tonelada de plástico que utilizam. A taxa aplicada a tudo igualmente, tanto os plásticos não recicláveis (como o PVC) como o plástico reciclável que a Unilever necessitava para as suas embalagens PCR.

Bakhtina associou-se a um professor da Universidade Estatal de São Petersburgo para criar uma fórmula detalhada de cobrança de taxas não baseada no peso, mas no tipo de plástico. Os materiais facilmente reciclados teriam taxas muito mais baixas do que os plásticos que acabam em aterros. Os incentivos levariam as empresas a utilizar mais materiais recicláveis, fornecendo mais matéria-prima para embalagens de PCR e baixando o custo de melhores materiais para todos.

Há uma enorme diferença entre pedir reduções fiscais para o seu negócio especificamente e pedir taxas mais baixas para *todas* as embalagens com materiais reciclados. O primeiro ajuda os acionistas, mas drena dinheiro do país. O segundo aumenta o incentivo para construir um negócio circular em torno de plásticos e embalagens, criando empregos ao mesmo tempo que reduz tanto a procura de materiais como as emissões de carbono.

Infelizmente, muitas empresas gostam de orientar a política na direção oposta, afastando-se dos resultados de diferença positiva. Na sequência da pandemia, um grupo de *lobby* representando as maiores empresas químicas e de combustíveis fósseis — que associam o seu futuro à produção de mais plástico — procurou alterar um acordo comercial entre os EUA e o Quénia para abolir os limites de resíduos. Esta medida aumentaria grandemente a utilização do plástico em toda a África. Muitas destas mesmas empresas assinaram a Aliança para Acabar com os Resíduos Plásticos.[11] Esta é uma boa definição de hipocrisia, o que, como de costume, a transparência ajuda a trazer à luz.

POLÍTICAS CLIMÁTICAS PELAS QUAIS AS EMPRESAS DEVERIAM LUTAR

As políticas climáticas mais produtivas irão corrigir as falhas do mercado, estabelecer uma fasquia elevada para produtos com baixo teor de carbono e ajudar a obter os 1,5 a 2 biliões de dólares em capital necessário anualmente para manter o aquecimento a 1,5°C. Sugerimos que se dê prioridade e que se defenda o seguinte:

Reduzir a intensidade de carbono e materiais da economia

- Fixar um preço galopante para o carbono, trocando massivamente os subsídios dos combustíveis fósseis para as tecnologias limpas e para métodos de produção com baixo teor de carbono
- Investigação e financiamento para aumentar a captura de material (reciclagem, reutilização, reparação), a fim de encorajar uma economia circular

Aumentar a escala

- Libertar o capital público que atrai mais investimento privado para as tecnologias limpas

Reimaginar a alimentação e o uso da terra

- Inverter políticas agrícolas perversas e fornecer incentivos aos agricultores para passarem para uma agricultura regenerativa
- Reduzir o desperdício alimentar

Encontrar soluções baseadas na natureza

- Valorizar o capital natural e conservar terras (por exemplo, zonas húmidas) para evitar emissões

Mobilidade zero carbono

- Eliminar progressivamente os motores de combustão interna por datas específicas (por exemplo, Noruega até 2025) e oferecer grandes incentivos para veículos elétricos de todas as dimensões →

Ambiente de construção resistente e de carbono zero

- Estabelecer padrões de alto desempenho para sistemas de construção, aquecimento e arrefecimento
- Oferecer incentivos para os transportes públicos e edifícios de uso misto
- Fornecer financiamento para a adaptação e planeamento da resiliência da cidade

Proteger as pessoas

- Assegurar a requalificação e formação dos trabalhadores despedidos em consequência da transição verde
- Defender a justiça climática e os direitos das pessoas vulneráveis

Transparência

- Exigir avaliações de risco climático em conformidade com a Task Force sobre Revelações Financeiras Relacionadas com o Clima
- Medir as pegadas de carbono ao nível do produto e imprimir dados nas embalagens e etiquetas

Como qualquer empresa, a Unilever já teve momentos, muitas vezes enquanto parte de grupos comerciais, em que o *lobbying* não correspondeu aos objetivos da empresa de servir o bem comum. Mas se as diferenças de filosofia são demasiado grandes, as empresas de diferença positiva deixam as associações, como a Unilever fez com a Câmara de Comércio dos EUA, a Business Europe e o Conselho Americano de Intercâmbio Legislativo — todos se mostraram relutantes em combater as alterações climáticas ou lutaram ativamente contra o progresso.

O trabalho que a Unilever faz na Rússia e na China representa melhor onde a empresa está e onde pretende estar. Tem enveredado por este caminho da redefinição de sistemas muitas vezes, ajudando os governos, por exemplo, a desenvolver melhores formas de impedir a contrafação de produtos; a construir políticas fiscais mais consistentes que atraem o investimento estrangeiro; a melhorar a eficiência no governo e nas empresas; e a apoiar leis como a Lei da Escravatura Moderna do Reino Unido.

A Unilever é frequentemente reconhecida pela sua liderança política. Pelos seus esforços para reduzir os requisitos de testes em animais na Rússia e na

China, o grupo de direitos dos animais PETA nomeou a Unilever (e alguns outros líderes, incluindo a Avon e a Colgate-Palmolive) como uma empresa «Empenhada na Mudança Regulamentar».[12]

O que as empresas de diferença positiva fazem para orientar as políticas para o bem comum

- Envolvem-se com os decisores políticos antes de as leis serem redigidas e trabalham em conjunto *versus* intervêm depois para reclamar ou fazer *lobby* para as mudar
- Proativamente propõem soluções, em vez de esperarem pela regulamentação que certamente surgirá
- Defendem soluções mais amplas para problemas partilhados que, ainda que beneficiem a empresa, beneficiem todos

Ajudar os países a desenvolverem-se e a prosperarem

Para que as empresas tenham sucesso, os países e comunidades nos quais estão presentes também têm de prosperar. Sem desenvolvimento económico e proteção dos recursos naturais, o bem-estar humano sofre. A pobreza persistente não é boa para os negócios.

A sua empresa pode criar um impacto de diferença positiva e ajudar as comunidades e os países a desenvolverem-se melhor, concentrando-se nas necessidades deles. Nunca se comprometa procurando apenas o interesse próprio. Apresentamos alguns exemplos de como as empresas de diferença positiva podem estabelecer parcerias e ajudar as regiões onde operam.

Investir com o governo no desenvolvimento. A Unilever Etiópia assinou um «memorando de entendimento» com o Estado da Etiópia para construir instalações no país, desenvolver um parque industrial e comprar mais bens locais para a sua cadeia de abastecimento. A empresa construiu uma fábrica de produtos de higiene oral de última geração, uma aposta arriscada a longo prazo num país onde apenas 3% a 5% das pessoas escovavam os dentes regularmente. A Unilever também investiu em programas escolares para encorajar a higiene oral e uma melhor nutrição e forneceu produtos gratuitos durante um surto de cólera. A relação mutuamente benéfica está a impulsionar o crescimento e a dar os seus frutos. Após cinco anos de investimento, o negócio é rentável, com vendas anuais de 100 milhões de dólares na oitava economia de maior crescimento no mundo.

A Unilever Indonésia fez uma escolha semelhante ao desenvolver uma grande unidade de «fracionamento» — utilizada para dividir o óleo de palma em ingredientes sólidos e líquidos — num local remoto no Norte de Sumatra. A empresa gastou 150 milhões de dólares e estabeleceu uma parceria com o governo para construir infraestruturas locais e capacidade portuária. O diretor presidente da Unilever Indonésia, Hemant Bakshi, diz que o projeto se destinava também a ajudar os 30 mil pequenos agricultores que rodeiam a fábrica a mudar para práticas mais sustentáveis. Foi uma abordagem multifacetada, incluindo mudanças políticas, para ajudar a região a prosperar. O trabalho provou que podiam produzir óleo de palma mais sustentável e rastreável no país. Os governos subnacionais veem este tipo de compromissos e são incentivados a alterar as abordagens legislativas ou regulamentares para facilitar o investimento das empresas na região.

Construir ecossistemas industriais. Um só investimento cria repercussões e evidencia as necessidades políticas e económicas. Na Costa do Marfim, a Unilever queria produzir maionese localmente, mas não existia uma rede de fornecedores. A empresa colaborou com o governo para aumentar a criação de galinhas para ovos, gerando novos empregos. Depois, vendo uma escassez de distribuição de garrafas, estabeleceu uma parceria com o governo e outras indústrias para criar um fornecimento local mais sustentável de vidro.

Na Colômbia, a Unilever ajudou a aliviar as tensões entre o governo e os rebeldes das FARC, muitos dos quais desbravavam florestas para produzir cocaína ou para explorar minas ilegalmente. A pedido do então presidente Juan Manuel Santos, a empresa apresentou planos para criar mais atividade económica e empregos, que reintegraram os rebeldes, proporcionaram mais estabilidade e evitaram a desflorestação.

Na Rússia, a Unilever ajudou a fundar o Foreign Investment Advisory Council, um grupo de mais de 50 multinacionais que trabalham com o governo para criar um clima de investimento saudável. Os executivos vinham frequentemente a reuniões com os líderes do país e pediam alívio regulamentar ou falavam sobre o que precisavam. Em contraste, a Unilever perguntava como poderiam trabalhar para ajudar a economia e as indústrias da Rússia a prosperar.

Resolução de problemas em comum. No Médio Oriente, a Unilever trabalhou com os governos em projetos de dessalinização para ajudar a reduzir a escassez de água. Desenvolveu campanhas para mudar os hábitos de consumo de água em locais com algumas das taxas de consumo *per capita* mais elevadas do mundo. Terá a empresa beneficiado deste trabalho? Não de uma forma que seja facilmente mensurável. Mas dar a mais pessoas acesso a água a preços acessíveis é bom para uma empresa que vende pasta de dentes, champô e sabão. Também ajuda os concorrentes, mas sem uma melhoria sistémica na disponibilidade de água, todas as empresas sofreriam (ver a caixa «Trabalho com a água»).

Ser um bom amigo e parceiro. Marcar presença como aliado em situação de emergência é humano e é bom para o negócio. É nessas alturas que se constroem os verdadeiros relacionamentos. Um dos momentos críticos da história empresarial sustentável surgiu de uma catástrofe natural. Após o furacão *Katrina* ter devastado Nova Orleães em 2005, o CEO da Walmart, Lee Scott, observou que os esforços de emergência da sua empresa para trazer água e material salva-vidas para a cidade foram mais bem-sucedidos do que as ações do governo. Começou a pensar de forma diferente sobre o papel da sua empresa na sociedade. A Walmart começou a trabalhar com ONG e empregados na redução dos seus impactos ambientais e sociais. A escala da empresa, e a subsequente pressão sobre os fornecedores para melhorar o seu desempenho, deu um salto na sustentabilidade empresarial em todo o mundo. A Unilever também aumentou o seu envolvimento na assistência em catástrofes, em parte através de uma parceria entre a sua marca *Vaseline* e a ONG Direct Relief, trazendo suprimentos médicos essenciais aos profissionais de saúde durante as emergências.

Não há nada mais importante do que os executivos mostrarem pessoalmente apoio quando ocorre uma catástrofe. Paul e a sua esposa, Kim, estiveram entre os primeiros estrangeiros a visitar Fukushima, no Japão, após o derretimento da central nuclear induzido pelo *tsunâmi*, quando a maioria dos estrangeiros estava a deixar o país. Algumas semanas antes de assumir o cargo de CEO da Unilever, Paul também se viu numa situação aterradora enquanto estava hospedado no famoso Taj Mahal Palace Hotel na Índia. Durante um jantar com executivos da empresa e líderes locais, terroristas invadiram o hotel e mantiveram-no refém durante dias. Enquanto todos os presentes no jantar sobreviveram, muitos outros no hotel tiveram menos sorte. Paul insistiu em regressar a Deli apenas seis meses depois para terminar esse jantar, no mesmo hotel, mas, desta vez, foram os líderes empresariais quem serviu o espantoso pessoal que tinha salvado as suas vidas. Demonstraram um compromisso com um mercado importante para a empresa e o apoio público para o renascimento de um famoso marco histórico. É o que se faz que é importante, não o que se diz.

TRABALHO DE ÁGUA

Água é vida. Em muitos lugares, não há água suficiente ou a sua fraca qualidade ameaça a saúde. Garantir que este recurso partilhado esteja disponível para todos é fundamental para as empresas de produtos de consumo. Sanjiv Mehta, presidente da Hindustan Unilever (HUL), descreve a presença da água num dia típico — escovar os dentes, uma chávena de chá ou café, um duche, lavar a roupa, comer uma sopa, lavar a louça. A Unilever fabrica produtos que dependem da água em cada um destes passos.*

A HUL escolheu logicamente a água como uma iniciativa empresarial multimarcas. A Índia, diz Mehta, ocupa o 120.º lugar entre 122 países em termos de qualidade da água. Sessenta por cento dos distritos do país atingiram o estatuto «crítico» quanto à disponibilidade. Com 20 ONG parceiras e governos nacionais e locais, a HUL atinge mais de 11 mil aldeias, ajudando a melhorar as infraestruturas de água e a formar agricultores sobre a gestão de colheitas e água. No total, a HUL criou uma disponibilidade potencial de água de 1,3 biliões de litros, suficiente para fornecer água potável a todos os adultos indianos durante um ano. No Bangladesh, a marca de purificadores de água da Unilever, *Pureit*, trabalha com o Programa de Desenvolvimento da ONU para melhorar a disponibilidade de água. Dirigem um programa de gestão da água, *Innovation Challenge*, e treinam mulheres em comunidades rurais para serem «heroínas da água». A Unilever e os seus parceiros bancários oferecem microfinanciamento para que as pessoas comprem purificadores *Pureit*. Esta marca não pretende ser uma máquina de fazer dinheiro (mas também não deve perder dinheiro). Está lá para criar valor para a sociedade e desenvolver a marca da empresa. Quando uma empresa protege um recurso natural central para tantos produtos da Unilever, justifica-se uma abordagem de baixa margem de lucro como parte de um portefólio de diferença positiva maior.

* Sanjiv Mehta (Unilever), entrevista conduzida pelos autores, 21 de outubro de 2020.

Ser amigo das comunidades nas quais se trabalha não é filantrópico. É correto e bom, mas também desenvolve o negócio. Cria confiança e boa vontade e alinha a empresa com os países e as suas agendas de desenvolvimento. Ser um bom parceiro para os países anfitriões significa apostar no longo prazo. O conseguimos partir uma vez só? da Unilever Etiópia, Tim Kleinebenne, reúne-se regularmente com pessoas de outras multinacionais que querem conselhos sobre o mercado. Eles perguntar-lhe-ão: «Como posso sacar dinheiro na Etiópia?» Se alguém pensa assim, deve ir a outro lugar. É uma viagem a longo prazo e um compromisso para um novo mercado. A Unilever, segundo Kleinebenne, «foi reconhecida pelo governo etíope, que sabe que somos um interveniente honesto que apoia o desenvolvimento nacional».[13] Países prósperos expandem-se e recompensam os amigos e parceiros que os ajudaram na sua evolução.

O que as empresas de diferença positiva fazem para ajudar os países a prosperar

- Comparecem como um parceiro de confiança quando *não* é esperado ou quando não há nada a ganhar diretamente com isso
- Acrescentam ao tecido de um país, não procuram apenas oportunidades para extrair dinheiro da região

Enfrentar os problemas maiores: o desafio do óleo de palma

A China e os Estados Unidos são as duas maiores economias do mundo e, logicamente, os dois maiores emissores de gases com efeito de estufa. Os dois maiores emissores seguintes, no entanto, *não* são a terceira e quarta maiores economias, Japão e Alemanha. Não, a honra vai para o Brasil e a Indonésia porque cortam e queimam muitas árvores, o que liberta grandes quantidades de CO_2.[14] A desflorestação produz cerca de um quinto das emissões mundiais de gases com efeito de estufa.[15] Os motivos da desflorestação são complexos, mas a razão principal é a libertação de terras para a agricultura — soja e gado no Brasil e óleo de palma na Indonésia, que fornece 58% do óleo de palma mundial (e Malásia, 26%).[16]

O óleo de palma é um ingrediente de uma vasta gama de produtos — sabão, champô, biscoitos, pão e massa, gelado, batom, e assim por diante. É basicamente uma lista dos produtos da Unilever e é por isso que a empresa é o maior comprador do mundo. Mas não se trata apenas de produtos de consumo. Cerca de metade do óleo de palma que entra na Europa flui para os tanques dos automóveis como *biodiesel* (o que significa que os transpores competem com os alimentos por terra).[17]

As plantações de óleo de palma da Indonésia cobrem 16 milhões de hectares — uma área com dois terços do tamanho do Reino Unido — face a um milhão de hectares em 1990.[18] A maior parte desse crescimento provém da queima de florestas virgens. O problema do óleo de palma está assim ligado a *todos* os grandes problemas. A desigualdade e a pobreza forçam as pessoas a derrubar florestas para sobreviver e a desflorestação contribui para as alterações climáticas e destrói a biodiversidade. Parar a desflorestação é diabolicamente difícil e só acontecerá com o apoio de um sistema completo de produtores, compradores, governos, comunidades e finanças. Após muitos anos de esforços e fracasso, a indústria está finalmente a fazer progressos.

Muitas ONG, mas a Rainforest Action Network e a Greenpeace em particular, têm concentrado o ativismo nesta questão há décadas. Durante os anos 90 e 2000, fizeram campanha contra a Unilever, Nestlé, os seus pares e gigantes do setor agroalimentar como a Cargill e a Wilmar. Os ativistas da Greenpeace entraram no edifício da sede da Unilever vestidos de orangotangos, uma espécie ameaçada pela destruição do seu *habitat*. A ONG mundial publicou em 2007 e 2008 dois relatórios que ligavam todo o setor, mas especificamente a Unilever, à desflorestação desenfreada.

A Unilever não ignorava o problema. Cofundou a Mesa Redonda da Indústria de Óleo de Palma Sustentável (RSPO) com a WWF em 2004. Mas em 2007, de acordo com Gavin Neath, na altura diretor de sustentabilidade da Unilever, «não tínhamos consciência *real* de que estávamos a ajudar a impulsionar a desflorestação e as alterações climáticas... acreditávamos que as alterações climáticas eram principalmente um problema para a Shell, Exxon, Ford ou General Motors, mas não para a Unilever».[19] Os protestos foram um «momento que mudou a vida» de Neath; tornou-se insustentável para a empresa e para ele, pessoalmente, manter as práticas atuais de abastecimento.[20] Em retrospetiva, é algo sobre o qual a empresa deveria ter sido mais proativa.

Na altura, o diretor da Greenpeace UK, John Sauven, nunca se tinha reunido com a direção da Unilever. Mas, logo após a chegada de Paul como CEO, ele e Neath desenvolveram uma sólida relação de trabalho com Sauven e encontraram-se regularmente. Hoje, Sauven fala de como Neath foi aberto ao aparecer na televisão e admitir que a Unilever não sabia exatamente de onde vinha o seu óleo de palma. «Todos os nossos fornecedores infringiram tecnicamente ou as normas da RSPO ou a lei indonésia», disse Neath.[21] Este nível de transparência construiu um banco de confiança que deu à Unilever o benefício da dúvida se algo corresse mal.

Com o encorajamento de Sauven para fazer frente a este problema, a Unilever deu um passo altamente invulgar e cancelou um contrato com um grande fornecedor que não estava a cumprir as normas. Sauven classificou esta ação como «sísmica»[22]. A Rainforest Action Network divulgou uma declaração a elogiar a liderança da Unilever e a pressionar outras empresas a fazer o mesmo.[23] A Unilever, como parte do seu programa de fornecedores Partner to Win, juntou os grandes produtores para uma reunião à porta fechada em Singapura e conseguiu que assinassem uma moratória sobre a desflorestação. Na conferência global sobre o clima de 2010, a Unilever pressionou fortemente todos os membros do Fórum de Bens de Consumo a comprometerem-se a eliminar a desflorestação na produção de óleo de palma até 2020. A Declaração de Nova Iorque sobre Florestas de 2014 foi outra grande declaração e, no entanto, quando publicou a sua própria revisão de cinco anos do programa, concluiu que o grupo tinha feito «progressos limitados». Ou, como conclui Sauven mais claramente: tem sido um fracasso.[24]

As ONG continuam a pressionar as empresas para que deixem de trabalhar com maus elementos da cadeia de valor. É fácil exigir que as empresas deixem de utilizar óleo de palma, mas e depois? O óleo de palma emprega milhões de pessoas em 17 países — 4,5 milhões só na Indonésia e Malásia.[25] A mundivisão de diferença positiva inclui a melhoria dos meios de subsistência, pelo que cortar milhões de postos de trabalho iria na direção errada. Do ponto de vista climático, um boicote ou uma mudança para outros óleos poderia ter um efeito contrário. Dominic Waughray, que dirige o Centro de Bens Públicos Globais no Fórum Económico Mundial (FEM), diz que a retirada deixaria «muitos agricultores sem rendimentos, e o resultado seria provavelmente muito pior».[26] Pessoas com opções limitadas podem desflorestar ainda mais para madeira, combustível ou colheitas.

O ponto de situação atual é misto. A Unilever e a maioria das grandes empresas suas pares estão a abastecer-se de quase todo o seu óleo de palma em plantações certificadas pela RSPO. Fizeram um enorme progresso, apesar das probabilidades. No entanto, a desflorestação continua. A estrutura da indústria do óleo de palma é um grande problema. Centenas de milhares de pequenos agricultores têm de agir no seu melhor interesse para sobreviver. Do lado da procura, as grandes empresas de CPG não controlam o mercado (a Unilever, a maior, compra 3% da oferta mundial). Os dois maiores países que compram óleo de palma são a Índia e a China, e muitos compradores desses países parecem não se importar. Querem o preço mais baixo e não se preocupam com certificações.

A única solução é uma combinação de coligações mais amplas e uma melhor aplicação. A Unilever tentou usar as forças do mercado para aumentar a escala, investindo no comércio de certificados GreenPalm, que eram semelhantes aos créditos de energias renováveis. A empresa gastou milhões de dólares, mas os seus pares não a seguiram, o que significava que a Unilever estava apenas a pagar mais do que os seus concorrentes. Concluíram que não era útil, de um modo ou de outro. Um certificado pode fazer com que os consumidores se sintam melhor sobre o produto, mas não fez muito para combater as alterações climáticas ou abordar questões relacionadas com os meios de subsistência, como salários dignos. Como diz o antigo diretor de sustentabilidade Jeff Seabright, «não podemos desenhar um círculo ao redor de algumas boas plantações e dizer "somos puros" quando, ao lado, estão a cortar e a queimar e há violações dos direitos humanos».

A Unilever precisava de uma abordagem diferente para chegar às causas profundas da desflorestação. Assim, utilizou os 60 milhões de dólares que teria gastado em certificados para contratar pessoas para explorar soluções no terreno e criar um fundo global com o governo da Noruega e outros para ajudar os pequenos proprietários a converter as suas operações em melhores métodos. Os críticos dizem que o óleo de palma sustentável é impossível, mas não é verdade. A indústria e as ONG reuniram as melhores práticas. Sauven da Greenpeace diz que se se plantar espécies mais produtivas, por exemplo, duplicam-se os rendimentos e reduz-se consideravelmente a pressão para desbravar mais terra.[27] O trabalho mais bem-sucedido hoje em dia resulta de outra colaboração, a Tropical Forest Alliance (TFA), que Seabright e Mike Barry da Marks & Spencer's ajudaram a lançar em 2012. O objetivo era eliminar a desflorestação das cadeias de abastecimento até 2020. Ninguém se aproximou desse objetivo, mas a TFA está a ter algum sucesso. De facto, as taxas de desflorestação na Indonésia caíram finalmente.[28] O que está a funcionar, diz Waughray do FEM, é uma abordagem «jurisdicional» baseada na comunidade. Com os pequenos agricultores a gerir 40% da área, o trabalho precisa de ser feito a nível micro local. Mas para chegarem à escala, também têm de funcionar em regiões inteiras.

A TFA reuniu uma colaboração para apoiar os agricultores com programas de educação local, ajuda governamental nacional e local com a propriedade da terra, e compromissos de compra dos compradores. Mas precisava de mais uma componente: o financiamento. Mesmo que os agricultores estejam dispostos a mudar para espécies mais produtivas, o que acontece durante os quatro anos até que as árvores deem novos frutos? Eles precisam de empréstimos ponte ou de formas de assegurar o fluxo futuro de receitas. *O núcleo da solução do óleo de palma, então, é simples, em princípio: ajudar os agricultores na transição e eles comprometem-se a não queimar a floresta virgem.*

O governo norueguês e a Unilever criaram o &Green Fund. É um dos intervenientes que fornece capital e catalisa o investimento, especialmente em jurisdições onde o governo local está integrado e as políticas apoiam os esforços. A estabilidade que uma parceria de sistema completo proporciona torna mais atraente para as empresas investir também na região. Esta colaboração entre múltiplas partes interessadas parece ser o melhor caminho a seguir em relação ao óleo de palma. Como Waughray observa, muitas ONG no terreno e associações de agricultores optam agora por trabalhar com alianças como a TFA — que, afirma, nos diz o que está realmente a funcionar.

O modelo também pode ser eficaz noutros contextos. A empresa de nutrição DSM construiu uma fábrica no Ruanda para produzir grãos fortificados e suplementos. Como parte da parceria Africa Improved Foods, a DSM trabalha com o Programa Alimentar Mundial, o governo ruandês e a Corporação Financeira Internacional para resolver o problema do atrofiamento, que impede que as crianças se desenvolvam plenamente, e da desnutrição a nível local (*versus* enviar por avião ajuda alimentar, o que é ineficiente e não consistente com os valores da iniciativa)[29]. As lições são claras: as soluções sistémicas requerem amplas coligações com a sociedade pública, privada e civil a trabalharem em conjunto; é necessária uma massa crítica de compradores e uma forma de mudar a economia do lado da oferta; é preciso paciência e tempo (neste caso, muitos anos). A boa notícia é que os instrumentos para fazer este trabalho estão a melhorar. Os dados de satélite, por exemplo, podem acompanhar de perto a desflorestação, dando aos compradores como a Unilever dados em tempo real sobre a conformidade.

O óleo de palma é certamente uma questão suficientemente difícil, mas à medida que o mundo se torna mais volátil, outros desafios mais complicados aguardam: relações raciais, refugiados, defesa da democracia, proteção da ciência contra ataques e muitos mais. Cada vez mais, os líderes empresariais estão a ser confrontados com desafios mais complicados. O trabalho derradeiro de uma empresa de diferença positiva é enfrentar os maiores problemas em coligações profundas para curar o mundo.

O que as empresas de diferença positiva fazem para enfrentar os maiores desafios sociais

- Lideram os avanços na resolução dos maiores e mais complexos problemas em comum
- Ouvem críticos inteligentes para compreender os desafios e obstáculos sistémicos
- Reúnem as coligações necessárias, muitas vezes incluindo financeiras, para criar soluções sistémicas
- Vão além da simples elevação dos padrões dos fornecedores para os ajudar a resolver os obstáculos que se opõem a operações mais sustentáveis

Empresas ao serviço dos demais

Há mais de uma década, o governo do Vietname encomendou um estudo sobre o papel das multinacionais no desenvolvimento socioeconómico do país. Escolheu a Unilever como estudo de caso. O relatório concluiu que, ao contrário de muitos investidores estrangeiros, a Unilever trabalhava a longo prazo, desenvolvendo raízes profundas na economia, servindo os pobres nas zonas rurais e desenvolvendo relações vantajosas para todos com as pequenas e médias empresas locais (em vez de as afastar). «Ao incorporar prioridades nacionais selecionadas na agenda empresarial e ao implementá-las», diz o relatório, «a Unilever fez avançar tanto a agenda nacional como a empresarial».[30] Em vez de extrair valor das comunidades e dos países, ajude a edificá-las. Ser um bom cidadão atrai talentos e cria um enorme valor para as empresas. Ajuda a empresa a mover-se mais rapidamente, evita os muitos obstáculos que os governos podem colocar e conquista o acesso a mercados em crescimento. Quase nenhuma das parcerias do tipo «São precisos três para dançar o tango» que descrevemos aqui tem um retorno imediato. Ao trabalharem com os governos e a sociedade civil para aumentar o bem-estar, criam valor a longo prazo para a empresa e para a sociedade à sua volta.

Esses benefícios a longo prazo podem manifestar-se de formas surpreendentes. Durante um período de protestos na Indonésia nos anos 90, quando os amotinados queimaram e saquearam uma série de fábricas, não tocaram nas instalações da Unilever. O diretor-geral nacional da empresa na altura perguntou a um dos líderes militares porquê. Ele respondeu: «É simples. Cuida dos seus empregados e comunidades. Não precisamos de proteger os vossos edifícios com o exército. A comunidade protege-vos». O líder militar era o general Susilo Bambang Yudhoyono, um grande defensor da Unilever, que mais tarde se tornou presidente da Indonésia.

Se abordar as comunidades e os governos com um genuíno desejo de os ajudar a prosperar e se comparecer nos bons e maus momentos, eles nunca esquecerão. Nunca.

8

Enfrentar os elefantes

Gerir as questões sobre as quais ninguém quer falar... mas que não podemos evitar

Nem tudo o que se enfrenta pode ser mudado.
Mas nada pode ser mudado até que seja enfrentado.

— James Baldwin

Numa conhecida fábula que remonta há pelo menos 2500 anos, alguns homens cegos cruzam-se com um elefante pela primeira vez e tentam descobrir do que se tratava. À medida que cada um deles explora diferentes partes — a orelha, o lado, a perna, a presa, o nariz —, chegam a uma conclusão diferente sobre o que é o elefante. Em algumas versões, debatem-se sobre isso; noutras, chegam a um entendimento entre si.

Neste capítulo, abordamos algumas questões do tamanho de um elefante que as empresas precisam de dimensionar e gerir. Os líderes fingem ser cegos, agindo como se não soubessem quais são estas questões, mas isso não é verdade. Eles sabem muito bem que estão perante elefantes; estão a par da forma geral e do tamanho do problema. Mas ou não se importam ou evitam o tema porque não querem gastar dinheiro ou lidar com as partes interessadas. Não é fácil fazer com que as empresas reconheçam e resolvam questões como o pagamento de impostos, o dinheiro na política ou os direitos humanos.

As alterações climáticas foram, outrora, um elefante em plena sala. Os principais líderes evitavam falar sobre isso. Nos primeiros anos da governação climática — desde a Cimeira da Terra do Rio 1992 até às reuniões da Conferência dos Partidos (COP) que resultaram no acordo climático de Paris —, os ministros governamentais de alto nível raramente estiveram envolvidos e as empresas tiveram uma representação quase nula (de propósito). Se pedir a um CEO para falar num evento sobre o clima, *poderá* receber uma chamada do departamento dos assuntos públicos. A maioria das empresas, exceto os gigantes da energia, não pensava que o clima se aplicasse a elas, e não se preocupava com a pressão do público. O mundo financeiro estava completamente alheado da discussão. Mindy Lubber, presidente da organização de defesa da sustentabilidade Ceres, diz que quando realizava reuniões sobre o risco financeiro do clima, os bancos diziam: «Vamos enviar estagiários».[1]

A mudança no mundo financeiro tem sido lenta e incremental, diz ela, até há pouco tempo.

Mas na década de 2010, as empresas entraram no jogo. Na 21.ª reunião da COP em 2015 em Paris, os líderes empresariais entraram em força. O Pacto Global da ONU organizou um evento de vários dias para os altos cargos empresariais junto à área de negociação governamental (Andrew era moderador e Paul era um dos principais oradores). Centenas de CEO vieram apoiar uma ação global e coordenada em matéria de clima.

O que impulsionou a mudança? As empresas estavam a sentir os efeitos e os custos das alterações climáticas. As partes interessadas estavam a fazer mais perguntas. Os funcionários mais jovens estavam a pressionar as empresas para fazerem mais. Mas os líderes também começaram a ver a vantagem empresarial para aqueles que assumiram a liderança na economia limpa, uma oportunidade de negócio de vários biliões de dólares. Além disso, os executivos sabiam que a regulamentação estava para chegar e queriam ter um lugar na discussão.

À semelhança do que aconteceu com as alterações climáticas, demasiados líderes empresariais ainda agem como se os novos elefantes não fossem problema seu. Uma empresa pagar um valor justo de impostos, por exemplo, pode não parecer fazer parte da agenda da sustentabilidade, mas faz certamente parte de ser uma empresa de diferença positiva. Uma empresa ao serviço da sociedade não emprega centenas de contabilistas e advogados apenas para encontrar forma de escapar às contribuições para os cofres públicos. Quando se descobre que o vizinho não paga impostos ou que um bilionário paga apenas 750 dólares pela sua parte de estradas, escolas, hospitais ou defesa, como nos sentimos? Seremos verdadeiramente motivados por um propósito se não pagarmos impostos?

Exploramos nove questões que nos parece que já não podem ser ignoradas: impostos, corrupção, remuneração dos executivos, pagamento aos acionistas errados, conselhos de administração mal preparados, direitos humanos, *lobbying* de associações comerciais, dinheiro na política e mais diversidade e inclusão. Os elefantes partilham algumas dimensões essenciais:

- São partes fundamentais do atual sistema económico que criou as crises climática e de desigualdade.
- Não se pode ser uma empresa de diferença positiva sem os enfrentar, uma vez que o *statu quo* reduz o bem-estar da sociedade.
- As empresas ou não querem abordá-los proativamente (pelo menos não de forma transparente) ou não sabem como fazê-lo.
- Há um risco crescente para as empresas e marcas que nada fazem.
- Há poucas respostas fáceis — estas são áreas difíceis com zonas cinzentas.

Lembre-se: «Se partir, é seu.» Estes elefantes entraram pela loja de cerâmica da sociedade adentro e contribuíram para muito do que está partido. O sistema não está a funcionar bem para todos e as empresas têm um papel fundamental a desempenhar na resolução destas questões. As empresas de diferença positiva não se esquivam a estas questões: abordam-nas proativamente.

O que torna os elefantes difíceis?

Nenhum dos itens desta lista deveria ser surpreendente. E se fossem fáceis, haveria um acordo geral sobre como agir. Vamos estipular desde já que muitas vezes não há respostas fáceis. Eis alguns dos motivos, uns bons e outros menos bons, pelos quais evitamos enfrentar os elefantes.

- Geram mal-estar. Enfrentar os elefantes é um processo de escolher o que está certo, mas é difícil, em vez de escolher o mais fácil, mas que está errado. Significa jogar para ganhar, mesmo que seja desconfortável, e não apenas jogar para não perder.
- Pode ir contra as necessidades dos acionistas a curto prazo ou ameaçar o *statu quo* dos interesses instalados. Se for longe demais, os acionistas podem rebelar-se e pode acabar a combater alguns pares ou parceiros. Ao contrário de não pagar impostos, aceitar desafios difíceis e a longo prazo não dá uma injeção de dopamina a curto prazo nos lucros.
- Torna-o vulnerável. Colocar a cabeça no cepo para fazer a coisa certa, sem uma coligação que o apoie, pode criar uma desvantagem a curto prazo. Os pioneiros levam com a maior parte das críticas. Mas também podem colher recompensas.

- Nem sempre há grandes métricas. Pode ser difícil saber que objetivo se persegue. Dizer «zero questões que ofendam os direitos humanos» soa bem, mas o mundo raramente é assim tão claro. Será uma violação dos direitos humanos ou trabalho infantil se um adolescente trabalhar numa quinta familiar, mas mesmo assim for à escola?
- Outros parceiros, tais como governos, podem constituir um entrave ou criar desincentivos. As empresas acabam por competir numa corrida ao fundo do poço. Poucos líderes empresariais se sentem confortáveis a tomar posições políticas para melhorar as regras. É um fracasso sistémico.

Não há um caminho definido para abordar os elefantes, mas há medidas a tomar agora, mesmo que apenas resolvam parte do problema. Para cada tópico, expomos a questão com alguns dados, quando disponíveis, sobre a escala do problema. Perguntamo-nos porque é que é importante para a sociedade e como é que impede o mundo de prosperar. Em seguida, oferecemos algumas ideias sobre como as empresas podem melhorar, mesmo sem respostas definitivas.

Cada uma destas questões seria suficiente para preencher um livro. O nosso objetivo aqui é colocá-las firmemente sob o radar das empresas, não como algo que fica bem, mas como requisitos. Os nove elefantes que destacamos estão a contribuir poderosamente para muitos dos nossos maiores desafios, sobretudo a desigualdade e a justiça. Estes são fracassos da nossa economia e sociedade que canalizam a riqueza e o capital para os mais ricos, prendem os mais pobres na pobreza ou mantêm o controlo nas mãos de um pequeno número de pessoas, na sua maioria brancos. Isto é acumular dinheiro e poder.

Antes de mergulhar de cabeça, lembre-se: estas coisas não se fazem a sós. Muitos destes tópicos deveriam, cada vez mais, fazer parte das parcerias e das estratégias de diferença positiva do último capítulo. Não se preocupe em ser um modelo de perfeição. Agir de boa-fé em matéria de impostos não significa pagar 100% dos impostos, mas significa assumir um papel ativo num sistema que assegura o pagamento de impostos. Vamos começar por aí.

1. Pagamento de impostos

O problema

Durante oito anos, a Amazon pagou 3,4 mil milhões de dólares em impostos sobre 960 mil milhões de dólares em receitas e 26 mil milhões de dólares em lucros. Em alguns anos, pagou zero. Uma ONG defensora da transparência, a Fair Tax Mark, classificou a Amazon como a empresa «mais agressiva» na evasão fiscal, mas também disse que muitos gigantes da tecnologia eram quase tão maus quanto ela. A Facebook, Google, Netflix e Apple, informou o *Guardian*, estão «a fugir aos impostos, transferindo receitas e lucros através de paraísos fiscais ou países com baixos impostos e atrasando o pagamento de impostos em que incorrem».[2]

A evasão fiscal não é um exclusivo das empresas de tecnologia. A Starbucks tem sido frequentemente criticada e travou uma batalha judicial com a Comissão Europeia e as autoridades holandesas. A empresa conquistou um acordo relativamente pequeno de 28 milhões de dólares para fazer desaparecer o problema.[3] A autoridade fiscal do Reino Unido processou a GE por fraude em 2020, exigindo mil milhões de dólares em impostos retroativos.[4] Com buracos orçamentais para preencher depois de gastos colossais com a pandemia, os governos provavelmente ficarão mais vigilantes quanto à perda de receitas. Mas, até que recaiam sistematicamente sobre as empresas, a evasão fiscal desenfreada continuará a ser comum — e é, de facto, muito comum. Numa análise de 2018, das 379 empresas lucrativas da *Fortune 500*, quase um quarto pagou uma taxa de imposto efetiva de 0% ou menos. Não pagaram impostos ou recuperaram o seu dinheiro.[5] Estas 91 empresas incluem muitos nomes bem conhecidos — AEP, Chevron, Deere, DowDuPont, Duke Energy, Eli Lilly, FedEx, IBM, JetBlue, Levi Strauss e McKesson.

Judy Samuelson, a fundadora do programa Business and Society do Aspen Institute, fala sobre «pontos cegos» nos negócios, incluindo, proeminentemente, os impostos. Tal como disse à *Fortune*, está para breve «um balanço dos impostos». Defensores como Samuelson têm, por vezes, apoiado políticas que *reduzem* as taxas dos impostos sobre as empresas, mas apenas «para nos certificarmos de que elevamos todos a essa taxa». Infelizmente, diz ela, os abrigos fiscais internacionais e outros jogos têm continuado a prejudicar esse objetivo de equidade.[6]

O que estas empresas estão a fazer é, de um modo geral, legal. Mas será correto ou responsável? Como pode uma empresa dizer-se guiada por propósitos, quando não paga à sociedade que lhe permite fazer negócios? Qualquer que seja a opinião do leitor sobre a eficiência do governo, é inegável que fornece imensos serviços públicos — educação, hospitais e cuidados de saúde, polícia e bombeiros, defesa e paz, redes de segurança social e infraestruturas modernas e em expansão para movimentar energia, água, resíduos e pessoas. Precisamos de transformar a imagem dos impostos como custos a minimizar e pensar neles como investimentos na nossa saúde, bem-estar e sociedade.

A Amazon depende literalmente das estradas para a entrega de produtos. Aqueles que não pagam a conta deixam-na para os restantes, e essa conta não é pequena. Os países fazem escolhas sobre a escala de serviços e proteções que o Estado irá fornecer. Nos países da Organização para a Cooperação e Desenvolvimento Económico (OCDE), a relação entre a cobrança de impostos e o PIB total é, em média, de 34%. Os Estados Unidos situam-se perto do fundo com 24%.[7] A Suécia, um país com uma rede de segurança maior e melhores serviços públicos, recolhe 44%.[8] Os países com rendimentos mais baixos, diz a OCDE, precisam de pelo menos 15% para prestarem serviços a um nível básico. Mas em 30 dos 75 países mais pobres, as receitas fiscais descem abaixo dessa pequena fasquia.[9] Entretanto, estima-se que 10% do PIB mundial é mantido em contas *offshore* e os países perdem anualmente 500 a 600 mil milhões de dólares de receitas fiscais das empresas graças à transferência de lucros.[10] A OCDE criou um quadro chamado BEPS, que representa a erosão da base e a transferência de lucros. A «base» aqui é o dinheiro que apoia a sociedade.

Tem havido alguns progressos. Janine Juggins, chefe do departamento fiscal e de tesouraria da Unilever, diz que os países estão a adotar as recomendações da OCDE, pelo que muitos instrumentos de planeamento fiscal que se baseavam em desajustes da lei fiscal — para criar deduções duplas ou rendimentos não tributáveis — já não funcionam. O que resta são, nas nossas palavras, jogos para brincar no local onde a empresa está sedeada ou gera lucros. Ignorar os apelos à responsabilidade fiduciária que supostamente forçam uma empresa a minimizar drasticamente os impostos. O Dr. Robert Eccles, um dos principais especialistas em sustentabilidade e finanças, diz que «o dever fiduciário sugere que o conselho de administração deve assegurar que a empresa está a pagar um nível adequado de impostos para evitar riscos desnecessários de reputação», bem como riscos operacionais em países subfinanciados.[11]

Em vez disso, devemos ter orgulho em pagar um montante razoável de impostos e dar valor às infraestruturas que ajudámos a financiar. Estamos a contribuir para a sociedade. Juggins diz que as metodologias de classificação ambiental, social e de governação (ESG) tratam os impostos como uma questão de governação. Mas, diz ela, «penso que deveria fazer parte do "S," o contrato social»[12].

Sejamos claros. Uma empresa não pode ser de diferença positiva se evitar pagar impostos. Está literalmente a receber mais do que aquilo que dá.

As soluções

Primeiro, começar com a transparência. A Unilever publica princípios fiscais detalhados, a sua taxa de imposto efetiva (27,9% em 2019) e detalhes sobre as instalações, vendas e impostos pagos em dezenas de países.[13] É possível subscrever um conjunto de Princípios Fiscais Responsáveis, tais como os que a B Team criou. Um relatório da empresa sem fins lucrativos de consultoria de sustentabilidade BSR, *The Business Role in Creating a 21st-Century Social Contract*, recomenda o ajustamento da estratégia fiscal para que pague impostos «proporcionais ao montante das receitas numa jurisdição fiscal»[14], o que significa que não há lugar a jogos, tais como a transferência de todos os lucros para uma região com baixos impostos. Os investidores podem ajudar, diz Juggins, «tomando conhecimento das empresas com taxas de imposto anormalmente baixas» para avaliar o risco de auditoria ou o risco de danos à reputação graças a comportamento fiscal irresponsável.[15]

Em segundo lugar, para tornar a transferência de lucros menos útil, apoiar uma taxa mínima obrigatória a nível mundial. A OCDE está a desenvolver a ideia, e os apoiantes estão a insistir num patamar mínimo de 21% de impostos. Parece mais provável, contudo, que os países apoiem 15%, que o Tesouro dos EUA e o presidente Biden solicitaram. Não é suficientemente elevado, mas é melhor do que nada. Portanto, defendem publicamente este esforço para nivelar o tabuleiro. Em terceiro lugar, a BSR também recomenda a utilização das normas e diretrizes de relatórios da Iniciativa Global de Relatórios e do programa BEPS.

Ser um bom agente constrói confiança junto das autoridades fiscais e dos governos. As empresas com competências e capacidade podem ajudar os países a desenvolver os seus sistemas fiscais e a alargar a base tributária. Como já referimos, a Unilever formou inspetores fiscais em vários países. Parte desse trabalho conduz diretamente à maior fonte de perdas fiscais: a corrupção.

2. Corrupção

O problema

Um dos desafios mais difíceis que uma multinacional enfrenta é como fazer negócios de forma consistente e ética em todo o lado. Os padrões variam muito de país para país e de cultura para cultura. Os índices de corrupção da Transparency International (baixa corrupção = 100) variam desde a Dinamarca e Nova Zelândia com 87 até à Somália com 9. Em alguns lugares, está previsto pagar a alguém do governo para permitir a entrada dos seus produtos no porto. Dar dinheiro a alguém para acelerar um pedido de visto é apelidado de «pagamento facilitador» e tratado como um aspeto normal da atividade (a Lei do Suborno no Reino Unido tornou ilegais os pagamentos facilitadores, mas estes são permitidos nos Estados Unidos).

Corrupção, suborno, roubo e evasão fiscal desviam anualmente 1,26 biliões de dólares dos países em desenvolvimento, o suficiente para elevar os 1,4 biliões de pessoas mais pobres do mundo acima do limiar da pobreza.[16] A corrupção acrescenta 10% ao custo de fazer negócios a nível global e 25% ao custo das aquisições nos países em desenvolvimento. O «envelope de dinheiro por baixo da mesa» continua a ser um problema, mas um relatório da B Team, *Ending Anonymous Companies*, destaca uma questão mais vasta.[17] Cerca de três quartos dos casos de suborno e corrupção envolvem empresas cuja propriedade é difícil de identificar. As empresas da Shell, diz o relatório, são «veículos de fuga» para corrupção e lavagem de dinheiro. A B Team e a Iniciativa de Parceria Contra a Corrupção do Fórum Económico Mundial (PACI) estão empenhadas em eliminar este problema.[18]

A corrupção não é apenas uma questão dos países em desenvolvimento. Metade dos casos de suborno no estrangeiro desde 1999 envolveu funcionários públicos de países altamente desenvolvidos.[19] O livre fluxo de dinheiro para os políticos nos Estados Unidos é uma corrupção legalizada. Fazer uso de um acesso único ao poder do governo é moralmente obscuro. Por exemplo, quando os Estados Unidos ameaçaram proibir a rede social TikTok durante uma batalha comercial com a China, o gigante do *software* Oracle acabou por ficar com uma participação minoritária na TikTok. O que não passou despercebido foi a relação amigável do CEO da Oracle, Larry Ellison, com o presidente Trump, ou, quando Ellison se preparava para fechar o negócio, a sua doação de 250 mil dólares para apoiar a reeleição do senador aliado de Trump, Lindsey Graham.[20] Para cada corrompido, há um corruptor. Chamem-lhe o que quiserem, mas como diz o velho ditado: se parece um pato e grasna como um pato, é um pato.

As soluções

Existem mecanismos estruturais e políticos para combater a corrupção (o *hardware*) e formas de educar e influenciar as pessoas através de uma mudança cultural (o *software*). Em ambos os casos, a transparência é o melhor antídoto. Um passo é juntar-se a grupos como o PACI e apoiar os esforços para impor a transparência em matéria de propriedade.

No lado estrutural, começar com um forte código de conduta e princípios empresariais para responsabilizar os empregados. É necessário, mas não suficiente. A Unilever investigou centenas de violações do código anualmente, despedindo mais de uma centena de empregados por ano. O código proporcionou a todos uma defesa contra a corrupção. Quando alguém pedia aos executivos da Unilever que fizessem algo por uma comunidade ou empresa, mas que os deixava na dúvida, eles podiam dizer: «Isso não se adequaria aos nossos padrões globais e teríamos de perguntar aos nossos acionistas, o que faria com que este assunto tivesse de passar para o domínio público. Ficariam à vontade com isso?» Se a resposta fosse não, o pedido seria provavelmente um suborno.

Preparar uma resposta deste género para os empregados terem na ponta da língua faz parte de um plano de resistência bem pensado, segundo David Montero, autor de *Kick-back: Exposing the Global Corporate Bribery Network*.[21] Para ajudar alguém que está a pedir um suborno a salvar a sua dignidade e a sentir-se respeitado, diz ele, encontre outra forma de fazer algo por essa pessoa que seja legal. Criar mais empregos na sua comunidade ou oferecer formação e aconselhamento técnico. No Quénia, a Unilever formou a polícia sobre como fazer cumprir uma lei sobre produtos falsificados, um problema que estava a custar dinheiro à empresa e ao país. Montero sugere também a inclusão dos custos de evitar subornos, tais como atrasos nas fronteiras e burocracia adicional, no plano de negócios. Sugere ainda identificar locais que ele chama «mercados lunares» — tão corruptos que os trata como se fossem tão inacessíveis como a Lua. Na verdade, apesar de muitos pedidos, a Unilever nunca entrou na República Democrática do Congo (RDC) por causa do nível de corrupção. A RDC era o mercado lunar da Unilever.

As pessoas são o *software* de combate à corrupção. É importante encontrar aliados em países dispostos a desafiar o *statu quo*. Apoiar os seus esforços, que são pessoalmente perigosos. Quando Ngozi Okonjo-Iweala (agora chefe da Organização Mundial do Comércio) era a ministra das Finanças da Nigéria, recusou-se a fazer pagamentos aos importadores de combustível. A sua mãe foi raptada numa tentativa de a pressionar a desistir — não o fez e a sua mãe foi libertada cinco dias mais tarde, de boa saúde.[22]

Para proteger a sua equipa, crie uma cultura de «fazer-se ouvir», em que todos se sintam abertos a expressar as suas preocupações se alguma coisa não lhes parecer bem. Construa ferramentas tais como uma linha de reclamação e perguntas regulares aos empregados, como os inquéritos «*dipstick*» da Unilever (uma medição rápida), a cada três ou seis meses. Construa um circuito de *feedback* contínuo. Cuidado para não criar uma cultura de desempenho financeiro acima de tudo, o que pode levar as pessoas a fazer as coisas erradas. No banco Wells Fargo, a pressão de objetivos de vendas cada vez mais elevados era tão intensa, que os vendedores criaram milhões de contas falsas. Houve alturas em que a Unilever experimentou desconexões culturais como estas, mas a uma escala muito menor.

Parece contraintuitivo, mas quando a aplicação da Unilever aumentou e o número de violações do código aumentou, foi um bom sinal — as pessoas sentiram que podiam pronunciar-se. Deixe claro que é esperado de cada empregado que cumpra o código. Não o fazer põe a empresa e o empregado em risco.

Certifique-se de que todos sabem que o sucesso sem integridade é um fracasso.

3. Executivos que recebem pagamentos excessivos

O problema

Os CEO ganham demasiado dinheiro. Nas 350 maiores empresas dos Estados Unidos, os CEO ganharam 320 vezes mais do que o seu trabalhador médio em 2019 (contra 61 vezes em 1989 e apenas 21 vezes mais em 1965). A compensação dos CEO aumentou mais de 1 100% ao longo de 40 anos, enquanto os salários típicos dos trabalhadores estagnaram em 14% de crescimento (não anual, mas total).[23] Nos Estados Unidos, os salários dos trabalhadores ajustados à inflação atingiram o seu máximo em 1973 e estagnaram desde então.[24] A tendência ainda não fica por aqui, tendo piorado durante a pandemia — em 2020, o salário médio dos CEO de 300 das maiores empresas públicas americanas aumentou de 0,9 milhões de dólares para 13,7 milhões.[25]

Os Estados Unidos podem ser o maior infrator, mas outros países também assistiram a grandes aumentos salariais — os CEO indianos recebem 229 vezes mais do que o trabalhador médio e os CEO britânicos recebem 201 vezes mais.[26] Lynn Forester de Rothschild, fundadora da Coligação para o Capitalismo Inclusivo, diz que a criação de riqueza pessoal para os CEO «tornou-se o objetivo, em oposição a [perguntar] "Que riqueza deixou na sociedade? De que forma tornou o mundo melhor?"».[27] Se os que mais ganham no mundo dos negócios recebem todo o crescimento salarial, isso torna a desigualdade muito pior. Se não houver alguma mudança, a remuneração dos executivos continuará a ser um ponto de inflamação para questões relacionadas com a desigualdade, desconfiança das elites e dos negócios, e insegurança económica.

A maioria dos economistas concorda que o problema central tem sido o aumento das opções de compra de ações como compensação. O objetivo era alinhar os incentivos dos executivos com os dos acionistas, o que certamente funcionou — tornou as empresas ainda mais concentradas e propensas a abusar do sistema a curto prazo. A GE concedeu frequentemente enormes pacotes salariais a executivos para atingirem objetivos de curto prazo que não ajudaram necessariamente os investidores a longo prazo.[28] A pandemia trouxe ao de cima o pior das culturas de algumas empresas. Uma série de CEO mantinha salários e bónus ao mesmo tempo que fechava partes do negócio. Depois de despedir milhares, o CEO da GE, Larry Culp, recebeu um bónus de 46,5 milhões de dólares (com potencial para chegar a 230 milhões de dólares), em grande parte porque o conselho de administração tinha baixado drasticamente o preço de exercício das ações que tinham desencadeado o bónus. Foi ajustado, em teoria, para refletir uma má economia pandémica... que afinal não era tão má como isso. Culp defendeu-se perante o *Financial Times*, falando sobre os sacrifícios que fez (tais como desistir do seu salário de 2,5 milhões de dólares durante o ano).[29] É difícil não ver um sistema com conselhos de administração cheios de colegas CEO a ajustar os alvos, a manipular.

As soluções

Esteja preparado para liderar ou prepare-se para ser refreado — nos últimos meses, os acionistas rejeitaram propostas de remuneração da administração na AT&T, GE, Intel e muitos outros — e aceitar que esta questão afeta a capacidade de ação.[30] Apenas alguns lugares no mundo colocam um limite ao salário, mas eventualmente a maioria dos governos fará algo como tributar as remunerações acima de um certo limite. Seja proativo e controle os salários de topo. Pague menos aos executivos de topo e fixe a proporção a um nível razoável (e talvez desenvolva um sentimento de vergonha). A Unilever não tinha, de facto, uma proporção fixa, mas a abordagem de Paul era invulgar e, contra a vontade da administração, manteve o seu próprio salário fixo.

Não se limite a usar uma fórmula. Inove. A estrutura salarial tradicional é excessivamente focada no curto prazo e demasiado complexa. Precisamos de estruturas mais simples que transformem os executivos em acionistas de longo prazo. O conselho de administração deve analisar a remuneração no seu contexto e ter discernimento para garantir que o resultado seja justo. Concentre-se também na sucessão. Os conselhos de administração podem ter problemas se tiverem de pagar excessivamente por uma contratação externa.

Mais importante, concentrar-se não só nos salários de topo, mas também na melhoria do nível de vida dos empregados, elevando os salários para níveis de vida justos, em toda a empresa. Seria ingénuo e contraproducente defender a igualdade absoluta de rendimentos, mas, no mínimo, as pessoas regularmente deixadas para trás deveriam ganhar terreno, e não perder. Seja transparente. No seu 10-K, a Unilever foi clara quanto a associar critérios de desempenho à remuneração. O abrandamento do crescimento dos salários dos executivos e a transferência de fundos no sentido descendente para equilibrar o rácio global dá o tom certo, e vai mais longe do que se possa pensar. Quando a CareCentrix, uma empresa de serviços de saúde, congelou os níveis de remuneração de 20 executivos de topo, a poupança resultante de apenas manter esses 20 salários elevados estáveis foi o suficiente para aumentar os salários de 500 funcionários recém-chegados do mínimo de 7,25 dólares para 16,50 dólares por hora. Também ofereceu a todos os empregados uma participação nos lucros.[31]

Uma empresa de processamento de cartões de crédito com sede em Seattle, a Gravity Payments, levou para um novo patamar a ideia de aumentar os salários. Em 2015, o seu CEO, Dan Price, recebeu um corte de 1 milhão de dólares no salário e aumentou o salário mínimo de uma base de empregados altamente qualificados para 70 mil dólares por ano. Quando a Gravity comprou uma pequena empresa em Boise, Idaho, onde o custo de vida é muito mais baixo, Price manteve o salário mínimo para todos. Disse à *Fast Company*: «Tive dificuldade em compreender como poderíamos manter a nossa integridade se não conseguíssemos encontrar uma forma de o fazer.»[32]

As grandes empresas também se devem deixar de jogos com opções ou de contratar consultores de remuneração para conceber pacotes salariais privilegiados. Na Unilever, Paul passou a remunerar os executivos seniores apenas com salários — sem carros, sem planos de pensões, sem opções. Foi uma abordagem de «pegar ou largar». Houve uma rotação a nível sénior à medida que a empresa abraçava a sua nova missão, mas raramente a questão foi a remuneração. Como dissemos anteriormente, a Unilever certificou-se de que os executivos ao mesmo nível recebessem o mesmo salário líquido, globalmente, o que facilitava as escolhas em relação a empregos internacionais. A empresa também decidiu igualar qualquer bónus que um executivo optasse por colocar nas ações da Unilever. Era solicitado aos executivos que construíssem a sua carteira de ações para o triplo do seu salário e as mantivessem durante cinco anos (o que fomentava o pensamento a longo prazo).

Os quadros executivos de companhias bem sucedidas podem gozar os benefícios da geração de riqueza sem agravar a desigualdade.

4. Pagar aos acionistas errados

O problema

As empresas utilizam frequentemente meios quase legais para «gerir» os ganhos e fornecer a Wall Street uma boa história de crescimento contínuo. Durante anos, a GE não falhou um trimestre porque podia mudar os indicadores sobre os lucros no seu departamento financeiro. Em muitas salas de administração, isso é um desporto.

Outra ferramenta para manter o preço das ações em alta, a recompra de ações, tornou-se a norma e está a absorver uma quantidade incrível de capital. De 2009 a 2018, as 466 empresas que permaneceram no S&P 500 durante este tempo todo gastaram 4,0 biliões de dólares na compra de ações e 3,1 biliões em dividendos — um total de 92% dos lucros. No início da década de 1980, as recompras representavam apenas 5% dos lucros.[33] O que mudou? Opções de compra de ações e um enfoque na maximização do rendimento dos acionistas às expensas do crescimento a longo prazo.

Os acionistas devem ter bons resultados — estamos de acordo. Mas o curto prazo cria uma cultura nefasta que sacrifica o investimento no futuro. Num inquérito realizado há alguns anos, 80% dos CFO admitiram que diminuiriam os gastos em I&D, publicidade, manutenção ou contratação para garantir que atingiriam um objetivo trimestral.[34] A recompra seria ótima se as empresas fossem as primeiras a financiar o investimento no negócio ou no seu pessoal, mas não o fazem. Biliões de dólares que poderiam ter melhorado o negócio — aumentando o seu valor e o preço das ações mais ao longo do tempo, e assim servindo investidores de longo prazo, como fundos de pensão — pagavam, em vez disso, aos investidores de curto prazo.

No seu artigo «Why Stock Buybacks Are Dangerous for the Economy», três economistas descobriram que, no decorrer de alguns anos, 30% das recompras foram financiadas por obrigações empresariais. As empresas estão a contrair dívidas para financiar as recompras, observaram, e não para criar «investimentos geradores de receitas que pagam a dívida». Chamaram a isto «má gestão». Entretanto, as despesas de I&D das empresas não foram a lado nenhum, com 43% das empresas S&P 500 a gastar zero no futuro.[35]

Esta estratégia pode levar as empresas a enveredar por um caminho perigoso. De 2013 a 2018, a Boeing gastou 43 mil milhões de dólares para retirar ações e, só nesse mesmo período, investiu 20 mil milhões de dólares em I&D.[36] Numa indústria em que um novo modelo de avião também requer muitos milhares de milhões de investimento, parece ser uma afetação estranha. Será de admirar que a Boeing tenha acabado por enveredar por grandes atalhos em termos de conceção e segurança, resultando na imobilização do *737 Max* após dois acidentes? Numa jogada altamente invulgar, David Calhoun, o CEO da Boeing que assumiu o cargo depois do desastre, criticou publicamente o seu predecessor por dar prioridade ao preço das ações e não ao futuro da empresa.[37]

A maioria das análises sobre recompras mostram que não são boas para os negócios. Paul foi um membro fundador da organização Focusing Capital on the Long Term (FCLT), que calculou que as empresas que «reinvestem partes maiores dos seus lucros na própria empresa superam os seus pares no ROIC numa média de 9% por ano».[38] As empresas do S&P Buyback Index (as 100 empresas que compram mais ações) têm tido um desempenho significativamente inferior ao mercado em períodos de um, três e cinco anos.[39]

Em última análise, a quem estamos a servir ao devolver todos os lucros aos acionistas? Certamente que não são os investidores de longo prazo. Apenas paga aos especuladores, apostadores e *traders* instantâneos que tornam o mercado irracional.

As soluções

A resposta mais simples é que as empresas reduzam as recompras e os dividendos especiais e, em vez disso, invistam mais em tornar os seus negócios aptos para o futuro. Há muitas e melhores utilizações do capital: aumentar a I&D para direcionar o portefólio para produtos e serviços mais sustentáveis, acelerar a mudança para operações de energia 100% renovável e carbono zero, investir no desenvolvimento e formação dos trabalhadores, ou arranjar soluções para os desafios de direitos humanos e pagar salários dignos aos trabalhadores da cadeia de valor.

Fazer abrandar as recompras é importante, mas devemos também abordar o problema subjacente, a contínua obsessão com o desempenho a curto prazo. Uma taxa de bloqueio de investimentos de dois anos é arbitrária. Algumas coisas podem ter um retorno mais rápido, mas muitos investimentos importantes têm retorno ao fim de alguns anos ou mais. Por exemplo, como já discutimos, ajudar a organização a alargar os horizontes temporais e criar o espaço necessário para que as pessoas tomem decisões a longo prazo, entre outras coisas, evitando a orientação trimestral e reorientando as compensações de forma a que incentivem o pensamento a longo prazo. Alargar os prazos de apresentação de relatórios e estratégias para três a sete anos ou mais, em vez de trimestres. Isso encorajaria as empresas a definir a finalidade e os objetivos corporativos e a definir uma estratégia a longo prazo para construir resiliência e criar valor duradouro.

Um problema central é que muitos investidores têm um horizonte temporal curto (semanas ou meses, não anos). O período médio de detenção das ações desceu de oito anos em meados do século XX para cerca de cinco meses em 2020.[40] Para combater esta tendência inútil, as empresas podem cultivar investidores a longo prazo, o que a Unilever fez durante anos. As instituições financeiras podem também adotar códigos de gestão, uma ferramenta emergente de governação que a empresa de gestão de ativos Robeco define como «exigindo aos investidores institucionais que sejam transparentes sobre os seus processos de investimento, que se envolvam com [os seus investidores] e que votem nas reuniões de acionistas».[41] Os códigos podem orientar os proprietários de ativos a procurar a criação de valor a longo prazo para os seus investidores, comunicar mais e desenvolver práticas rigorosas de monitorização.

Os investidores podem criar os seus próprios princípios de gestão para enfatizar as questões que são importantes para a sua organização e assegurar que os códigos de gestão em todo o mundo estão harmonizados. Se a pressão a curto prazo dos mercados é um fardo às costas da empresa e precisamente aquilo que força as más decisões quanto à aplicação do capital, o melhor é livrarmo-nos do fardo.

5. Conselhos de administração não preparados

O problema

Em 2020, o gigante mineiro Rio Tinto cometeu um enorme erro na Austrália. Escavou uma mina e destruiu duas grutas antigas — importantes escavações arqueológicas —, com a oposição do povo aborígene que tinha sido dono da terra. Alguns meses mais tarde, o CEO e alguns outros executivos de topo foram forçados a sair.[42] O presidente da direção também se demitiu, dizendo que era «em última análise, responsável» pelo escândalo.[43] Este tipo de destituição de executivos, e especialmente as repercussões para a direção, não tem acontecido muitas vezes, se é que alguma vez aconteceu, por questões de ESG. Quase nunca são responsabilizados pela forma como a empresa serve (ou maltrata) o mundo. São novos tempos.

Os conselhos de administração de hoje não estão preparados para as crescentes expectativas do mundo exterior. Têm um conhecimento chocantemente limitado das questões ESG. Um estudo do NYU Stern Center for Sustainable Business analisou as biografias de 1180 diretores da *Fortune* 100. Embora 29% tivessem alguma experiência relevante na ESG, esta estava quase inteiramente na categoria «S». Apenas *cinco* diretores na totalidade das *100* empresas tinham conhecimentos sobre o clima, e apenas dois sobre água.[44] (Só a Dow Inc. tinha três das pessoas com qualificações sérias em questões ambientais, tais como um antigo administrador da Agência de Proteção Ambiental dos EUA). A autora do estudo, Tensie Whelan, afirmou que as administrações sem conhecimentos relevantes «não saberão quais as questões a colocar nem compreenderão quais os riscos potenciais que poderão existir».[45]

Muitos conselhos de administração têm comissões de responsabilidade social corporativa, mas as pessoas que neles trabalham geralmente não são qualificadas. Imagine colocar pessoas na comissão de finanças que nunca tenham olhado para um balanço. A maioria dos diretores não se preocupa verdadeiramente com a ESG. Num relatório da ONG Ceres, 6% dos diretores dos EUA escolheram as alterações climáticas como uma área focal para os 12 meses seguintes e 56% eram da opinião de que «a atenção dos investidores nas questões de sustentabilidade é exagerada».[46] Podem até achar que correm riscos ao falar sobre as questões ESG, mas trata-se precisamente do contrário.

Dado o seu papel como salvaguardas do negócio, os membros da administração têm um foco especialmente de curto prazo. Os conselhos de administração estão a exercer uma pressão significativa sobre os executivos de topo para que atinjam lucros a curto prazo. E mais de metade dos conselhos a nível mundial, e 70% a 80% em alguns países da UE, não têm planos de sucessão para o CEO, mesmo tendo em conta que os mandatos desceram de oito anos em 2000 para apenas cinco anos atualmente.[47]

Os conselhos de administração são também baixos em diversidade e carecem de perspetiva. Na *Fortune 500*, apenas 23% dos membros dos conselhos são mulheres, e 16% são pessoas de cor.[48] Em suma, poucos conselhos representam o mundo à sua volta, a maioria não sabe o que significa ESG e muito poucos sabem associá-lo à estratégia ou a uma criação de valor a longo prazo. Estão manifestamente desfasados do que está a acontecer lá fora.

As soluções

As administrações precisam de mais pessoas de cor, de mais mulheres e de membros mais jovens. Essa diversidade ajudará a empresa a navegar pelo mundo. Mas também é necessária alguma diversidade na perspetiva e nos conhecimentos. Ter uma pessoa de aspeto diferente, mas com uma mundividência idêntica à do resto da administração, não é ajuda suficiente. É necessária uma massa crítica de membros com conhecimentos e interesses diversos em relação aos desafios sociais e ambientais do mundo. Um novo elenco de pessoas trará uma compreensão diferente e mais ampla da governação e dos deveres fiduciários.

Para os atuais membros de administrações, recomendamos formação obrigatória em ESG e especificamente em alterações climáticas. Ambos trabalhámos com o Competent Boards in Canada, que dá formação a executivos e membros de direções. Outras organizações, como a Ceres, produzem recursos educativos, como o seu artigo *Getting Climate Smart*. Os conselhos de administração devem também familiarizar-se com padrões e orientações emergentes, como a Task Force on Climate-Related Financial Disclosure (TCFD) e a Global Reporting Initiative (GRI).[49] Também é importante fazer com que os membros dos conselhos de administração pensem mais sobre o propósito. Programas como a Enacting Purpose Initiative, da Saïd Business School de Oxford, podem fornecer perspetiva e formação.

Em suma, os conselhos de administração devem satisfazer certas qualificações — tal como os advogados e os médicos o fazem. Os *traders* de portefólios têm de fazer formação. As pessoas que trabalham em salões de cabeleireiro precisam de uma licença. Os membros dos conselhos não devem continuar a dirigir empresas sem a sua própria licença de diferença positiva.

6. Direitos humanos e normas laborais

O problema

Imagine que é um trabalhador migrante que paga a uma agência de emprego uma «taxa de descoberta» de 5000 dólares por lhe ter arranjado um emprego numa fábrica ou quinta. Ganha então 250 dólares por mês, muito pouco para pagar a dívida. Tem zero direitos no país em que trabalha e a agência ficou com o seu passaporte. Essa é a configuração que o trabalho forçado tem *atualmente*, na década de 2020.

Passaram 25 anos desde que a revista *Life* publicou uma reportagem com uma fotografia de um rapaz a coser uma bola de futebol da Nike (pelo qual lhe pagavam 60 cêntimos por dia) e oito anos desde o devastador desabamento do Rana Plaza matou 1132 trabalhadores do setor do vestuário no Bangladesh. No entanto, o número de pessoas em condições de trabalho horríveis continua a ser escandalosamente elevado. A Organização Internacional do Trabalho (OIT) estima que 150 milhões de crianças, 1 em cada 10 em todo o mundo, trabalham em condições perigosas ou que as privam da escolaridade.[50] Durante um período de cinco anos, 89 milhões de adultos foram vítimas da escravatura moderna — trabalho forçado ou casamento forçado — em algum momento das suas vidas.[51] Olhando de uma forma mais ampla para as questões de direitos humanos, 1,6 mil milhões de trabalhadores são vulneráveis: fazem parte da «economia informal», com poucas proteções ou direitos.[52]

Rosey Hurst, fundadora da Impactt, empresa de consultoria em comércio ético e direitos humanos, descreve a dura realidade: «a cadeia global de distribuição baseia-se na utilização de trabalho forçado».[53] A vice-presidente global de sustentabilidade social integrada da Unilever, Marcela Manubens, acrescenta que milhares de milhões de lucros foram obtidos à custa de pessoas que ganham salários miseráveis, o que contribui grandemente para a desigualdade.

As empresas têm feito muito pouco para enfrentar esta tragédia. A Corporate Human Rights Benchmark (CHRB) avalia e classifica as 200 maiores empresas dos setores de alto risco — produtos agrícolas, vestuário, extração e TIC. O desempenho global é abismal. A pontuação média é de 24 em 100.

Steve Waygood, o presidente da CHRB e diretor de investimento responsável da Aviva, concluiu que o relatório pinta um «quadro alarmante», dado que poucas empresas estão sequer a tentar — a maioria «não fez parte da corrida».[54] Uma grande parte da avaliação pontua as empresas sobre o grau de diligência que realizam nas cadeias de abastecimento — ou seja, estarão elas sequer à procura de problemas de direitos humanos? Quase metade das empresas obteve um zero. Em contraste, as três primeiras empresas classificadas, Adidas, Rio Tinto e Unilever, obtiveram a pontuação máxima na categoria «devidas diligências». Quase metade das empresas tinha pelo menos uma alegação de violação grave de direitos humanos e quase nenhuma tinha remediado a situação — menos de um terço reuniu-se com as partes interessadas e apenas 4% dos casos resultaram numa solução satisfatória para as vítimas.[55]

Numa rara boa notícia recente sobre direitos humanos, alguns grandes investidores estão a exercer pressão sobre as empresas para ajam de forma mais positiva. Em 2021, a BlackRock e a CalSTRS (o fundo de pensões da Califórnia) votaram contra os diretores do grande fabricante Top Glove depois de um quarto da sua força de trabalho ter contraído covid-19,[56] mas as empresas não devem ficar à espera que as partes interessadas as obriguem a resolver estes problemas.

As soluções

É difícil de encarar, mas sabemos que o trabalho escravo e infantil é errado. Não se comporte como uma avestruz. Sharan Burrow, secretária-geral da Confederação Internacional de Sindicatos, diz: «Se não sabe porque não pergunta, será que isso o absolve? Não. Torna-o ainda mais culpado.»[57]

Saiba quais são as leis em vigor e defenda a criação de mais leis. A Lei da Escravidão Moderna do Reino Unido (Modern Slavery Act) reprime a escravatura e o tráfico. Após algumas disputas políticas, incluiu requisitos sobre transparência (relatórios) e cadeias de distribuição.

Encontre organizações, como a Fair Wage Network, para ajudar à sua formação, e partilhe o que sabe publicamente. Quando a Unilever emitiu o primeiro relatório independente sobre direitos humanos, foi assustador, mas não prejudicou a empresa. Ajudou a Unilever a identificar as questões de direitos humanos em que precisava de se concentrar, incluindo trabalho forçado, discriminação, assédio e horários de trabalho. Uma vez que tenha uma noção da escala dos problemas, torne-se parte ativa na eliminação da escravatura moderna da sua cadeia de valor.

Outra solução, em teoria, são as auditorias. Há muitas normas internacionais e empresas especializadas em auditorias a fábricas relativamente a infrações. Os defensores dos direitos humanos mostram-se céticos, porque as auditorias têm uma reputação mista quanto à sua eficácia. Hurst, da Impactt, diz que as auditorias iguais para todos não funcionam: «É preciso fazer algo muito mais mobilizador, com a voz dos trabalhadores no centro.» Os trabalhadores precisam de poder falar honestamente, sem medo de represálias. Tecnologias melhores — inquéritos móveis, anónimos, transmissões de vídeo — podem ajudar a uma maior aproximação à realidade no terreno e a melhorar a rastreabilidade e transparência.

Mais do que depender de auditorias, devem construir-se relações mais profundas. The Gap, depois de divulgar dados detalhados da cadeia de distribuição, reduziu o número de relações com os principais fornecedores de 2000 para 900, permitindo à empresa concentrar-se, desenvolver confiança e resolver problemas em conjunto.[58] A cultura de abastecimento precisa de mudar para fazer destas relações melhoradas a norma.

As empresas podem trabalhar em parceria, de forma pré-competitiva, para obter melhores informações dos fornecedores que têm em comum ou aumentar os salários e melhorar a segurança do emprego através da redução da mão de obra subcontratada. Burrow acredita que salários dignos ajudam a resolver os problemas do trabalho infantil, dizendo: «Se as pessoas recebessem o suficiente para sustentar as suas famílias, não precisariam do rendimento dos seus filhos.» Providenciar salários dignos a cerca de 250 milhões de pessoas no mundo, diz Burrow, custaria cerca de 37 mil milhões de dólares (menos de 1% do *aumento* de 4 biliões de dólares na riqueza dos bilionários de todo o mundo durante a pandemia).[59]

7. O *lobbying* das associações comerciais

O problema

Todo o trabalho positivo que as empresas fazem relativamente ao clima — estabelecer objetivos baseados na ciência, emitir declarações públicas de apoio ao Acordo de Paris, comprar energia renovável — é desvirtuado se as suas associações comerciais fizerem *lobby* contra a ação climática. Se as políticas que defendem não são coerentes com as declarações de uma empresa, como podem os governos, ONG ou empregados levar a empresa a sério?

O fosso entre as declarações das empresas e o *lobbying* da indústria tem sido grande, especialmente no setor dos combustíveis fósseis. A maioria das empresas de petróleo e gás dizem apoiar a taxação das emissões de carbono, mas quando se está a elaborar uma política efetiva, os grupos que as representam mobilizam-se para se oporem a ela. Uma proposta de imposto sobre o carbono estava em votação no Estado de Washington em 2018 — e estava na liderança nas sondagens. A Associação Petrolífera dos Estados do Oeste do país gastou 30 milhões de dólares — 13 milhões só da BP — para convencer as pessoas de que seria mau para elas.[60] A iniciativa de votação falhou.

Durante muitos anos, a Câmara de Comércio Americana, o principal lobista dos Estados Unidos, lutou duramente contra a política ambiental e climática.[61] Graças ao trabalho árduo de algumas empresas dedicadas, em particular a DSM North America e o seu presidente, Hugh Welsh, a câmara admitiu que as alterações climáticas são um problema real causado pelos seres humanos. Ainda assim, em finais de 2020, o World Resources Institute (WRI) escreveu que a Câmara estava em desacordo com a Business Roundtable (BRT) em matéria de clima. O BRT estabeleceu os princípios de política climática que o WRI disse «irem mais longe na abordagem das alterações climáticas do que os estabelecidos por qualquer outra associação comercial importante até à data».[62]

As empresas continuam a esconder-se obstinadamente atrás das organizações, com os executivos a dizer algo como: «Não concordo com eles no que diz respeito ao clima, mas preciso deles para fazer *lobby* no comércio.» Isto é cobarde e compromete a confiança. As partes interessadas perguntarão: quem financia? O que é que as associações ou empresas de relações públicas fazem em seu nome? Em que medida estão a combater políticas que abrandam as alterações climáticas ou reduzem as desigualdades (tais como salários mínimos)? Esteja preparado para explicar quaisquer desfasamentos.

O grupo de reflexão InfluenceMap reuniu extensos dados sobre o *lobby* das empresas e associações comerciais em matéria de clima e ambiente. Salienta consistentemente como os grupos de comércio, especialmente os dos combustíveis fósseis, tentam enfraquecer a regulamentação ambiental. Alguns negacionistas das alterações climáticas, que podem ter-se afastado do financiamento direto de candidatos ou campanhas, têm vindo a abrir caminho junto das associações comerciais para assim afirmarem a sua influência. Não nos deixemos enganar.

As soluções

Por vezes, vale a pena envolvermo-nos com grupos comerciais para resolver disputas sobre políticas. A ação da DSM para pressionar a Câmara de Comércio foi importante. Por isso, primeiro tente mudar o pensamento destes grupos. Argumente que quer trabalhar em conjunto em múltiplas questões, mas uma vez que a mudança climática é a maior crise, o setor tem de falar a uma só voz para apoiar a ação. Depois de tentar mudar os seus pontos de vista, talvez seja melhor quebrar os laços com os grupos que se agarram a ideias antiquadas. Há mais de uma década, a Apple, a Nike, a Unilever e outros deixaram a câmara americana por causa da sua posição sobre o clima.[63] Como dissemos anteriormente, a Unilever também deixou a BusinessEurope e o famoso Conselho de Intercâmbio Legislativo Americano, que faz *lobby* a nível local em prol de padrões ambientais mais baixos e políticas sociais regressivas. Do mesmo modo, o colosso da saúde CVS Health abandonou a Câmara dos EUA por causa dos seus esforços para facilitar a regulamentação sobre o tabaco, uma posição em conflito direto com o compromisso da empresa de retirar os cigarros das suas lojas.[64]

Nunca é tarde demais para ter um momento «Caminho para Damasco» e perceber que se está do lado errado. Dezasseis meses depois de financiar a campanha contra o preço do carbono no Estado de Washington, a BP deixou a Associação Petrolífera dos Estados Ocidentais. A BP disse que as suas políticas já não estavam alinhadas. A empresa começou então a defender uma taxa sobre o carbono.[65] A gigante petrolífera francesa Total deixou o poderoso Instituto Americano do Petróleo por causa da oposição ao preço do carbono ou subsídios para veículos elétricos e pelos seus donativos aos políticos americanos que apoiaram a saída dos Estados Unidos do Acordo de Paris.[66]

Para além da opção nuclear de deixar estes grupos, as empresas podem pressionar as associações a mudar de rumo. Exortá-las a serem abertas sobre as suas posições. A Unilever pressionou no sentido da transparência ao encomendar um estudo sobre as posições das associações comerciais sobre o clima e ao divulgá-lo na cimeira climática de 2018 na Polónia. A empresa solicitou às associações comerciais que avaliassem se as suas opiniões eram consistentes com os dados científicos sobre o clima.

Trazer o assunto a público é uma boa maneira de descobrir em que é que as associações realmente acreditam. Como o famoso jurista do início do século XX Louis Brandeis disse: «A luz solar é o melhor desinfetante.»[67]

8. Dinheiro e influência na política

O problema

Em 2010, no processo *Citizens United vs. FEC*, o Supremo Tribunal dos EUA declarou os donativos políticos como uma forma protegida de liberdade de expressão. A decisão libertou milhares de milhões de dólares e deu às empresas uma enorme influência sobre as políticas e os políticos. Os legisladores precisam desesperadamente do dinheiro para financiar campanhas que se prolongam por muito mais tempo do que noutros países. Os representantes no Congresso dos EUA passam horas, todos os dias, a pedir dinheiro para financiar as suas campanhas intermináveis.

As empresas também podem influenciar o processo político noutros países. Um relatório da OCDE, *Financing Democracy*, adverte para o risco de «captura de políticas» por interesses instalados bem financiados. Entre os países da OCDE, apenas 35% proíbem donativos de empresas a partidos políticos e candidatos.[68] Ainda assim, o problema é notavelmente pior nos Estados Unidos. Para as empresas, o retorno dos gastos com a influência é elevado — cada dólar que utilizam para conseguir essa grande isenção fiscal pode render centenas de dólares de poupança.[69] A corrupção legalizada não fica por aí. Mais de metade dos políticos que aceitam um emprego depois de saírem do Congresso tornam-se imediatamente lobistas e veem os seus salários subirem drasticamente.[70]

As empresas não estão a usar a sua influência para o bem. No relatório da InfluenceMap sobre as 50 empresas mais influentes, 35 foram nomeadas como influências negativas, enquanto 15 multinacionais desempenharam um papel positivo, incluindo a Iberdrola, Phillips, Royal DSM — e a Unilever na primeira posição.[71] Chegou o momento de restabelecer a relação do setor privado com a política dos EUA para garantir que o governo funcione segundo a vontade do povo e não segundo o poder do dólar.

As soluções

Há um século, a IBM decidiu que não iria desempenhar qualquer papel na política. Em 1968, o CEO Thomas Watson Jr., o filho do fundador, disse que uma empresa «não deveria tentar funcionar como uma organização política, de forma alguma».[72] Mesmo sem donativos a partidos, enquanto líder empresarial, a IBM continua a ocupar um lugar à mesa das políticas. As empresas devem seguir este exemplo e comprometer-se a não fazer donativos políticos e a ser muito mais transparentes. Publique todo e qualquer donativo para qualquer causa, política ou não. As empresas deveriam também dissolver os comités de ação política corporativa — aos quais a Unilever deixou de fazer donativos há muitos anos — para separar as políticas da política. Não espere que os acontecimentos forcem a sua ação. A tentativa de golpe de estado nos Estados Unidos foi um momento de clareza. Dezenas de empresas fizeram uma pausa em todos os donativos aos políticos.

O Centro Brennan para a Justiça, a Liga das Mulheres Eleitoras e o People for the American Way criaram listas semelhantes de formas de retirar dinheiro da política. A divulgação e a transparência são também as suas principais escolhas, mas sugerem igualmente a mudança para um financiamento público das eleições. Precisamos de pensar a uma escala ainda maior e defender uma emenda constitucional para anular o veredicto absurdo *Citizens United*. A Ben & Jerry's, da Unilever, está a tentar fomentar um movimento popular para apoiar essa emenda. O fabricante de gelados com massa de biscoito tem sido um defensor ativo de «retirar a massa da política».

9. Diversidade e inclusão mais alargadas

O problema

Já todos sentimos a frustração de falar numa videoconferência e de nos apercebermos de que estávamos em modo de silêncio. Imagine estar em silêncio em permanência e terá uma sensação de como é a vida para os grupos que são sistematicamente excluídos da economia.

Nesta era global, a diversidade é o nosso maior trunfo. Olhe para o mundo como algo rico, vibrante e diversificado, com muitas línguas e culturas. Este esplendor é bom para os negócios. Os argumentos comerciais a favor da diversidade e da inclusão são esmagadores. É uma oportunidade de multibiliões de dólares. Um estudo da McKinsey concluiu que as empresas do quartil superior em diversidade étnica e cultural superaram o quartil inferior em rentabilidade em 36%.[73] Um estudo da BCG concluiu que as empresas com equipas de gestão mais diversificadas têm receitas 19% mais elevadas provenientes da inovação.[74]

Mas as empresas apresentam um desempenho inferior em matéria de inclusão, especialmente nas suas próprias fileiras superiores. As mulheres preenchem

47% dos postos de trabalho de nível básico na América empresarial, mas ocupam apenas 21% dos papéis de gestão.[75] Os grupos com menos variedade têm um desempenho pior. As mulheres de cor constituem 18% dos postos de nível básico e apenas 3% dos postos de nível superior. Os homens brancos ocupam dois terços das posições de topo. Esta realidade criou um pequeno desafio para nós ao escrevermos este livro. Concentrámo-nos nas grandes empresas e citámos muitos CEO. Queríamos vozes diversas, mas o grupo de diretores executivos da *Fortune 500* é tudo menos diverso. Há alguns anos, havia mais CEO chamados John do que mulheres.[76] Hoje, existem apenas quatro CEO negros (e apenas 19 na história da lista *Fortune* desde 1955).[77] A terceira CEO feminina negra de sempre, Roz Brewer, da Walgreens, começou em 2021.

As empresas estão a abraçar a diversidade e a inclusão (D&I) rapidamente, acompanhando cada vez mais o desempenho e estabelecendo objetivos quantitativos, tais como o objetivo da HP de duplicar o número de executivos negros até 2025.[78] Mas, de uma forma geral, as empresas não estão a olhar para o mundo completo da inclusão: diferenças de cultura, raça, origem socioeconómica, género, sexualidade, deficiência, neurodiversidade e muito mais. É uma visão holística e não um projeto isolado de abordar, digamos, o equilíbrio de género este ano, LGBTQ no outro e de raça, quando o movimento *Black Lives Matter* exerce pressão. Precisamos de esforços consistentes em todos os grupos para trazer mais perspetivas aos negócios.

Sem uma mentalidade de inclusão total, as empresas negligenciam as pessoas. Apenas 4% das empresas se concentraram em esforços de inclusão de indivíduos portadores de deficiências.[79] Em países com obrigações legais de contratação de pessoas com deficiência, um relatório da Organização Mundial de Saúde concluiu que muitas empresas «preferem pagar uma multa a tentar preencher as suas quotas».[80] Os resultados dessa atitude são claros: apenas 29% dos americanos em idade ativa (entre os 16 e os 64 anos de idade) com deficiência estão empregados, enquanto a percentagem entre as pessoas sem deficiências é de 75%.[81] É um grande erro. Os empregados com deficiência têm uma produtividade equivalente ou superior, menor absentismo e menor rotatividade — o oposto dos estereótipos.[82] Os mil milhões de pessoas que compõem a comunidade com deficiência, juntamente com as suas famílias, controlam mais de 13 biliões de dólares por ano em rendimento disponível — aproximadamente a dimensão das despesas domésticas de toda a UE.[83]

Uma força de trabalho que fará com que o mundo sirva melhor o mundo. O CEO da Apple, Tim Cook, afirmou: «Uma força de trabalho inclusiva tornará possível a próxima geração de inovação... os melhores produtos do mundo serão os melhores produtos para o mundo.»[84]

As soluções

Comece por se dirigir a todos. Reconheça grupos sub-representados através do *marketing* e comunicação empresarial e reconheça a humanidade e dignidade de todos. Esta é uma base importante, mas a linguagem tem os seus limites.

Use a sua empresa para apoiar a diversidade no seu ecossistema empresarial. Empregue verbas com fornecedores pertencentes a minorias. Compre negócios iniciados por pessoas com deficiência, pessoas de cor ou da comunidade LGBTQ. Invista em geografias com comunidades diversas. Estabeleça padrões para com quem vai fazer negócios — a Goldman Sachs, o principal subscritor de ofertas públicas iniciais (IPO — Initial Public Offering) nos Estados Unidos, não tornará uma empresa pública, a menos que, atualmente, tenha um membro do conselho de administração diferenciado e dois a partir de 2022.[85]

Altere as políticas internamente. Atente cuidadosamente a quem está a ser promovido. Estará a pender para a demografia maioritária? Está a implementar quotas de contratação para recrutar mais pessoas de grupos sub-representados? Contrate pessoas diferentes de si. Fique atento aos grupos que estão a ficar para trás. A pandemia global foi um desastre para as mulheres nos seus locais de trabalho. O relatório McKinsey concluiu que a crise da covid-19 «pode fazer recuar as mulheres meia década».[86]

A busca da Unilever pela paridade de género tem sido um estudo de caso na condução da diversidade. A empresa criou um comité sob a direção do CEO e Paul incluiu propositadamente alguns executivos com maus antecedentes na contratação para a diversidade. Em 2010, as mulheres representavam 38% da gestão da empresa (e zero do conselho de direção). Com novos objetivos para colocar as mulheres entre 55% e 60% de todas as novas contratações ao nível da gestão, o rácio aumentou, e em março de 2020, a Unilever atingiu 50% de mulheres no plano da gestão em todo o mundo.[87] Num inquérito às empresas britânicas, a Unilever foi a única a pagar o mesmo ou mais às mulheres. Fez progressos ainda maiores em regiões com uma representação extremamente baixa. No Norte de África e no Médio Oriente, o rácio de mulheres em promoções para o nível de gestão disparou de 9% para 48%. A Unilever também fez com que metade da administração fosse composta por mulheres e acrescentou três membros negros.

Também o leitor pode ajudar a mudar o sistema defendendo políticas governamentais inteligentes, tais como a exigência da Califórnia de que as empresas sediadas no estado tenham grupos sub-representados nos seus conselhos de administração.[88] Também precisamos de políticas que construam a infraestrutura social para apoiar a inclusão. As leis universais sobre cuidados infantis e licenças parentais podem reduzir o número de mulheres expulsas da força de trabalho. Considere também que leis podem facilitar o trabalho das pessoas com deficiência na sua empresa.

Adira a um movimento. Ursula Burns, a antiga CEO da Xerox e primeira mulher negra a gerir uma empresa da *Fortune 500*, cofundou a Board Diversity Action Alliance. As empresas que subscreveram para diversificar os quadros incluem a Dow, Mastercard, Mondelez, PepsiCo, PNC, Starbucks, Under Armour e UPS. Um outro grupo, OneTen, reuniu grandes empresas «para aumentar as qualificações, contratar e fazer progredir um milhão de negros americanos durante os próximos dez anos».[89]

Para a inclusão de pessoas portadoras de deficiência, consulte The Valuable 500, o maior coletivo de CEO e marcas que estão a criar mudanças duradouras para as pessoas com deficiência. Fundado por Caroline Casey e presidido por Paul, o grupo (com um total de 20 milhões de empregados) irá inovar em conjunto para incorporar a inclusão da deficiência nas estratégias de recrutamento e conceção de produtos, melhorar a acessibilidade e transformar os sistemas empresariais para garantir que ninguém fica para trás.

Quando Paul se reformou, pediu-lhes que evitassem as habituais comemorações empresariais. Como um presente de despedida mais significativo, a empresa surpreendeu Paul com o compromisso de contratar oito mil pessoas portadoras de deficiência. Eles já sabiam como chegar ao coração de um CEO de diferença positiva.

Trabalhar novos músculos

As empresas que analisarem aprofundadamente estas nove questões começarão a perceber como se interligam e se constroem umas sobre as outras, para o bem ou para o mal. A transparência é um tema que percorre todas elas. Estas não são questões fáceis, por isso, esteja aberto a trabalhar com os outros. Mas assuma a responsabilidade. Não se pode ter uma empresa de diferença positiva e fugir aos impostos, apoiar tacitamente a corrupção, ignorar deliberadamente o trabalho escravo na cadeia de abastecimento, pagar em excesso a todos menos aos trabalhadores e despejar todos os efeitos maus da empresa nos bens comuns.

Muitos destes problemas podem ser transformados em oportunidades. Fazer a coisa certa mais difícil gera confiança junto dos intervenientes externos e faz com que os empregados se sintam orgulhosos. Quantas mais situações difíceis se enfrentarem, tanto mais fácil se torna. Estaremos a construir músculo e experiência organizacional e moral. É esta força que apoia e mantém uma cultura nova e mais corajosa.

Esta nova força será útil à medida que nos deparamos com mais questões, mais rapidamente do que nunca. A lista de tópicos a abordar enquanto empresa com múltiplas partes interessadas não é estática. Comprometer-se com os elefantes vai ajudá-lo a ver um pouco melhor e a preparar-se para a ação.

O que as empresas de diferença positiva fazem para enfrentar as questões importantes e ignoradas

- Enfrentam proativamente os «elefantes na sala» que a maioria evita e agem de uma forma autêntica para os enfrentar
- Identificam a forma como as suas empresas contribuem para os nossos maiores desafios e, em particular, focam-se na desigualdade impulsionada pelo açambarcamento de dinheiro e poder
- Analisam honestamente a forma como gastam o seu dinheiro — através de impostos, corrupção, executivos com pagamentos excessivos, dinheiro na política, recompra de ações a curto prazo, etc. — e analisam a forma como prejudicam as perspetivas da empresa a longo prazo e prejudicam a sociedade
- Lideram em matéria de direitos humanos e valorizam as pessoas nas suas cadeias de abastecimento
- Desenvolvem uma força de trabalho e uma cadeia de valor inclusivas, identificando os mais frequentemente deixados para trás e trazendo-os para o sistema para partilharem as suas competências

9

A cultura é a cola

Pôr os valores a agir em toda a organização e nas marcas

Se queremos preservar a cultura, temos de continuar a criá-la.

— Johan Huizinga, historiador holandês

Quando se entra num escritório ou numa fábrica, sente-se a cultura — é o cheiro do lugar. Olhe à volta no átrio de entrada em busca de pistas sobre o que a organização sente em relação a si própria. Os produtos da empresa estão orgulhosamente expostos?

Olhe para o propósito ou declaração de missão. Se vir algo que basicamente diga «Buscamos a excelência para sermos os melhores naquilo que fazemos», está frente a uma organização rígida com fronteiras estreitas. A Patagonia declara: «Estamos no ativo para salvar o planeta onde nascemos.» Esta organização não terá problemas em ultrapassar fronteiras e em pensar em grande.

Ouça as pessoas. Fale com o rececionista. Será que os empregados estão satisfeitos por lá estarem? Estarão a falar a mesma língua vinda do coração e não apenas a papaguear o que o diretor executivo diz? Ao entrevistar dezenas de empregados atuais e antigos da Unilever em todo o mundo, Andrew ficou impressionado com quão idênticos pareciam — não como autómatos, mas com um claro sentido do que movia a empresa. As pessoas que lideram as filiais na Etiópia, Índia, Indonésia e Rússia cantam todas o mesmo hino.

Quando Paul deixou a Unilever, a comunidade da sustentabilidade e muitos dos investidores da empresa estavam preocupados que o foco da vida sustentável esmorecesse. É agora claro que isso não vai acontecer — os empregados não o permitirão. O sucessor de Paul, Alan Jope, acredita plenamente no modelo empresarial de diferença positiva, mas também diz: «Se eu tentasse mudar de direção agora, a empresa não a aceitaria... cerca de 70% da nossa gente aderiu por causa da missão. Se desistíssemos de ser guiados por um propósito, eu seria expulso por uma revolução popular.»[1] É a melhor prova de que a aposta de Paul na Unilever e no Unilever Sustainable Living Plan (USLP) transformou a empresa. Se, de alguma forma, o compromisso com o USLP desaparecesse, o desempenho da empresa também diminuiria — o USLP, um compromisso com um propósito poderoso e uma cultura de diferença positiva, tudo isso impulsionou o sucesso do negócio.

Um icebergue é um modelo comum de cultura empresarial. Acima do nível da água estão coisas que se dizem. Na linha da água, estão as coisas que se fazem. A maior parte do icebergue, as profundezas, é aquilo em que todos acreditam. Os líderes podem dizer o que quiserem, mas é como a organização age e aquilo em que as pessoas realmente acreditam que irá controlar o icebergue. É isso que as pessoas querem dizer quando citam a famosa frase de Peter Drucker, «A cultura come a estratégia ao pequeno-almoço». É basicamente verdade, mas falta-lhe uma *nuance* — cultura e estratégia são *ambas* mais fortes se estiverem em sincronia. Com o tempo, estratégia e valores, aplicados regularmente através da ação, constroem a cultura. Se comer um pequeno-almoço melhor durante anos, será mais saudável.

Sejamos claros quanto aos termos que estamos a utilizar. Na nossa perspetiva...

- *Valores* são crenças fundamentais que estão na base de uma organização. Raramente ou nunca devem mudar.
- *Propósito* é o motivo significativo e duradouro da existência de uma organização, proporcionando clareza sobre como se preenche uma necessidade no mundo. Motiva as pessoas e orienta a estratégia e as prioridades da empresa. Os empregados que trabalham na marca de sabão *Lifebuoy* não estão apenas a promover a funcionalidade do sabão, estão em busca de um objetivo de diferença positiva, salvando milhões de vidas através de uma melhor higiene.
- *Cultura* são os valores em movimento. Se os valores são crenças fundamentais e o propósito é o seu «porquê», então a cultura é a forma de o mostrar através de condutas. É uma agregação das crenças da empresa consistentemente postas em ação.

Destas três, a cultura é a que pode, e deve, mudar. Os comportamentos que fazem os valores ganharem vida podem variar com base no que se vende, as regiões onde se atua, os tipos de negócios em que se está e o cadinho de pessoas. Uma empresa pode abrigar múltiplas culturas. A cultura muda com as aquisições, altura em que se espera combinar o melhor de cada organização. Quando a Unilever comprou marcas de beleza de prestígio e muitas firmas empreendedoras e orientadas para uma missão, elas contribuíram com novos elementos para a cultura. A cultura também evolui com a mudança das normas sociais. Com os movimentos *#MeToo* e *Black Lives Matter*, os comportamentos da empresa *têm* de mudar. Neste tempo de extraordinária volatilidade, é necessário refrescar regularmente a cultura.

Uma cultura de diferença positiva atua consistentemente sobre valores como responsabilidade, cuidado e empatia, serviço, confiança, abertura e elevado desempenho. A construção de uma cultura leva tempo e compromisso com as estratégias que estabelecemos — expandindo limites, gerando confiança através da transparência, formando parcerias profundas e aceitando os elefantes. A cultura de diferença positiva é o culminar, não o início, e é por isso que esperámos até este ponto para a aprofundar.

Quando os valores, o propósito e a cultura se alinham, a empresa torna-se um lugar onde as pessoas querem trabalhar. É um lugar onde cada pessoa pode desenvolver todo o seu potencial, encontrando o lugar ideal de sobreposição entre valores, aquilo de que o mundo precisa e aquilo em que se é bom. Quando se cria uma cultura que se ajusta à missão e responde ao mundo e ao momento em que nos encontramos, proporciona-se uma linguagem comum a todos na empresa. É a cola que une as pessoas no sentido de servir o mundo.

Quando valores e comportamentos colidem

Comunicação. Respeito. Integridade. Excelência.

Esta era a lista declarada de valores da Enron, o gigante do comércio de energia e mercadorias que desencadeou uma das maiores fraudes na história das empresas. As declarações são encantadoras, mas se os valores e comportamentos não coincidirem, e se esses comportamentos forem tóxicos, uma empresa pode implodir. O verdadeiro valor que regia a Enron era a ganância, o seu propósito era maximizar o retorno dos acionistas, independentemente de todo o resto, e a cultura era ganhar a qualquer custo. Era maligna.

Nos últimos anos, algo correu mal também com a cultura da Boeing. Quando o governo investigou os problemas de segurança do avião *Max 737*, havia mensagens internas que mostravam que os empregados ignoravam as regras federais e enganavam os reguladores. Alguns zombaram dos seus pares, dizendo: «Este avião é concebido por palhaços, que, por sua vez, são supervisionados por macacos.»[2] Uma crise põe a cultura à prova. Uma pandemia, uma aquisição hostil, um enorme fracasso, um novo concorrente bem-sucedido — quando as coisas se complicam, os membros da sua empresa culpam-se uns aos outros num pelotão de fuzilamento circular ou reúnem-se em busca de soluções?

Os valores afixados na parede não valem nada, a menos que sejam apoiados pela liderança e depois partilhados, compreendidos por todos e reforçados. Quando Paul chegou à Unilever, a empresa tinha bons valores, mas estes estavam implícitos, não eram evidentes e não estavam alinhados. Como resultado, muitos dos comportamentos não correspondiam ao que a empresa representava. Ele pediu a cada pessoa da equipa de liderança que escrevesse os valores da empresa. Produziram uma sopa de ideias. É difícil fazer com que o propósito ganhe vida se os valores não forem claros e consensuais.

Cultura é consistência

Não existe uma cultura eficaz sem que a grande maioria dos empregados esteja na mesma frequência e esteja conectada ao propósito. Isso cria confiança na gestão e empenho, que é a cola que mantém a organização unida e a marca distintiva de uma empresa de diferença positiva. Infelizmente, um estudo da Gallup descobriu que apenas 15% dos empregados a nível mundial dizem estar empenhados (que oportunidade para envolver os outros 85%).[3] Isso é um fracasso tanto da cultura como dos valores. Quando as pessoas veem a empresa a fazer coisas que não estão alinhadas com o que diz representar, os empregados ou põem uma máscara e fingem, o que os torna profundamente infelizes, ou vão-se embora.

Para inspirar as pessoas e fazê-las avançar numa mesma direção, a organização tem de ser consistente na sua cultura, e ter uma tendência para fazer mais do que apenas falar. Os empregados não acreditarão nem abraçarão a cultura se não virem os seus líderes a aplicar os valores na prática, e a ver a consistência através de milhares de decisões quotidianas. Jeff Hollender, cofundador da Seventh Generation, diz que «tudo o que uma empresa faz é uma expressão da sua cultura».[4] Ser consistente cria uma cultura forte e clara, que pode ser polarizadora; nem todos se enquadrarão. Se alguém não se orgulha do trabalho e da cultura da empresa, irá enfraquecer essa cultura. Sabia-se na Unilever que não se enquadrar na cultura era muitas vezes uma razão melhor para deixar a empresa do que um mau desempenho. E no que respeita aos empregados de desempenho mais elevado, não cometa o erro de varrer o mau comportamento para debaixo do tapete — é um péssimo princípio. O melhor legado que os CEO podem deixar a uma organização é a incorporação de valores, o que resulta numa cultura mais forte e pessoas melhores do que quando chegaram.

Vejamos a criação de consistência e a demonstração de uma cultura profunda em quatro áreas: envolvimento das pessoas, construção da infraestrutura organizacional para apoiar a cultura, desenvolvimento de marcas orientadas para propósitos e conexão e influência nas culturas nas comunidades em torno da empresa.

Envolvimento das pessoas

Temos pouco tempo para resolver os nossos maiores problemas, especialmente as alterações climáticas. Gostaríamos de poder dizer que a criação de uma cultura de diferença positiva é um trabalho rápido. Ficará mais fácil à medida que as gerações mais jovens que procuram um propósito e impacto preencham a força de trabalho. Mas é preciso tempo para chegar à massa crítica, onde a grande maioria dos empregados e executivos partilhem os mesmos princípios.

O atual CEO da Unilever, Alan Jope, tem uma boa perspetiva sobre a evolução da empresa. Ele era um desses altos executivos quando Paul trouxe uma forte mensagem de crescimento e responsabilidade. Jope comenta que, após os primeiros quatro anos — que já eram dois anos de USLP —, muitas pessoas ainda pensavam: *Isto também deve passar*. Mas, diz ele, há uma curva de distribuição da adesão. Os primeiros adeptos do USLP perceberam-no de imediato. O meio da curva continuou a avançar, e ao cabo de oito anos, a grande maioria estava a bordo (ou presumivelmente tinha partido) e queria fazer mais. «Agora, faz parte do tecido da empresa», diz Jope.[5]

A Unilever precisou de anos para lá chegar, mas isso não é particularmente surpreendente. As normas culturais levam *muito tempo* a mover-se, mas quando finalmente o fazem, podem mudar de direção de forma chocante e rápida. Ao longo da história, grandes mudanças de valores — tais como a abolição da escravatura, direitos civis, igualdade para as mulheres, igualdade matrimonial para a comunidade LGBTQ e agora ação climática e justiça — aconteceram de repente... após 40 anos de intenso trabalho que levou a essas mudanças.

A sociedade está a mudar à nossa volta, com múltiplas mudanças de atitudes que acontecem ao mesmo tempo — sobre raça, sexualidade, a nossa relação com o mundo natural e muito mais. Para acompanhar as revoluções no mundo exterior, a cultura corporativa tem de se adaptar (rapidamente), tal como o USLP teve de evoluir. A filosofia da diferença positiva está muito mais evoluída do que a abordagem típica da RSE, que é principalmente um exercício de «fazer cruzinhas nas listas».

A verdadeira mudança não acontecerá de cima para baixo, onde uma multidão de executivos mais velhos poderá não se identificar totalmente com os novos valores no mundo. Com novas pessoas a entrar constantemente numa organização, a cultura não é imposta às pessoas; ela é construída de baixo para cima. Portanto, importa saber quem são essas pessoas, quem querem ser e o que é que as incentivamos a fazer.

Quem são — diversidade, inclusão e paridade

Como se discutiu no último capítulo, a inclusão é um daqueles elefantes que é preciso enfrentar e é fundamental para o sucesso empresarial — uma empresa e uma cultura que serve o mundo precisa de se parecer com o mundo. Queremos concentrar-nos brevemente na forma como a cultura certa alimenta a diversidade... e como a diversidade impulsiona a cultura.

Sem uma ampla representação no negócio, é mais provável que uma empresa mostre insensibilidade ou falta de consciência. A Unilever cometeu alguns erros. Um anúncio de gel de duche da Dove mostrava uma mulher negra que retirava uma camisa castanha e se transformou numa mulher branca com uma camisa de cor clara. Não era intenção nem da Unilever nem da agência de publicidade indicar que, após a utilização do gel de duche, o estado preferível equivalia a ser branco. Mas erros como este são mais suscetíveis de serem apanhados com a mistura certa de pessoas a fazer parte da discussão.

Uma empresa diversa e acolhedora muda a cultura e as pessoas que nela se encontram. A inclusão total permite que as pessoas floresçam sem barreiras e sem preconceitos na contratação e atribuição de promoções. São respeitadas e tratadas com dignidade. Muitas pessoas dizem-nos o quanto aprenderam a ver a abertura e tolerância na Unilever sobre os direitos dos homossexuais e o seu casamento (que é ilegal em muitos mercados). Os extensos esforços que a Unilever fez em matéria de paridade de género também mudaram as atitudes internas em relação às mulheres — precisamente as pessoas que constituem 70% a 80% dos consumidores da Unilever. Pagando o mesmo às mulheres, deixa claro aos seus empregados aquilo que valoriza. E contratar pessoas portadoras de deficiência qualificadas envia uma mensagem interna sobre a valorização de todos.

Os esforços de diversidade não devem ser tão difíceis como as empresas os fazem parecer. Os bons líderes fazem com que a paridade aconteça. Quando o primeiro-ministro canadiano, Justin Trudeau, criou o seu primeiro gabinete, em 2015, deparou-se com uma pergunta de um repórter que perguntava por que razão eram 50% mulheres. Literalmente, a sua resposta resumiu-se a «Porque estamos em 2015».

Quando a Unilever construiu uma nova fábrica de pasta de dentes na Etiópia, contratou uma mão de obra só de mulheres. A fábrica destinava-se a ajudar as comunidades locais, mas era também um esforço de construção de cultura para desafiar as pessoas. Como diz o diretor-geral da Unilever Etiópia, Tim Kleinebenne, «estávamos a tentar quebrar as crenças limitadoras» sobre as mulheres na sociedade e como empregadas. A fábrica de cuidados pessoais da Unilever em Haridwar, na Índia, é também totalmente constituída por mulheres — mesmo na qualidade de CEO, Paul teve de obter autorização para entrar no edifício.

As iniciativas de inclusão de género, raça, sexualidade e capacidades podem tomar demasiado tempo às empresas se forem forçadas ou não se ajustarem aos valores. Os preconceitos inconscientes são um problema cultural. Os verdadeiros céticos estão em vias de extinção, mas muitos ainda questionam o valor da diversidade. Isto deve ser tratado, veementemente, como uma questão absurda — esta reação também passará uma mensagem sobre valores e cultura. Pergunte-lhes: porque é que temos de provar que ter mais mulheres é uma coisa boa? Qual é o caso de negócios para todos os homens? Além do mais, é um disparate, porque existem provas. Um estudo da Goldman Sachs concluiu que os preços das ações das empresas com mais mulheres na gestão e nos conselhos de administração aumentaram 2,5% por ano mais rapidamente do que nas empresas dominadas por homens.[6] Há sempre um desafio de causalidade *versus* correlação, mas a Bloomberg acredita nos dados. Em 2021, a empresa lançou um Índice de Equidade de Género (com 380 empresas em

44 países) para «acompanhar o desempenho financeiro das empresas públicas mais empenhadas na igualdade de género».[7] Estes gigantes financeiros estão a ajudar a mudar a forma de pensar no sentido de ver a igualdade como uma oportunidade e não como um fardo.

A diversidade também cria atitudes mais abertas e perspetivas mais amplas, o que é essencial numa empresa global. As pessoas que não gostam de compreender as diferentes culturas e mercados nacionais, ou que não abraçam a diversidade, não pertencem a um lugar como a Unilever. *Não há muitos xenófobos numa multinacional de sucesso.*

Quem podem ser — propósito e empatia

Empregados com uma visão datada da empresa são um obstáculo no caminho para uma transição cultural no sentido da diferença positiva. Mas eles podem evoluir. Procurar descobrir o propósito pessoal e a sua ligação à missão e alma da organização é um passo importante. O extenso trabalho de definição de um propósito pelo qual a equipa de liderança da Unilever passou (Capítulo 3) foi um ponto de viragem. A organização aumentou o seu compromisso de servir o mundo. Agora que 60 mil empregados passaram por um processo semelhante, ter um propósito pessoal é uma parte importante da cultura. As múltiplas camadas de propósito — individual, marca e empresa — reforçam-se mutuamente.

No entanto, não têm de ser todos iguais. Jonathan Atwood, o antigo vice-presidente de vida sustentável e comunicações empresariais da Unilever América do Norte, diz que o propósito pessoal é a cola que mantém tudo junto e é o verdadeiro desbloqueio para a organização. A empresa torna-se uma amálgama de indivíduos com o seu próprio propósito. Eles podem dar a sua própria reviravolta, mas ainda precisam de se alinhar com o propósito geral da empresa e de ter um compromisso de servir o mundo. Isso pode exigir que ajudemos os empregados a desenvolver empatia e compreensão. A Hindustan Unilever tem uma forma poderosa de o fazer.

Na Índia, a maioria das novas contratações para os níveis de gestão provém de escolas de topo e de cidades. Mas 40% das vendas da Hindustan Unilever provêm das zonas rurais que constituem dois terços do país. Assim, a empresa envia recém-contratados para viver com uma família rural durante quatro a seis semanas. Não levam dinheiro e vivem como os seus anfitriões. Sanjiv Mehta, o presidente e diretor-geral da Hindustan Unilever, diz que o programa ajuda as pessoas a desenvolver uma compreensão profunda da vida de um indiano rural e de como funciona a economia local. Também, diz ele, «faz com que tenhamos muito mais empatia com os nossos consumidores... e isso dá-nos um chão firme». Dar aos gestores uma visão de fora para dentro amplia a sua forma de pensar e torna a empresa mais humana. O programa tem afetado profundamente as pessoas.

Treze anos antes de gerir a marca *Lifebuoy*, Samir Singh era novo na empresa e foi enviado para viver com uma família numa aldeia remota na Índia. Não havia eletricidade, não havia casas de banho e estava muito frio. Partilhou um quarto com um búfalo durante seis semanas. Hoje, sempre que enfrenta uma decisão sobre uma marca que serve consumidores rurais, diz: «Volto a esses dias e à realidade quotidiana da vida das pessoas — tão diferente das nossas noções românticas de vida idílica de aldeia. Isto é o que me mantém alicerçado na realidade.»

Imagine-se no lugar de um recém-contratado a ter uma destas experiências (com ou sem o búfalo). Se isso o mudar, fará de si um agente de construção de uma cultura que sirva os consumidores e valorize a compreensão e empatia profundas. Se não mexer consigo, então não ficará por muito tempo. Seja como for, o programa cria uma cultura consistente. É uma das razões pelas quais a Unilever trouxe de volta a imersão do consumidor e formação de desenvolvimento do cliente para todos. É uma forma importante de trazer uma perspetiva exterior e relembrar a todos que devem ter uma visão mais ampla.

Uma cultura de diferença positiva também tem de valorizar o pensamento a longo prazo sobre a maximização do lucro a curto prazo. Fazer essa mudança não é fácil em nenhum setor, e a cultura existente pode retroceder poderosamente. Hiro Mizuno liderou o maior fundo de pensões do mundo, o GPIF, para o governo japonês. Mizuno revolucionou o fundo de 1,5 biliões de dólares quando trouxe o enfoque para o desempenho ambiental, social e de governação (ESG) para o núcleo da sua estratégia de investimento. Com tanto dinheiro a gerir, o fundo não podia ser bem-sucedido, a menos que a sociedade fosse bem-sucedida — a sua primeira prioridade para os retornos era assegurar que o mundo prosperasse.

Mizuno sabia que fazer uma boa gestão ESG era essencial para esse objetivo. Foi alvo do interesse dos *media* por este novo foco, pelo que se poderia pensar que gerir a pressão externa foi a sua maior luta. Em vez disso, diz ele, «as pessoas que mais se opuseram estavam na minha própria equipa de investimento [e no seu órgão de governação]».

Mizuno quase desistiu e depois percebeu que podia mobilizar outros intervenientes — especialmente aqueles que querem que os gestores de pensões evitem riscos. Contactou os maiores contribuintes para as pensões, os sindicatos, e pediu-lhes que acolhessem a ESG como forma de criar valor a longo prazo e construir a sociedade inclusiva que defendiam. Como clientes do GPIF, os sindicatos pressionaram então os próprios gestores de ativos da Mizuno. Também colaborou com os meios de comunicação social empresariais e políticos, realizando eventos para mudar de opinião e fazer da ESG um termo em voga. Quanto mais normalizado se tornava, menos os gestores de ativos podiam arrastar os pés.

Uma combinação de trabalho de propósito pessoal, redefinição de papéis e pressão externa pode desencadear uma cultura e força de trabalho melhor, mais empática e produtiva.

Aquilo pelo qual são recompensados (encorajar um comportamento de diferença positiva)

Durante vários anos, a Unilever não tinha qualquer ligação entre os objetivos do USLP e os bónus de compensação. A ideia era que não se devia ter de pagar às pessoas para fazer as coisas certas. Porquê dar um bónus a um gerente de fábrica por um bom registo de segurança ou a um executivo de uma marca por melhorar a diversidade racial? Estas coisas deveriam provir de valores culturais de dignidade e respeito. É assim que se incorpora a cultura certa, mesmo que demore mais tempo. (Talvez seja um conceito mais americano, o de atirar dinheiro para cima de um problema para o resolver.)

A motivação financeira é um instrumento de força bruta que terceiriza a responsabilidade de um líder para inspirar as pessoas de uma forma mais profunda. O dinheiro é um mau instrumento para esse fim. Se um médico lhe apresentar um valor para tratar o seu cancro, não vai dizer: «Pago-lhe mais 50% para ter a certeza de que me mantenho vivo.» Para a maioria dos médicos, desde que façam uma quantia justa pelo serviço, o dinheiro não é uma motivação. Para aqueles com uma visão de diferença positiva, o propósito e a missão são os objetivos centrais, não o lucro.

É o mesmo no mundo dos negócios. Os bónus a níveis inferiores podem ser uma motivação importante. Mas para a maioria, e especialmente para os gestores e executivos de topo, a motivação não será monetária, desde que sejam justamente pagos em comparação com outras empresas e face aos colegas (razão pela qual uma diferença salarial entre géneros é totalmente inaceitável). A Unilever uniformizou o sistema de gestão do desempenho e tornou os salários mais uniformes a nível mundial, de modo que todos estivessem em pé de igualdade.

Se os compromissos financeiros básicos e a equidade forem cumpridos, não é o dinheiro que mantém as pessoas por perto. As pessoas acabam por ficar porque acreditam no objetivo, sentem que podem fazer a diferença, o seu trabalho importa, estão a ser ouvidas e podem desenvolver ao máximo o seu potencial. Também precisam de uma boa relação com os seus gestores — as pessoas não abandonam as empresas, abandonam os patrões.

Podemos recompensar as pessoas pelo sucesso e pelo trabalho de diferença positiva, mas não tem de ser um bónus específico e separado. Avalie as pessoas pelos seus valores e comportamento, dando múltiplas dimensões de peso ao desempenho. As pessoas com melhores desempenhos devem subir nas fileiras. Se um chefe de fábrica atingir o desperdício zero e tiver um melhor desempenho, ou se um comprador atingir um objetivo de distribuição sustentável rapidamente e de forma inovadora, dê-lhes uma promoção, mais responsabilidade e um aumento no salário (uma mudança permanente na competição). Aqueles que não partilham os valores e o compromisso com o desempenho sustentável perceberão a mensagem — aquele não é um lugar para si, de qualquer forma.

Se pagar apenas por métricas específicas, poderá reduzir o foco de uma forma inútil. Se pagar às pessoas pela diversidade de género e clima, por exemplo, pode perder o foco sobre os outros elementos numa abordagem de múltiplas partes interessadas e de valor a longo prazo (tais como os direitos humanos ou a biodiversidade). Na empresa de nutrição DSM, em tempos, 50% dos bónus dos executivos eram baseados em ser o número um no Índice Dow Jones de Sustentabilidade para o seu setor. Isso é demasiado limitado para gerir um negócio. Quando a DSM desceu para o número dois, decidiu deixar de perseguir os *rankings*. O objetivo deveria ser uma liderança holística, baseada em sistemas, não conseguir restringir medidas ou alguma classificação externa.

Embora a Unilever não pagasse diretamente por métricas específicas de sustentabilidade, a empresa media o sucesso em relação a indicadores-chave de desempenho e responsabilizava as pessoas. Acompanhar o progresso foi mais uma conversa do que um quadro de pontuação. A direção reunia-se trimestralmente para analisar o progresso em questões como a diversidade e assinalar os departamentos ou funções que estavam atrasados. A liderança reunia-se com o aprovisionamento, por exemplo, de poucos em poucos meses para discutir o progresso e analisar métricas como a utilização da água, resíduos, energia e aprovisionamento sustentável.

A Unilever criou *benchmarkings* e dados em tempo real para a transparência, identificando os profissionais de alto desempenho e permitindo às pessoas ver o seu progresso. Estes métodos foram os melhores para a incorporação dos princípios do USLP na cultura. No final do mandato de Paul, a empresa acrescentou o desempenho de sustentabilidade para incentivar a compensação dos 100 executivos de topo. A direção solicitou que se mantivesse o foco na condução de resultados comerciais através do USLP.

Com relatórios mais amplos e uma maior compreensão das questões de materialidade na comunidade de investimento, veremos mais empresas a fazer do desempenho ESG uma parte direta da compensação. Isso é bom, mas no final, se as pessoas não estiverem convencidas e alinhadas com a empresa, o pagamento de incentivos não importará muito.

A infraestrutura da cultura

As pessoas falam em integrar algo como inovação ou responsabilidade «no ADN da organização». Mas muitas coisas, como o propósito, que parecem fundamentais para um negócio, perdem-se com o tempo. Como Jeff Seabright, antigo diretor de sustentabilidade da Unilever (CSO), pergunta: «A cultura de propósito é um gene recessivo ou um gene dominante?» Se não se construírem as estruturas para reforçar a cultura, esta pode desvanecer-se para o segundo plano.

Um gene dominante é impossível de erradicar. Isso significa implantar a cultura da diferença positiva em todos os aspetos do negócio. É útil fazer uma rotação das pessoas a partir da sustentabilidade para outras funções e geografias. Seabright diz que o objetivo final do CSO deve ser trabalhar para sair de um emprego. É parcialmente uma hipérbole, uma vez que haverá sempre alguma necessidade de conhecimento e planeamento centralizados para tendências a longo prazo. Mas a execução em matéria de sustentabilidade deve ser profundamente enraizada. Se a atitude na empresa for «o pessoal da sustentabilidade trata disso», o progresso será mais lento. Todos têm de assumir a responsabilidade.

Para desbloquear o potencial organizacional, é necessário um elevado grau de confiança, o que permite impulsionar a tomada de decisões a partir do nível onde o conhecimento está, em vez de fazer uma microgestão. Permite que a complexidade seja empurrada para cima, e não para baixo (que é o que a maioria das organizações faz). Queremos dar liberdade às pessoas para fazerem escolhas positivas a longo prazo, sem se atolarem em coisas que dificultam as suas vidas.

Incentivar as decisões nos níveis mais baixos só funciona numa organização baseada em princípios e não em regras. A Unilever introduziu a ferramenta Compass (Capítulo 3) como um guia para os seus valores e padrões de liderança. O nome Compass [Bússola] foi deliberado — encontrar o nosso caminho não é uma linha reta e será necessário contornar alguns obstáculos. Espera-se que todos na Unilever estejam à altura dos ideais do Compass: integridade, respeito, responsabilidade, pioneirismo, uma mentalidade de crescimento, uma tendência para a ação e um enfoque no consumidor. Estes valores apoiaram a cultura de desempenho de que a empresa precisava para revitalizar os negócios.

O USLP trouxe para a organização um foco no mundo exterior e uma cultura de servir o mundo, com objetivos específicos mensuráveis. A estrutura organizacional e as ferramentas corretas também criam ciclos de *feedback* positivo na cultura, removem os muros entre marcas ou regiões geográficas. É preciso ter em conta se a descentralização está a dificultar a procura e a concretização de um propósito comum.

A criação de uma cultura deve ser uma preocupação do CEO e não apenas nos RH. Todas as principais funções são fundamentais para incorporar uma cultura de diferença positiva na empresa, mas algumas — áreas centrais como finanças, I&D e M&A — não estão hoje suficientemente empenhadas em questões ambientais e sociais. Mas deveriam estar.

Finanças e orçamentação de diferença positiva

Os projetos de marcas orientados por um propósito, como os programas globais de lavagem de mãos da *Lifebuoy*, irão compensar em valor de marca e aumento de vendas, mas há um custo. Os investimentos em instalações para ajudar os países a desenvolverem-se exigem muito capital. Assim, a orçamentação de diferença positiva é uma questão de cultura estrutural. As marcas da Unilever encontram o dinheiro para estes investimentos, em parte, ao não tratarem uma iniciativa orientada para propósitos específicos como algo que requer um orçamento separado. Se for vista como parte da atividade empresarial, pode ser incluída no orçamento de *marketing* ou nas despesas de capital.

As empresas de diferença positiva quebram barreiras mentais e organizacionais e olham para as coisas de forma holística. Uma fábrica de resíduos zero pode custar mais à partida, mas produz maior qualidade, menos desperdício, melhor reputação corporativa e muito mais. Investir em salários dignos ou reduzir a mão de obra contingente na cadeia de distribuição e adicionar pessoas à folha de pagamentos aumenta os custos a curto prazo. Mas isso é compensado por uma menor rotatividade e maior produtividade.

Nas trincheiras, é preciso dar aos gestores mais responsabilidade sobre o negócio e o seu P&L, para que possam afetar fundos à medida das suas necessidades. Quando a Unilever considerou pela primeira vez a colocação de painéis solares nas fábricas, o chefe de produção enfrentou um golpe no orçamento. Mas também tinha responsabilidade pela fatura e custos de eletricidade (incluindo a taxa sobre o carbono). Teve de desenvolver planos de risco de cinco e dez anos que incluíam os impactos ambientais da fábrica nas comunidades. Com essa perspetiva mais ampla, podia ter uma visão holística e fazer escolhas melhores e mais abrangentes (eles colocaram os painéis solares).

Sanjiv Mehta, da Hindustan Unilever, falando sobre orçamentos e disponibilidade de água, diz: «Se partir de uma perspetiva de que sem água não há negócio, porque não haveria de gastar dinheiro em projetos para proteger esse recurso e o futuro do negócio?» Fazer destes investimentos a forma normal de fazer negócios decorre de uma cultura de propósito e reforça-a. Mehta diz também que, se quiser fazer parte da solução, «arranjará o dinheiro».

É uma decisão da liderança e da organização dar às pessoas a liberdade de trabalhar a longo prazo (não reportar trimestralmente dá-lhes esse espaço). Ajuda o seu pessoal a afastar-se e a ver a floresta a partir das árvores.

I&D de diferença positiva

O USLP trouxe uma perspetiva exterior à inovação. Uma compreensão das fronteiras planetárias e o modo como estas afetam as pessoas no mundo real ajuda os investigadores a identificar necessidades a preencher e oportunidades para repensar os produtos. Para garantir que as marcas e a I&D estavam em sincronia e ao serviço do USLP, a Unilever incorporou um diretor de I&D nas equipas das marcas. Foi outra forma de quebrar a compartimentação, de tornar a inovação mais relevante e chegar mais rapidamente ao mercado.

Por exemplo, os gestores de marcas que trabalharam na iniciativa de lavagem das mãos da *Lifebuoy* identificaram um desafio que a inovação de um produto poderia resolver. O programa ensina as crianças a lavarem as mãos durante 30 segundos, mas, em alguns locais, pode não haver água suficiente para cada criança lavar as mãos durante tanto tempo. E são crianças, pelo que não vão ficar paradas durante 30 segundos de qualquer forma. A resolução destes problemas, segundo acreditavam os gestores da marca, ajudaria a Unilever a alcançar os objetivos do USLP em matéria de bem-estar humano.

Geneviève Berger, a chefe da I&D da Unilever na altura, encarregou a equipa da *Lifebuoy* de encontrar uma forma de matar germes mais rapidamente. Identificaram uma combinação de moléculas de ingredientes naturais (tomilho e pinheiros) que poderiam matar *E. coli* e outros germes nas mãos em apenas dez segundos de lavagem. Essa tarefa de «consertar» o *Lifebuoy* não foi uma ação isolada. Para criar um pensamento de diferença positiva na organização, a Unilever estava a utilizar um «funil verde» em I&D, um passo no processo para incluir formalmente as necessidades ambientais e sociais. Novas criações tinham de aumentar as margens *e* passar no funil.

Outro dos principais responsáveis de I&D da Unilever, David Blanchard, estabeleceu uma Green Funnel Review anual que ajudava investigadores de diferentes categorias de produtos a partilhar conhecimentos sobre novos produtos, plataformas tecnológicas e desafios que os consumidores enfrentavam em todo o mundo. Por exemplo, em muitas comunidades onde as pessoas lavam a roupa num balde — e onde têm de andar quilómetros para obter água — era necessário um balde para lavar a roupa e mais seis para a enxaguar. Assim, numa reunião da Green Funnel Review, a equipa dedicada à lavagem de roupa preparou seis baldes de água e pediu às equipas de *marketing* e I&D que os levassem para outra sala, dizendo-lhes: «É isto que estamos a tentar resolver». Isto deu às equipas um sentido de urgência e empatia. Desenvolveram uma nova tecnologia de «uma enxaguadela», que reduz rapidamente a espuma de sabão para que as pessoas em zonas de *stress* hídrico pudessem lavar a roupa com muito menos água. Ao ver esta inovação, os gestores de marcas de cuidados pessoais perguntaram se a nova tecnologia poderia reduzir o tempo de enxaguamento em sabonetes e champôs também nos duches. A tecnologia chegou assim a outras marcas.

É claro que o processo Green Funnel nem sempre produziu vencedores. As equipas tinham a certeza de que um novo desodorizante comprimido, que reduzia o volume de embalagens e as emissões de transporte, seria, como diz Blanchard, «um tiro certeiro». Mas os consumidores pensaram que estavam a receber menos quantidade de produto e não o compraram. Lição aprendida. Com I&D incorporado, as equipas das marcas também aprendem mais depressa com os fracassos.

M&A: a cultura é um trabalho interno

À medida que o USLP ganhava força e o negócio crescia, a Unilever acelerava a sua atividade de fusões e aquisições (M&A). Durante o mandato de Paul, venderam-se 52 marcas e compraram-se 65 — muito mais atividade de fusões e aquisições do que nos 20 anos anteriores — e mudou-se dramaticamente o portefólio para posicionar melhor a Unilever para o futuro. As aquisições incluíram muitas empresas lideradas pelos seus fundadores e orientadas para um propósito específico, expandindo algumas categorias e aventurando-se em novas.

A Sundial Brands era uma empresa de sucesso de cuidados para o cabelo e para a pele que servia uma base de consumidores mais jovens e multiculturais. O fundador, Rich Dennis, emigrou da Libéria e iniciou o negócio a partir do nada, vendendo manteiga de carité numa mesa de cartão desdobrável nas ruas do Harlem, em Nova Iorque.[8] Dennis permaneceu após a aquisição. Ele e a sua empresa trazem à Unilever diversidade adicional e conhecimento de mercados novos e em crescimento.

Muitos destes CEO empreendedores expressaram claramente que a única empresa à qual estavam interessados em juntar-se era a Unilever. Mark Ramadan e Scott Norton, os fundadores da empresa de condimentos naturais Sir Kensington, disseram que «a nossa empresa não estava à venda». Mas quando a Unilever se aproximou deles, aperceberam-se de que a adesão à empresa «nos permitiria expandir mais rapidamente a distribuição, mantendo-nos fiéis aos nossos valores».[9]

Jeffrey Hollender, enquanto cofundador da empresa orientada para um propósito, a Seventh Generation, sempre suspeitou das grandes empresas. Durante muitos anos, recusou-se a vender os seus produtos no Walmart. Hollender diz, ainda mais sem rodeios do que Ramadan e Norton: «Não havia várias empresas para comprar a Seventh Generation que não me dessem um nó na garganta... havia *uma* opção.»[10] John Replogle, o CEO da Seventh Generation na altura, diz que não estavam à venda. Quando foram abordados, iniciaram seis meses de conversações com a liderança da Unilever sobre o facto de serem uma empresa B Corp e os seus valores. Só então falaram sobre o preço de compra.[11] Nos cinco anos desde que a Seventh Generation foi adquirida, as vendas mais do que duplicaram e os seus produtos são agora vendidos em 40 países, muito acima do que tinham sido no passado.

De uma forma geral, a Unilever tem permitido que as empresas adquiridas operem independentemente da nave-mãe, mas aproveitam os conhecimentos e recursos de que necessitam para aumentar a sua escala. Kees Kruythoff, antigo presidente da Unilever América do Norte, diz que a empresa queria servir estes negócios recém-adquiridos e ajudá-los a crescer. Ele disse à liderança da Seventh Generation: «Parabéns, acabaram de comprar a Unilever — os nossos recursos estão à vossa disposição.» Kruythoff disse também a Jostein Solheim, CEO da marca ativista Ben & Jerry's: «O vosso trabalho é ser o insurgente da Unilever.»[12]

Os fundadores geralmente deixam as grandes empresas que os compram, mas a maioria destes CEO ficaram com a Unilever por causa da cultura. Estes empresários sentem mais afinidade uns com os outros do que com uma equipa de marca típica da Unilever. À medida que mais ficam, atraem outros; é um efeito multiplicador da vantagem competitiva.

Uma empresa de diferença positiva encara as fusões e aquisições de forma diferente, com uma maior taxa de sucesso por acrescentar novas empresas à cultura e aprender com elas também. Incorporar empresas e fundadores bem-sucedidos e com objetivos bem definidos — com a sua mentalidade pioneira e arriscada — acrescenta algo de novo ao ADN da Unilever. Os executivos veem a paixão e a excitação, e isso é contagioso. Ouvem uma linguagem diferente que as grandes empresas já não falam.

Quanto mais organizações orientadas um propósito a Unilever engloba — aquelas que têm missões claras para servir as partes interessadas —, mais depressa o volante do propósito da organização gira, e mais se aproxima da diferença positiva.

Marcas orientadas para um propósito

Trabalhar um propósito começa a nível corporativo. Assumir uma posição sobre questões como os direitos humanos, a diversidade e o clima tem de ser feito à escala da empresa. Um trabalho apenas limitado ao nível da marca parecerá vazio e sem sal. Não se pode ser credível utilizando óleo de palma sustentável num produto, mas não noutro. A empresa é tão boa quanto a sua pior marca.

Mas uma vez que tenha uma agenda empresarial consistente, pode efetivamente promover um propósito ao nível da marca e desenvolver um compromisso profundo que apoie uma empresa de diferença positiva. É ao nível da marca que a maioria das pessoas interage com a empresa e a sua missão e onde tudo ganha vida. Dar sentido aos produtos é a derradeira demonstração de que a cultura de propósito se instalou. Sabe-se que está incorporada quando o trabalho de propósito vai além dos programas de formação ou das grandes declarações do CEO e passa para as marcas. O propósito na Unilever ganhou verdadeiramente força quando os especialistas em *marketing* entraram a bordo.

A Unilever ganhou ímpeto ao identificar questões sociais sobre as quais os produtos podiam assumir uma posição e esforçar-se por resolver. Mas uma marca com propósito *não* é RSE ou filantropia. Funciona autenticamente para servir as pessoas de uma forma que se relaciona com o que o produto é. Fazê-lo corretamente também impulsiona as vendas. Durante vários anos, as marcas com propósitos específicos cresceram 50% a 100% mais depressa do que o resto do negócio, proporcionando 75% do crescimento da empresa (e com margens mais elevadas).[13] Isto são lucros através do propósito.

Os dois programas de propósito de marca mais antigos, conduzidos pela *Dove* e pela *Lifebuoy*, existiam antes do USLP, mas eram pequenos e não eram aplicados de forma consistente. A *Lifebuoy* passou de um alcance respeitável de talvez 30 milhões de pessoas, principalmente na Índia, para um programa global que atingiu mil milhões de pessoas. Empresas de diferença positiva incorporam programas como este por todo o negócio.

A Unilever tem agora 28 marcas designadas como orientadas para um propósito. Para obterem a etiqueta interna, mostraram que podem atingir determinados marcadores elevados e dar grandes passos com parceiros. Mas há um trabalho de propósito em toda a organização; é uma parte de todas as 300 marcas. Todas têm objetivos relacionados com o USLP, e os grandes objetivos, tais como melhorar a vida de mil milhões de pessoas, são medidos em toda a empresa.

O desenvolvimento de marcas orientadas para um propósito

Marc Mathieu, o chefe global de *marketing* nos primeiros tempos do USLP, desempenhou um papel fulcral no sentido de levar o propósito até ao nível da marca. É um respeitado pensador sobre o significado das marcas, e ele sabia que a Unilever precisava de mudar a forma como pensava sobre si própria antes de conseguir convencer os consumidores do que quer que fosse. Para ajudar a organização a evoluir, a construir uma cultura diferente e a desenvolver marcas que se coadunassem com o USLP, criou uma narrativa a que chamou *Crafting Brands for Life*. Era uma campanha de *marketing* interna com vídeos a perguntar a todos: «Estão dispostos a mudar o mundo outra vez?» (referindo-se ao compromisso de Lord Lever com a higiene na fundação da Unilever).

Uma marca é um produto para vender, claro, mas também é uma ideia para *convencer*, diz Mathieu. A ideia precisa de ser maior do que o produto para acrescentar valor. Para expandir o pensamento, Mathieu redesenhou a «chave da marca» da Unilever, uma das ferramentas centrais que o pessoal de *marketing* da empresa utiliza para moldar o posicionamento das marcas. O gráfico original tinha 14 caixas e era excessivamente complicado. Mathieu reduziu-a a um triângulo com foco no produto, marca e realidades humanas. Para conduzir a um propósito, acrescentou um coração com uma ambição maior e alguns elementos adicionais para lhe dar vida.

A Unilever chama a isto a chave do *amor* à marca (ver Figura 9–1). Mostramos uma versão para a *Rexona*, uma marca australiana de antitranspirantes (conhecida como *Sure*, *Degree* ou *Shield* noutros países). O propósito da marca é ajudar as pessoas a viverem uma vida melhor, «fazerem mais» e a excederem os seus limites, com confiança e sem odor. A ambição da *Rexona* no âmbito do USLP é «permitir aos fazedores viverem uma vida mais ativa fisicamente, socialmente conectada e emocionalmente empenhada». A *Rexona* apoia programas de educação de higiene pessoal como parte do seu trabalho.

Perdoaríamos se nos dissesse: «Vá lá, é só um desodorizante.» É justo. A missão desta marca não é uma das que mais vai mudar o mundo, mas isso faz dela um bom exemplo do desafio. Uma marca orientada para um propósito estabelece uma ligação com um problema maior no mundo ou na vida das pessoas e ajuda a resolvê-lo. O desodorizante associa-se à autoimagem e ao conforto nos compromissos sociais, o que é importante para as pessoas. Claro, algumas marcas associam-se a objetivos maiores. A *Lifebuoy* pode literalmente salvar vidas através da lavagem das mãos. A *Vaseline* fornece material médico a locais de catástrofes naturais e campos de refugiados. Os produtos de limpeza *Domestos* podem ter um propósito credível para «ganhar a guerra contra a falta de saneamento».

FIGURA 9–1

Chave do amor à marca

Amostra de chave de amor a uma das marcas da Unilever, a *Rexona*

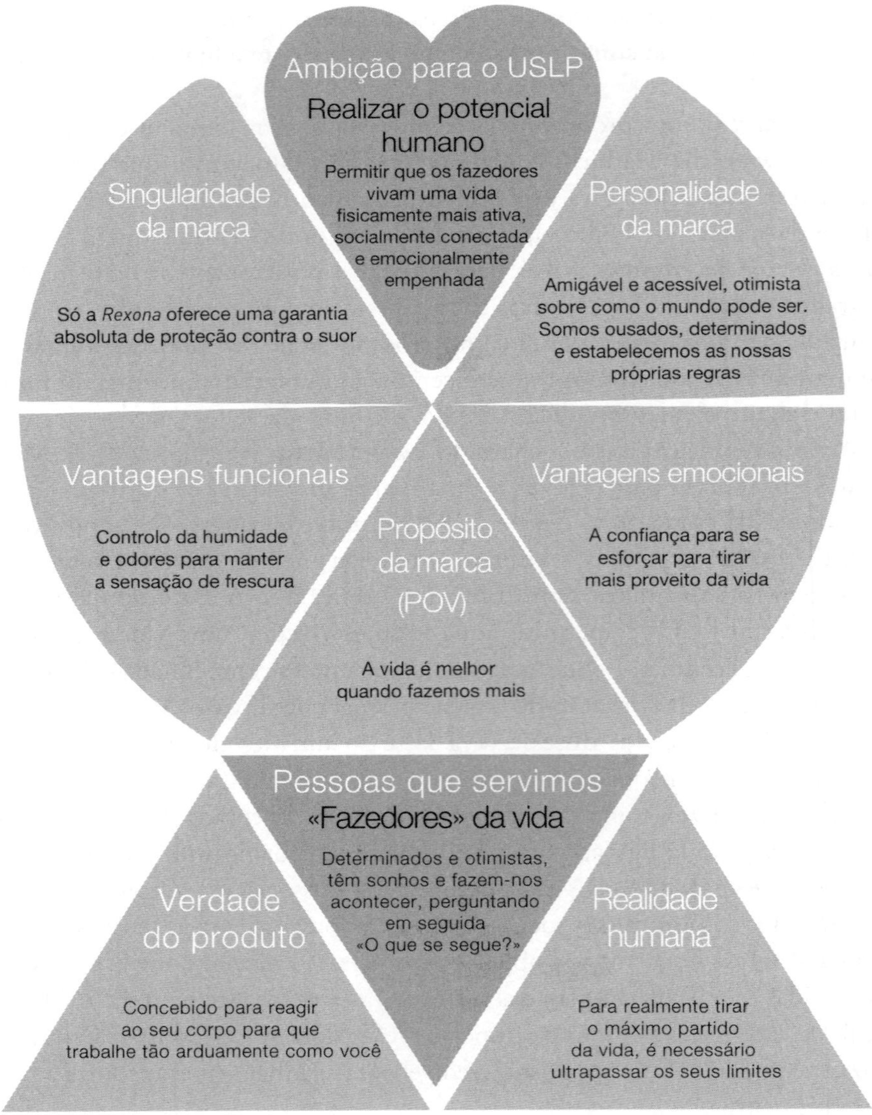

Mas o desodorizante *Rexona*? Ou, mais precisamente, o *spray Axe*?! Como pode uma marca que durante anos viveu de imagens publicitárias misóginas encontrar um bom propósito? No entanto, de alguma forma conseguiu fazê-lo, invertendo as mensagens para o questionamento da masculinidade tóxica e apoiando os múltiplos significados da masculinidade. As normas mudam frequentemente, ou, em alguns casos, têm de o fazer. A *Axe* teve de mostrar humildade e reconhecer como tinha retratado as mulheres. Encontrar uma missão maior para algumas marcas, como a *Axe*, não tem sido fácil nem óbvio. Leva tempo. As que descobriram como fazê-lo têm uma missão que é clara para todos internamente e para os seus consumidores. Encontraram um propósito que se adequa à história e aos benefícios funcionais do produto.

Muitas das marcas da Unilever utilizaram os Objetivos de Desenvolvimento Sustentável (ODS) como uma ferramenta para encontrar a sua missão maior. A Knorr Food, com cadeias de abastecimento na agricultura, está a trabalhar nos ODS 3 (saúde e bem-estar) e nos ODS 15 (vida no solo). A *Domestos* está a travar uma guerra contra a má higiene, que se prende com os ODS 6 (água limpa e saneamento).

O processo de encontrar um propósito que funcione para uma marca é uma evolução. Karen Hamilton, vice-presidente global de sustentabilidade da Unilever, agrupa as marcas numa viagem de propósito em três categorias: *elaborar* o propósito e construir a chave da marca; *aprender* (com humildade) mais sobre um assunto e trabalhar com parceiros para construir programas; e, para as marcas mais avançadas, como a *Dove*, *Lifebuoy*, *Domestos* e *Seventh Generation*, *expandir* as suas iniciativas. Quanto mais avançada for a evolução de uma marca, mais ela fecha a lacuna entre o que diz e o que faz, afirmando claramente o que ela representa e criando programas que produzem um impacto real.

A parte do «fazer», a ação no terreno e programas que melhoram vidas, é o que lhes dá credibilidade para continuarem a elevar a fasquia e a abordar questões maiores e mais profundas. A *Dove* pode legitimamente falar de autoestima porque já realizou aulas para 69 milhões de jovens. A *Lifebuoy* pode empenhar-se em melhorar as taxas de mortalidade infantil porque ensinou centenas de milhões de pessoas a lavar as mãos com sabão. A *Domestos* pode trabalhar no problema maior da defecação a céu aberto porque ajudou a construir milhões de sanitários na Índia e desenvolveu muitos programas de limpeza escolar. O chá *Brooke Bond Red Label* pode trabalhar sobre o preconceito racial e de género após ter utilizado os seus anúncios e *marketing* para levar a questão avante.

As marcas com propósito criam um círculo virtuoso que leva a mais trabalho de propósito e a mais resultados de diferença positiva.

Revitalizar as marcas

Mudar as perceções e os resultados financeiros de uma marca grande e madura é difícil. Nenhum dos produtos da Unilever é mais maduro do que o sabonete *Lifebuoy*. A sua viagem desde o século XIX é um microcosmo da história da Unilever. Combina história e progresso real para a sociedade com crescimento empresarial. Encontrar um propósito de marca pode revitalizar marcas estagnadas e reanimar a cultura, desde que haja uma história boa e autêntica e ação real.

O desafio no qual a *Lifebuoy* há muito se concentra é a morte desoladora de milhões de crianças antes dos cinco anos de idade por doenças evitáveis.[14] A lavagem regular das mãos pode reduzir a incidência de dois grandes causadores de morte — a pneumonia e a diarreia — em 23% e 45%, respetivamente. Ensinar às novas mães e parteiras um melhor comportamento na lavagem das mãos pode prevenir 40% dos 2,5 milhões de mortes que ocorrem no primeiro mês de vida.

O programa da *Lifebuoy* centrou-se em algumas ações: eventos para formar crianças e mães em higiene; extensa divulgação através dos meios de comunicação; uma banda desenhada, *School of Five*, que promove a lavagem das mãos em cinco momentos-chave (ao sair da casa de banho, antes de cada refeição e durante o banho); e inovações de produtos, como um dispensador do Mickey Mouse, para ajudar a tornar a lavagem das mãos corriqueira e divertida.

Desde 2010, o programa alcançou cerca de 500 milhões de pessoas — uma grande parte dos 1,3 mil milhões de pessoas que a Unilever alcançou através de todos os seus programas de higiene e saúde — em 29 países da Ásia, África e América Latina. A Unilever construiu parcerias em torno dos programas, incluindo uma colaboração com a Global Vaccine Alliance, na Índia, para promover tanto a lavagem com sabão como a imunização, duas das soluções mais rentáveis para evitar doenças. Uma parceria mais recente de 100 milhões de libras com o governo britânico procurou alcançar especificamente mil milhões de pessoas para aumentar a sensibilização e mudar o comportamento para combater a covid-19.[15]

Os resultados do programa completo, como parte dos esforços mundiais para reduzir mortes desnecessárias, têm sido notáveis. A nível mundial, 36%

menos crianças morrem de diarreia. Um estudo de duas mil famílias na Índia mostrou que aqueles que passaram por um programa de formação *Lifebuoy* reduziram os casos de diarreia em 25%, infeções respiratórias agudas em 15% e infeções oculares (por tocar nos olhos com as mãos sujas) em 46%. As recém-mães que são educadas são radicalmente mais propensas a lavar as mãos depois de mudar as fraldas e antes de amamentar.

A reanimação financeira da marca *Lifebuoy* tem sido notável. As receitas estiveram estagnadas ou ligeiramente em declínio durante décadas. À medida que se orientava para um propósito, as vendas da marca *Lifebuoy* começaram a crescer uma percentagem de dois dígitos por ano. Tornou-se o 12.º produto a juntar-se ao panteão das marcas de mil milhões de euros da Unilever. Quando Paul deixou a Unilever, a *Lifebuoy* presenteou-o com uma embalagem de sabonete feita à medida, com uma imagem de Paul e da esposa, Kim, no topo, (não é um relógio de ouro, mas é simpático). Nessa embalagem, declarava-se orgulhosamente que a *Lifebuoy* tinha atingido o objetivo principal do USLP de reduzir a pegada enquanto duplicava as vendas.

Muitas das marcas da Unilever orientadas para um propósito recomeçaram a crescer após anos de estagnação. A marca de sopas e condimentos *Knorr* adotou o propósito de tornar «alimentos saudáveis, nutritivos e acessíveis a todos» e dedicou-se a questões de qualidade alimentar, acesso a alimentos e comida saudável. Após décadas de vendas estagnadas, está a ter bons resultados em mercados difíceis, mesmo com a redução das vendas da concorrência. A maionese *Hellmann's*, uma marca com 125 anos, encontrou um novo vigor depois de a Unilever ter percebido que a marca poderia desempenhar um grande papel na luta contra o desperdício alimentar. A equipa de liderança visitou explorações agrícolas e começou a associar a marca às suas raízes, com anúncios apresentando os agricultores que fornecem os ovos. A Hellmann's empenhou-se em «defender alimentos reais» através do seu abastecimento e das suas mensagens. Graças a estes esforços e agindo em conformidade com o que apregoava, utilizando ovos 100% criados ao ar livre e embalagens de plástico 100% reciclado, a Hellmann's começou novamente a crescer.

Estes casos de sucesso fazem coisas espantosas pela cultura da Unilever. Mais de 40 mil empregados participaram em eventos de lavagem de mãos como voluntários da Lifesaver. Todos podem sentir orgulho pelo facto de a empresa ter ajudado a salvar milhões de vidas. Eles sabem que o seu empregador representa algo do qual fazem parte. Também assistem ao sucesso financeiro da empresa, o que aumenta a adesão e convence até os céticos de que o trabalho de diferença positiva é um bom negócio... e que deveriam fazer mais coisas deste tipo.

Propósito criado internamente

Um pensamento de diferença positiva impulsiona a inovação e inspira as empresas a fazer mais do que apenas revitalizar as marcas existentes. Kees Kruythoff diz que o portefólio de produtos orientados por um propósito se reúne a partir de três áreas de trabalho: reforço de produtos essenciais como *Dove* e *Ben & Jerry's*, aquisição de marcas como a *Seventh Generation* e *Shea Moisture* e elaboração de novos produtos a partir do zero. Esta última área pode ser a mais divertida.

A empresa começou com uma folha de papel em branco quando desenvolveu a linha de produtos para a pele e o cabelo Love Beauty e Planet. A embalagem feita de materiais 100% reciclados. Os ingredientes são de origem vegetal e obtidos sem crueldade, isentos de parabenos ou corantes. Tudo é obtido de forma a reduzir o impacto e a promover meios de subsistência. As plantas de vetiver, que produzem óleo com cheiro a madeira, provêm de quintas haitianas. A Unilever paga um preço especial pelo óleo e apoia projetos de desenvolvimento comunitário, como estradas, melhor acesso a cuidados de saúde, saneamento e eletricidade.

Como diz Kruythoff: «A liberdade de começar do zero, sem qualquer legado e conceber a partir das necessidades da sociedade, incluindo-as na formulação, embalagem e comunicação — esta é a última palavra na criação de marcas para a vida!» A tábua rasa também lhes deu a flexibilidade para decidir para onde encaminhar a marca, levando a extensões como produtos de limpeza *Love Home and Planet*. A linha *Love Beauty and Planet* ganhou 50 milhões de dólares no primeiro ano. As vendas globais de champô e amaciador diminuíram, mas o novo produto cresceu rapidamente, subindo para o top 20 das principais marcas de champô no ano em que foi lançado.[16] Passados apenas dois anos, estava nas prateleiras de 40 países.

Toda esta nova linha de produtos foi criada por meia dúzia de pessoas numa sala a questionarem-se sobre como poderia criar-se de raiz uma marca orientada para um propósito. Foi-lhes dada liberdade para pensarem em grande. Da mesma forma, uma só funcionária entusiasta, Laura Fruitman, criou a The Right to Shower, que tem sabonetes e gel de duche com nomes como «Hope» e «Dignity». Trinta por cento dos lucros vão para iniciativas que ajudam os sem-abrigo a ter acesso a serviços, incluindo duches. Fruitman era gestora de marca a nível mundial na Dove quando propôs esta linha de produtos baseada no seu propósito pessoal de ajudar os sem-abrigo. Encontrou uma forma perfeita de levar a cabo essa missão no contexto da Unilever. Agora, é a diretora-geral do produto e uma «empresária residente» na empresa.

É um bom exemplo do que pode nascer de uma cultura de compaixão, serviço, crescimento e criatividade.

Interno/externo

A cultura das empresas não existe no vazio. Faz parte da cultura mais abrangente das suas comunidades. Conectar culturas internas e externas tem riscos e recompensas, incluindo desconexões que são difíceis de reconciliar. Uma empresa de diferença positiva não recuará quanto aos seus princípios. Combaterá a injustiça para proteger os direitos, desafiando normas e encontrando a coragem de fazer o que está certo.

Desafiar as normas que nos rodeiam

Os executivos receiam muitas vezes que, se expuserem os seus valores, se coloquem em situações difíceis. As coisas complicam-se se a cultura da empresa — diversidade e tolerância, por exemplo — colidir com as normas culturais da sociedade ao seu redor.

A Brooke Bond é uma das maiores marcas de chá do mundo, com uma enorme presença na Índia. A empresa tem a missão de «defender a inclusão num mundo de preconceitos». Utiliza a sua máquina de *marketing* para realizar campanhas sobre tolerância, mostrando como sentar-se para tomar chá pode contribuir para a aproximação das pessoas. Na Índia, a violência religiosa contra os muçulmanos tem sido tragicamente comum. Esta é uma situação controversa, para o dizer de forma suave. No entanto, a Brooke Bond mergulhou de cabeça no assunto. Um anúncio mostra uma família indiana, presumivelmente hindu, que não consegue entrar no seu apartamento. Uma vizinha muçulmana convida-os a entrar para tomar um chá. Estão hesitantes, mas entram e partilham uma chávena. O *slogan* é o «gosto da união».

Outra campanha da Brooke Bond aborda a discriminação contra os transexuais. Uma avó e uma criança estão num táxi presas no trânsito com tempo de chuva. Uma vendedora de chá transexual bate à janela e a velha mulher acena-lhe para que se afaste e murmura, com uma voz enojada, «estes transexuais...». Mas a vendedora está a oferecer chá a pessoas presas no trânsito. A senhora aceita o chá, aprecia-o e chama novamente a vendedora. Toca gentilmente no seu rosto e diz «abençoada sejas», enquanto a menina observa e aprende a ser tolerante. O trabalho de inclusão da Hindustan Unilever é amplo; ajudou a apoiar a criação da primeira banda transgénero da Índia. Um filme sobre a banda ganhou um Grande Prémio no Festival de Cinema de Cannes.

Estes anúncios podem soar a artifícios, mas são genuínos e eficazes. A Brooke Bond tornou-se recentemente na maior marca de chá da Índia. O presidente da Hindustan Unilever, Sanjiv Mehta, diz que não pode dizer que é por causa do foco na tolerância transgénero ou religiosa, mas que o sucesso se deve a ter «*marcas com propósito no coração, que não é apenas dizer, mas fazer*».[17]

Adotar uma posição tem os seus riscos. Uma marca de gelados da Unilever realizou uma campanha na Austrália em apoio aos direitos dos homossexuais. O produto era fabricado na Indonésia e uma parte era vendida nesse mercado. Quando os anúncios australianos foram disponbilizados *online*, qualquer pessoa podia vê-los... incluindo pessoas na Indonésia, onde ser homossexual é ilegal. A Unilever acabou por retirar os anúncios, mas não recuou na sua aposta na inclusão. A empresa, nas suas contratações e benefícios, reconhece o casamento entre homossexuais a nível mundial. Na Indonésia, é claro para a comunidade *gay* quais as empresas que são acolhedoras, e essas organizações têm acesso a mais talento.

Ainda assim, é caminhar em cima de uma corda bamba, e uma empresa deve manter os seus princípios, ao mesmo tempo que tem de ter cuidado com mensagens que possam ofender diferentes culturas. Uma empresa de diferença positiva será uma defensora da mudança e está disposta a enfrentar desafios mais difíceis, especialmente se conseguir levar um grupo a assumir normas culturais em conjunto. No Uganda, ser homossexual costumava levar a pena de morte. A B Team, um grupo de líderes globais que defende práticas empresariais mais centradas no ser humano, escreveu uma carta ao governo ugandês, ameaçando com um boicote. Não foi o único fator, mas ajudou, e a lei mudou.

Um compromisso cultural com a equidade perpassa a Unilever. A Domestos, no âmbito do seu trabalho de saneamento e higiene, encarou o sistema de castas da Índia de uma forma inteligente. À medida que a marca ajudava a construir milhões de sanitários públicos, surgia um problema com a manutenção. Na Índia, era tabu para qualquer pessoa, exceto os intocáveis, limpar uma casa de banho. Para encorajar todos a participar na higiene e bem-estar da comunidade, a Domestos criou uma nova campanha, a «Pick up the Brush». Os anúncios mostravam estrelas indianas da lista A Bush a limparem as suas casas de banho.

A casta é um estereótipo difícil de quebrar, mas os estereótipos de género podem ser ainda mais difíceis. O antigo diretor de *marketing* e comunicação da Unilever, Keith Weed, diz que a maior parte da publicidade está presa numa mundividência datada dos anos 50, onde o pai não sabe pôr uma máquina de lavar roupa a funcionar e a mãe está sempre na cozinha. Num inquérito global, 40% das mulheres disseram que não se reviam na maioria dos anúncios — apenas 4% dos anúncios mostravam mulheres em posições de liderança.[18]

Para combater esta visão distorcida da realidade, a Unilever cofundou a Unstereotype Alliance com a UN Women, grandes agências de publicidade como IPG e WPP e grandes compradores de anúncios, como a Google, Mars, Microsoft e J&J. Com a ONU no papel de organizador, conseguiram trazer a rival P&G a bordo (para contextualizar, a Unilever e a P&G são os dois maiores anunciantes do mundo). A aliança tem a esperança de «banir os retratos de género estereotipados da publicidade"».[19] É uma ideia poderosa: assegurar que centenas de milhões de dólares em publicidade apoiam a igualdade.

A iniciativa testou e mediu a eficácia de uma comunicação mais inclusiva. Anúncios mais representativos das pessoas geram 25% mais empenho e intenção de compra.[20] A Unstereotype Alliance está a desafiar normas e um sistema cultural que mantém as pessoas em pequenas caixas. A Unilever também se tem empenhado na mensagem de inclusão para os deficientes em países tão diversos como o México e o Egito. Em 2021, a Unilever também se comprometeu com uma proibição global da palavra «normal» na publicidade ou nas embalagens, como parte do seu programa de Beleza Positiva.[21] À medida que estas iniciativas e compromissos crescem, ajudam a mudar a cultura na sociedade e dentro das empresas para serem mais inclusivas, respeitosas e equitativas.

Este é um resultado inspirador de diferença positiva.

Momentos de coragem de diferença positiva

O *website BabyNames* faz exatamente o que o nome indica: oferece aos futuros pais dados sobre a frequência dos nomes e os seus significados. Não é uma empresa controversa. Mas, após o homicídio do afro-americano George Floyd pela polícia, a *BabyNames* criou uma das mais poderosas mensagens de apoio ao movimento *Black Lives Matter*. O *site* pôs uma simples caixa negra na sua página inicial onde listava dezenas de negros americanos mortos por racismo e ódio, remontando aos anos 60. O topo da caixa dizia simplesmente: «Cada um destes nomes foi o bebé de alguém.»

Geralmente, as empresas evitam chamar a atenção para si próprias em questões controversas. Mas isso é um erro. Defender algo é importante para as partes interessadas, especialmente para os empregados. Tal como a Dick's Sporting Goods (Capítulo 2), a Levi's decidiu usar a sua marca para se pronunciar sobre a violência armada na América. A empresa associou-se a uma ONG de segurança de armas para formar uma coligação de líderes empresariais empenhados em agir. Encorajaram os empregados a usar as suas cinco horas por mês de trabalho voluntário pago para se tornarem politicamente ativos. O CEO, Chip Bergh, um líder de sustentabilidade, disse: «Não podemos simplesmente ficar quietos quando se trata de questões que ameaçam o próprio tecido das comunidades onde vivemos e trabalhamos... assumir uma posição pode ser pouco popular para alguns, mas não fazer nada já não é uma opção.» [22]

As empresas do setor dos serviços — consultores, bancos, relações-públicas e empresas de publicidade, etc. — enfrentam desafios de coragem sempre que optam por trabalhar com clientes problemáticos. Procurar clientes para gerar receitas a qualquer custo não é uma boa escolha. Estas situações exigem decisões difíceis e algumas empresas parecem tomar consistentemente as decisões erradas.

A gigante consultora McKinsey continua a encontrar-se no extremo negativo das escolhas morais (um título do *New York Times*, «How McKinsey Has Helped Raise the Stature of Authoritarian Governments», é um bom exemplo).[23] A empresa foi multada em 559 milhões de dólares por «conselhos» que deu à Purdue Pharma sobre como aumentar as vendas de *OxyContin*, o opiáceo vendido com receita médica.[24] A McKinsey calculou que a empresa podia pagar «reembolsos» às farmácias por cada paciente que tivesse tido uma *overdose*. O guru da estratégia e antigo consultor da McKinsey Tom Peters escreveu uma carta aberta no *Financial Times* renunciando efetivamente à sua associação com a empresa, perguntando: «Devo retirar a McKinsey do meu CV?»[25] Quando se perde uma das suas mais famosas personagens, não é coisa boa.

A estimativa do número de comprimidos vendidos por pessoa era clara para muitas empresas da cadeia de valor do opioide (incluindo a J&J, que também foi multada). Uma empresa de consultoria que agisse como um verdadeiro parceiro para estas empresas, servindo os seus melhores interesses e os interesses da sociedade, tê-los-ia ajudado a repensar a sua posição sobre os opiáceos... ou afastar-se-ia. A McKinsey ajudou a Purdue a seguir um caminho imoral potencialmente devastador para a marca e para o seu desempenho financeiro a longo prazo.

A Unilever tem enfrentado muitas situações que forçam a uma escolha entre fazer a coisa certa *versus* resultados comerciais imediatos. Quando um serviço de entregas em Londres deixou de pagar o salário mínimo aos seus estafetas, a Unilever deixou de utilizar a empresa para entregar gelados. Num outro caso, perante as exigências de subornos no Quénia, impediu as remessas de deixar o país. Escolhas como estas estabelecem um padrão moral que funciona melhor para o negócio a longo prazo, porque se reflete em toda a organização. O seu pessoal observa atentamente a forma como faz negócios.

Cultura em evolução

A cultura não é uma marca fixa. Deve mudar com o tempo, à medida que as pessoas e os modelos de negócio mudam, mas os seus valores permanecem e emergem em cada decisão que tomar, cada escolha organizacional e que tipos de negócios constrói ou compra. Mas a cultura evolui em diferentes países e filiais em torno desses valores e do compromisso de fazer uma diferença positiva.

Personificar uma diferença positiva implica consistência, mesmo em áreas difíceis. É importante monitorizar constantemente a cultura para detetar desconexões. Inquirir os empregados e ouvir o que eles dizem — é demasiado lento nas decisões, demasiado orientado para o consenso ou talvez não suficientemente orientado para os valores? — é um processo perpétuo.

Uma cultura suficientemente forte irá afetar as comunidades à sua volta. À medida que mais empresas assumem uma posição sobre raça ou desigualdade ou sobre as alterações climáticas, elas influenciam a discussão. As pessoas das empresas de diferença positiva saem para o mundo e mudam-no. Muitos executivos operacionais que deixam a Unilever concentram-se na sustentabilidade e no trabalho de diferença positiva. O antigo chefe de I&D está a presidir a uma empresa de agricultura regenerativa. Kees Kruythoff dirige uma empresa alimentar de crescimento rápido baseada em plantas, a LIVEKINDLY. Outros que assumiram funções de CEO ou outros cargos de direção noutros locais, como o antigo chefe da cadeia de abastecimento Pier Luigi Sigismondi que agora lidera a Dole Packaged Foods, desenvolveram planos de sustentabilidade inspirados no USLP. Quando Paul deixou a Unilever, cofundou a fundação e a empresa IMAGINE para reunir CEO de setores inteiros, como a agricultura ou o vestuário, para enfrentar a mudança de sistemas.

Durante décadas, a GE e outras empresas estabelecidas que se concentraram no desenvolvimento dos seus líderes deram formação sobre a sua forma de pensar a executivos para que estes gerissem empresas subsidiárias. Hoje em dia, a forma de fazer negócios da Unilever está a espalhar-se. Uma cultura que impulsiona as pessoas a mudar outros locais do mundo é uma ferramenta poderosa. A construção desse tipo de cultura requer coragem, consistência e humanidade.

O que as empresas de diferença positiva fazem para criar uma cultura poderosa e com propósito

- Demonstram valores e cultura através de liderança, dão o exemplo e têm um comportamento consistente
- Integram uma cultura de propósito e serviço ao mundo, utilizando processos e ferramentas empresariais que a incorporam ao cerne do negócio
- Incorporam uma mentalidade de diferença positiva em todas as atividades — I&D, *marketing*, finanças, etc.; este é um desporto de equipa
- Revitalizam os negócios antigos através da finalidade e da cultura, adquirem marcas orientadas para um propósito que trazem o espírito empreendedor para a cultura e construem novos produtos a partir do zero, visando a diferença positiva em todas as dimensões
- Ligam a cultura da empresa (valores em movimento) ao mundo, de forma a inspirar e motivar os funcionários e partes interessadas, e ajudam a reforçar e aprofundar essa cultura
- Influenciam a cultura nas comunidades ou países à volta da empresa e desafiam normas que são discriminatórias ou contrárias aos seus valores — defendem o que é correto

10

Um mundo de diferença positiva

À procura de maiores desafios e oportunidades

Neste momento, estamos onde o caminho bifurca. Mas... não são dois caminhos igualmente corretos. O caminho que há muito percorremos é enganosamente fácil, uma autoestrada suave em que progredimos com grande velocidade, mas no fim da qual jaz o desastre. A outra bifurcação do caminho — a menos percorrida — oferece a nossa última, a nossa única hipótese de chegar a um destino que assegure a preservação da Terra.

Aqueles que contemplam a beleza da Terra encontram reservas de força que irão perdurar enquanto a vida durar.

— Rachel Carson, autora de *Silent Spring*

Quando se estabelece um grande objetivo — correr uma maratona, escrever um livro ou dominar uma nova língua —, é excitante, mas assustador. Há pontos dolorosos pelo caminho, como o famoso «muro» nas maratonas, ou momentos de dúvida em nós próprios. Mas, quando se chega lá, a sensação é espantosa. Todo o treino e as noitadas valeram a pena. Inspira-nos a querer ir mais longe — talvez um triatlo, desta vez? É excitante sentir que temos mais dentro de nós.

A viagem em direção à diferença de rede positiva é semelhante. Se chegou até aqui, é impressionante, e deve apreciá-la. Todo esse trabalho — assumir responsabilidades e servir os outros, concentrar-se no longo prazo, expandir fronteiras e estabelecer grandes objetivos, construir uma confiança profunda, estabelecer parcerias de formas dramaticamente novas com todos os interessados, enfrentar os «elefantes» que ninguém quer enfrentar e desenvolver uma cultura forte — irá levá-lo longe. Aumentou o bem que o seu negócio faz a todas as partes interessadas e está a assistir a um novo crescimento e entusiasmo entre os empregados. Tem credibilidade e conquistou a confiança das partes interessadas. O seu negócio é mais forte e o mundo é um lugar melhor, porque o leitor e a sua empresa fazem parte dele.

Está pronto para mais e é bom que esteja. Com as expectativas em alta e o mundo a avançar rapidamente, este nível de desempenho tornar-se-á cada vez mais a norma. Fará com que seja convidado para a festa, mas ainda não é o suficiente. A dura realidade é que, mesmo que cada empresa se tornasse imediatamente uma B Corp e igualasse as empresas mais sustentáveis de hoje, ainda estaríamos numa trajetória perigosa. Eis a questão principal: se as empresas avançarem no sentido da diferença positiva, teremos nós mudado os sistemas *o suficiente* para criar um mundo próspero, equitativo, justo, saudável e livre de carbono que funcione para todos, agora e para as gerações vindouras? Talvez não, mas temos ideias sobre como lá chegar e quais as questões a abordar.

Os elefantes na sala, tais como impostos, corrupção, poder empresarial e direitos humanos, criam riscos para qualquer empresa que não participe na discussão. Não se pode construir uma empresa e uma sociedade de diferença positiva sem os enfrentar. Estas questões estão também, cada vez mais, a drenar capital financeiro e moral dos negócios — o custo de não fazer nada continua a aumentar. As questões que aqui abordamos, incluindo a reforma do capitalismo e a defesa da democracia e da ciência, vão ainda mais além dos negócios e da economia — o custo da inação é a redução da liberdade e uma sociedade disfuncional. Trata-se de uma sociedade próspera a longo prazo para *todos*. Essa escala de trabalho precisa de empresas de diferença positiva credíveis que assumam a liderança.

Quanto mais próximo estiver da diferença positiva, mais capaz estará de impulsionar as mudanças que precisam de acontecer. Será mais resistente e poderá contribuir ainda mais para o bem maior. Também poderá ver melhor o que está para vir no futuro e receber um convite para ajudar a projetá-lo.

Não podemos fugir aos maiores desafios, aqueles que a sociedade espera cada vez mais que as empresas ajudem a resolver. Há grandes forças em jogo e temos de continuar a avançar. Temos de nos empenhar para construir não apenas empresas de diferença positiva, mas também um mundo de diferença positiva.

Está tudo a acelerar

Se a situação fosse estática ou se tivéssemos começado mais cedo, poderíamos avançar no sentido da diferença positiva a um bom ritmo e não ter problemas. Mas está tudo a acelerar e os nossos desafios existenciais estão a aumentar. A desigualdade piorou muito durante a pandemia, à medida que biliões de dólares se precipitaram para as mãos dos mais ricos, enquanto o quartil inferior entrou em depressão e mais pessoas caíram na pobreza. A saúde biofísica do mundo continua a diminuir. Estamos a eliminar anualmente mais florestas do que há dez anos.[1] As alterações climáticas e o clima extremo estão a acelerar — cinco dos seis maiores incêndios na história da Califórnia aconteceram em 2020.[2]

O nível do mar vai continuar a subir e estamos à beira de perigosas reações em cadeia nos nossos sistemas naturais. Fechámo-nos em caixinhas e as coisas vão piorar antes de melhorarem. Quanto vão piorar depende de todos nós e da rapidez com que corrermos para a diferença positiva.

Numa altura em que precisamos de nos unir enquanto espécie, estamos a distanciar-nos através do declínio da democracia, da aceleração dos nacionalismos e do afastamento entre as pessoas graças a ideologias (agravado por bolhas de desinformação). Esta disfunção é perigosa. A surpresa da pandemia não foi a forma como se propagou ou a doença em si, mas a total incapacidade dos governos do mundo para trabalharem em conjunto.

Mas algumas tendências positivas estão também a ganhar velocidade. Todos os dias, temos mais ferramentas à nossa disposição, à medida que a tecnologia se torna mais inteligente e eficiente, e os custos de construção de uma economia limpa continuam a cair a pique. Como disse Al Gore: «Estamos na fase inicial de uma revolução da sustentabilidade liderada pela tecnologia, que tem a escala da revolução industrial e o ritmo da revolução digital.»[3]

A pressão sobre as empresas para assumirem mais responsabilidades está a aumentar, especialmente por parte dos empregados. Cerca de metade da geração de *millennials* nos Estados Unidos diz ter-se pronunciado para apoiar ou criticar as ações do seu empregador em relação a uma questão social.[4] O que acontecerá quando a ainda mais ativista Gen Zers se juntar plenamente à força de trabalho?

No total, os argumentos a favor da ação contra a inação reforçam-se diariamente, e estamos a ganhar ímpeto. A maioria dos grandes países assumiu compromissos de neutralidade de carbono (a China almejará 2060). A política é suscetível de acelerar e veremos mais regras que aumentam a eficiência nos transportes e edifícios, promovem soluções baseadas na natureza para a agricultura e florestas, regulamentam o fim de vida do produto e a circularidade, mandatam a mistura de energias renováveis na rede de abastecimento e muito mais. Ao nível das empresas, os compromissos sobre todo o tipo de assuntos, desde as emissões de carbono até aos níveis de diversidade, estão a proliferar rapidamente.

Finalmente, os investidores estão a entrar na onda. A PwC estima que o investimento sustentável constituirá mais de metade dos ativos globais até 2025.[5] A Moody's prevê que o negócio de obrigações sustentáveis irá ultrapassar os 650 mil milhões de dólares em 2021, ou seja, 8% a 10% do total do mercado obrigacionista.[6] A experiência mostra que, a cerca de 20%, veremos um ponto de viragem e uma aceleração.

As empresas de diferença positiva estarão mais bem posicionadas para dar resposta a esse momento. Os líderes criarão impactos positivos em contínuo crescimento e verão melhorias consistentes no seu desempenho, nas suas ligações com as partes interessadas e nas suas oportunidades de crescimento. À medida que o trabalho para construir um mundo de diferença positiva ganha velocidade, como um comboio que sai da estação, deixará para trás aqueles que não entrarem na carruagem. As rodas da diferença positiva giram cada vez mais depressa.

O mais incrível é que o ritmo da mudança pode nunca mais ser tão lento como é agora.

Diferença positiva 2.0: trabalhar nas maiores mudanças dos sistemas

Começámos esta jornada com cinco princípios-chave de uma empresa de diferença positiva: assumir a responsabilidade por todos os seus impactos; trabalhar para o benefício a longo prazo da sociedade; criar resultados positivos para todos os interessados; melhorar o retorno dos acionistas enquanto resultado, não enquanto objetivo e estabelecer parcerias transformadoras. Num mundo acelerado, os princípios permanecerão os mesmos, apenas mais intensos.

Abordamos aqui seis desafios ao nível das sociedades que uma empresa de diferença positiva 2.0 assumirá:

- Ser ainda mais responsável por impactos mais amplos (fazer ainda mais o bem)
- Desafiar o consumo e o crescimento

- Repensar as medidas e estruturas de sucesso (como o PIB)
- Melhorar o contrato social: enfoque nos meios de subsistência
- Dobrar a curva do capitalismo e das finanças gerais
- Defender a democracia e a ciência, dois pilares críticos da sociedade

As empresas que avançam mais rapidamente para a diferença positiva terão mais capacidade e aptidões para trabalhar nestas questões à escala da sociedade. Vão repensar o que move a empresa, crescer em colaborações, tendo em vista a completa mudança de sistemas e modelos regenerativos. Alcançar os ODS tornar-se-á um dado adquirido. As empresas serão verdadeiramente parte da solução, e não apenas um problema menor, ajudando o planeta a prosperar e a sociedade a funcionar para todos.

Estes são os maiores sistemas de todos, pelo que podem ser intimidantes. Divida-os em partes a fim de abordar a sua contribuição para o objetivo maior. Tenha em mente as missões maiores, mas aja à sua escala. Por exemplo, pode começar a utilizar diferentes medidas de sucesso para se enquadrar e encorajar o capitalismo das partes interessadas. Ou pode interagir com clientes e cidadãos sobre o que eles realmente precisam e sobre se serão necessários alguns dos seus hábitos de consumo.

Um CEO que fale sobre estas questões pode ser alvo de críticas. Por vezes, Paul foi criticado por «tirar os olhos da bola» e concentrar-se demasiado em reuniões com as Nações Unidas, liderar forças de trabalho para o G7 ou G20, ou defender causas sociais mais amplas. Mas que interesses estavam os detratores a defender? Não o bem comum.

É também uma crítica estranha quando a confiança nas empresas é tão baixa (e a confiança é a divisa mais importante). Como é que as empresas voltarão a conquistar o apoio da sociedade? Concentrando-se ainda mais nos lucros? Permanecendo na sua própria bolha? Não, é através de um esforço autêntico para melhorar o mundo.

Se contemplarmos o panorama geral, as oportunidades são vastas. Donella Meadows, a cientista ambientalista que ajudou a criar o campo do pensamento sistémico, identificou os três principais pontos de alavancagem para mudar um sistema: os seus objetivos, os seus paradigmas e «o poder de transcender esses paradigmas». Este último é poderoso. E se olhássemos atentamente para o paradigma económico atual — segundo o qual a nossa economia deveria maximizar o PIB e as empresas deveriam ser máquinas de maximização dos lucros a curto prazo — e compreendêssemos que se trata essencialmente de uma história que um pequeno quadro de economistas (todos homens brancos) inventou? Podemos transcendê-lo e contar uma história diferente. Como Meadows disse: «Todos os que souberam acolher essa ideia... descobriram que ela é a base para um empoderamento radical. Se nenhum paradigma é certo, pode escolher aquele que o ajude a alcançar o seu propósito.»[7]

Portanto, vamos fazer com que o nosso propósito seja a prosperidade para todos.

É libertador olhar para as maiores questões, com humildade, e dizer: «Porque é que isto não pode ser completamente diferente?» Afinal, estamos a falar de uma nova parceria com a sociedade onde colocamos o interesse dos outros à frente do nosso (o que acabará por nos beneficiar também a nós) e tratamos todos os intervenientes como iguais, independentemente do tamanho ou do poder económico. Pode implicar sacrifícios a curto prazo. Mas se quisermos ir longe, temos de fazer o trabalho e comprometermo-nos.

Está disposto a enfrentar as questões mais difíceis e, mais importante, a fazer parte das soluções? Então, continue a ler.

1. Seja ainda mais responsável por impactos mais amplos (fazer mais o bem)

O primeiro compromisso de uma empresa de diferença positiva é a responsabilidade pelo impacto que tem ao longo da sua cadeia de valor. Mas uma empresa contribui para o (ou retira ao) mundo de formas mais abrangentes. Vamos recorrer ao Protocolo de Gases com Efeito de Estufa, que fornece normas sobre a forma como as empresas devem medir as emissões de carbono, para falar de uma responsabilidade mais ampla.

O protocolo coloca as emissões das empresas em três categorias, chamadas «âmbitos»: queima direta de combustíveis fósseis nas suas instalações e veículos (Âmbito 1), emissões de energia comprada à rede (Âmbito 2) e emissões dos seus fornecedores e clientes quando estes utilizam os seus produtos (Âmbito 3). Para a maioria das empresas fora das indústrias pesadas, transportes e serviços públicos, o Âmbito 3 é a maior fatia do bolo das emissões do ciclo de vida. É ponderada a montante para setores como a agricultura e o vestuário com emissões pesadas na cadeia de abastecimento e a jusante para aqueles que vendem produtos que consomem energia, tais como empresas de tecnologia.

As empresas podem influenciar as emissões da cadeia de valor, trabalhando em conjunto com os fornecedores na mudança sistémica ou concebendo produtos que ajudem os clientes a reduzir os seus impactos. As empresas de tecnologia, por exemplo, ao permitirem reuniões virtuais, ajudam as empresas a reduzir as emissões das viagens. E as ferramentas de IA para a agricultura de precisão reduzem a utilização de energia nas explorações agrícolas. Há quem se refira a estas como «emissões evitadas» ou, oficiosamente, como Âmbito 4. Ao ajudar os pequenos agricultores ruandeses ou indonésios a tornarem-se mais produtivos, a Unilever reduz as emissões do Âmbito 3. Mas também ajuda as comunidades a evitar as emissões provenientes do abate de florestas — isto é do Âmbito 4.

Dois fundadores da ONG de combate às alterações climáticas Extinction Rebellion, Roc Sandford e Rupert Read, propuseram que as empresas abordassem mais dois níveis de emissões de carbono.[8] O Âmbito 5, sugerem, inclui influência política. Quando uma empresa se insurge contra uma ação sobre o clima, pode conduzir a emissões muito mais abrangentes em termos económicos do que a simples pegada da empresa. A defesa da diferença positiva que propusemos no Capítulo 7 é uma atividade do Âmbito 5. O Âmbito 6, dizem Sandford e Read, é a influência que as empresas têm através da publicidade e das mensagens que perpassam — apoiam uma cultura baseada no consumo e estilos de vida intensivos em energia? Solitaire Townsend, fundadora da empresa de *branding* sustentável Futerra, apelou para que se abordasse o que ela designa por emissões de âmbito X, que implicariam «trabalho que restaura e regenera... ecossistemas saudáveis e... que assume a responsabilidade pelas emissões ao nível do sistema».[9]

Esta ideia dos âmbitos é poderosa. Uma vez que essa terminologia é utilizada principalmente para as emissões de carbono, e nós gostaríamos de expandir a discussão, chamemos-lhes Níveis de Impacto. Consideremos seis esferas de influência, começando com um núcleo de operações diretas e avançando para incluir operações indiretas, cadeia de valor, setor e comunidade, sistemas e políticas, e o mundo e a sociedade (ver Figura 10-1). À medida que nos vamos afastando do centro, o nosso controlo diminui grandemente e o nosso foco irá voltar-se para a influência, apologia e parcerias.

Na Figura 10–1, mostramos o exemplo das emissões de acordo com o quadro de âmbitos. Mas também damos um exemplo ao longo de uma dimensão de bem-estar, começando pela segurança dos empregados no centro e alargando-se até a um mundo humano e natural prósperos no nível mais alargado. Vamos analisar alguns exemplos do que estes enquadramentos significam na prática.

Alguns dos nossos parceiros de ideias neste modelo, Daniel Aronson da Valutus e P. J. Simmons da Corporate Eco-Forum, exploraram connosco a forma como uma empresa, a Facebook, afeta o mundo. No centro, os empregados têm meios de subsistência, o que é bom. Mas, como Aronson salienta, «os moderadores de conteúdos que têm de ler comentários racistas e sexistas o dia inteiro sofrem consequências no seu bem-estar», e isso também pertence ao Nível de Impacto 1. Mais adiante, nos Níveis 3 e 4, temos o bem-estar dos utilizadores do Facebook e das suas comunidades, tanto o positivo (manter-se em contacto com os entes queridos) como o negativo (algoritmos que lhes mostram coisas que os enfurecem, para que possam clicar mais). Mais do que isso, a Facebook tem um impacto na própria democracia. Até agora, a Facebook não assumiu a responsabilidade pelos níveis mais externos.

As empresas de diferença positiva abordam os níveis de impacto externo e é possível saber quando uma empresa está a assumir responsabilidades. Quando a Microsoft promete 500 milhões de dólares para alojamentos a preços acessíveis perto de Seattle, está a reconhecer alguma responsabilidade pelo aumento dos custos de vida e dos preços das casas que forçam as pessoas a abandonar o mercado imobiliário local.[10] Quando os executivos anunciam esforços para reduzir o racismo sistémico e aumentar a diversidade, estão a falar dos níveis externos de impacto. A Unilever foi a primeira a emitir Obrigações Verdes no setor dos bens de consumo e exigiu que os bancos parceiros se comprometessem a eliminar a desflorestação dos seus empréstimos. Quando selecionou uma agência de publicidade ou relações-públicas, insistiu para que deixassem os clientes que negavam ativamente as alterações climáticas. Estes são exemplos de utilização da influência de cada um para afetar os Níveis de Impacto 5 e 6.

Pensar de forma abrangente em termos de responsabilidade conduzirá a algumas conversas difíceis. Quando a Disney lançou o filme *Mulan*, em 2020, os *media* noticiaram que a empresa tinha filmado na região chinesa de Xinjiang,[11] onde o governo chinês mantém em campos de detenção pelo menos um milhão de muçulmanos da minoria Uyghur. Será que a Disney cometeu um erro ao filmar lá? Será responsabilidade da empresa evitar trabalhar com governos que violam os direitos humanos? Não temos a certeza, mas, por esse padrão, descartaria muitos países, incluindo, por vezes, os Estados Unidos.

Não há realmente uma escolha em relação a tudo isto. As partes interessadas esperam que as empresas enfrentem os impactos mais amplos. Estão atentas e continuarão a fazer perguntas. Por isso, antecipe-se e reflita já sobre os níveis de impacto.

FIGURA 10-1

Níveis de impacto 1 a 6

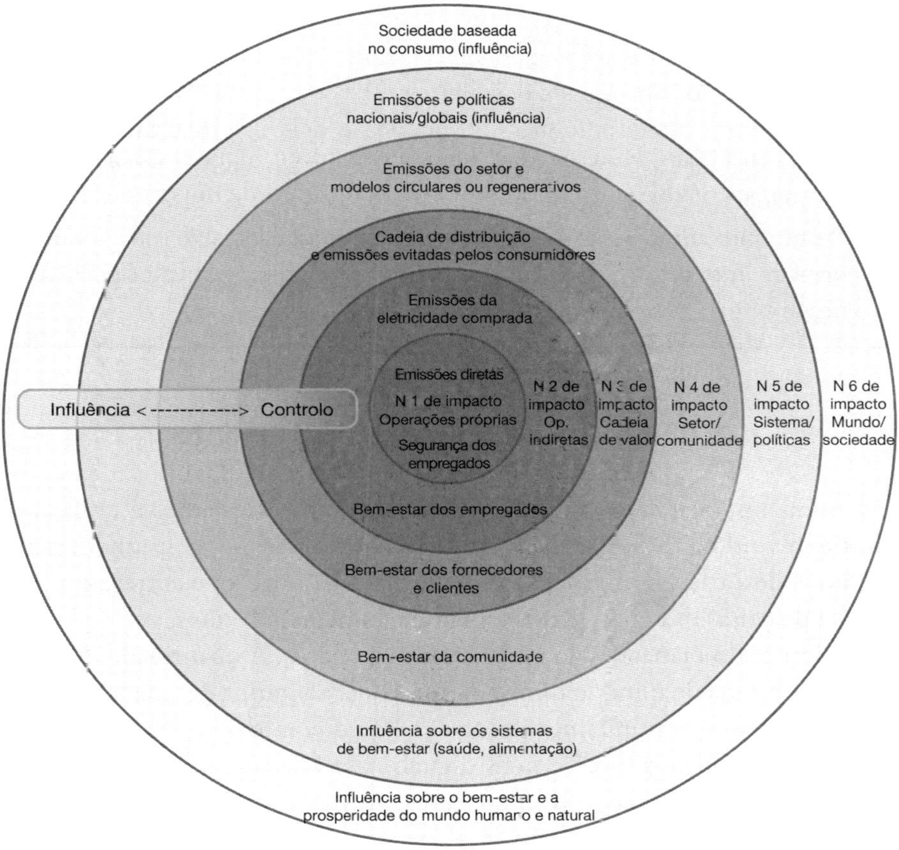

O que fazem as empresas de diferença positiva para assumir mais responsabilidades

- Expandem as suas visões e olham com atenção para como a existência do negócio afeta a sociedade; lançam uma ampla rede e olham para os efeitos dos efeitos dos efeitos
- Consideram a sua influência na política e nos sistemas através da ação e da inação, perguntando: o que estamos a permitir com o nosso silêncio?
- Perguntam como podem melhorar a sua pegada social, o mais amplo nível de impacto, e o que precisariam de fazer para criar valor positivo no Âmbito 6

2. Desafiar o consumo e o crescimento

Nós, humanos, gostamos de coisas. A forma como compramos e utilizamos coisas tem vindo a tornar-se mais intensiva em recursos — consumo irracional; moda descartável, onde cada dia se torna uma estação; e entrega no próprio dia de coisas das quais provavelmente não necessitávamos.

Os limites do planeta estão a tornar-se mais claros. A quantidade de cobre em cada tonelada de minério diminuiu mais de 25% numa década, por exemplo.[12] No entanto, continuamos a escavar mais enquanto o mundo está supostamente a ficar menos físico e mais digital. *A «nuvem», ao que parece, não é assim tão leve.* Não estamos a viver dos juros que o mundo nos dá, mas a retirar capital e a diminuir a capacidade do planeta para nos sustentar. Ao ritmo de consumo atual, precisaríamos de múltiplos planetas para suportar o que serão nove ou dez mil milhões de pessoas a viver uma qualidade de vida decente.[13] A Terra é finita, e não suportará as nossas necessidades, a menos que repensemos a forma como consumimos e comecemos a regenerar recursos.

Para superar este desafio e permitir que o nosso único planeta nos sustente, o clássico *Natural Capitalism* apresenta um plano. O coautor Hunter Lovins diz que são três passos: «ganhar tempo com eficiência, redesenhar a forma como fazemos e entregamos todos os bens e serviços, e depois gerir todas as instituições para que sejam regenerativas do capital natural, humano e todas as formas de capital».[14] Estamos de acordo. Há tanto potencial para melhorar a eficiência: menos de 9% de tudo o que é produzido é reutilizado, menos de um quinto do lixo eletrónico é reciclado e mais de 40% dos alimentos perdem-se entre a exploração agrícola e a mesa.[15]

Para fazer face ao esgotamento de recursos, podemos seguir três caminhos de dificuldade crescente: dissociar a produção da utilização de recursos (tal como prevê o objetivo global do Plano de Vida Sustentável da Unilever [USLP] de duplicar as vendas enquanto se mantém a pegada nivelada), construir economias circulares e encontrar soluções regenerativas.

Um produto dissociado é feito maioritariamente com energia renovável, a partir de materiais reciclados e renováveis. Deve também proporcionar um salário digno a todos os intervenientes ao longo da cadeia de valor. Um modelo circular reutiliza ou recicla todos os materiais num ciclo infinito. Práticas regenerativas, mais frequentemente mencionadas na agricultura, poderiam melhorar o mundo a cada item consumido. Comer alimentos de uma exploração agrícola que sequestra o carbono no solo pode fazer uma diferença positiva em termos de clima. As empresas de vanguarda já estão a criar estes produtos. A empresa de calçado Timberland está a vender uma bota *Heritage* feita com conteúdo reciclado, isolamento de *PrimaLoft* produzido com ar em vez de calor (gerando assim drasticamente menos emissões de carbono no fabrico) e couro de explorações agrícolas utilizando práticas de agricultura regenerativa.

É necessário questionar o crescimento, mas fazendo uma pergunta mais matizada sobre que *tipo* de crescimento estamos a prosseguir. Se a sua empresa pode produzir um produto circular ou regenerativo, então, por favor, faça crescer o seu negócio. Queremos empresas como a Timberland e a Patagonia, que trabalharam incansavelmente para avançar no sentido de um modelo de diferença positiva, para conquistar uma maior quota de mercado. Idem para empresas como a cadeia de óculos *Warby Parker* (cada par de óculos que compra desencadeia uma doação de um par a alguém necessitado). O crescimento pode parecer o objetivo errado, mas queremos que as boas empresas permaneçam por muito tempo, e isso é difícil de fazer diminuindo de tamanho.

É evidente que temos de olhar para o crescimento de forma diferente. Algumas medidas de sucesso da empresa devem crescer quase sem limites — compromisso e propósito dos empregados, satisfação e alegria dos clientes e bem-estar da comunidade. Isto é um crescimento de diferença positiva. Mas em termos de material físico, o mundo não é regenerativo, circular ou dissociado do crescimento atual. A questão mais difícil sobre o consumo, a verdadeiramente herética, é saber de quantas coisas precisamos. Um mundo próspero é aquele em que cada pessoa tem as suas necessidades básicas satisfeitas. Mesmo essa fasquia baixa aumentaria enormemente a procura material, à medida que milhares de milhões saíssem da pobreza.

Por conseguinte, os nossos dois grandes desafios estão em rota de colisão. Uma vez que a ação climática genuína começou demasiado tarde, não podemos atingir as metas de que precisamos *e* reduzir a desigualdade para aumentar a qualidade de vida de milhares de milhões sem que algo ceda. Esse algo pode ter de ser o consumo dos mil milhões de humanos mais ricos.

No futuro, quando a agricultura regenerativa for dominante, ou quando a rede de energia e os automóveis forem completamente limpos, os níveis atuais de consumo poderão ser possíveis dentro do nosso orçamento de carbono partilhado. Uma vez que não podemos esperar que essas tecnologias melhoradas cheguem à escala necessária, em vez disso, será que podemos pedir aos ricos que confrontem os seus desejos com as suas necessidades? Será que os mais ricos *precisam* de muita carne criada industrialmente na sua dieta? Será que *precisam* do terceiro carro ou de mais mil metros quadrados numa casa já de si demasiado grande?

Um pequeno número de empresas tem estado disposto a colocar estas questões hereges... A Patagonia disse, notoriamente, «Não compre este casaco» num anúncio de Natal. Eileen Fisher, fundadora da empresa de vestuário que leva o seu nome, disse: «Pensamos que talvez não tenhamos de vender tantas roupas.»[16] A companhia aérea holandesa KLM fez uma campanha (antes da covid-19) a pedir às pessoas que voassem menos, sugerindo que usassem a tecnologia digital ou que apanhassem o comboio para distâncias mais curtas.[17] A IKEA está a lançar um esquema de recompra de alguns móveis usados (com um objetivo de circularidade total até 2030).[18] Estes líderes estão a sugerir que façamos menos coisas, mas que sejam melhores e mais duradouras e pensemos bem antes de utilizarmos um recurso não-renovável como o combustível de avião. Mas histórias como esta são escassas e quase sempre provêm de empresas privadas. É difícil imaginar grandes empresas públicas a assumir a liderança. Mas os consumidores podem forçar a questão.

Oitenta por cento dos inquiridos numa sondagem aos cidadãos dos EUA e do Reino Unido disseram que fariam mudanças no estilo de vida, como fizeram durante a pandemia, para travar as alterações climáticas. Evitariam o plástico, comeriam menos carne industrial e mudariam para energia verde.[19] Os jovens mais preocupados com a degradação ambiental podem desafiar uma sociedade baseada no consumo, procurando um caminho diferente para a felicidade. A economista Juliet Schor, que estuda as atitudes sobre consumo e riqueza, demonstrou que as pessoas que já têm o básico podem melhorar o seu bem-estar tomando um caminho diferente: «Ganham menos, gastam menos, emitem e degradam menos. Essa é a fórmula. Quanto mais tempo uma pessoa tem, melhor a qualidade de vida, mais fácil é viver de forma sustentável».[20] Há uma razão pela qual o movimento da «simplicidade» é popular.

As empresas estão cada vez mais a dar aos consumidores mais informação para que façam melhores escolhas. A Amazon lançou um rótulo «amigo do ambiente», baseado em certificações fiáveis tais como Cradle to Cradle, Fair Trade, Rainforest Alliance, FSC e Green Seal. O esforço da Unilever para colocar dados sobre a pegada de carbono em 70 mil produtos irá aumentar a sensibilização. Estas medidas ajudarão, mas, até à data, convidar as pessoas a consumir menos não tem funcionado bem. É um dos fracassos notáveis do USLP — não conseguiu mudar os hábitos de banho ou de lavagem das pessoas e vender menos também não era uma grande opção (as pessoas querem manter-se limpas).

Quando se gastam anualmente 600 mil milhões de dólares em publicidade para nos fazer desejar mais coisas, uma pequena campanha sobre a redução do consumo não tem qualquer hipótese. E se essa máquina de *marketing* fosse orientada para a criação de procura de produtos e serviços de diferença positiva, ou para se encontrar um propósito não tantos nas coisas, mas mais nas pessoas e na vida ao serviço dos outros?

Isto é duro e desconfortável. Os mais ricos do mundo podem e devem fazer a si próprios perguntas difíceis sobre quais as coisas sem as quais podem perfeitamente viver. Como disse Mahatma Gandhi: «Os ricos devem viver simplesmente para que os pobres possam simplesmente viver.»[21]

O que as empresas de diferença positiva fazem para desafiar o consumo e o crescimento

- Fazem das abordagens regenerativas a opção-padrão em tudo o que fazem; procuram tornar-se contribuintes líquidos, não recetores
- Utilizam proativamente materiais renováveis ou alternativos
- Falam com os clientes e consumidores para compreender o que realmente querem de um produto ou serviço, uma necessidade que pode ser satisfeita com menos utilização de materiais
- Definem objetivos claros em torno da redução *absoluta* dos recursos e também asseguram a total reciclabilidade e reutilização (o setor da moda, por exemplo, está a avançar para a reciclagem, aluguer e revenda de materiais como seus modelos de negócio)
- Integram soluções positivas para a natureza e para o clima na conceção

3. Repensar as medidas e estruturas de sucesso (como o PIB)

A nossa visão de progresso é profundamente imperfeita. Medimos o sucesso das pessoas pela quantidade de dólares ou seguidores que têm. Para as empresas, concentramo-nos no preço das ações e no valor para os acionistas. A nível macroeconómico, os países estão obcecados com o produto interno bruto (PIB), que é uma péssima medida do bem-estar de uma sociedade. É tempo de repensar estas métricas. Precisamos de medir o que valorizamos.

Repensar o PIB e o bem-estar

Ter uma noção da atividade económica total é bom, mas o PIB é uma medida datada de uma era de fabrico, antes do aumento do valor intangível. Contabiliza tudo o que aumenta as despesas como sendo uma coisa boa. Mais despesas com cancro e medicamentos, reconstrução após tempestades gigantescas, guerras e conflitos, e liquidação de outras formas de capital, como o abate de florestas antigas, tudo isto aumenta o PIB. Não mede a paz, justiça, qualidade da educação, saúde mental, qualidade do ar ou a proteção do capital natural necessário para a nossa sobrevivência. Mede, nas palavras de Robert F. Kennedy, «tudo exceto aquilo que faz a vida valer a pena».[22]

Ao utilizar o PIB, estamos também a enganar-nos a nós próprios. Como escreve Hunter Lovins, presidente da Natural Capitalism Solutions, no seu livro *A Finer Future: Creating an Economy in Service to Life*: «O nosso modelo mental de como o mundo funciona diz-nos que estamos a ganhar quando na verdade estamos a perder. O PIB nada mais mede do que a velocidade com que o dinheiro e as coisas circulam na economia. Portanto, a verdadeira questão é: temos coragem para criar uma economia ao serviço da vida, não do consumo?»[23] Será que podemos gerir sistemas sociais para maximizar a felicidade, a saúde e o bem-estar?

Muitas pessoas, incluindo o economista laureado com o Prémio Nobel Joseph Stiglitz, passaram anos a defender um afastamento do PIB. Até o criador da métrica, Simon Kuznets, disse que não tinha nada que ver com o bem-estar. Mas pelo que é que o substituímos?

Há uma série de medidas alternativas robustas para uma economia:

- O Indicador de Progresso Genuíno, que analisa o desempenho de um país em variáveis económicas, ambientais e sociais mais amplas
- Índice de Desenvolvimento Humano da ONU, que inclui a esperança de vida, a educação e os níveis de rendimento
- Índice Planeta Feliz, que faz uma fórmula de bem-estar, esperança de vida e redução das desigualdades, dividida pela pegada ecológica/danos
- Felicidade Nacional Bruta, que a pequena nação do Butão começou a medir em 1972

O mundo já não está a debater a necessidade de medidas de sustentabilidade mais amplas, especialmente porque a materialidade de muitas delas continua a aumentar. Estamos a acompanhar mais de 600 destes novos esforços métricos, à medida que todos se juntam à corrida ao óbvio. A Wellbeing Economy Alliance é um grupo que tenta coordenar múltiplos esforços para redefinir as medidas de sanidade social. A maioria das novas iniciativas está a concentrar-se numa lista mais vasta de medidas de sucesso em categorias como prosperidade (incluindo saúde e bem-estar), planeta, pessoas e princípios de governação. O que nos dizem estas medidas mais abrangentes? Sobretudo que as pessoas querem as mesmas coisas e que não tem propriamente que ver com dinheiro. A OCDE desenvolveu um Índice de Felicidade e mediu o bem-estar em todos os países membros. Descobriu que as pessoas tinham prioridades semelhantes entre culturas e que a saúde, segurança, liberdade e conexão impulsionavam a satisfação da vida mais do que a economia.[24] As pessoas precisam mais de dignidade do que de dinheiro. Com baixos rendimentos, especialmente abaixo do nível de subsistência, é claro que o rendimento e a felicidade estão correlacionados. Mas quando as pessoas têm «o suficiente» — o que varia de país para país e uma análise fixa em cerca de 75 mil dólares por ano nos Estados Unidos —, a correlação entre felicidade e rendimento é quase zero.[25]

Alguns países de dimensões médias estão a elaborar um conjunto mais completo de métricas. Nomeadamente, a primeira-ministra da Nova Zelândia, Jacinda Ardern, anunciou em 2019 o primeiro «orçamento de bem-estar» de sempre. O governo, disse ela, deveria assegurar saúde e satisfação de vida, e não apenas riqueza e crescimento económico.[26] Algumas culturas têm modos informais de falar de prioridades mais humanas — na Costa Rica, a expressão *pura vida* é usada como saudação e filosofia.

Num mundo finito, não podemos aumentar para sempre as métricas económicas tradicionais, mas podemos procurar o crescimento sem limites dos elementos intangíveis de uma boa vida, tais como bem-estar, alegria, ligação, significado e amor.

Redefinir as empresas

O mundo empresarial também está a apostar em métricas mais adequadas, com um conjunto de novas iniciativas e acrónimos a surgir. A diretiva da UE de Relatórios Não-Financeiros, a Task Force sobre Divulgações Financeiras Relacionadas com o Clima, a Taxonomia da UE (2020) e o trabalho da Fundação IFRS para criar um Comité de Normas de Sustentabilidade estão a impulsionar uma mudança para melhores padrões de medição. A Europa lidera, mas há também um novo interesse na Comissão de Títulos e Câmbios dos Estados Unidos. Estes grupos forçarão a transparência e ajudarão as empresas a melhorar as suas medições e a compreender os seus verdadeiros custos e benefícios para a sociedade — e esses impactos na sociedade não são pequenos.

Segundo um estudo da TruCost, se as empresas tivessem de pagar pelo capital natural e pelos recursos que utilizam gratuitamente, nenhuma das maiores indústrias seria rentável.[27] (Talvez seja altura de questionar a ideia de «lucro» tal como é atualmente aplicada. Ver a caixa «Qual é o nível certo de lucro?»). O custo dos alimentos, por exemplo, seria o dobro se os fatores externos fossem tidos em conta. Esta é uma característica do nosso sistema, não um *bug*. Todas as principais formas empresariais — tais como LTD, LLC ou empresas C que visam maximizar os retornos dos acionistas — são máquinas geradoras de externalidades. Não são adequadas para um futuro próspero. Não seria fácil, mas se fixássemos preços para as externalidades e *todos* os intervenientes no sistema, incluindo as finanças, estivessem concentrados no longo prazo, essas formas atuais poderiam funcionar. Mas, de qualquer forma, provavelmente não nos levariam a uma diferença positiva suficientemente depressa.

Então, como seria uma empresa se os cidadãos, e não os acionistas, estivessem no centro das atenções? Algumas outras estruturas empresariais surgiram para tentar responder a essa pergunta, permitindo que as empresas servissem todos os interessados. A alternativa mais proeminente é a designação legal de «empresa beneficiária» e a certificação de empresa B, estreitamente aliadas. As empresas beneficiárias comprometem-se publicamente a servir múltiplos interessados. Além disso, a França criou uma nova forma de governação que é semelhante em espírito à B Corps — a Entreprise à Mission incorpora na governação explicitamente o propósito e um modelo de múltiplas partes interessadas.

QUAL É O NÍVEL CERTO DE LUCRO?

John Mars, um dos donos da enorme empresa familiar de comida para animais de estimação e doces Mars, certa vez questionou: «Qual deve ser o nível certo de lucro?» Na mentalidade moderna do capitalismo sem restrições, essa pergunta não faz sentido; a resposta é: «Tanto quanto possível.» Mas Mars estava a fazer uma pergunta importante e matizada. O executivo da Mars, Jay Jakub, coautor do livro *Completing Capitalism: Healing Business to Heal the World*, diz que o argumento de John Mars era que «somos apenas tão fortes quanto o elo mais fraco da nossa cadeia de valor, e se estamos a levar demasiado... podemos estar a espremer os parceiros, o que cria realmente desvantagens para a empresa».* Assim, espremer cada cêntimo dos fornecedores pode maximizar os retornos a curto prazo, mas enfraquece o sistema. Esta questão é fundamental para uma filosofia que Mars desenvolveu, «a economia da mutualidade», que diz respeito, tal como a diferença positiva, a um propósito e a uma forma melhor e mais justa de negócios e capitalismo.

* David Gardner e Jay Jakub, «How Social, Human, and Natural Capital Create Value», *Rule Breaker Investing-A Motley Fool Podcast*, acedido a 7 de março de 2021, https://www.fool.com/investing/2020/08/10/how-social-human-and-natural-capital-create-value.aspx.

Como já dissemos, duas marcas de alto perfil da Unilever — Ben & Jerry's e Seventh Generation — são B Corps, e a Danone tornou-se a maior B Corp do mundo quando certificou as suas operações norte-americanas no valor de 6 mil milhões de dólares. Cada empresa deve considerar a certificação B Corp, pelo menos em espírito e abordagem. Todos podemos tomar medidas voluntárias para apoiar uma mudança mais profunda. A Patagonia doa 1% das vendas a ativistas ambientais, a Generation Investment Management atribui 5% dos lucros à sua Generation Foundation (que promove uma forma mais sustentável de capitalismo) e o fundo de missão social da Ben & Jerry's apoia organizações que lutam por uma sociedade mais justa.

Uma empresa de diferença positiva, orientada para as partes interessadas, pode necessitar de uma estrutura de propriedade inteiramente diferente. As empresas familiares estão mais naturalmente alinhadas com o pensamento a longo prazo, mas as restantes necessitam de novas opções. Dezenas de organizações multibilionárias são propriedade de clientes em cooperativas. A maior do mundo, o Grupo Crédit Agricole, é uma rede de 39 bancos regionais e 7,4 milhões de proprietários clientes.[28] Algumas empresas adotaram planos de participação dos trabalhadores em ações (ESOP), onde os trabalhadores obtêm uma parte dos lucros e um possível controlo. Também podemos assistir a uma maior pressão para colocar os trabalhadores nos quadros; há exemplos, tais como o operador de transportes FirstGroup, mas ainda é raro.[29]

Uma mudança mais radical seria alterar a estrutura de propriedade das grandes empresas públicas para as libertar para operar a longo prazo. John Fullerton, antigo diretor-geral da JPMorgan e fundador do Capital Institute, questiona a propriedade tradicional e os modelos financeiros. Promove uma alternativa chamada Evergreen Direct Investment (EDI).[30] Nesta nova estrutura, um pequeno número de investidores a longo prazo, tais como pensões ou fundos soberanos nacionais, deteriam «uma parte dos fluxos de caixa [da empresa]». Não haveria mercados públicos a exigir objetivos de crescimento irrealistas — apenas meia dúzia de investidores a longo prazo que desejam um retorno fiável. É uma combinação perfeita entre marcas mais antigas e estáveis e investidores com horizontes de longo prazo.

Uma empresa é apenas uma construção, que remonta à Companhia Holandesa das Índias Orientais dos anos 1600. Tem evoluído ao longo da história e pode continuar a fazê-lo. A forma atual encoraja as abordagens incrementais a serem menos más. Isso não chega.

O que as empresas de diferença positiva fazem para repensar as medidas de sucesso

- Envolvem-se ativamente no desenvolvimento de um conjunto mais completo de métricas para medir o sucesso da empresa, o bem-estar das partes interessadas e uma economia e sociedade prósperas
- Consideram o que modelos alternativos de propriedade e incorporação como as Benefit Corporations e as B Corps, cooperativas, ESOP e Evergreen Direct Investment significariam para a empresa
- Vão muito além dos requisitos mínimos para publicar medidas ambientais, sociais e de governação mais amplas e ligá-las claramente à criação de valor

4. Melhorar o contrato social: foco nos meios de subsistência

Uma das questões mundiais mais prementes à medida que avançamos será a coesão social. A covid está a levar mais de 150 milhões de pessoas de volta à pobreza extrema.[31] O desemprego tem aumentado à medida que o mundo perde horas de trabalho equivalentes a centenas de milhões de empregos. Os mais vulneráveis, especialmente mulheres e jovens, sofrem de forma desproporcionada. Muitos destes empregos não serão recuperados.

Todas as sociedades organizadas têm acordos escritos e tácitos entre cidadãos e governos. Os indivíduos abdicam da «liberdade» de deixar a sua identidade à solta e fazerem o que quiserem; em troca, o governo providencia a segurança da estrutura e das regras. Funcionamos melhor quando tratamos todos com dignidade e respeito, usando alguma forma da Regra de Ouro. Também temos um contrato não declarado com a Mãe Natureza: não usaremos demasiado ou abusaremos do privilégio e tudo o que pedimos é que, por favor, nos mantenha vivos.

Em tempos, o acordo entre as empresas e os trabalhadores oferecia estabilidade. O pai de Andrew trabalhou para a IBM durante 35 anos e reformou-se com uma pensão (lembra-se desses?). Passou a maior parte da sua carreira numa empresa que prometia emprego vitalício. Mas em 1990, a IBM despediu pessoas pela primeira vez. Nas décadas que se seguiram, a filiação sindical diminuiu e os despedimentos tornaram-se, de alguma forma, um sinal de boa gestão para os investidores. Temos de repensar isto.

A natureza do trabalho está a sofrer mudanças profundas. As novas tecnologias, em particular a IA e a automatização, estão a pôr em causa setores inteiros. A McKinsey estima que até 375 milhões de pessoas precisarão de mudar de emprego e adquirir novas competências até 2030.[32] A grande mudança de paradigma no trabalho deixará as pessoas mais jovens particularmente em risco. A Organização Internacional do Trabalho estima o desemprego juvenil em 13,6%, com outros 12,8% em agregados familiares abaixo do limiar da pobreza.[33] Raramente é bom para a sociedade ter um grande número de pessoas ociosas. Quarenta por cento dos jovens que aderem a grupos rebeldes são motivados pelo desemprego e pela inatividade — muito desemprego conduz a rendimentos mais baixos durante toda a vida, menos sucesso, agitação, radicalismo e migração.[34]

Foco nos meios de subsistência

Para construir um contrato social mais forte, precisamos de criar empregos e ter em conta como as escolhas nas empresas afetam as pessoas. A empresa agrícola Olam em tempos precisava de sete trabalhadores para produzir um saco de cajus em África, mas agora só precisa de um. O CEO da Olam, Sunny Verghese, pergunta e responde a uma questão central: «Será que não tenho qualquer responsabilidade pelas pessoas deslocadas? Não é assim. A responsabilidade da empresa estende-se a encontrar uma opção viável para as pessoas despedidas por causa das novas tecnologias.»[35]

Tal como a Olam, a Unilever tem aumentado a automatização e tem procurado formas de proteger e criar empregos ao longo de toda a cadeia de valor. As necessidades das empresas obrigam-nos a fazer exigências difíceis como o encerramento de uma fábrica para se manterem competitivos, o que os críticos podem considerar uma hipocrisia para uma empresa com um propósito. Com uma visão mais ampla sobre a criação de emprego, o USLP tinha como objetivo a criação de cinco milhões de meios de subsistência. Paul manteve o negócio do chá na carteira da Unilever, não só porque serve um mercado crescente de bebidas saudáveis, mas também porque apoia muitos milhares de produtores de chá. Uma plantação de chá bem gerida também pode ser boa para o planeta. No entanto, isso não ajuda os trabalhadores da fábrica despedidos por causa da automação. Os líderes devem fazer escolhas difíceis, mas precisam de as explicar de forma clara e transparente e fazer coisas com valores e princípios fortes — como ajudar os deslocados na transição para um novo trabalho.

A abordagem mais inovadora e contraintuitiva à criação de empregos pode ser a contratação aberta. A Greyston Bakery, em Nova Iorque, que fornece *brownies* à Ben & Jerry's para os seus gelados, oferece empregos «o primeiro a chegar é o primeiro a escolher». Qualquer pessoa pode candidatar-se a um emprego de nível básico. A empresa contratou pessoas que cumpriram pena na prisão, que viveram em abrigos para sem-abrigo ou que nunca tiveram um emprego legal. Mike Brady, o antigo CEO da padaria, salienta que as empresas gastam anualmente 3 mil milhões de dólares, mantendo pessoas como estas *à margem do emprego* utilizando entraves como a verificação de antecedentes.[36] Em vez disso, invista esse dinheiro nas pessoas, diz Brady. A empresa prosperou e as histórias das vidas transformadas são inspiradoras.

A sensibilização para a diferença positiva apoia também os meios de subsistência. A Unilever ajudou a impulsionar a aprovação da Lei da Escravatura Moderna no Reino Unido e encorajou os membros do Fórum de Bens de Consumo a comprometerem-se com o quadro dos direitos humanos da Ruggie.

Um dos maiores testes à nossa humanidade e ao nosso contrato social serão os refugiados. Cerca de 80 milhões de pessoas — cerca de tantos quantos vivem na Turquia, Irão ou Alemanha — encontraram-se atualmente forçosamente deslocados.[37] O número de refugiados climáticos nas próximas décadas poderá aumentar para mil milhões de pessoas ou mais.[38] Alguns líderes esperam aliviar a crise dos refugiados através do trabalho. Hamdi Ulukaya, o bilionário fundador do iogurte *Chobani*, criou a ONG Tent Partnership for Refugees, à qual a Unilever aderiu. Como Ulukaya disse à *Bloomberg*, «um trabalho, para um refugiado, é dia e noite... é o ponto em que eles sentem que a sua vida pode continuar».[39] A Ben & Jerry's, da Unilever, criou um programa de formação e mentoria de quatro meses, a Ice Academy, para «aspirantes a empresários que chegaram ao Reino Unido como refugiados».

A ideia de um contrato social gira em torno de uma questão central: o que devemos um ao outro? A resposta é complicada, mas dado o quanto tudo está ligado — temos basicamente um sistema imunitário planetário e humano —, devemos certificar-nos de que todos têm o suficiente para sobreviver e uma oportunidade para prosperar. É uma das razões pelas quais a Unilever disse recentemente a todos os fornecedores que têm de pagar salários de subsistência até 2030.[40] Ganhar dinheiro às custas dos outros não é aceitável.

A Confederação Internacional de Sindicatos (CIS) emitiu cinco exigências para um novo contrato social: empregos amigos do clima como parte de uma transição justa; direitos e proteções para todos os trabalhadores; proteção social universal (ou seja, um patamar básico de necessidades humanas e dignidade); igualdade de rendimentos, género e raça; e inclusão. Estes constituem um grande enquadramento para a construção de um mundo onde não deixamos ninguém para trás.

O que as empresas de diferença positiva fazem para melhorar o contrato social

- Pensam na mão de obra não como um custo, mas como um bem a cultivar
- Asseguram os princípios básicos dos direitos humanos e salários dignos em toda a cadeia de valor
- Desenvolvem ativamente estratégias para combater a desigualdade e assegurar transições justas onde os empregos estão a mudar
- Colaboram com fornecedores, governos e sociedade civil para erradicar a escravatura moderna (até 2030)
- Aceitam o desafio de resolver problemas sociais mais amplos como os refugiados, o desemprego juvenil e o desenvolvimento de competências

5. Achatar a curva do capitalismo e renovar as finanças

Durante a pandemia, todos nos tornámos estatísticos amadores, falando em achatar a curva de crescimento de casos de covid-19. Significa fazer o necessário para retardar o crescimento exponencial de algo perigoso.

Temos outras curvas a achatar.

As emissões de carbono cresceram durante décadas de uma forma aproximadamente exponencial, acompanhando o crescimento da população e da produção económica. A percentagem de rendimento e riqueza que flui para o 1% mais rico da população tem aumentado de forma mais do que linear durante décadas. Embora alguns países desenvolvidos tenham achatado a curva do carbono, mantendo estáveis as emissões por dólar do PIB, o mundo continua a caminhar para um penhasco no que respeita ao clima e à desigualdade.

O capitalismo tem sido o sistema económico superior para gerar bem-estar, pelo menos em comparação com os outros que a humanidade tem tentado. Mas o reconhecimento de que algo está errado no cerne do sistema está a crescer. Não só as ONG e os académicos assinalam isto, mas também os CEO e os governos. Muitas das maiores empresas estão a falar, ainda que superficialmente, sobre o capitalismo das partes interessadas. Não é um termo mais atraente do que «sustentabilidade», mas faz notar que os acionistas não devem ser o foco da estratégia. O CEO da Walmart, Doug McMillon, apoiou a lógica do capitalismo das partes interessadas, dizendo: «Simplesmente não estaremos aqui se não cuidarmos das próprias coisas que nos permitem existir, os nossos associados, clientes, fornecedores e o planeta.»[41]

O CEO da Salesforce Marc Benioff diz que «o capitalismo como o conhecemos está morto» e lamenta a «obsessão que temos em maximizar os lucros apenas para os acionistas... o capitalismo dos acionistas está finalmente a atingir um ponto de viragem».[42] O seu entusiasmo é bem-vindo, mas pode estar a pôr a carroça à frente dos bois. Uma abordagem de múltiplas partes interessadas é menos estranha aos líderes das empresas, mas estamos longe da morte do capitalismo de curto prazo, que maximiza o lucro.

Os líderes empresariais devem tomar nota de quão profundo é o ceticismo *fora* do mundo dos negócios. No relatório de 2020 da *Edelman Trust*, 56% dos inquiridos de todo o mundo concordaram que «o capitalismo tal como existe hoje em dia faz mais mal do que bem». Apenas 18% pensam que o sistema funciona para eles.[43] Um quarto dos americanos apoia a «eliminação gradual de um sistema capitalista em favor de um sistema mais socialista» e 70% dos *millennials* dizem ser provável que votem a favor de um socialista.[44] A maioria não apoia provavelmente a definição literal de socialismo em que o governo é proprietário dos meios de produção, mas são atraídos pelo socialismo democrático ao estilo escandinavo. Independentemente da sua definição, estes números são um alerta.

Só podemos aflorar à superfície uma discussão sobre como «consertar» o nosso sistema. Há uma série de importantes líderes do pensamento a repensar o capitalismo para um planeta finito ameaçado. Vale a pena explorar os seus escritos e pensamentos (ver nota para uma lista parcial).[45] Na nossa versão reconhecidamente abreviada do que é facilmente uma discussão digna de um livro, vamos concentrar-nos em duas falhas do capitalismo que as empresas podem melhorar: não atribuir um preço aos recursos valiosos e um mercado financeiro preso ao curto prazo.

O pecado original do capitalismo: externalidades

Para aqueles que rezam no altar do modelo económico dominante de inspiração neoliberal, há dois princípios que são inquestionáveis: o valor para os acionistas é tudo o que importa e os mercados livres (ou a liberdade em geral) resolverão tudo.

Segundo essa mundividência, se a sociedade entender que uma empresa age mal, as pessoas comprarão a outra pessoa. Se o ambiente for danificado, os direitos de propriedade e as ações legais deterão os poluidores. Seja como for, a liberdade continua a ser mais importante do que o ambiente (esta é uma liberdade limitada que só se aplica às empresas, uma vez que as pessoas também têm direito a serem livres de poluição). A teoria diz que os mercados sem restrições tratarão destas questões de forma mágica.

Para acreditar nesta história, é preciso acreditar igualmente em múltiplos contos de fadas, incluindo a ideia comprovadamente falsa de que os mercados funcionam sem problemas, com fluxos de informação perfeitos e concorrência perfeita. No mundo real, o poder do mercado está fortemente concentrado em poucas mãos, não temos toda a informação de que precisamos e os mercados nunca foram livres. São atormentados pela falha fatal das externalidades. Muitos dos custos e benefícios sociais das operações de uma empresa não se refletem no preço dos bens ou serviços. A atmosfera tem sido um aterro gratuito para as nossas emissões de carbono, e algo que tem custo zero é muito utilizado. A fatura das alterações climáticas da sociedade será de muitos biliões de dólares e o custo é efetivamente infinito nos lugares inabitáveis. Mas os poluidores não pagam por nada disso.

As alterações climáticas são o maior fracasso do mercado na história. A desigualdade é um segundo lugar próximo e o mercado de salários não reflete o valor real. Os trabalhadores essenciais que arriscaram as suas vidas durante a pandemia muitas vezes tinham empregos de salários mínimos. Foram eles que mantiveram vivos os restantes trabalhadores que podiam trabalhar por Zoom.

Para mudar a forma como utilizamos os bens do planeta, precisamos de valorizar os recursos escassos, quer através da atribuição voluntária de preços, quer através de regulamentos ou pressões dos clientes. Centenas de empresas adicionaram voluntariamente taxas internas de carbono, mas geralmente como um «preço sombra», que calcula o que um projeto custaria se houvesse um imposto. Um grupo menor de empresas recolhe dinheiro real das unidades de negócio para investir em ações climáticas, incluindo as seguintes:

- Unilever: taxa de 40 euros por tonelada, dinheiro esse que financia projetos de ecoeficiência
- LVMH: 30 euros por tonelada que as suas marcas de luxo têm de investir na redução de carbono[46]
- Siemens: 31 libras por tonelada só no Reino Unido[47]
- Microsoft: 15 dólares por tonelada, cobrados aos departamentos, revertendo para investimentos em eficiência energética ou tecnologia limpa. Em 2021, acrescentou também um imposto de 5 dólares por tonelada sobre as emissões da cadeia de valor (ou Âmbito 3).[48]

Estes são esforços importantes, mas os economistas estimam que o preço do carbono precisa de ser superior a 100 dólares por tonelada para reduzir as emissões com a rapidez suficiente.[49] É teoricamente fácil atribuir um preço ao carbono. As emissões de diferentes formas de energia são uma questão de física e pode aplicar-se um imposto na refinaria, bomba de gás ou outro ponto lógico e rastreável da cadeia.

O capital natural é muito mais complicado. Quanto valem as florestas saudáveis que limpam as águas subterrâneas ou fornecem proteção contra inundações? Um relatório do Fórum Económico Mundial estimou o valor do capital natural que sustenta toda a atividade económica em 125 biliões de dólares, muito maior do que a economia global.[50] Encontrar melhores estimativas do valor do capital natural tem estado a ser trabalhado há anos. A Coligação de Capitais desenvolveu um protocolo para as empresas para medir a forma como estas afetam e dependem do mundo natural.

Há uma década, a marca Puma, da Kering, criou uma P&L ambiental para estimar o valor dos recursos naturais dos quais que dependia na sua cadeia de valor. Os serviços não pagos provenientes da natureza contabilizaram cerca de 100 milhões de dólares, uma parte considerável dos lucros. Este conhecimento era interessante, mas não alterou muito as práticas da empresa ou do setor — sem a fixação de preços para as externalidades, porque é que o comportamento haveria de mudar fundamentalmente?

No entanto, com o tempo, as empresas serão responsabilizadas pelos seus impactos. Mesmo que não haja valor em dólares ou mercado, o «preço» da má utilização dos recursos poderá ser a perda de vendas, reputação, empregados ou licença para funcionar. Como diz Peter Bakker, presidente do Conselho Empresarial Mundial para o Desenvolvimento Sustentável, «os dias em que nos podíamos limitar a otimizar os retornos do capital financeiro acabaram».[51]

Não podemos avaliar perfeitamente o preço dos recursos que utilizamos, mas é evidente que não é zero. As empresas devem aproveitar a mentalidade de diferença positiva para pressionar os preços para que sejam reais, mesmo que imperfeitos. Podemos discutir sobre o tamanho da taxa, mas com algum custo sobre as externalidades, o mundo financeiro pode criar mercados à escala — e se houver dinheiro envolvido, pode apostar que o farão.

Finalmente, algumas coisas não podem ser tarifadas, mas precisam de ser protegidas ou regeneradas. A preservação de espécies raras qualificar-se-ia. Nem tudo tem um valor mensurável ou pode ser regulado à distância. As empresas de diferença positiva entendem isto.

Revisão do sistema financeiro

John Fullerton, do Capital Institute, desenvolveu um quadro de «finanças regenerativas».[52] Ele espera colocar o sistema financeiro em sintonia com as pessoas e o planeta e ao seu serviço. Fullerton desafia as «verdades assumidas sobre as finanças», como a ideia de que financiar tudo, e aumentar continuamente a dimensão e influência das finanças na economia, conduz automaticamente à eficiência, ao crescimento e à prosperidade. Não o tem feito, de todo, a menos que se conte a prosperidade dos próprios banqueiros.

Fullerton defende princípios como mais transparência; geração de riqueza real a longo prazo; colaboração; resiliência; fazer das finanças um meio para uma economia saudável, e não o fim em si; e manter as finanças na escala certa dentro da economia (na altura do *crash* financeiro de 2008, os bancos colheram 30% do total dos lucros operacionais das empresas).[53] Em consonância com Fullerton, acreditamos que a ideia de «dever fiduciário», interpretada como maximização dos lucros a curto prazo, precisa de ser repensada. Como escreveu Bob Eccles, um dos maiores especialistas mundiais em relatórios integrados, a ideia de que o dever fiduciário é igual à primazia dos acionistas «é uma ideologia, não a lei».[54] Um grupo liderado pela Generation Foundation (parte da Generation Investment Management), a Iniciativa Financeira do PNUA, e a Principles for Responsible Investment (PRI) está a esforçar-se por desafiar a visão tradicional. A CEO do PRI, Fiona Reynolds, diz que o projeto pretende «acabar com o debate sobre a inclusão dos fatores ESG no dever fiduciário».[55]

Andrew Liveris, antigo CEO da Dow, ajudou a fundar a Focusing Capital on the Long Term (FCLTGlobal) e dedica-se a solucionar o sistema financeiro. Para Liveris, precisamos de dois pontos de ataque aos investidores: novas políticas governamentais e maior transparência — «Precisamos de os envergonhar», diz ele.[56] Sugere regulamentos sobre negociação a curto prazo e fundos de cobertura porque «as bolsas são como Las Vegas e não têm qualquer semelhança com a realidade». Defende mais divulgação sobre riscos como as alterações climáticas, melhores métricas sobre o progresso das empresas face aos ODS que os fundos de pensões podem incorporar nas decisões de investimento, e novos incentivos para que que os proprietários de ativos deixem de ser recompensados pelo desempenho a curto prazo.

Alguns investidores a longo prazo estão a tentar mudar o sistema a partir do seu interior. Quando Hiro Mizuno dirigiu o fundo de pensões do governo japonês (GPIF) de 1,5 biliões de dólares, direcionou-o para o ESG, mas não o fez numa perspetiva de sustentabilidade. O seu interesse estava em gerir o risco a longo prazo, uma vez que o tamanho do GPIF o tornava um «proprietário universal» — ou seja, à sua escala, eles eram basicamente o mercado. Quando se é dono de tanto durante muito tempo, só o risco sistémico interessa. Mas, segundo Mizuno, a estratégia convencional de gestão de carteiras centrava-se apenas em como vencer o mercado, não em como melhorá-lo.

O ESG foi a melhor forma que encontrou para comunicar o seu ponto de vista sobre a gestão de valor a longo prazo, uma vez que cada dimensão do ESG «se torna relevante na escala a longo prazo».[57] Mas se o ESG é um risco relevante, interroga-se, «como é que o cobre?» Uma observação brilhante que poderíamos aplicar ao clima, às pandemias e às ruturas da cadeia de abastecimento. Como é que se cobrem esses riscos? (Tornar-se uma empresa de diferença positiva é um bom começo).

A atual abordagem de curto prazo, diz Mizuno, é um fracasso sistémico e uma «tragédia do horizonte». Gerir os ativos para o trimestre é «tecnicamente correto, mas holisticamente errado». Esta parece ser a descrição de todo o nosso sistema económico.

O que as empresas de diferença positiva fazem para achatar a curva do capitalismo

- Fixam o preço das externalidades, colocam um preço no carbono nas suas operações, recolhem dinheiro real e investem-no em reduzir ainda mais as emissões de carbono
- Usam o poder político empresarial para defender agressivamente um preço regulador para o carbono
- Trabalham em colaboração com ONG e outras para colocar preços corretos sobre recursos naturais difíceis de medir, como a água e o uso do solo
- Encorajam o sistema financeiro a valorizar o ESG e o longo prazo, transferindo os seus próprios investimentos para o investimento sustentável e falando proativamente com os investidores sobre como os esforços da empresa no sentido do ESG criam valor (não espere que os analistas perguntem)

6. Defender os pilares da sociedade

A lista de princípios que sustentam uma sociedade justa seria longa, mas incluiria certamente democracia, liberdades protegidas, igualdade, uma imprensa livre e um compromisso com a ciência e os factos. Todos estes pilares da sociedade estão a ser atacados de formas cada vez mais flagrantes. Chamar à imprensa o «inimigo do povo» não é subtil.

A ascensão global de líderes autocráticos cria escolhas difíceis para as empresas. É mau para as empresas e para a sociedade. No relatório da B Team, *The Business Case for Protecting Civic Rights*, conclui-se que «os países com maiores níveis de respeito pelos direitos cívicos experimentam um maior crescimento económico [e] maiores níveis de desenvolvimento humano».[58] Durante a pandemia, os direitos deterioraram-se em todo o lado e 87% da população mundial vive em países agora classificados como «reprimidos», «obstruídos» ou «fechados».[59] Mais de metade do mundo vive sob regimes com violações significativas dos direitos humanos: campos de concentração de Uyghurs na China, violência contra os muçulmanos na Índia e crianças separadas dos pais na fronteira EUA-México. A Rússia, Turquia, Hungria, Brasil e outros países mudaram para a autocracia e reduziram as liberdades (como fizeram os Estados Unidos durante quatro anos). Deverão as empresas deixar de trabalhar com estes governos? Talvez, mas se o fizerem, abandonam metade do mundo.

Os líderes empresariais não podem ficar de fora, mas precisam de ser homens de Estado, não políticos. Portanto, mantenha-se fiéis aos seus valores. Pense bem no que não aceitará dos seus parceiros governamentais. É uma linha ténue. Se falar demasiado, pode alienar os líderes e reduzir qualquer influência que tenha; se falar pouco, apoia tacitamente a autocracia e a repressão. Quando a McKinsey disse aos seus empregados de Moscovo para não se juntarem aos protestos de apoio à oposição de Putin, o *Financial Times* comparou-a à propaganda, e um senador dos EUA enviou à empresa uma carta a dizer que o incidente «levanta sérias questões sobre os valores fundamentais da McKinsey».[60]

As empresas podem desafiar os ataques à liberdade e lutar pela justiça. A Unilever tem utilizado a sua publicidade para promover a inclusão. Tem-se manifestado contra a intolerância, inclusive na Índia, à medida que a violência contra os muçulmanos aumenta. As empresas estão a sair da casca quando os ataques aos pilares da sociedade são óbvios. A Ben & Jerry's, da Unilever, lutou contra a repressão dos eleitores nos Estados Unidos, procurando ajudar os cidadãos que em tempos foram impedidos de votar (por causa de um registo criminal) a votar de novo. A B Team pronuncia-se frequentemente sobre corrupção, violações dos direitos humanos ou dinheiro na política. Todos estes são cancros da sociedade que minam a democracia.

No período que antecedeu as eleições de 2020 nos Estados Unidos, algumas organizações usaram a sua voz pela primeira vez. A revista *Scientific American* e o *New England Journal of Medicine* — desde o início da sua existência, remontando aos anos 1800, nenhum dos dois havia alguma vez feito uma declaração política — apoiaram Joe Biden, porque temiam que a ciência estivesse a ser comprometida. Os líderes empresariais assinaram declarações de apoio a eleições livres e justas (o Projeto Leadership Now) e à participação cívica (a Civic Alliance). A Câmara de Comércio dos EUA e o sindicato AFL-CIO, numa rara declaração combinada, pediram que todos os votos contassem quando o presidente em exercício questionou, sem base, a legalidade dos boletins de voto por correspondência.

Depois de perder, Trump e os seus facilitadores perpetraram a grande mentira de que tinha realmente ganhado as eleições, instigando uma insurreição armada e a tomada de posse do edifício do Capitólio dos EUA a 6 de janeiro de 2021. Um chocante número de 147 membros do Congresso (todos republicanos) votou, *após* o ataque que gerou mortes, a favor da anulação dos resultados eleitorais. Como já mencionámos, muitas empresas fizeram uma pausa nos donativos políticos. Mas uma lista impressionante de grandes empresas deixou de fazer donativos apenas a esses 147 membros. (Vergonhosamente, algumas empresas já começaram novamente a fazer donativos aos apoiantes da insurreição.) Nos meses seguintes, algumas empresas americanas também se opuseram a numerosas leis aprovadas pelos partidos republicanos estatais para restringir os direitos de voto.

As empresas também podem tomar medidas nas suas operações para contrariar as más políticas. À medida que o desflorestamento na Amazónia aumentou sob a presidência brasileira de Jair Bolsonaro, os compradores de soja e de carne aumentaram a pressão sobre os seus fornecedores para pararem com o desflorestamento e respeitarem os direitos humanos. Estas são escolhas comerciais legítimas que não abordam a política. A Unilever continua frequentemente a fazer projetos que melhoram vidas, tais como iniciativas no domínio da nutrição ou da saúde e higiene, independentemente do que se passa com os governos. Em locais com preocupações de direitos humanos, estes projetos são ainda mais necessários. A mudança acontece a partir de dentro, e deixar essas regiões a sofrer não vai ajudar.

Os ataques à democracia e à imprensa são graves, mas estamos mais preocupados com os esforços para minar os factos e a ciência. O surgimento de «notícias falsas» — isto é, informação falsificada e fabricada, e não apenas histórias de que não gostamos — levou a uma vasta desinformação. Nos Estados Unidos, quem propagou a louca conspiração de QAnon convenceu milhões de pessoas de que os democratas dirigiam um circuito de tráfico de crianças a partir de um restaurante de *pizzas*. No Mianmar, após a posse de telemóveis ter disparado de 1% para 90% em apenas sete anos, o Facebook tornou-se a principal fonte de informação.[61] A ONU concluiu que notícias falsas e incendiárias no Facebook levaram à violência genocida contra o povo Rohingya.[62] A Unilever foi uma das primeiras a parar a publicidade em plataformas que incitam ao ódio e espalham a desinformação.

Os políticos populistas há muito que tentam confundir os cidadãos sobre o que é verdade, defendendo que não se tem a certeza absoluta de nada. Também as empresas lançaram dúvidas sobre factos que consideram inconvenientes, tais como a ExxonMobil a travar uma guerra desprezível contra a ciência das alterações climáticas durante décadas. A confiança do público na informação está em baixo.

Nada disto é bom. Todas as empresas com um interesse na ciência e na verdade — que são todas, mas alguns setores mais do que outros — devem defender a realidade. Ir a público e dizer em voz alta: «Acreditamos nos factos e na ciência». Se isso é uma declaração política, então que assim seja. Pronunciar-se publicamente é, paradoxalmente, a melhor forma de despolitizarmos a declaração. Depois de Trump ter feito declarações sobre apressar a comercialização de uma vacina para a covid-19, um grupo das maiores empresas farmacêuticas do mundo emitiu uma declaração de que seguiriam a ciência e não a política. É perturbador que tenham tido de o dizer.

Como podemos enfrentar os desafios globais e partilhados e procurar um mundo justo e equitativo, se não podemos operar a partir de um único conjunto básico de factos sobre tudo, desde alterações climáticas a pandemias e racismo?

O que fazem as empresas de diferença positiva para defender os pilares da sociedade

- Pronunciam-se publicamente, sozinhas ou coletivamente, para proteger a democracia, a liberdade, a ciência e a verdade. Esta não é apenas uma questão para as empresas baseadas na ciência; todos estão em risco quando os políticos declaram a sua própria realidade.
- Trabalham para corrigir perceções erradas que os seus próprios empregados possam ter
- Encontram formas de utilizar o poder da empresa, como as compras na cadeia de abastecimento, para combater políticas perigosas
- Têm uma visão a longo prazo e continuam a trabalhar diretamente com as comunidades, mesmo em países com sérios problemas de direitos humanos ou democracia — é melhor fazer parte da mudança do que fugir dela

«Uma base moral superior»

Ao longo da história, cada geração sente que está a viver na época mais importante de sempre. Mas talvez agora seja verdade. A tecnologia nunca avançou tão depressa. O mundo nunca se moveu tão rapidamente. Nunca soubemos tanto sobre o nosso mundo, uma vez que os conhecimentos científicos mudam a nossa compreensão da realidade. Nunca houve tanta gente a competir pelo espaço e pelos recursos — quase oito mil milhões de pessoas, um número inimaginável para os antigos gregos.

Mesmo os cidadãos no início do século XX — quando o mundo descobriu muito do que consideramos moderno, como a eletricidade, carros e aviões — ficariam chocados. Nessa altura, cerca de 1,6 mil milhões de pessoas andavam pelo planeta, mas espalhados, com dias de viagem entre si. Agora, cerca de uma longa vida mais tarde, a maioria da humanidade está essencialmente conectada num único organismo global (dois terços de todas as pessoas têm agora telemóveis).[63]

Nós os dois trabalhamos há décadas para ajudar a comunidade empresarial a evoluir, prosperar e criar um novo mundo — para fazer das empresas uma força para o bem. Não acreditamos que a humanidade consiga ultrapassar as dificuldades de meados do século XXI sem que as empresas assumam um papel proeminente na resolução dos nossos desafios comuns, em vez de contribuírem para eles.

Estamos a enfrentar questões existenciais. Será que a situação vai piorar ou melhorar? Está nas nossas mãos. As soluções para as nossas crises globais de há décadas — alterações climáticas, perda de biodiversidade, desigualdade, divisão racial e pobreza, entre outras — residem na empatia e compaixão, no pensamento sistémico e na ação coletiva. Podemos escolher a direção que tomamos e que tipo de mundo criamos. Podemos ter um impacto de diferença positiva à nossa volta e construir um lugar onde as pessoas e organizações dão muito, mas também recebem muito em troca. Temos os instrumentos para fazer enormes progressos em tudo aquilo que nos aflige. Podemos eliminar a pobreza extrema, podemos descarbonizar, podemos proteger a terra e as espécies.

Escolheremos o nosso destino, juntos. O que pedimos é mais confiança, mais coragem e mais humanidade. Preocupa-se? Tem força de vontade? É capaz de encontrar a liderança moral para fazer o que temos de fazer? Se se juntar a nós nesta importantíssima viagem para a diferença positiva, poderá expor-se a críticas. Cometerá erros. Mas as recompensas são enormes, para si, para o seu negócio — que irá prosperar de uma forma totalmente nova — e para todos nós que vivemos juntos nesta bola giratória e imperfeita.

Em 2004, o Comité do Prémio Nobel atribuiu à queniana Wangari Maathai o Prémio da Paz pelo trabalho que fez ao longo da sua vida, o Movimento Cinturão Verde, que plantou mais de 30 milhões de árvores e melhorou a vida de um milhão de mulheres africanas. No discurso proferido durante a atribuição do Prémio Nobel, Maathai salientou que o Comité, ao atribuir-lhe este prémio, estava a desafiar o mundo a alargar o seu entendimento da paz.

«Não pode haver paz sem desenvolvimento equitativo», disse Maathai, «e não pode haver desenvolvimento sem gestão sustentável do ambiente num espaço democrático e pacífico... No decurso da história, chegamos a um momento em que a humanidade é chamada a mudar para atingir um novo nível de consciência, uma base moral mais elevada. Uma época em que temos de abandonar o nosso medo e dar esperança uns aos outros. Esse momento é agora».[64]

Sim, é agora.

AGRADECIMENTOS

Existe um número surpreendente de pessoas que ajuda a fazer com que um livro aconteça. Muitas outras foram fonte de inspiração, ideias e histórias, para além de terem assumido o papel de caixas de ressonância, editores, parceiros de pensamento e amigos (daqueles que nos dizem as duras verdades). Este livro não se teria tornado uma realidade sem todas elas.

Temos uma enorme gratidão por Jeff Seabright, que, na verdade, deveria ser o terceiro autor. Jeff esteve em cada chamada, leu cada rascunho, deu novas ideias e forneceu orientação sobre cada teoria e ideia que tivemos. A combinação da experiência de Jeff é única, incluindo o tempo como diretor de sustentabilidade na Unilever, funções anteriores em multinacionais de produtos de consumo e energia, e o trabalho dentro do governo dos EUA. Jeff manteve o leme a direito neste projeto, ajudando-o, como ele diz, «a guinar para a grandiosidade». Se nos aproximámos dessa marca, foi graças a ele.

Falámos com um grande número de pessoas que generosamente deram o seu tempo e perspetivas muito honestas sobre a sustentabilidade em geral, e especificamente sobre o lugar da Unilever nesta história. Como qualquer escritor sabe, é doloroso ter uma longa e fascinante conversa com alguém e resumi-la a uma única citação — ou ter de deixar uma grande história do lado de fora da edição. Gostaríamos de ter podido partilhar muito mais das opiniões de todos estes colaboradores. Agradecemos a James Allison, Jonathan Atwood, Doug Baille, Doug Baker, Peter Bakker, Irina Bakhtina, Hemant Bakshi, Charlie Beevor, David Blanchard, David Blood, Romina Boarini, Sharan Burrow, Jason Clay, Doina Cocoveanu, Jonathan Donner, Tony Dunnage, Marc Engel, Karen Hamilton, Rebecca Henderson, Cheryl Hicks, Jeff Hollender, Rosie Hurst, Alan Jope, Janine Juggins, Anne Kelly, Tim Kleinebenne, Kees Kruythoff, Angélique Laskewitz, Andy Liveris, Mindy Lubber, Rebecca Marmot, Marcela Marubens, Marc Mathieu, Sanjiv Mehta, Steve Miles, Hiro Mizuno, Kumi Naidoo, Leena Nair, Gavin Neath, Frank O'Brien-Bernini, Sandy Ogg, Ron Oswald, Miguel Veiga-Pestana, John

Replogle, John Sauven, Pier Luigi Sigismondi, Samir Singh, Jostein Solheim, Emilo Tenuta, Harold Thompson, Sally Uren, Sunny Verghese, Jan Kees Vis, Dominic Waughray e Keith Weed. Agradecemos também aos muitos outros líderes de empresas, ONG, universidades e governo que nos inspiraram com o seu trabalho a escrever este livro.

Com quase 500 notas finais, este livro exigiu uma vasta investigação pormenorizada para obter todas as estatísticas necessárias e assegurar que as histórias que relatámos fossem exatas. O nosso trabalho dependeu muito da nossa diretora de investigação, Jennifer Johnson, e da assistente de investigação, Laura Zaccagnino, ambas capazes de encontrar a mais obscura estatística que quiséssemos e de nos dar *feedback* na qualidade de primeiras leitoras. Estamos gratos à *designer* Fiona Fung, que fez com que os nossos gráficos e ideias para as estruturas ficassem com bom aspeto. Agradecemos também a algumas pessoas que nos ajudaram a localizar ou confirmar informações na Unilever, incluindo David Courtnage, Cliff Grantham, James Hu e Ishtpreet Singh.

Assim que chegámos a um primeiro rascunho da obra completa — que ainda precisava de muito trabalho —, pedimos a algumas almas corajosas que o lessem e nos dessem a sua perspetiva sem filtros. Jamais agradeceremos o suficiente às seguintes pessoas, que passaram muito tempo a dar um *feedback* detalhado: Matt Blumberg, Mats Granryd, Jeff Gowdy, Andy Hoffman, Hunter Lovins, Henrik Madsen, Colin Mayer, Jeremy Oppenheim, Jonathan Porritt e P. J. Simmons.

Também queremos agradecer às nossas equipas, que mantiveram os nossos negócios em andamento enquanto escrevíamos. Andrew não conseguiria fazer o seu trabalho sem a sua equipa principal de Aleise Matheson, Sharon Parker e Dina Satriale. O apoio de Paul na IMAGINE inclui Kelsey Finkelstein, Jenna Salter e a cofundadora Valerie Keller. Zena Creed ajudou a dar início ao processo do livro, teve um filho, tirou a licença de maternidade e voltou... e nós ainda estávamos a escrever. Tem sido uma importante parceira de pensamento na divulgação do nosso livro e no desenvolvimento da nossa história e comunicação.

A equipa da Harvard Business Review Press é de primeira categoria. O nosso conselheiro estratégico durante todo o processo foi o nosso editor Jeff Kehoe, que demonstrou uma enorme paciência. Este livro foi produzido por uma grande equipa, que o tornou melhor. Agradecemos a Stephani Finks por outro excelente *design* de capa de livro, à diretora editorial de imprensa Melinda Merino e à diretora de produção Jen Waring, bem como a Christine Marra da *Marrathon* Editorial Production Services. Também queremos agradecer às equipas de operações comerciais e *marketing*, que se encarregam de vender o livro em todo o mundo, incluindo a diretora comercial de imprensa, Erika Heilman, Sally Ashworth, Julie Devoll, Lindsey Dietrich, Brian Galvin, Alexandra Kephart, Julia Magnuson, Ella Morrish, Jon Shipley, Felicia Sinusas e Alicyn Zall. Agradecemos também à equipa de liderança da *HBR*, Adi Ignatius (que foi fundamental para convencer Paul a fazer o projeto) e à editora do Grupo, Sarah McConville.

Finalmente, agradecemos às nossas famílias, que são a inspiração para tudo o que fazemos e nos apoiam durante as longas e bizarras horas de trabalho de dois escritores separados por um fuso horário de seis horas. Os pais de Andrew, Jan e Gail Winston, merecem agradecimentos intermináveis por décadas de apoio incondicional e por inculcarem um sentido de moralidade que guia o trabalho e a vida de Andrew. Christine Winston, uma experiente empresária, há muito que é a melhor editora e caixa de ressonância de Andrew. Enquanto trabalhava a tempo inteiro, ela assumiu mais do que uma parte justa do esforço de manter a casa a funcionar enquanto Andrew estava distraído a dactilografar. Os seus filhos, Joshua e Jacob, cresceram desde criança, um, e recém-nascido, o outro, quando Andrew publicou o seu primeiro livro, até adolescentes capazes de fazer perguntas difíceis sobre conteúdos e propósitos. Todos contaremos com a Gen Z para retomar a luta por um mundo próspero e Andrew espera que os seus dois membros da geração da ação saiam para o mundo e pratiquem o bem.

Paul não poderia estar mais orgulhoso e mais grato à sua família, que não só contribuiu grandemente ao inculcar valores, mas também ao serem, eles próprios, grandes exemplos. Os seus pais, Bertus e Ria Polman, tinham uma missão simples — dar aos filhos uma vida melhor e mais significativa e pôr-se incansavelmente ao serviço de um bem maior. Kim Polman tem a sua própria vida incrivelmente ocupada como fundadora e presidente da Reboot the Future, uma empresa social com a missão de criar um mundo mais compassivo e sustentável, através de uma mudança radical de mentalidade fundada numa regra tão antiga como a própria humanidade: a Regra de Ouro. Preside também à principal fundação da família, a Kilimanjaro Blind Trust, centrada em impulsionar a alfabetização em África para os deficientes visuais. Ela própria sabe o que implica escrever um livro, pois publicou *Imaginal Cells: Visions of Transformation*, que nos deu muita inspiração. Para além de demonstrar uma paciência infinita perante as nossas discussões tardias sobre o livro e jantares perdidos, também estimulou o fluxo criativo com a sua música ao violoncelo.

Os filhos de Paul e Kim, Christian, Philippe e Sebastian, apesar de terem vidas familiares ocupadas, têm sido bons apoiantes do trabalho e encorajam-nos a dar o nosso melhor. Cada um deles está, à sua maneira, a tentar viver uma vida de diferença positiva. Os *millennials* podem ter iniciado uma tendência maior do que a que nos apercebemos. Por isso, um grande obrigado.

E obrigado a todos os leitores que irão empenhar-se em construir um mundo de diferença positiva e próspero.

NOTAS

INTRODUÇÃO: Porque é que a maionese ganhou ao *ketchup*

1 Arash Massoudi, James Fontanella-Khan e Bryce Elder, «Unilever Rejects $143bn Kraft Heinz Takeover Bid» *Financial Times*, 17 de fevereiro, 2017, https://on.ft.com/3eHeNM4.
2 Daniel Roberts, «Here's What Happens When 3G Capital Buys Your Company» *Fortune*, acedido a 3 de março, 2021, https://fortune.com/2015/03/25/3g-capital-heinz-kraft-buffett/.
3 Arash Massoudi e James Fontanella-Khan, «The $143bn Flop: How Warren Buffett and 3G Lost Unilever» *Financial Times*, 21 de fevereiro, 2017, https://www.ft.com/content/d846766e-f81b-11e6-bd4e-68d53499ed71.
4 Ron Oswald (IUF), entrevista pelo autor, 28 de setembro, 2020.
5 Harold Thompson (Ash Park), entrevista pelo autor, 24 de abril, 2020.
6 Vincent Lee (Bernstein), comunicação por *e-mail* com o autor, 3 de março, 2021.
7 «Unilever Announces Covid-19 Actions for All Employees,» *website* global da Unilever, acedido a 3 de março, 2021, https://www.unilever.com/news/news-and-features/Feature-article/2020/unilever-announces-covid-19-actions-for-all-employees.html.
8 «From Our CEO: We Will Fight This Pandemic Together,» *website* global da Unilever, acedido a 4 de março, 2021, https://www.unilever.com/news/news-and-features/Feature-article/2020/from-our-ceo-we-will-fight-this-pandemic-together.html.
9 Uday Sampath Kumar e Bhattacharjee Nivedita, «Kraft Heinz Discloses SEC Probe, $15 Billion Write-Down; Shares Dive 20 Percent,» Reuters, 22 de fevereiro, 2019, https://www.reuters.com/article/us-kraft-heinz-results-idUSKCN1QA2W1; Gillian Tan e Paula Seligson, «Kraft Heinz Taps as Much as $4 Billion of Credit Line,» Bloomberg, 16 de março, 2020, https://www.bloomberg.com/news/articles/2020-03-16 /kraft-heinz-is-said-to-tap-as-much-as-4-billion-of-credit-line.
10 Mark Engel (Unilever), entrevista pelo autor, 14 de maio, 2020.
11 William McDonough e Michael Braungart, *The Upcycle* (Nova Iorque: Northpoint Press, 2013), 35–36.
12 Kim Polman, *Imaginal Cells* (publicação de autor, 2017), 8.
13 «Unilever, Patagonia, Ikea, Interface, and Natura &Co Most Recognized by Experts as Sustainability Leaders According to 2020 Leaders Survey,» *GlobeScan* (blog), 12 de agosto, 2020, https://globescan.com/unilever-patagonia-ikea-interface-top-sustainability-leaders-2020/.
14 Dominic Waughray (WEF), entrevista pelo autor, 25 de setembro, 2020.
15 *The Private Sector: The Missing Piece of the SDG Puzzle*, OECD, 2018.
16 «Citing $2.5 Trillion Annual Financing Gap during SDG Business Forum Event, Deputy Secretary-General Says Poverty Falling Too Slowly», UN, Meetings Coverage and Press Releases, acedido a 4 de março, 2021, https://www.un.org/press/en/2019/dsgsm1340.doc.htm; «International Aid Reached Record Levels in 2019», *New Humanitarian*, 17 de abril, 2020, https://www.thenewhumanitarian.org/news/2020/04/17/international-aid-record-level-2019.
17 Emily Flitter, «Decade after Crisis, a $600 Trillion Market Remains Murky to Regulators», *New York Times*, 22 de julho, 2018, https://www.nytimes.com/2018/07/22/business/derivatives-banks-regulation-dodd-frank.html.

18 *2020 Edelman Trust Barometer*, Edelman, janeiro de 2020, https://www.edelman.com/trust/2020-trust-barometer.

19 «A Message from Our Chief Executive Officer,» 2020 ESG, acedido a 4 de março, 2021, https://corporate.walmart.com/esgreport/a-message-from-our-chief-executive-officer.

20 Eben Shapiro, «"It's the Right Thing to Do." Walmart CEO Doug McMillon Says It's Time to Reinvent Capitalism Post-Coronavirus», *Time*, 21 de outubro, 2020, https://time.com/collection-post/5900765/walmart-ceo-reinventing-capitalism/.

21 «Earth Overshoot Day—We Do Not Need a Pandemic to #MoveTheDate!» Earth Overshoot Day, acedido a 14 de março, 2021, https://www.overshootday.org/.

22 Kenneth Boulding, «The Economics of the Coming Spaceship Earth», in *Radical Political Economy*, ed. Victor D. Lippit (Armonk, Nova Iorque: M. E. Sharpe, 1966), 362.

23 Niall McCarthy, *Report: Global Wildlife Populations Have Declined 68% in 50 Years Due to Human Activity* [Infographic], *Forbes*, acedido a 7 de março, 2021, https://www.forbes.com/sites/niallmccarthy/2020/09/10/report-global-wildlife-populations-have-declined-68-in-50-years-due-to-human-activity-infographic/.

24 «Rate of Deforestation», TheWorldCounts, acedido a 7 de março, 2021, https://www.theworldcounts.com/challenges/planet-earth/forests-and-deserts/rate-of-deforestation/story; Alexander C. Kaufman, «Fossil Fuel Air Pollution Linked to 1 in 5 Deaths Worldwide, New Harvard Study Finds», *HuffPost*, acedido a 5 de março, 2021, https://www.huffpost.com/entry/fossil-fuel-air-pollution_n_6022a51dc5b6c56a89a49185.

25 Estas ligações sistémicas entre os sistemas naturais e a saúde humana são o foco do campo emergente da saúde planetária. Para saber mais, ver www.planetary healthalliance.org.

26 Luke Baker, «More Than 1 Billion People Face Displacement by 2050 — Report», Reuters, 9 de setembro, 2020, https://www.reuters.com/article/ecology-global-risks-idUSKBN2600K4; Ver também Chi Xu *et al.*, «Future of the Human Climate Niche», *Proceedings of the National Academy of Sciences* 117, no. 21 (26 de maio, 2020): 11350–55, https://doi.org/10.1073/pnas.1910114117.

27 Tim Cook (Apple), discurso na aCeres 30th Anniversary Gala, 21 de outubro, 2019.

28 «Cases, Data, and Surveillance», Centers for Disease Control and Prevention, 11 de fevereiro, 2020, https://www.cdc.gov/coronavirus/2019-ncov/covid-data/investigations-discovery/hospitalization-death-by-race-ethnicity.html.

29 «Indigenous Tribes in Brazil Are Dying Twice as Much as the National Average Due to COVID-19», World Is One News, 25 de maio, 2020, https://www.wionews.com/world/indigenous-tribals-in-brazil-are-dying-twice-as-much-as-the-national-average-due-to-covid-19-300952.

30 *SDG AMBITION: Introducing Business Benchmarks for the Decade of Action*, UN Global Compact, 2020.

31 «Nearly Half the World Lives on Less than $5.50 a Day», Banco Mundial, acedido a 14 de março, 2021, https://www.worldbank.org/en/news/press-release/2018/10/17/nearly-half-the-world-lives-on-less-than-550-a-day; «Learning Poverty», World Bank, acedido a 6 de março, 2021, https://www.worldbank.org/en/topic/education/brief/learning-poverty; *World Hunger Is Still Not Going Down after Three Years and Obesity Is Still Growing*—UN Report, acedido a 6 de março, 2021, https://www.who.int/news/item/15-07-2019-world-hunger-is-still-not-going-down-after-three-years-and-obesity-is-still-growing-un-report; «Children: Improving Survival and Well-Being», fonte: World Health Organization, acedido a 6 de março, 2021, https://www.who.int/news-room/fact-sheets/detail/children-reducing-mortality.

32 «Secretary-General's Nelson Mandela Lecture: 'Tackling the Inequality Pandemic: A New Social Contract for a New Era' [as Delivered]», United Nations Secretary-General, 18 de julho, 2020, https://www.un.org/sg/en/content/sg/statement/2020-07-18/secretary-generals-nelson-mandela-lecture-%E2%80%9Ctackling-the-inequality-pandemic-new-social-contract-for-new-era%E2%80%9D-delivered.

33 Mellody Hobson, «The Future of Sustainable Business Leadership», Ceres 2021, evento virtual, https://events.ceres.org/2021/agenda/session/430203.

34 Nick Hanauer e David M. Rolf, «America's 1% Has Taken $50 Trillion from the Bottom 90%», *Time*, acedido a 7 de março, 2021, https://time.com/5888024/50-trillion-income-inequality-america/.

35 Rick Watzman, «Income Inequality: RAND Study Reveals Shocking New Numbers», acedido a 7 de março, 2021, https://www.fastcompany.com/90550015/we-were-shocked-rand-study-uncovers-massive-income-shift-to-the-top-1.

36 «A Fifth of Countries Worldwide at Risk from Ecosystem Collapse as Biodiversity Declines, Reveals Pioneering Swiss Re Index», Swiss Re, acedido a 14 de março, 2021, https://www.swissre.com/media/news-releases/nr-20200923-biodiversity-and-ecosystems-services.html.

37 «World Economy Set to Lose up to 18% GDP from Climate Change If No Action Taken, Reveals Swiss Re Institute's Stress-Test Analysis», Swiss Re, acedido a 6 de maio, 2021, https://www.swissre.com/media/news-releases/nr-20210422-economics-of-climate-change-risks.html.

38 «AT&T Commits to Be Carbon Neutral by 2035», AT&T, acedido a 7 de março, 2021, https://about.att.com/story/2020/att_carbon_neutral.html.

39 Sarah Repucci and Amy Slipowitz, «Democracy under Lockdown», Freedom House, acedido a 9 de março, 2021, https://freedomhouse.org/report/special-report/2020/democracy-under-lockdown.

40 Vincent Wood, «Britons Enjoying Cleaner Air, Better Food and Stronger Social Bonds Say They Don't Want to Return to "Normal"», *Independent*, 17 de abril, 2020, https://www.independent.co.uk/news/uk/home-news/coronavirus-uk-lockdown-end-poll-environment-food-health-fitness-social-community-a9469736.html.

41 Leslie Hook, «World's Top 500 Companies Set to Miss Paris Climate Goals», *Financial Times*, 17 de junho, 2019, https://on.ft.com/2UAlNB3.

42 Sally Uren (Forum for the Future), comunicação por *e-mail* com os autores, 22 de março, 2021.

43 «About Donella "Dana" Meadows», *Academy for Systems Change* (blog), acedido a 7 de março, 2021, http://donellameadows.org/donella-meadows-legacy/donella-dana-meadows/.

44 Jim Harter e Annamarie Mann, «The Right Culture: Not Just about Employee Satisfaction», Gallup.com, 12 de abril, 2017, https://www.gallup.com/workplace/231602/right-culture-not-employee-satisfaction.aspx.

45 «Unilever's Purpose-Led Brands Outperform», *website* global da Unilever, acedido a 7 de março, 2021, https://www.unilever.com/news/press-releases/2019/unilevers-purpose-led-brands-outperform.html.

46 «Research Highlights», NYU Stern Center for Sustainable Business, acedido a 7 de março, 2021, https://www.stern.nyu.edu/experience-stern/faculty-research/new-meta-analysis-nyu-stern-center-sustainable-business-and-rockefeller-asset-management-finds-esg.

47 «Announcing the 2021 Rankings of America's Most JUST Companies», *JUST Capital* (blog), acedido a 7 de março, 2021, https://justcapital.com/reports/announcing-the-2021-rankings-of-americas-most-just-companies/.

48 Larry Fink, «BlackRock Client Letter—Sustainability» BlackRock, acedido a 9 de março, 2021, https://www.blackrock.com/corporate/investor-relations/blackrock-client-letter; Jennifer Thompson, «Companies with Strong ESG Scores Outperform, Study Finds», *Financial Times*, acedido a 9 de março, 2021, https://www.ft.com/content/f99b0399-ee67-3497-98ff-eed4b04cfde5.

49 Sophie Baker, «Global ESG-Data Driven Assets Hit $40.5 Trillion», Pensions & Investments, 2 de julho, 2020, https://www.pionline.com/esg/global-esg-data-driven-assets-hit-405-trillion.

50 «Sustainable Bond Issuance to Hit a Record $650 Billion in 2021», Moody's, acedido a 9 de março, 2021, https://www.moodys.com/research/Moodys-Sustainable-bond-issuance-to-hit-a-record-650-billion--PBC_1263479.

51 «Larry Fink CEO Letter», BlackRock, acedido a 9 de março, 2021, https://www.blackrock.com/corporate/investor-relations/larry-fink-ceo-letter.

52 Alan Murray, «The 2019 Fortune 500 CEO Survey Results Are In», *Fortune*, acedido a 10 de março, 2021, https://fortune.com/2019/05/16/fortune-500-2019-ceo-survey/.

53 Kathleen McLaughlin (Walmart), conversa com os autores, 20 de setembro, 2020.

54 «What on Earth Is the Doughnut», acedido a 9 de março, 2021, https://www.kateraworth.com/doughnut/.

55 «Sustainable Business Could Unlock US$12 Trillion, Creating 380 Million Jobs», *website* global da Unilever, acedido a 9 de março, 2021, https://www.unilever.com/news/news-and-features/Feature-article/2017/Sustainable-business-could-unlock-12-trillion-dollars-and-380-million-jobs.html.

56 Hanna Ziady, «Climate Change: Net Zero Emissions Could Cost $2 Trillion a Year, ETC Report Says», CNN Business, 16 de setembro, 2020, https://edition.cnn.com/2020/09/16/business/net-zero-climate-energy-transitions-commission/index.html.

57 «CGR 2021», Circularity Gap Reporting Initiative, acedido a 14 de março, 2021, https://www.circularity-gap.world/2021.

58 «Record Number of Billion-Dollar Disasters Struck U.S. in 2020», National Oceanic and Atmospheric Administration», acedido a 9 de março, 2021, https://www.noaa.gov/stories/record-number-of-billion-dollar-disasters-struck-us-in-2020.

59 «Solar's Future Is Insanely Cheap (2020)», Ramez Naam, 14 de maio, 2020, https://rameznaam.com/2020/05/14/solars-future-is-insanely-cheap-2020/.

60 Brian Murray, «The Paradox of Declining Renewable Costs and Rising Electricity Prices», *Forbes*, acedido a 9 de março, 2021, https://www.forbes.com/sites/brianmurray1/2019/06/17/the-paradox-of-declining-renewable-costs-and-rising-electricity-prices/.

61 *Levelized Cost of Energy Analysis*, vol. 14, Lazard, novembro, 2020, https://www.lazard.com/perspective/levelized-cost-of-energy-and-levelized-cost-of-storage-2020/.

62 Paul Eisenstein, «GM to Go All-Electric by 2035, Phase Out Gas and Diesel Engines», NBC News, acedido a 9 de março, 2021, https://www.nbcnews.com/business/autos/gm-go-all-electric-2035-phase-out-gas-diesel-engines-n1256055; Joshua S. Hill, «Honda to Phase Out Diesel, Petrol Cars in UK in Favour of EVs by 2022», acedido a 9 de março, 2021, https://thedriven.io/2020/10/21/honda-to-phase-out-diesel-petrol-cars-in-uk-in-favour-of-evs-by-2022/.

63 Fred Lambert, «Daimler Stops Developing Internal Combustion Engines to Focus on Electric Cars—Electrek», acedido a 9 de março, 2021, https://electrek.co/2019/09/19/daimler-stops-developing-internal-combustion-engines-to-focus-on-electric-cars/.

64 Gina McCarthy, «Press Briefing by Press Secretary», White House, 27 de janeiro, 2021, https://www.whitehouse.gov/briefing-room/press-briefings/2021/01/27/press-briefing-by-press-secretary-jen-psaki-special-presidential-envoy-for-climate-john-kerry-and-national-climate-advisor-gina-mccarthy-january-27-2021/.

65 «Why Corporations Can No Longer Avoid Politics», *Time*, acedido a 9 de março, 2021, https://time.com/5735415/woke-culture-political-companies/.

66 Tracy Francis and Fernanda Hoefel, «Generation Z Characteristics and Its Implications for Companies», McKinsey, acedido a 9 de março, 2021, https://www.mckinsey.com/industries/consumer-packaged-goods/our-insights/true-gen-generation-z-and-its-implications-for-companies.

67 «7 UN Quotes to Get You Inspired for the New Global Goals», unfoundation.org, 30 de julho, 2015, https://unfoundation.org/blog/post/7-un-quotes-to-get-you-inspired-for-the-new-global-goals/.

CAPÍTULO 1: Se destruir o mundo, este será seu

1 «Decline of Global Extreme Poverty Continues but Has Slowed», World Bank, 19 de setembro, 2018, https://www.worldbank.org/en/news/press-release/2018/09/19/decline-of-global-extreme-poverty-continues-but-has-slowed-world-bank.

2 David Gelles, «Rose Marcario, the Former C.E.O. of Patagonia, Retreats to the Rainforest», *New York Times*, 18 de fevereiro, 2021, https://www.nytimes.com/2021/02/18/business/rose-marcario-patagonia-corner-office.html.

3 Jasmine Wu, «Wayfair Employees Walk Out, Customers Call for Boycott in Protest over Bed Sales to Texas Border Detention Camp», CNBC, 26 de junho, 2019, https://www.cnbc.com/2019/06/26/wayfair-draws-backlash-calls-for-boycott-after-employee-protest.html.

4 Kati Najipoor-Schuette and Dick Patton, «Egon Zehnder Survey: CEOs Are Too Unprepared for Leadership», *Fortune*, 24 de abril, 2018, https://fortune.com/2018/04/24/egon-zehnder-ceos-leadership/.

5 Stéphane Garelli, «Top Reasons Why You Will Probably Live Longer Than Most Big Companies», IMD, dezembro de 2016, https://www.imd.org/research-knowledge/articles/why-you-will-probably-live-longer-than-most-big-companies/.

6 Jason M. Thomas, «Where Have All the Public Companies Gone?», *Wall Street Journal*, 16 de novembro, 2017, https://www.wsj.com/articles/where-have-all-the-public-companies-gone-1510869125.
7 «The Risk of Rewards: Tailoring Executive Pay for Long-Term Success», FCLT-Global, acedido a 25 de maio, 2021, https://www.fcltglobal.org/resource/executive-pay/.
8 *Short termism: Insights from Business Leaders*, CPPIB e McKinsey & Company, 2014, 5, prova 3, https://www.fcltglobal.org/wp-content/uploads/20140123-mck-quarterly-survey-results-for-fclt-org_final.pdf.
9 Dominic Barton, James Manyika e Sarah Keohane Williamson, «Finally, Evidence That Managing for the Long Term Pays Off», *Harvard Business Review*, 7 de fevereiro, 2017, https://hbr.org/2017/02/finally-proof-that-managing-for-the-long-term-pays-off.
10 «Peter Drucker Quote», A–Z Quotes, acedido a 10 de maio, 2021, https://www.azquotes.com/quote/863677.
11 David MacLean, «It's Not About Profit», Whole Hearted Leaders (blog), 12 de outubro, 2016, https://www.wholeheartedleaders.com/its-not-about-profit/; «Henry Ford Quotes», The Henry Ford, acedido a 11 de março, 2021, https://www.thehenryford.org/collections-and-research/digital-resources/popular-topics/henry-ford-quotes/.
12 Saikat Chatterjee e Thyagaraju Adinarayan, «Buy, Sell, Repeat! No Room for "Hold" in Whipsawing Markets», Reuters, 3 de agosto, 2020, https://www.reuters.com/article/us-health-coronavirus-short-termism-anal-idUSKBN24Z0XZ.
13 Bhakti Mirchandani *et al.*, «Predicting Long-Term Success for Corporations and Investors Worldwide», FCLTGlobal, setembro de 2019, https://www.fcltglobal.org/resource/predicting-long-term-success-for-corporations-and-investors-worldwide/.
14 «As Jobs Crisis Deepens, ILO Warns of Uncertain and Incomplete Labour Market Recovery», International Labour Organization, 30 de junho, 2020, http://www.ilo.org/global/about-the-ilo/newsroom/news/WCMS_749398/lang--en/index.htm.
15 Andrew Liveris (Dow), entrevista pelos autores, 27 de agosto, 2020.
16 *2019 Survey on Shareholder Versus Stakeholder Interests*, Stanford Graduate School of Business and the Rock Center for Corporate Governance, 2019, 2.
17 «Our Credo», Johnson & Johnson, acedido a 11 de março, 2021, https://www.jnj.com/credo/.
18 Jessica Shankleman, «Tim Cook Tells Climate Change Sceptics to Ditch Apple Shares», *Guardian*, 3 de março, 2014, http://www.theguardian.com/environment/2014/mar/03/tim-cook-climate-change-sceptics-ditch-apple-shares.
19 «Fact Sheet: Obesity and Overweight», World Health Organization, 1 de abril, 2020, https://www.who.int/news-room/fact-sheets/detail/obesity-and-overweight.
20 «Malnutrition Is a World Health Crisis», World Health Organization, 26 de setembro, 2019, https://www.who.int/news/item/26-09-2019-malnutrition-is-a-world-health-crisis.
21 «The World Bank and Nutrition—Overview», World Bank, 4 de outubro, 2019, https://www.worldbank.org/en/topic/nutrition/overview.

CAPÍTULO 2: Até que ponto se interessa?

1 Adam Smith, *The Theory of Moral Sentiments*, Stewart Ed. (London: Henry G. Bohn, 1853), https://oll.libertyfund.org/title/smith-the-theory-of-moral-sentiments-and-on-the-origins-of-languages-stewart-ed#lf1648_label_001.
2 «The Theory of Moral Sentiments», Adam Smith Institute, acedido a 12 de março, 2021, https://www.adamsmith.org/the-theory-of-moral-sentiments
3 Smith, *The Theory of Moral Sentiments*.
4 Kumi Naidoo, entrevista pelos autores, 6 de outubro, 2020.
5 Colin Mayer, *Prosperity: Better Business Makes the Greater Good*, 1.ª ed. (Oxford, Reino Unido: Oxford University Press, 2018).
6 Jenna Martin, «Add Wells Fargo CEO John Stumpf and Ingersoll-Rand CEO Michael Lamach to List of Executives against North Carolina's House Bill 2», *Charlotte Business Journal*, 31 de março, 2016,

https://www.bizjournals.com/charlotte/news/2016/03/31/add-wells-fargo-ingersoll-rand-ceos-to-list-of.html.

7 Jon Kamp and Cameron McWhirter, «Business Leaders Speak Out against North Carolina's Transgender Law», *Wall Street Journal*, 30 de março, 2016, https://www.wsj.com/articles/business-leaders-speak-out-against-north-carolinas-transgender-law-1459377292.

8 Josh Rottenberg, «New Oscars Standards Say Best Picture Contenders Must Be Inclusive to Compete», *Los Angeles Times*, 8 de setembro, 2020, https://www.latimes.com/entertainment-arts/movies/story/2020-09-08/academy-oscars-inclusion-standards-best-picture.

9 Jeff Beer, «One Year Later, What Did We Learn from Nike's Blockbuster Colin Kaepernick Ad?» *Fast Company*, 5 de setembro, 2019, https://www.fastcompany.com/90399316/one-year-later-what-did-we-learn-from-nikes-blockbuster-colin-kaepernick-ad.

10 Ed Stack, *It's How We Play the Game: Build a Business, Take a Stand, Make a Difference* (Nova Iorque: Scribner, 2019), 2.

11 Yvon Chouinard, *Let My People Go Surfing: The Education of a Reluctant Businessman* (Nova Iorque: Penguin, 2005), 1.

12 Viktor E. Frankl, *Man's Search for Meaning: An Introduction to Logotherapy*, 3.ª ed. (Nova Iorque: Touchstone, 1984).

13 «State of Workplace Empathy: Executive Summary», Businessolver, 2020, https://info.businessolver.com/en-us/empathy-2020-exec-summary-ty.

14 Jostein Solheim (Unilever), entrevista pelos autores, 28 de agosto, 2020.

15 Clifton Leaf, «Why Mastercard Isn't a Credit Card Company, According to Its Outgoing CEO Ajay Banga», *Fortune*, 3 de dezembro, 2020, https://fortune.com/longform/mastercard-ceo-ajay-banga-credit-card-payment-company/.

16 «Wipro Chairman Premji Pledges 34 Percent of Company Shares for Philanthropy», Reuters, 13 de março, 2019, https://www.reuters.com/article/us-wipro-premji-id USKBN1QU21H; «None Can Take Away Your Humility: Azim Premji», Bengaluru News—*Times of India*, acedido a 15 de julho, 2021, https://timesofindia.indiatimes.com/city/bengaluru/none-can-take-away-your-humility-azim-premji/articleshow/60140040.cms.

17 Nimi Princewill, «First Black Woman to Lead WTO Says She Will Prioritize Fair Trade, Access to Covid-19 Vaccines», CNN Business, acedido a 12 de março, 2021, https://www.cnn.com/2021/02/15/business/ngozi-okonjo-iweala-wto-announcement-intl/index.html.

18 Ann McFerran, «"I Keep My Ego in My Handbag"», *Guardian*, 1 de agosto, 2005, https://www.theguardian.com/world/2005/aug/01/gender.uk.

19 «Jesper Brodin», Ingka Group, acedido a 14 de março, 2021, https://www.ingka.com/bios/jesper-brodin/.

20 Adam Bryant, «How to Be a C.E.O., from a Decade's Worth of Them», *New York Times*, 27 de outubro, 2017, https://www.nytimes.com/2017/10/27/business/how-to-be-a-ceo.html.

21 «Maya Angelou Quotes: 15 of the Best», *Guardian*, 29 de maio, 2014, http://www.theguardian.com/books/2014/may/28/maya-angelou-in-fifteen-quotes.

22 «Climate Change: The Massive CO2 Emitter You May Not Know About», BBC News, 17 de dezembro, 2018, https://www.bbc.com/news/science-environment-46455844.

23 «Sustainability Practices Followed in Dalmia Bharat Group», Dalmia Bharat Group, acedido a 12 de março, 2021, https://www.dalmiabharat.com/sustainability/.

24 We Mean Business Coalition, «Dalmia Cement CEO Mahendra Singhi on Setting Bold Science-Based Targets», YouTube, publicado a 14 de setembro, 2018, https://www.youtube.com/watch?v=fgNioqdrSKE.

25 Elizabeth Kolbert, «The Weight of the World: The Woman Who Could Stop Climate Change», *New Yorker*, 17 de agosto, 2015, https://www.newyorker.com/magazine/2015/08/24/the-weight-of-the-world.

26 Arun Marsh, «Christiana Figueres on 'Godot Paralysis' and Courage», video, UN Global Compact Speaker Interviews, *Guardian*, 18 de outubro, 2013, https://www.theguardian.com/sustainable-business/video/christiana-figueres-godot-paralysis-courage.

27 Stack, *It's How We Play the Game*, 279.

28 Stack, *It's How We Play the Game*, 279.
29 Stack, *It's How We Play the Game*, 286.
30 Stack, *It's How We Play the Game*, 295.
31 Rachel Siegel, «Dick's Sporting Goods Reports Strong Earnings as It Experiments with Reducing Gun Sales», *Washington Post*, 22 de agosto, 2019, https://www.washingtonpost.com/business/2019/08/22/dicks-sporting-goods-stock-surges-strong-nd-quarter-earnings/.
32 Steve Denning, «Making Sense of Shareholder Value: "The World's Dumbest Idea"», *Forbes*, 17 de julho, 2017, https://www.forbes.com/sites/stevedenning/2017/07/17/making-sense-of-shareholder-value-the-worlds-dumbest-idea/?sh=44bb59142a7e.
33 Bill George, «Courage: The Defining Characteristic of Great Leaders», op-ed, Harvard Business School Working Knowledge, 24 de abril, 2017, http://hbswk.hbs.edu/item/courage-the-defining-characteristic-of-great-leaders.
34 Angie Drobnic Holan, «In Context: Donald Trump's "Very Fine People on Both Sides" Remarks (Transcript)», PolitiFact, 26 de abril, 2019, https://www.politifact.com/article/2019/apr/26/context-trumps-very-fine-people-both-sides-remarks/.
35 Adam Edelman, «Merck CEO Quits Trump Council over President's Charlottesville Remarks», NBC News, acedido a 11 de março, 2021, https://www.nbcnews.com/politics/donald-trump/merck-ceo-quits-advisory-council-over-trump-s-charlottesville-remarks-n792416.
36 Amelia Lucas, «Merck CEO Kenneth Frazier: George Floyd "Could Be Me"», CNBC, 1 de junho, 2020, https://www.cnbc.com/2020/06/01/merck-ceo-george-floyd-could-be-me.html.
37 Jeffrey Sonnenfeld, «CEOs and Racial Inequity», Chief Executive, 9 de setembro, 2020, https://chiefexecutive.net/ceos-and-racial-inequity/.
38 K. Bell, «Facebook staff plan 'virtual walkout' over response to Trump posts», Engadget, 1 de junho, 2020, https://www.engadget.com/facebook-employees-virtual-walkout-trump-posts-175020522.html.
39 Nicole Schuman, «Airbnb CEO Delivers Empathetic, Transparent Message Regarding Layoffs», PRNEWS, 7 de maio, 2020, https://www.prnewsonline.com/airbnb-ceo-delivers-empathetic-transparent-message-regarding-layoffs/.
40 Ed Kuffner, «It Was a Relatively Easy Decision: J&J Exec Shares Experience Working in the Frontlines», Yahoo! Finance, 1 de junho, 2020, https://finance.yahoo.com /video/relatively-easy-decision-j-j-170640381.html.
41 Hannah Tan-Gillies, «*The Biggest Challenge Facing Our Generation*»*—Kering Commits to Net Positive Impact on Biodiversity by 2025*, Moodie Davitt Report, 4 de agosto, 2020, https://www.moodiedavittreport.com/the-biggest-challenge-facing-our-generation-kering-commits-to-net-positive-impact-on-biodiversity-by-2025/.

CAPÍTULO 3: Libertar a alma da empresa

1 Paul R. Lawrence e Nitin Nohria, *Driven: How Human Nature Shapes Our Choices*, 1.ª ed. (São Francisco: Jossey-Bass, 2002).
2 Tom Johnson, «Unilever Nabs Bestfoods for $24.3B», CNN Money, 6 de junho, 2000, acedido a 10 de março, 2021, https://money.cnn.com/2000/06/06/deals/bestfoods/.
3 *Short Termism: Insights from Business Leaders*, Focusing Capital on the Long Term, CPPIB and McKinsey & Company, janeiro de 2014, p. 5, prova 3, https://www.fcltglobal.org/wp-content/uploads/20140123-mck-quarterly-survey-results-for-fclt-org_final.pdf.
4 «Risk Report Reveals Pandemic Forced Companies to Review Strategy», Board Agenda, 15 de julho, 2020, https://boardagenda.com/2020/07/15/risk-report-reveals-pandemic-forced-companies-to-review-strategy/.
5 Sandy Ogg (Unilever), entrevista pelos autores, 4 de abril, 2020.
6 «Unilever Issues First Ever Green Sustainability Bond», *website* global da Unilever, 19 de março, 2014, https://www.unilever.com/news/press-releases/2014/14-03-19-Unilever-issues-first-ever-green-sustainability-bond.html.
7 Marc Mathieu (Unilever), entrevista pelos autores, 26 de agosto, 2020.

8 Keith Weed (Unilever), entrevista pelos autores, 10 de novembro, 2020.

9 Robert Lofthouse, «Purpose Unlocks Profit», acedido a 15 de março, 2021, https://www.alumni.ox.ac.uk/quad/article/purpose-unlocks-profit.

10 Lauren Hirsch, «People Thought Hubert Joly Was 'Crazy or Suicidal' for Taking the Job as Best Buy CEO. Then He Ushered in Its Turnaround», CNBC, 19 de junho, 2019, https://www.cnbc.com/2019/06/19/former-best-buy-ceo-hubert-joly-defied-expectations-at-best-buy.html.

11 Adele Peters, «This Food Giant Is Now the Largest B Corp in the World», *Fast Company*, 12 de abril, 2018, https://www.fastcompany.com/40557647/this-food-giant-is-now-the-largest-b-corp-in-the-world.

12 «Danone: Annual General Meeting of June 26, 2020: Shareholders Unanimously Vote for Danone to Become the First Listed "Entreprise à Mission"», GlobeNewswire, 26 de junho, 2020, http://www.globenewswire.com/news-release/2020/06/26/2054177/0/en/Danone-Annual-General-Meeting-of-June-26-2020-Shareholders-unanimously-vote-for-Danone-to-become-the-first-listed-Entreprise-%C3%A0-Mission.html.

13 Thomas W. Malnight, Ivy Buche e Charles Dhanaraj, «Put Purpose at the Core of Your Strategy», *Harvard Business Review*, 1 de setembro, 2019, https://hbr.org/2019/09/put-purpose-at-the-core-of-your-strategy.

14 «Announcing the 2021 Rankings of America's Most JUST Companies», JUST Capital, acedido a 7 de março, 2021, https://justcapital.com/reports/announcing-the-2021-rankings-of-americas-most-just-companies/.

15 «Becoming Irresistible: A New Model for Employee Engagement», Deloitte Review 16, 27 de janeiro, 2015, https://www2.deloitte.com/us/en/insights/deloitte-review/issue-16/employee-engagement-strategies.html.

16 «B Corp Analysis Reveals Purpose-Led Businesses Grow 28 Times Faster Than National Average», Sustainable Brands, 1 de março, 2018, https://sustainablebrands.com/read/business-case/b-corp-analysis-reveals-purpose-led-businesses-grow-28-times-faster-than-national-average.

17 «2018 Cone/Porter Novelli Purpose Study: How to Build Deeper Bonds, Amplify Your Message and Expand the Consumer Base», Cone Communications, acedido a 14 de março, 2021, https://www.conecomm.com/research-blog/2018-purpose-study; *Meet the 2020 Consumers Driving Change*, IBM and National Retail Federation, 2020, 1.

18 Dr. Wieland Holfelder, in «Chance of a Lifetime? How Governments and Businesses Are Achieving a Green Economic Recovery», Facebook video, The Climate Group: Climate Week NYC, 22 de setembro, 2020, https://www.facebook.com/TheClimateGroup/videos/chance-of-a-lifetime-how-governments-and-businesses-are-achieving-a-green-econom/629022581139808/ (ver minuto 36).

19 «Report Shows a Third of Consumers Prefer Sustainable Brands», *website* global da Unilever, 5 de janeiro, 2017, https://www.unilever.com/news/press-releases/2017/report-shows-a-third-of-consumers-prefer-sustainable-brands.html

20 «Our History», Unilever UK & Ireland, acedido a 27 de março, 2021, https://www.unilever.co.uk/about/who-we-are/our-history/.

21 Claire Phillips, «Hubris and Colonial Capitalism in a "Model" Company Town: The Case of Leverville, 1911–1940—Benoît Henriet», *Comparing the Copperbelt* (blog), 2 de outubro, 2017, https://copperbelt.history.ox.ac.uk/2017/10/02/hubris-and-colonial-capitalism-in-a-model-company-town-the-case-of-leverville-1911-1940-benoit-henriet/.

22 Thomas W. Malnight, Ivy Buche e Charles Dhanaraj, «Put Purpose at the Core of Your Strategy», *Harvard Business Review*, 1 de setembro, 2019, https://hbr.org/2019/09/put-purpose-at-the-core-of-your-strategy.

23 Gavin Neath, entrevista pelos autores, 10 de abril, 2020.

24 Jonathan Donner (Unilever), entrevista pelos autores, 1 de outubro, 2020.

25 William W. George, Krishna G. Palepu, Carin-Isabel Knoop e Matthew Preble, «Unilever's Paul Polman: Developing Global Leaders», HBS Case no. N9-413-097 (Boston: Harvard Business School Publishing, 2013), 7, https://www.hbs.edu/faculty/Pages/item.aspx?num=44876.

26 «Mars CEO Speaks on How Gen Z Are Changing the Company's Workplace», *Corporate Citizenship Briefing* (blog), 28 de fevereiro, 2020, https://ccbriefing.corporate-citizenship.com/2020/02/28/mars-ceo-speaks-on-how-gen-z-are-changing-the-companys-workplace/.

27 Jack Kelly, «Millennials Will Become Richest Generation In American History as Baby Boomers Transfer over Their Wealth», *Forbes*, 26 de outubro, 2019, https://www.forbes.com/sites/jackkelly/2019/10/26/millennials-will-become-richest-generation-in-american-history-as-baby-boomers-transfer-over-their-wealth/.

28 «The Deloitte Global Millennial Survey 2020», Deloitte, junho de 2020, https://www2.deloitte.com/global/en/pages/about-deloitte/articles/millennialsurvey.html.

29 «2016 Cone Communications Millennial Employee Engagement Study», Cone Communications, acedido a 14 de março, 2021, https://www.conecomm.com/research-blog/2016-millennial-employee-engagement-study.

30 Brandon Rigoni and Bailey Nelson, «For Millennials, Is Job-Hopping Inevitable?» Gallup, 8 de novembro, 2016, https://news.gallup.com/businessjournal/197234/millennials-job-hopping-inevitable.aspx.

31 «Engage Your Employees to See High Performance and Innovation», Gallup, acedido a 14 de março, 2021, https://www.gallup.com/workplace/229424/employee-engagement.aspx.

32 «Open Letter to Jeff Bezos and the Amazon Board of Directors», Amazon Employees for Climate Justice, Medium, 10 de abril, 2019, https://amazonemployees4climatejustice.medium.com/public-letter-to-jeff-bezos-and-the-amazon-board-of-directors-82a8405f5e38.

33 Jay Greene, «More than 350 Amazon Employees Violate Communications Policy Directed at Climate Activists», *Washington Post*, 27 de janeiro, 2020, https://www.washingtonpost.com/technology/2020/01/26/amazon-employees-plan-mass-defiance-company-communications-policy-support-colleagues/.

34 «Goldman Sachs to Offer Employees Clean Home Energy», Smart Energy Decisions, 8 de fevereiro, 2021, https://www.smartenergydecisions.com/renewable-energy/2021/02/08/goldman-sachs-to-offer-employees-clean-home-energy.

35 «Members», Time to Vote, acedido a 14 de março, 2021, https://www.maketimetovote.org/pages/members; Jazmin Goodwin, «Old Navy to Pay Store Employees to Work Election Polls in November», CNN Business, 1 de setembro, 2020, https://www.cnn.com/2020/09/01/business/old-navy-employee-pay-election-poll-workers/index.html.

36 «Employers Boosting Efforts to Create Respect and Dignity at Work», Yahoo! Finance, 5 de fevereiro, 2020, https://finance.yahoo.com/news/employers-boosting-efforts-create-respect-155356022.html.

37 Claudine Gartenberg, Andrea Prat e Georgios Serafeim, «Corporate Purpose and Financial Performance», HBS working paper 17-023 (Boston: Harvard Business School, 23 de março, 2017), https://dash.harvard.edu/handle/1/30903237.

CAPÍTULO 4: Expandir os limites

1 David Causey, «When We Fear the Unknown», Warrior's Journey, acedido a 14 de maio, 2021, https://thewarriorsjourney.org/challenges/when-we-fear-the-unknown/.

2 Christiana Figueres, Tom Rivett-Carnac e Paul Dickinson, «86: The Scientific Case for the Race to Zero with Johan Rockström», 28 de janeiro, 2021, in *Outrage + Optimism*, podcast, https://outrageandoptimism.libsyn.com/86-the-scientific-case-for-the-race-to-zero-with-johan-rockstrm.

3 Gavin Neath (Unilever), correspondência trocada com os autores, 10 de abril, 2020.

4 «Decarbonising Our Business», *website* global da Unilever, acedido a 14 de março, 2021, https://www.unilever.com/planet-and-society/climate-action/decarbonising-our-business/.

5 «Unilever Opens $272m Manufacturing Plant in Dubai», Sustainable Brands, 27 de dezembro, 2016, https://sustainablebrands.com/read/press-release/unilever-opens-272m-manufacturing-plant-in-dubai.

6 «2019 Sustainability in a Generation Plan», Mars, Incorporated, acedido a 14 de março, 2021, https://www.mars.com/sustainability-plan.

7 «Top 25 Quotes by Azim Premji», A–Z Quotes, acedido a 14 de março, 2021, https://www.azquotes.com/author/11855-Azim_Premji.

8 Em situações como a otimização do desempenho de um edifício, pode ser muito mais barato do que tentar tornar cada componente (janelas, AVAC, etc.) eficiente. Tudo isto pode ser mais barato do que

as peças. Ver Paul Hawken, Amory B. Lovins e L. Hunter Lovins, «Chapter 6: Tunneling Through the Cost Barrier», in *Natural Capitalism: Creating the Next Industrial Revolution*, 1.ª ed. (Boston: Little, Brown and Co., 1999).

9 Tim Cook (Apple), discurso no evento Ceres 30th Anniversary, Nova Iorque, 21 de outubro, 2019.

10 Jemima McEvoy, «Sephora First to Accept "15% Pledge"», Dedicating Shelf-Space to Black-Owned Businesses», *Forbes*, 10 de junho, 2020, https://www.forbes.com/sites/jemimamcevoy/2020/06/10/sephora-first-to-accept-15-pledge-dedicating-shelf-space-to-black-owned-businesses/.

11 Dana Givens, «Sephora Relaunches Business Incubator to Help BIPOC Beauty Entrepreneurs», Black Enterprise, 10 de fevereiro, 2021, https://www.blackenterprise.com/sephora-relaunches-business-incubator-to-help-bipoc-beauty-entrepreneurs/.

12 «Unilever Commits to Help Build a More Inclusive Society», *website* global da Unilever, 21 de janeiro, 2021, https://www.unilever.com/news/press-releases/2021/unilever-commits-to-help-build-a-more-inclusive-society.html.

13 Do inglês *Science Based Target*. [*N. da T.*]

14 «Companies Taking Action», Science Based Targets, acedido a 14 de março, 2021, https://sciencebasedtargets.org/companies-taking-action.

15 «330+ Target-Setting Firms Reduce Emissions by a Quarter in Five Years since Paris Agreement», Science Based Targets, 26 de janeiro, 2021, https://sciencebasedtargets.org/news/330-target-setting-firms-reduce-emissions-by-a-quarter-in-five-years-since-paris-agreement.

16 «Response Required: How the Fortune Global 500 Is Delivering Climate Action and the Urgent Need for More of It», Natural Capital Partners, 6 de outubro, 2020, https://www.naturalcapitalpartners.com/news-resources/response-required.

17 Brad Smith, «Microsoft Will Be Carbon Negative by 2030», *The Official Microsoft Blog* (blog), 16 de janeiro, 2020, https://blogs.microsoft.com/blog/2020/01/16/microsoft-will-be-carbon-negative-by-2030/.

18 Brad Smith, «One Year Later: The Path to Carbon Negative—A Progress Report on Our Climate "Moonshot"», *The Official Microsoft Blog* (blog), 28 de janeiro, 2021; Chuck Abbott, «Land O'Lakes, Microsoft in Carbon Credit Program», Successful Farming, 5 de fevereiro, 2021, https://www.agriculture.com/news/business/land-o-lakes-microsoft-in-carbon-credit-program.

19 Alan Jope, *e-mail* com os autores, 23 de março, 2021.

20 Sundar Pichai, «Our Third Decade of Climate Action: Realizing a Carbon-Free Future», *Google—The Keyword* (blog), 14 de setembro, 2020, https://blog.google/outreach-initiatives/sustainability/our-third-decade-climate-action-realizing-carbon-free-future/.

21 Justine Calma, «IBM Sets New Climate Goal for 2030», The Verge, 16 de fevereiro, 2021, https://www.theverge.com/2021/2/16/22285669/ibm-climate-change-commitment-cut-greenhouse-gas-emissions; a IBM também quer em 2030 alcançar 90 a 100% de energias renováveis, sem compensações ou sequestro.

22 Brian Moynihan, Feike Sijbesma e Klaus Schwab, «World Economic Forum Asks All Davos Participants to Set a Net-Zero Climate Target», World Economic Forum, 17 de janeiro, 2020, https://www.weforum.org/agenda/2020/01/davos-ceos-to-set-net-zero-target-2050-climate/.

23 «Ingka Group Produces More Renewable Energy than It Consumes—2020 Report», *Energy Capital Media* (blog), 28 de janeiro, 2021, https://energycapitalmedia.com/2021/01/28/ingka-group-ikea/.

24 Doug McMillon, «Walmart's Regenerative Approach: Going Beyond Sustain ability», Walmart Inc., 21 de setembro, 2020, https://corporate.walmart.com/newsroom/2020/09/21/walmarts-regenerative-approach-going-beyond-sustainability.

25 Arjun Kharpal, «Apple pledges to make products like the iPhone from only re cycled material and end mining», CNBC, 20 de abril, 2017, https://www.cnbc.com/2017/04/20/apple-mining-end-recycled-material-products.html.

26 «Morgan Stanley Announces Commitment to Reach Net-Zero Financed Emissions by 2050», Morgan Stanley, 21 de setembro, 2020, https://www.morganstanley.com/press-releases/morgan-stanley-announces-commitment-to-reach-net-zero-financed-e; «Bank of America Announces Actions to Achieve Net Zero Greenhouse Gas Emissions before 2050», Bank of America Newsroom, 11 de fevereiro, 2021, https://newsroom.bankofamerica.com/content/newsroom/

press-releases/2021/02/bank-of-america-announces-actions-to-achieve-net-zero-greenhouse.html; «New Citi CEO Jane Fraser Unveils Net-Zero Targets on First Day at the Helm, « Financial News, acedido a 11 de março, 2021, https://www.fnlondon.com/articles/new-citi-ceo-jane-fraser-unveils-net-zero-targets-in-first-day-at-the-helm-20210301.

27 Graham Readfearn, «Insurance Giant Suncorp to End Coverage and Finance for Oil and Gas Industry», *Guardian*, 21 de agosto, 2020, http://www.theguardian.com/environment/2020/aug/21/insurance-giant-suncorp-to-end-coverage-and-finance-for-oil-and-gas-industry.

28 «2019 CDP Climate Response», Target Corporation, 2019, https://corporate.target.com/_media/TargetCorp/csr/pdf/2019-CDP-Climate-Response.pdf.

29 «Tesco Set to Become First UK Retailer to Offer Sustainability-Linked Supply Chain Finance», Tesco PLC, acedido a 13 de maio, 2021, www.tescoplc.com/news/2021/tesco-set-to-become-first-uk-retailer-to-offer-sustainability-linked-supply-chain-finance/.

30 «Salesforce Suppliers Must Maintain Sustainability Scorecard», *Environment + Energy Leader* (blog), 30 de abril, 2021, https://www.environmentalleader.com/2021/04/salesforce-suppliers-must-maintain-sustainability-scorecard-or-pay-climate-remediation-fee/.

31 «Unilever to Eliminate Fossil Fuels in Cleaning Products by 2030», *website* global da Unilever, acedido a 15 de março, 2021, https://www.unilever.com/news/press-releases/2020/unilever-to-invest-1-billion-to-eliminate-fossil-fuels-in-cleaning-products-by-2030.html.

32 «Tackling Climate Change», Starbucks Coffee Company, acedido a 14 de março, 2021, https://www.starbucks.com/responsibility/environment/climate-change.

33 Lauren Wicks, «Panera Bread Commits to Making Half of Its Menu Plant Based», EatingWell, 10 de janeiro, 2020, https://www.eatingwell.com/article/7561530/panera-bread-plant-based-menu/.

34 «Zero Hunger, Zero Waste», Kroger Co., acedido a 14 de março, 2021, https://www.thekrogerco.com/sustainability/zero-hunger-zero-waste/.

35 34. Hannah Tan-Gillies, «*The Biggest Challenge Facing Our Generation—Kering Commits to Net Positive Impact on Biodiversity by 2025*, Moodie Davitt Report, 4 de agosto, 2020, https://www.moodiedavittreport.com/the-biggest-challenge-facing-our-generation-kering-commits-to-net-positive-impact-on-biodiversity-by-2025/.

36 Mandy Oaklander, «Suicide Is Preventable. Hospitals and Doctors Are Finally Catching Up», *Time*, 24 de outubro, 2019, https://time.com/5709368/how-to-solve-suicide/.

37 Jane Fraser, «The Incoming CEO of Citigroup, on How to Smash the Glass Ceiling», entrevista por Eben Shapiro, *Time*, 21 de outubro, 2020, https://time.com/collection-post/5900752/jane-fraser-citibank/.

38 «Mastercard Commits to Connect 1 Billion People to the Digital Economy by 2025», Mastercard Center for Inclusive Growth, 28 de abril, 2020, http://www.mastercardcenter.org/content/mc-cig/en/homepage/press-releases/mastercard-commits-to-connect-1billion-by-2025.html.

39 «Ørsted (Company)», *Wikipédia*, acedido a 2 de março, 2021, https://en.wikipedia.org/w/index.php?title=%C3%98rsted_(company)&oldid=1009848863.

40 «Climate Change Action Plan», Ørsted, acedido a 14 de março, 2021, https://orsted.com/en/sustainability/climate-action-plan.

41 *BP Annual Report and Form 20-F 2019, 152; Ørsted Annual Report 2020*, 98. (Nota: a Ørsted reporta em DKK (coroas dinamarquesas); o valor foi convertido à taxa de câmbio de 13 de março de 2021.)

42 «Neste Reports Slump in Oil Sales but Growth in Renewables», Yle Uutiset, 2 de maio, 2021, https://yle.fi/uutiset/osasto/news/neste_reports_slump_in_oil_sales_but_growth_in_renewables/11775415.

43 Stephen Jewkes, «Enel to Boost Spending on Clean Energy in Climate Goal Drive», Reuters, 26 de novembro, 2019, https://www.reuters.com/article/uk-enel-plan-idUKKBN1Y00RL?edition-redirect=uk; «Commitment to the fight against climate change», Enel Group, acedido a 14 de março, 2021, https://www.enel.com/investors/sustainability/sustainability-topics-and-performances/greenhouse-gas-emission.

44 Megan Graham, «Unilever Pauses Facebook and Twitter Advertising for Rest of 2020 Due to "Polarized Atmosphere" in U.S.», CNBC, 26 de junho, 2020, https://www.cnbc.com/2020/06/26/unilever-pauses-facebook-and-twitter-advertising-for-rest-of-2020-due-to-polarized-atmosphere-in-us.html.

CAPÍTULO 5: Ser um livro aberto

1 Geoffrey Mohan e Ben Welsh, «Q&A: How Much Pollution Did VW's Emissions Cheating Create?» *Los Angeles Times*, 9 de outubro, 2015, https://www.latimes.com/business/la-fi-vw-pollution-footprint-20151007-htmlstory.html.

2 Alexander C. Kaufman, «Fossil Fuel Air Pollution Linked to 1 In 5 Deaths Worldwide, New Harvard Study Finds», HuffPost, 9 de fevereiro, 2021, https://www.huffpost.com/entry/fossil-fuel-air-pollution_n_6022a51dc5b6c56a89a49185.

3 Jack Ewing, «Volkswagen Says 11 Million Cars Worldwide Are Affected in Diesel Deception», *New York Times*, 22 de setembro, 2015, https://www.nytimes.com/2015/09/23/business/international/volkswagen-diesel-car-scandal.html.

4 Naomi Kresge e Richard Weiss, «Volkswagen Drops 23% After Admitting Diesel Emissions Cheat», Bloomberg Business, 21 de setembro, 2015, https://www.bloomberg.com/news/articles/2015-09-21/volkswagen-drops-15-after-admitting-u-s-diesel-emissions-cheat.

5 Associated Press, «Volkswagen Offers 830 Mln-Euro Diesel Settlement in Germany», US News and World Report, 14 de fevereiro, 2020, https://www.usnews.com/news/business/articles/2020-02-14/volkswagen-offers-830-mln-euro-diesel-settlement-in-germany.

6 Jessica Long, Chris Roark, and Bill Theofilou, «The Bottom Line on Trust», Accenture Strategy, 2018, https://www.accenture.com/_acnmedia/Thought-Leadership-Assets/PDF/Accenture-Competitive-Agility-Index.pdf.

7 *2021 Edelman Trust Barometer*, Edelman, 2021, 19, https://www.edelman.com/sites/g/files/aatuss191/files/2021-01/2021-edelman-trust-barometer.pdf.

8 Paul J. Zak, «The Neuroscience of Trust», *Harvard Business Review*, janeiro-fevereiro de 2017, 84-90, https://hbr.org/2017/01/the-neuroscience-of-trust.

9 *2020 Edelman Trust Barometer*, Edelman, 2020, 2, https://www.edelman.com/trust/2020-trust-barometer.

10 Romesh Ratnesar, «How Microsoft's Brad Smith Is Trying to Restore Your Trust in Big Tech», *Time*, 9 de setembro, 2019, https://time.com/5669537/brad-smith-microsoft-big-tech/.

11 Peter Tchir, «What If Buffett Is the One Swimming Naked?» *Forbes*, acedido a 14 de março, 2021, https://www.forbes.com/sites/petertchir/2020/05/04/what-if-buffett-is-the-one-swimming-naked/.

12 «ESG Trends in the 2019 Proxy Season», *FrameworkESG* (blog), 18 de julho, 2019, http://staging.frameworkesg.com/esg-for-cxos-2019-proxy-season-trends/.

13 «S&P Global Makes over 9,000 ESG Scores Publicly Available to Help Increase Transparency of Corporate Sustainability Performance», S&P Global, 16 de fevereiro, 2021, http://press.spglobal.com/2021-02-16-S-P-Global-makes-over-9-000-ESG-Scores-publicly-available-to-help-increase-transparency-of-corporate-sustainability-performance.

14 BlackRock, «Climate Risk and the Transition to a Low-Carbon Economy», Investment Stewardship Commentary. fevereiro de 2021, https://www.blackrock.com/corporate/literature/publication/blk-commentary-climate-risk-and-energy-transition.pdf.

15 «Intangible Asset Market Value Study», Ocean Tomo, acedido a 15 de março, 2021, https://www.oceantomo.com/intangible-asset-market-value-study/.

16 Jan Kees Vis (Unilever), entrevista pelos autores, 20 de maio, 2020.

17 «Larry Fink CEO Letter», BlackRock, acedido a 9 de março, 2021, https://www.blackrock.com/corporate/investor-relations/larry-fink-ceo-letter.

18 «Unilever Completes Landmark Fragrance Disclosure in Industry-Leading Move», Unilever USA, 22 de janeiro, 2019, https://www.unileverusa.com/news/press-releases/2019/Unilever-completes-landmark-fragrance-disclosure.html.

19 «Unilever Has Raised the Bar for Fragrance Transparency», Environmental Working Group, 22 de janeiro, 2019, https://www.ewg.org/release/ewg-unilever-has-raised-bar-fragrance-transparency.

20 «The No No List», Panera Bread, 16 de abril, 2018, https://www-beta.panerabread.com/content/dam/panerabread/documents/panera-no-no-list-05-2015.pdf; «Panera Bread's Food Policy Statement», Panera Bread, 3 de junho, 2014, https://www.panerabread.com/content/dam/panerabread/documents/nutrition/panera-bread-food-policy.pdf.

21 «Unilever Sets out New Actions to Fight Climate Change, and Protect and Regenerate Nature, to Preserve Resources for Future Generations», *website* global da Unilever, 15 de junho, 2020, https://www.unilever.com/news/press-releases/2020/unilever-sets-out-new-actions-to-fight-climate-change-and-protect-and-regenerate-nature-to-preserve-resources-for-future-generations.html.
22 «Unilever: How AI Can Help Save Forests—Journal Report», MarketScreener, acedido a 11 de março, 2021, https://www.marketscreener.com/quote/stock/UNILEVER-PLC-9590186/news/Unilever-nbsp-How-AI-Can-Help-Save-Forests-Journal-Report-31632505/.
23 Doina Cocoveanu (Unilever), entrevista pelos autores, 21 de maio, 2020.
24 Tim Kleinebenne (Unilever), entrevista pelos autores, 9 de setembro, 2020.
25 «Unilever Commits to Help Build a More Inclusive Society», *website* global da Unilever, 21 de janeiro, 2021, https://www.unilever.com/news/press-releases/2021/unilever-commits-to-help-build-a-more-inclusive-society.html.
26 Sharan Burrow (International Trade Union Confederation), entrevista pelos autores, 18 de maio, 2020.
27 James Davey, «UK Food Retailers Hand Back $2.4 Billion in Property Tax Relief», Reuters, 3 de dezembro, 2020, https://www.reuters.com/article/us-sainsbury-s-business-rates/uk-food-retailers-hand-back-2-4-billion-in-property-tax-relief-idUSKBN28D1DC.
28 Joshua Franklin e Lawrence Delevingne, «Exclusive: U.S. Companies Got Emergency Government Loans despite Having Months of Cash», Reuters, 7 de maio, 2020, https://www.reuters.com/article/us-health-coronavirus-companies-ppp-excl/exclusive-u-s-companies-got-emergency-government-loans-despite-having-months-of-cash-idUSKBN22J2WO.
29 «Ikea Planning to Repay Furlough Payments», BBC News, 15 de junho, 2020, https://www.bbc.com/news/business-53047895.
30 Darrell Etherington, «Medtronic is sharing its portable ventilator design specifications and code for free to all», TechCrunch, 30 de março, 2020, https://tech crunch.com/2020/03/30/medtronic-is-sharing-its-portable-ventilator-design-specifications-and-code-for-free-to-all/.
31 Lauren Hirsch, «IBM Gets Out of Facial Recognition Business, Calls on Congress to Advance Policies Tackling Racial Injustice», CNBC, 8 de junho, 2020, https://www.cnbc.com/2020/06/08/ibm-gets-out-of-facial-recognition-business-calls-on-congress-to-advance-policies-tackling-racial-injustice.html.
32 Trocadilho paronímico entre *Casual-T* (trabalhador casual) e *casualty* (acidente, baixa ou vítima). *[N. da T]*
33 Tinham razão. No final, 150 dos 169 ODS precisavam das empresas para serem bem-sucedidos.
34 Geoffrey Jones, «Managing Governments: Unilever in India and Turkey, 1950–1980», HBS, working paper 06-061 (Boston: Harvard Business School, 2006), https://www.hbs.edu/ris/Publication%20Files/06-061.pdf.
35 Shaun Walker, «30 Greenpeace Activists Charged with Piracy in Russia», *Guardian*, 3 de outubro, 2013, http://www.theguardian.com/environment/2013/oct/03/greenpeace-activists-charged-piracy-russia.
36 Kumi Naidoo, entrevista pelos autores, 6 de outubro, 2020.

CAPÍTULO 6: Fazer com que 1 + 1 = 11

1 Tony Dunnage (Unilever), entreviata pelos autores, 10 de junho, 2020.
2 «Sustainable Business Could Unlock US$12 Trillion Creating 380 Million Jobs», *website* global da Unilever, acedido a 9 de março, 2021, https://www.unilever.com/news/news-and-features/Feature-article/2017/Sustainable-business-could-unlock-12-trillion-dollars-and-380-million-jobs.html.
3 Jonathan Hughes e Jeff Weiss, «Simple Rules for Making Alliances Work», *Harvard Business Review*, 1 de novembro, 2007, https://hbr.org/2007/11/simple-rules-for-making-alliances-work.
4 Steve Miles (Unilever), entrevista pelos autores, 7 de outubro, 2020.
5 Mark Engel (Unilever), entrevista pelos autores, 14 de maio, 2020.
6 Mark Engel (Unilever), entrevista pelos autores, 17 de julho, 2020.
7 Marc Benioff, *Trailblazer* (Nova Iorque: Currency, 2019).

8 8. Maria Gallucci, «Apple's Low-Carbon Aluminum Is a Climate Game Changer», *Grist* (blog), 31 de julho, 2020, https://grist.org/energy/apples-low-carbon-aluminum-is-an-climate-game-changer/.

9 «What Is ELYSIS?» ELYSIS, 31 de janeiro, 2019, https://elysis.com/en/what-is-elysis.

10 Stephen Nellis, «Apple Buys First-Ever Carbon-Free Aluminum from Alcoa Rio Tinto Venture», Reuters, 5 de dezembro, 2019, https://www.reuters.com/article/us-apple-aluminum/apple-buys-first-ever-carbon-free-aluminum-from-alcoa-rio-tinto-venture-idUSKBN1Y91RQ.

11 Felicia Jackson, «Low Carbon Aluminum Boosted By Audi's Use in Automotive First», *Forbes*, acedido a 26 de março, 2021, https://www.forbes.com/sites/felicia jackson/2021/03/24/low-carbon-aluminum-boosted-by-audis-use-in-automotive-first/.

12 «From Our CEO: We Will Fight This Pandemic Together», *website* global da Unilever, acedido a 4 de março, 2021, https://www.unilever.com/news/news-and-features/Feature-article/2020/from-our-ceo-we-will-fight-this-pandemic-together.html.

13 Christopher Rowland e Laurie McGinley, «Merck to Help Make Johnson & Johnson Coronavirus Vaccine», *Washington Post*, 2 de março, 2021, https://www.washingtonpost.com/health/2021/03/02/merck-johnson-and-johnson-covid-vaccine-partnership/.

14 «LCA Study Finds Corrugated Cardboard Pallets as the Most "Nature Friendly" Standardized Loading Platform», KraftPal Technologies, 6 de agosto, 2020, https://kraftpal.com/news/lca-study-corrugated-cardboard-pallet/.

15 Leveraging Modular Boxes in a Global Secondary Packaging System of FMCG Supply Chains, Consumer Goods Forum, 2017, 7.

16 «Agricultural Land (% of Land Area) », World Bank Group, DataBank, acedido a 10 de março, 2021, https://data.worldbank.org/indicator/AG.LND.AGRI.ZS; Tariq Khohkar, «Chart: Globally, 70% of Freshwater Is Used for Agriculture », World Bank Blogs (blog), 22 de março, 2017, https://blogs.worldbank.org/opendata/chart-globally-70-freshwater-used-agriculture; Natasha Gilbert, «One-Third of Our Greenhouse Gas Emissions Come from Agriculture », *Nature News*, 31 de outubro, 2012, https://doi.org/10.1038/nature.2012.11708.

17 «The Consumer Goods Forum Launches Food Waste Coalition of Action», Consumer Goods Forum, 17 de agosto, 2020, https://www.theconsumergoodsforum.com/news_updates/the-consumer-goods-forum-launches-food-waste-coalition-of-action/.

18 *A New Textiles Economy: Redesigning Fashion's Future*, Ellen MacArthur Foundation, 2017, figure 6.

19 «About the RBA», Responsible Business Alliance, acedido a 10 de março, 2021, http://www.responsiblebusiness.org/about/rba/.

20 «ICT Industry Agrees Landmark Science-Based Pathway to Reach Net Zero Emissions», GSMA Association, 27 de fevereiro, 2020, https://www.gsma.com/newsroom/press-release/ict-industry-agrees-landmark-science-based-pathway-to-reach-net-zero-emissions/.

21 *Global Warming Potential (GWP) of Refrigerants: Why Are Particular Values Used?* United Nations Environment Programme; Rob Garner, «NASA Study Shows That Common Coolants Contribute to Ozone Depletion», NASA, 21 de outubro, 2015, http://www.nasa.gov/press-release/goddard/nasa-study-shows-that-common-coolants-contribute-to-ozone-depletion.

22 Amy Larkin e Kert Davies, *Natural Refrigerants: The Solutions*, Greenpeace, 2009, https://www.greenpeace.org/usa/wp-content/uploads/legacy/Global/usa/planet3 /PDFs/hfc-solutions-fact-sheet.pdf.

23 «Coca-Cola Installs 1 Millionth HFC-Free Cooler», Coca-Cola Company, 22 de janeiro, 2014, https://www.coca-colacompany.com/press-releases/coca-cola-installs-1-millionth-hfc-free-cooler; «Mission Accomplished», Refrigerants, Naturally!, 25 de junho, 2018, https://www.refrigerantsnaturally.com/2018/06/25/mission-accomplished/.

24 Amy Larkin, comunicação por *e-mail* com os autores, 12 de outubro, 2020.

25 LilliannaByington,«DiageoandPepsiCoWillDebutPaperBottlesin2021»,FoodDive,14dejulho,2020, https://www.fooddive.com/news/diageo-and-pepsico-will-debut-paper-bottles-in-2021/581512/.

26 Hannah Baker, «Asda, Costa and Morrisons among retailers to sign up to scheme to cut single-use plastic», Business Live, 12 de novembro, 2019, https://www.business-live.co.uk/retail-consumer/asda-single-use-plastic-refill-17241796.

27 «Indonesia In-Store Refill Station Launches with 11 Unilever Brands», *website* global da Unilever, 3 de junho, 2020, https://www.unilever.com/news/news-and-features/Feature-article/2020/indonesia-in-store-refill-station-launches-with-11-unilever-brands.html.
28 Rebecca Marmot, entrevista pelo autor, 22 de junho, 2020.
29 Charlie Beevor, entrevista pelo autor, 6 de outubro, 2020. Beevor diz que 2,3 mil milhões de pessoas vivem sem acesso a uma casa de banho segura e 4,5 mil milhões vivem em locais onde os resíduos humanos não são geridos com segurança.
30 Marmot, entrevista.
31 Sanjiv Mehta, entrevista pelo autor, 21 de outubro, 2020.
32 *Global Market Report: Tea*, International Institute for Sustainable Development, 2019, 1.
33 «The World's Top Tea-Producing Countries», WorldAtlas, 17 de setembro, 2020, https://www.worldatlas.com/articles/the-worlds-top-10-tea-producing-nations.html; «Rwandan Tea Sector», Gatsby, acedido a 10 de março, 2021, https://www.gatsby.org.uk/africa/programmes/rwandan-tea-sector.
34 «Unilever Tea Rwanda Project Inaugurated in Nyaruguru District», MINAGRI Government of the Republic of Rwanda, acedido a 10 de março, 2021, https://minagri.prod.risa.rw/updates/news-details/unilever-tea-rwanda-project-inaugrated-in-nyaruguru-district-1.
35 Cheryl Hicks (TBC), comunicação por *e-mail* com os autores, 1 de abril, 2021.
36 Doug Baker (Ecolab), entrevista pelos autores, 12 de maio, 2020.

CAPÍTULO 7: São precisos três para dançar o tango

1 Barry Newell e Christopher Doll, «Systems Thinking and the Cobra Effect», United Nations University, *Our World* (blog), 16 de setembro, 2015, https://ourworld.unu.edu/en/systems-thinking-and-the-cobra-effect.
2 Adam Mann, «What's Up With That: Building Bigger Roads Actually Makes Traffic Worse», Wired, 17 de junho, 2014, https://www.wired.com/2014/06/wuwt-traffic-induced-demand/.
3 Karl Evers-Hillstrom, «Lobbying Spending Reaches $3.4 Billion in 2018, Highest in 8 Years», OpenSecrets, Center for Responsive Politics, 25 de janeiro, 2019, https://www.opensecrets.org/news/2019/01/lobbying-spending-reaches-3-4-billion-in-18/.
4 Lynn Grayson, «CERES Confirms Business Supports Climate Change Action», Jenner & Block, *Corporate Environmental Lawyer* (blog), 2 de dezembro, 2015, https://environblog.jenner.com/corporate_environmental_l/2015/12/ceres-confirms-business-supports-climate-change-action.html.
5 World Bank, «State and Trends of Carbon Pricing 2020» (Washington, DC: World Bank, maio de 2020), https://openknowledge.worldbank.org/bitstream/handle/10986/33809/9781464815867.pdf?sequence=4.
6 Anne Kelly (Ceres), entrevista pelos autores, 28 de maio, 2020.
7 Sharan Burrow (International Trade Union Confederation), entrevista pelos autores, 18 de maio, 2020.
8 Gabriela Baczynska e Kate Abnett, «European Politicians, CEOs, Lawmakers Urge Green Coronavirus Recovery», Reuters, 14 de abril, 2020, https://www.reuters.com/article/us-health-coronavirus-climatechange-reco-idUKKCN21W0F2. (Estes apelos a ações poderiam basear-se em alguns esforços existentes para repensar a política e o investimento, tais como o «Plano de Emergência Planetária» do Clube de Roma para investir no crescimento verde inteligente.)
9 «Business for Nature», Business for Nature, https://www.businessfornature.org.
10 «A New Mandate to Lead in An Age of Anxiety», Edelman, acedido a 15 de maio, 2021, https://www.edelman.com/trust/2021-trust-barometer/insights/age-of-anxiety.
11 Fiona Harvey, «Industry alliance sets out $1bn to tackle oceans' plastic waste», *Guardian*, 16 de janeiro, 2019, http://www.theguardian.com/environment/2019/jan/16/industry-alliance-sets-out-1bn-to-tackle-oceans-plastic-waste.
12 Sarah Parsons, «Unilever's Cruelty-Free Beauty Portfolio Now Includes Suave», Cosmetics Business, 12 de fevereiro, 2020, https://cosmeticsbusiness.com/news/article_page/Unilevers_cruelty-free_beauty_portfolio_now_includes_Suave/162313.
13 Tim Kleinebenne, entrevista pelos autores, 9 de setembro, 2020.

14 Duncan Clark, «Which Nations Are Most Responsible for Climate Change?», *Guardian*, 21 de abril, 2011, http://www.theguardian.com/environment/2011/apr/21/countries-responsible-climate-change.
15 «Deforestation: Solved via Carbon Markets?», Environmental Defense Fund, acedido a 10 de março, 2021, https://www.edf.org/climate/deforestation-solved-carbon-markets.
16 Data calculated from «Oilseeds: World Markets and Trade», Global Market Analysis, Foreign Agricultural Service/USDA, março de 2021, https://apps.fas.usda.gov/psdonline/circulars/oilseeds.pdf, table 11.
17 Eoin Bannon, «Cars and Trucks Burn Almost Half of All Palm Oil Used in Europe», Transport & Environment, acedido a 26 de março, 2021, https://www.transport environment.org/press/cars-and-trucks-burn-almost-half-all-palm-oil-used-europe.
18 Bhimanto Suwastoyo, «Activists Welcome New Indonesia Oil Palm Plantation Data but Want Follow-Ups», Palm Scribe, 21 de janeiro, 2020, https://thepalmscribe.id/activists-welcome-new-indonesia-oil-palm-plantation-data-but-want-follow-ups/.
19 Gavin Neath (Unilever), entrevista pelos autores, abril de 10, 2020.
20 Rebecca Henderson, Hann-Shuin Yew e Monica Baraldi, «Gotong Royong: Toward Sustainable Palm Oil», HBS Case 316-124 (Boston: Harvard Business School, 2016).
21 21. Henderson, Yew, and Baraldi, «Gotong Royong».
22 John Sauven (Greenpeace), entrevista pelos autores, 27 de abril, 2020.
23 David Gilbert, «Unilever, World's Largest Palm Oil Buyer, Shows Leadership. Will Cargill?» Rainforest Action Network, *The Understory* (blog), 11 de dezembro, 2009, https://www.ran.org/the-understory/unilever_world_s_largest_palm_oil_buyer_shows_leadership_will_cargill/.
24 Sauven, entrevista.
25 Impacts and Evaluation Division, RSPO Impact Report 2016, Kuala Lumpur: Roundtable on Sustainable Palm Oil, 2016, https://rspo.org/library/lib_files/preview/257.
26 Dominic Waughray (World Economic Forum), entrevista pelos autores, 25 de setembro, 2020.
27 Sauven, entrevista.
28 A. Muh and Ibnu Aquil, «Indonesia Reduces Deforestation Rate as Researchers Urge Caution», *Jakarta Post*, 9 de junho, 2020, https://www.thejakartapost.com/news/2020/06/08/indonesia-reduces-deforestation-rate-as-researchers-urge-caution.html.
29 Eillie Anzilotti, «This Rwandan Factory Is Revolutionizing How Humanitarian Aid Is Done», Fast Company, 8 de junho, 2017, https://www.fastcompany.com/40427006/this-rwandan-factory-is-revolutionizing-how-humanitarian-aid-is-done.
30 30. Central Institute of Economic Management, Ministry of Planning and Investment, Exploring the Links Between International Business and Socio-Economic Development of Vietnam: A Case Study of Unilever Vietnam, Vietnam, 2009.

CAPÍTULO 8: Enfrentar os elefantes

1 Mindy Lubber (Ceres), entrevista pelo autor, 16 de abril, 2020.
2 Rupert Neate, «New Study Deems Amazon Worst for "Aggressive" Tax Avoidance», *Guardian*, 2 de dezembro, 2019, https://www.theguardian.com/business/2019/dec/02/new-study-deems-amazon-worst-for-aggressive-tax-avoidance.
3 Lorne Cook e Mike Corder, «Starbucks Court Ruling Deals Blow to EU Tax Break Fight», San Diego Union-Tribune, 24 de setembro, 2019, https://www.sandiegouniontribune.com/business/nation/story/2019-09-24/starbucks-court-ruling-deals-blow-to-eu-tax-break-fight.
4 Tabby Kinder, «Why the UK Tax Authority Is Accusing General Electric of a $1bn Fraud», *Financial Times*, 4 de agosto, 2020, https://www.ft.com/content/02a6fa1b-8b62-4e1e-9100-fe620c8ec96c.
5 Jesse Pound, «These 91 Companies Paid No Federal Taxes in 2018», CNBC, 16 de dezembro, 2019, https://www.cnbc.com/2019/12/16/these-91-fortune-500-companies-didnt-pay-federal-taxes-in-2018.html.
6 Alan Murray and David Meyer, «The Unfinished Business of Stakeholder Capitalism», *Fortune*, 12 de janeiro, 2021, https://fortune.com/2021/01/12/unfinished-business-of-stakeholder-capitalism-executive-ay-contract-workers-taxes-ceo-daily/.

7 OECD Centre for Tax Policy and Administration, «Revenue Statistics 2020—United States», https://www.oecd.org/tax/revenue-statistics-united-states.pdf.
8 OECD Centre for Tax Policy and Administration, «Revenue Statistics 2020—Sweden», https://www.oecd.org/ctp/tax-policy/revenue-statistics-sweden.pdf.
9 «Countries Urged to Strengthen Tax Systems to Promote Inclusive Economic Growth», United Nations Department of Economic and Social Affairs, 14 de fevereiro, 2018, https://www.un.org/development/desa/en/news/financing/tax4dev.html.
10 *FACTI Panel Interim Report*, United Nations, setembro de 2020, https://www.factipanel.org/documents/facti-panel-interim-report.
11 Bob Eccles (Saïd Business School at Oxford), correspondência por *e-mail* com o autor, 31 de agosto, 2020.
12 Janine Juggins (Unilever), conversa com autor, 20 de setembro, 2020.
13 «A Responsible Taxpayer», Unilever, acedido a 8 de março, 2021, https://www.unilever.com/planet-and-society/responsible-business/responsible-taxpayer/.
14 *The Business Role in Creating a 21st-Century Social Contract*, Business for Social Responsibility, 2020, 28.
15 Janine Juggins (Unilever), conversa com autor, 20 de setembro, 2020.
16 Sean Fleming, «Corruption Costs Developing Countries $1.26 Trillion Every Year—Yet Half of EMEA Think It's Acceptable», World Economic Forum, 9 de dezembro, 2019, https://www.weforum.org/agenda/2019/12/corruption-global-problem-statistics-cost/.
17 *Ending Anonymous Companies: Tackling Corruption and Promoting Stability through Beneficial Ownership Transparency*, The B Team, 2015.
18 «Partnering Against Corruption Initiative», World Economic Forum, acedido a 14 de março, 2021, https://www.weforum.org/communities/partnering-against-corruption-initiative/.
19 *Ending Anonymous Companies*, 4.
20 David McCabe, «TikTok Bid Highlights Oracle's Public Embrace of Trump», *New York Times*, 4 de setembro, 2020, https://www.nytimes.com/2020/09/04 /technology/oracle-tiktok-trump.htm; Kelly Makena, «Oracle Founder Donated $250,000 to Graham PAC in Final Days of TikTok Deal», The Verge, 17 de outubro, 2020, https://www.theverge.com/2020/10/17/21520356/oracle-tiktok-larry-ellison-lindsey-graham-super-pac-donation-jaime-harrison.
21 David Montero, «How Managers Should Respond When Bribes Are Business as Usual», *Harvard Business Review,* 16 de novembro, 2018, https://hbr.org/2018/11/how-managers-should-respond-when-bribes-are-business-as-usual.
22 «Nigeria's Ngozi Okonjo-Iweala's Mother Freed by Kidnappers», BBC, 14 de dezembro, 2012, https://www.bbc.com/news/world-africa-20725677.
23 «CEO Pay Increased 14% in 2019, and Now Make 320 Times Their Typical Workers», Economic Policy Institute, 18 de agosto, 2020, https://www.epi.org/press/ceo-pay-increased-14-in-2019-and-now-make-320-times-their-typical-workers/.
24 Drew Desilver, «For Most Americans, Real Wages Have Barely Budged for De cades», 7 de agosto, 2018, https://www.pewresearch.org/fact-tank/2018/08/07/for-most-us-workers-real-wages-have-barely-budged-for-decades/.
25 Theo Francis and Kristin Broughton, «CEO Pay Surged in a Year of Upheaval and Leadership Challenges», *Wall Street Journal*, 11 de abril, 2021, sec. Business, https://www.wsj.com/articles/covid-19-brought-the-economy-to-its-knees-but-ceo-pay-surged-11618142400.
26 «Pay Gap between CEOs and Average Workers, by Country 2018», Statista, 26 de novembro, 2020, https://www.statista.com/statistics/424159/pay-gap-between-ceos-and-average-workers-in-world-by-country/.
27 David Gelles, «The Mogul in Search of a Kinder, Gentler Capitalism», *New York Times*, 15 de maio, 2021, sec. Business, https://www.nytimes.com/2021/05/15/business/lynn-forester-de-rothschild-corner-office.html.
28 Roger Lowenstein, «The (Expensive) Lesson GE Never Learns», *Washington Post*, 12 de outubro, 2018, https://www.washingtonpost.com/business/the-expensive-lesson-ge-never-learns/2018/10/12/6fb6aafa-ce30-11e8-a360-85875bac0b1f_story.html.

29 Andrew Edgecliffe-Johnson, «GE's Larry Culp Cites Pandemic Sacrifice to Defend $47 m Bonus», *Financial Times*, 26 de janeiro, 2021, https://www.ft.com/content/2cce969c-80a7-4831-aadf-02c1394ac7ab.

30 Thomas Gryta, Theo Francis e Drew FitzGerald, «General Electric, AT&T Investors Reject CEO Pay Plans», *Wall Street Journal*, 4 de maio, 2021, sec. Business, https://www.wsj.com/articles/general-electric-at-t-investors-reject-ceo-pay-plans-11620147204.

31 *The Business Role in Creating a 21st-Century Social Contract*, 29.

32 Adele Peters, «Gravity Payments Expands Its $70,000 Minimum Wage to Idaho Office», *Fast Company*, 28 de abril, 2020, https://www.fastcompany.com/90477926/gravity-payments-is-expanding-its-70000-minimum-wage-from-seattle-to-idaho.

33 William Lazonick *et al.*, «Financialization of the U.S. Pharmaceutical Industry», *Institute for New Economic Thinking* (blog), 2 de dezembro, 2019, https://www.ineteconomics.org/perspectives/blog/financialization-us-pharma-industry.

34 John R. Graham, Campbell R. Harvey e Shiva Rajgopal, «The Economic Implications of Corporate Financial Reporting», *Journal of Accounting and Economics* 40 (dezembro de 2005): 3–73.

35 William Lazonick, Mustafa Erdem Sakinç e Matt Hopkins, «Why Stock Buybacks Are Dangerous for the Economy», *Harvard Business Review*, 7 de janeiro, 2020, https://hbr.org/2020/01/why-stock-buybacks-are-dangerous-for-the-economy.

36 Jonathon Ford, «Boeing and the Siren Call of Share Buybacks», *Financial Times*, 4 de agosto, 2019, https://www.ft.com/content/f3e640ee-b537-11e9-8cb2-799a3a8cf37b; «Boeing—Research (R&D) Spending 2006–2018», AeroWeb, http://www.fi-aeroweb.com/firms/Research/Research-Boeing.html.

37 Rashaan Ayesh, «New Boeing CEO David Calhoun Criticizes Predecessor, Looks to Future», Axios, 6 de maio, 2020, https://www.axios.com/new-boeing-ceo-criticizes-predecessor-looks-future-648df2a3-5973-492e-bb59-5f1cd35f9dc8.html.

38 «Predicting Long-Term Success for Corporations and Investors Worldwide», FCLTGlobal, 29 de setembro, 2019, https://www.fcltglobal.org/resource/predicting-long-term-success-for-corporations-and-investors-worldwide/.

39 «S&P 500 Buyback Index», S&P Dow Jones Indices, https://www.spglobal.com/spdji/en/indices/strategy/sp-500-buyback-index/#overview.

40 Saikat Chatterjee e Adinarayan Thyagaraju, «Buy, Sell, Repeat! No Room for 'Hold' in Whipsawing Markets», Reuters, 3 de agosto, 2020, https://www.reuters.com/article/us-health-coronavirus-short-termism-anal-idUSKBN24Z0XZ.

41 «Stewardship Code—Sustainable Investing», Robeco, 16 de novembro, 2020, https://www.robeco.com/en/key-strengths/sustainable-investing/glossary/stewardship-code.html.

42 Shaimaa Khalil, «Rio Tinto Chief Jean-Sébastien Jacques to Quit over Aboriginal Cave Destruction», BBC News, 11 de setembro, 2020, https://www.bbc.com/news/world-australia-54112991.

43 Ben Butler and Calla Wahlquist, «Rio Tinto Investors Welcome Chair's Decision to Step Down after Juukan Gorge Scandal», *Guardian*, 3 de março, 2021, http://www.theguardian.com/business/2021/mar/03/rio-tinto-investors-welcome-chairs-decision-to-step-down-after-juukan-gorge-scandal.

44 Tensie Whelan, «U.S. Corporate Boards Suffer from Inadequate Expertise in Financially Material ESG Matters», NYU Stern Center for Sustainable Business, 1 de janeiro, 2021, https://ssrn.com/abstract=3758584.

45 Tim Quinson, «Corporate Boards Don't Get the Climate Crisis: Green In sight», Bloomberg Green, 13 de janeiro, 2021, https://www.bloomberg.com/news/articles/2021-01-13/corporate-boards-don-t-get-the-climate-crisis-green-insight.

46 *Ceres, Running the Risk: How Corporate Boards Can Oversee Environmental, Social and Governance (ESG) Issues*, novembro de 2019, 6.

47 J. Yo-Jud Cheng, Boris Groysberg e Paul Healy, «Your CEO Succession Plan Can't Wait», *Harvard Business Review*, 4 de maio, 2020, https://hbr.org/2020/05/your-ceo-succession-plan-cant-wait; Karlsson Per-Ola, Martha Turner e Peter Gassman, «Succeeding the Long-Serving Legend in the Corner Office», *Strategy+Business*, verão de 2019, https://www.strategy-business.com/article/Succeeding-the-long-serving-legend-in-the-corner-office?gko=90171.

48 Deb DeHaas, Linda Akutagawa e Skip Spriggs, «Missing Pieces Report: The 2018 Board Diversity Census of Women and Minorities on Fortune 500 Boards», *The Harvard Law School Forum on Corporate Governance* (blog), 5 de fevereiro, 2019, https://corpgov.law.harvard.edu/2019/02/05/missing-pieces-report-the-2018-board-diversity-census-of-women-and-minorities-on-fortune-500-boards/.

49 Richard Samans e Jane Nelson, «Integrated Corporate Governance: Six Leadership Priorities for Boards beyond the Crisis», *Forbes*, 18 de junho, 2020, https://www.forbes.com/sites/worldeconomicforum/2020/06/18/integrated-corporate-governance-six-leadership-priorities-for-boards-beyond-the-crisis/.

50 «40 Million in Modern Slavery and 152 Million in Child Labour around the World», International Labour Organization, 19 de setembro, 2017, http://www.ilo.org /global/about-the-ilo/newsroom/news/WCMS_574717/lang--en/index.htm.

51 *Global Estimates of Modern Slavery: Forced Labour and Forced Marriage*, International Labour Office, 2017, 25.

52 «Nearly Half of Global Workforce at Risk as Job Losses Increase Due to COVID-19: UN Labour Agency», UN News, 29 de abril, 2020, https://news.un.org/en/story/2020/04/1062792.

53 Rosey Hurst (Impactt), entrevista pelos autores, 1 de outubro, 2020.

54 *Corporate Human Rights Benchmark, 2019 Key Findings*, World Benchmarking Alliance, 2019, 4.

55 *Corporate Human Rights Benchmark, 2020 Key Findings*, World Benchmarking Alliance, 2020.

56 «Investors BlackRock, NBIM and CalSTRS vote against Top Glove directors after quarter of workforce reportedly contract COVID-19», Business & Human Rights Resource Centre, 7 de janeiro, 2021, https://www.business-humanrights.org/fr/derni%C3%A8res-actualit%C3%A9s/investors-blackrock-nbim-vote-against-top-glove-directors-after-a-quarter-of-its-workforce-reportedly-contracted-covid-19/.

57 Sharan Burrow (International Trade Union Confederation), entrevista pelos autores, 18 de maio, 2020.

58 Jane Moyo, «Gap Inc. Publishes Its Supplier List to Boost Supply Chain Trans parency», *Ethical Trading Initiative* (blog), 2 de dezembro, 2016, https://www.ethicaltrade.org/blog/gap-inc-publishes-its-supplier-list-to-boost-supply-chain-transparency.

59 «Billionaires Got 54% Richer during Pandemic, Sparking Calls for 'Wealth Tax,'" CBS News, acedido a 27 de maio, 2021, https://www.cbsnews.com/news/billionaire-wealth-covid-pandemic-12-trillion-jeff-bezos-wealth-tax/.

60 Nichola Groom, «Big Oil Outspends Billionaires in Washington State Carbon Tax Fight», Reuters, 31 de outubro, 2018, https://www.reuters.com/article/us-usa-election-carbon/big-oil-outspends-billionaires-in-washington-state-carbon-tax-fight-idUS KCN1N51H7.

61 Center for Responsive Politics, «US Chamber of Commerce Profile», Open Secrets, https://www.opensecrets.org/orgs/us-chamber-of-commerce/summary?id=D000019798. A OpenSecrets rastreia 5500 organizações e os seus gastos com *lobbying*. A câmara superou-as a todas.

62 Amy Meyer, Kevin Moss e Eliot Metzger, «Despite Shared Membership, US Chamber of Commerce and Business Roundtable at Odds over Climate Policy», *World Resources Institute* (blog), 19 de outubro, 2020, https://www.wri.org/blog/2020/10/us-chamber-commerce-business-roundtable-odds-over-climate-policy.

63 David Roberts, «These Senators Are Going After the Biggest Climate Villains in Washington», Vox, 18 de novembro, 2019, https://www.vox.com/energy-and-environment/2019/6/7/18654957/climate-change-lobbying-chamber-of-commerce.

64 «CVS Health Leaves U.S. Chamber of Commerce», *Washington Post*, 7 de julho, 2015, https://www.washingtonpost.com/news/wonk/wp/2015/07/07/cvs-health-leaves-u-s-chamber-of-commerce/.

65 Hal Bernton e Evan Bush, «Energy Politics: Why Oil Giant BP Wants Washington Lawmakers to Put a Price on Carbon Pollution», *Seattle Times*, 21 de janeiro, 2020, https://www.seattletimes.com/seattle-news/politics/new-bp-ad-campaign-calls-on-washington-legislature-to-put-a-price-on-carbon-pollution-from-fossil-fuels/.

66 Steven Mufson, «French Oil Giant Total Quits American Petroleum Institute», *Washington Post*, 15 de janeiro, 2021, https://www.washingtonpost.com/climate-environment/2021/01/15/french-oil-giant-total-quits-american-petroleum-institute/.

67 Andrew Berger, «Brandeis and the History of Transparency», *Sunlight Foundation* (blog), 26 de maio, 2009, https://sunlightfoundation.com/2009/05/26/brandeis-and-the-history-of-transparency/.
68 «Financing Democracy: Funding of Political Parties and Election Campaigns and the Risk of Policy Capture" (Paris: Organisation for Economic Co-operation and Development, 2016), https://www.oecd-ilibrary.org/governance/financing-democracy_9789264249455-en, Tabela 2.6.
69 Alex Blumberg, «Forget Stocks or Bonds, Invest in a Lobbyist», *Morning Edition*, 6 de janeiro, 2012, https://www.npr.org/sections/money/2012/01/06/144737864/forget-stocks-or-bonds-invest-in-a-lobbyist.
70 Alan Zibel, «Nearly Two Thirds of Former Members of 115th Congress Working Outside Politics and Government Have Picked Up Lobbying or Strategic Consulting Jobs», Public Citizen, 30 de maio, 2019, https://www.citizen.org/article/revolving-congress/.
71 «CorporateCarbonPolicyFootprint—the50MostInfluential»,InfluenceMap,outubrode2019,https://influencemap.org/report/Corporate-Climate-Policy-Footpint-2019-the-50-Most-Influential-7d09a06d9c4e602a3d2f5c1ae13301b8.
72 Andrew Ross Sorkin, «IBM Doesn't Donate to Politicians. Other Firms Should Take Note», *New York Times*, 12 de janeiro, 2021, https://www.nytimes.com/2021/01/12/business/dealbook/political-donations-ibm.html.
73 *Diversity Wins: How Inclusion Matters*, McKinsey & Company, maio de 2020, 4, https://www.mckinsey.com/~/media/mckinsey/featured%20insights/diversity%20and%20inclusion/diversity%20wins%20how%20inclusion%20matters/diversity-wins-how-inclusion-matters-vf.pdf.
74 Vijay Eswaran, «The Business Case for Diversity in the Workplace Is Now Overwhelming», World Economic Forum, 29 de abril, 2019, https://www.weforum.org/agenda/2019/04/business-case-for-diversity-in-the-workplace/.
75 Sarah Coury *et al.*, «Women in the Workplace», McKinsey & Company, 30 de setembro, 2020, https://www.mckinsey.com/featured-insights/diversity-and-inclusion/women-in-the-workplace#.
76 «The Top Jobs Where Women Are Outnumbered by Men Named John», *New York Times, The Upshot* (blog), 24 de abril, 2018, https://www.nytimes.com/interactive/2018/04/24/upshot/women-and-men-named-john.html?mtrref=undefined&gwh=02D75850C7633B545BCB33CF0AD30264&gwt=regi&assetType=REGIWALL.
77 Ellen McGirt e Aric Jenkins, «Where Are the Black CEOs?», *Fortune*, 4 de fevereiro, 2021, https://fortune.com/2021/02/04/black-ceos-fortune-500/.
78 Lesley Slaton Brown, «HP Unveils Bold Goals to Advance Racial Equality and Social Justice», HP Development Company, L.P., *HP Press Blogs* (blog), 15 de janeiro, 2021, https://press.hp.com/us/en/blogs/2021/HP-unveils-bold-goals-to-advance-racial-equality.html.
79 Caroline Casey, «Do Your D&I Efforts Include People with Disabilities?», *Harvard Business Review*, 19 de março, 2020, https://hbr.org/2020/03/do-your-di-efforts-include-people-with-disabilities.
80 «Work and Employment», *World Report on Disability*, World Health Organization, 2011, 242.
81 *Getting to Equal: The Disability Inclusion Advantage*, Accenture, 2018, 4.
82 Silvia Bonaccio *et al.*, «The Participation of People with Disabilities in the Workplace across the Employment Cycle: Employer Concerns and Research Evidence», *Journal of Business and Psychology* 35, no. 2 (2020): 135–158, https://doi.org/10.1007/s10869-018-9602-5; Valentini Kalargyrou, «People with Disabilities: A New Model of Productive Labor», Proceedings of the 2012 Advances in Hospitality and Tourism Marketing and Management Conference, Corfu, Grécia, 2012, https://scholars.unh.edu/cgi/viewcontent.cgi?article=1017&context=hospman_facpub.
83 «Disability Inclusion Overview», World Bank, 1 de outubro, 2020, https://www.worldbank.org/en/topic/disability; *Design Delight from Disability—Report Summary: The Global Economics of Disability*, Rod-Group, 1 de setembro, 2020, 3; calculado com base em estatísticas que 52% do PIB na UE é despesa das famílias, e o PIB é de 21 biliões: «Household Consumption by Purpose», Eurostat, novembro de 2020, https://ec.europa.eu/eurostat/statistics-explained/index.php/Household_consumption_by_purpose.
84 Tim Cook (Apple), discurso no evento Ceres 30th Anniversary, Nova Iorque, 21 de outubro, 2019.
85 «Goldman's Playbook for More Diverse Corporate Boards», *New York Times*, 24 de janeiro, 2020, https://www.nytimes.com/2020/01/24/business/dealbook/goldman-diversity-boardroom.html.

86 Sarah Coury *et al.*, «Women in the Workplace».
87 «Unilever achieves gender balance across management globally», *website* global da Unilever, acedido a 14 de março, 2021, https://www.unilever.com/news/press-releases/2020/unilever-achieves-gender-balance-across-management-globally.html.
88 David Bell, Dawn Belt e Jennifer Hitchcock, «New Law Requires Diversity on Boards of California-Based Companies», *The Harvard Law School Forum on Corporate Governance* (blog), 10 de outubro, 2020, https://corpgov.law.harvard.edu/2020/10/10/new-law-requires-diversity-on-boards-of-california-based-companies/.
89 «OneTen», acedido a 9 de março, 2021, https:/www.oneten.org/.

CAPÍTULO 9: A cultura é a cola

1 Alan Jope (Unilever), entrevista pelos autores, 8 de julho, 2020.
2 Natalie Kitroeff, «Boeing Employees Mocked F.A.A. and "Clowns" Who Designed 737 Max», *New York Times*, 10 de janeiro, 2020, https://www.nytimes.com/2020/01/09/business/boeing-737-messages.html.
3 Jim Harter e Kristi Rubenstein, «The 38 Most Engaged Workplaces in the World Put People First», Gallup, acedido a 5 de março, 2021, https://www gallup.com /workplace/290573/engaged-workplaces-world-put-people-first.aspx.
4 Jeff Hollender (Seventh Generation), entrevista pelos autores, 11 de agosto, 2020.
5 Jope, entrevista.
6 Emily Graffeo, «Companies with More Women in Management Have Outperformed Their More Male-Led Peers, According to Goldman Sachs», Markets, Business Insider, 11 de novembro, 2020, https://markets.businessinsider.com/news/stocks/companies-women-management-leadership-stock-market-outpeformance-goldman-sachs-female-2020-11-1029793278.
7 «Bloomberg's 2021 Gender-Equality Index Reveals Increased Disclosure as Companies Reinforce Commitment to Inclusive Workplaces», Bloomberg L.P., comunicado de imprensa, acedido a 23 de março, 2021, https://www.bloomberg.com/company/press/bloombergs-2021-gender-equality-index-reveals-increased-disclosure-as-companies-reinforce-commitment-to-inclusive-workplaces/; «Bloomberg Opens Data Submission Period for 2021 Gender-Equality Index», Bloomberg L.P., comunicado de imprensa, 1 de junho, 2020, https://www.bloomberg.com/company/press/bloomberg-opens-data-submission-period-for-2021-gender-equality-index/.
8 James Ledbetter, «The Saga of Sundial: How Richelieu Dennis Escaped War, Hustled in Harlem, and Created a Top Skin Care Brand», *Inc.*, setembro de 2019, https://www.inc.com/magazine/201909/james-ledbetter/richelieu-dennis-sundial-shea-butter-black-skin-care-liberia-refugee.html.
9 Elaine Watson, «Sir Kensington's Joins Unilever: "This Allows Us to Expand Distribution While Holding True to Our Values"», *Food Navigator*, 20 de abril, 2017, https://www.foodnavigator-usa.com/Article/2017/04/21/Sir-Kensington-s-joins-Unilever-in-bid-to-scale-more-rapidly.
10 Hollender, entrevista.
11 John Replogle (Seventh Generation), entrevista pelos autores, 28 de julho, 2020.
12 Kees Kruythoff (Unilever), entrevista polos autores, 5 de outubro, 2020.
13 «Unilever's Purpose-Led Brands Outperform», *website* global da Unilever, acedido a 6 de março, 2021, https://www.unilever.com/news/press-releases/2019/unilevers-purpose-led-brands-outperform.html.
14 *Lifebuoy Way of Life Social Mission Report 2019*, Unilever, 2019. Todas as estatísticas desta secção são provenientes deste relatório.
15 «UK Aid and Unilever to Target a Billion People in Global Handwashing Campaign», UK Government — Department for International Development, 26 de março, 2020, https://www.gov.uk/government/news/uk-aid-and-unilever-to-target-a-billion-people-in-global-handwashing-campaign.
16 Shawn Paustian, «Insights from the New Brand Builders, Part 2», *Numerator* (blog), 4 de junho, 2019, https://www.numerator.com/resources/blog/insights-new-brand-builders-part-2.
17 Sanjiv Mehta (Unilever), entrevista pelos autores, 21 de outubro, 2020.
18 Keith Weed (Unilever), entrevista pelos autores, 10 de novembro, 2020. Weed forneceu todos os dados sobre as descobertas da Unstereotype Alliance.

19 «Launch of Unstereotype Alliance Set to Eradicate Outdated Stereotypes in Advertising», *website* global da Unilever, 20 de junho, 2017, https://www.unilever.com/news/press-releases/2017/launch-of-unstereotype-alliance-set-to-eradicate-outdated-stereotypes-in-advertising.html.

20 Weed, entrevista.

21 Brett Molina, «Unilever Drops 'Normal' from Beauty Products to Support Inclusivity», acedido a 14 de março, 2021, https://www.usatoday.com/story/money/2021/03/09/unilever-drops-normal-beauty-products-support-inclusivity/4641160001/.

22 «Ending the Gun Violence Epidemic in America», Levi Strauss & Co, 4 de setembro, 2018, https://www.levistrauss.com/2018/09/04/ending-gun-violence/.

23 Walt Bogdanich e Michael Forsythe. «How McKinsey Has Helped Raise the Stature of Authoritarian Governments." *New York Times*, 15 de dezembro, 2018, https://www.nytimes.com/2018/12/15/world/asia/mckinsey-china-russia.html.

24 Andrew Edgecliffe-Johnson, «McKinsey to Pay Almost $574m to Settle Opioid Claims by US States», *Financial Times*, 4 de fevereiro, 2021, https://www.ft.com/content/85e84e12-6dda-4c91-bde4-8198e29a6767.

25 Tom Peters, «McKinsey's Work on Opioid Sales Represents a New Low», *Financial Times*, 15 de fevereiro, 2021, https://www.ft.com/content/82e98478-f099-44ac-b014-3f9b15fe6bc6.

CAPÍTULO 10: Um mundo de diferença positiva

1 «Rate of Deforestation», TheWorldCounts, acedido a 7 de março, 2021, https://www.theworldcounts.com/challenges/planet-earth/forests-and-deserts/rate-of-deforestation/story.

2 «Top 20 Largest California Wildfires», State of California Department of Forestry and Fire Protection, acedido a 10 de março, 2021, https://www.fire.ca.gov/media/4jandlhh/top20_acres.pdf.

3 «Al Gore's Generation Raises $1 Billion for Latest Private Equity Fund», Reuters, 21 de maio, 2019, https://www.reuters.com/article/uk-generation-investment-fund-idUKKCN1SR1LY.

4 «Half of Millennial Employees Have Spoken Out about Employer Actions on Hot-Button Issues», Cision PR Newswire, acedido a 6 de março, 2021, https://www.prnewswire.com/news-releases/half-of-millennial-employees-have-spoken-out-about-employer-actions-on-hot-button-issues-300857881.html.

5 Siobhan Riding, «ESG Funds Forecast to Outnumber Conventional Funds by 2025», *Financial Times*, 17 de outubro, 2020, https://www.ft.com/content/5cd6e923-81e0-4557-8cff-a02fb5e01d42.

6 Moody's Investors Service, «Sustainable Bond Issuance to Hit a Record $650 Billion in 2021», 4 de fevereiro, 2021, https://www.moodys.com/research/Moodys-Sustainable-bond-issuance-to-hit-a-record-650-billion--PBC_1263479.

7 Donella Meadows, «Leverage Points: Places to Intervene in a System», *The Academy for Systems Change* (blog), acedido a 26 de março, 2021, http://donellameadows.org/archives/leverage-points-places-to-intervene-in-a-system/.

8 Roc Sandford e Rupert Read, «Breakingviews—Guest View: Let's Gauge Firms' Real CO2 Footprints», Reuters, 14 de agosto, 2020, https://www.reuters.com/article/us-global-economy-climatechange-breaking-idUKKCN25A1AO.

9 Solitaire Townsend, «We Urgently Need 'Scope X' Business Leadership for Climate», *Forbes*, 29 de junho, 2020, https://www.forbes.com/sites/solitairetownsend/2020/06/29/we-urgently-need-scope-x-business-leadership-for-climate/.

10 Microsoft News Center, «Microsoft Commits $500 Million to Tackle Afford able Housing Crisis in Puget Sound Region», 17 de janeiro, 2019, https://news.microsoft.com/2019/01/16/microsoft-commits-500-million-to-tackle-affordable-housing-crisis-in-puget-sound-region/.

11 Isaac Stone Fish, «Opinion: Why Disney's New 'Mulan' Is a Scandal», *Washington Post*, 7 de setembro, 2020, https://www.washingtonpost.com/opinions/2020/09/07/why-disneys-new-mulan-is-scandal/.

12 G. Calvo *et al.*, «Decreasing Ore Grades in Global Metallic Mining: A Theoretical Issue or a Global Reality?»; 2016, https://doi.org/10.3390/resources504003.

13 «Goal 12 Ensure Sustainable Consumption and Production Patterns», *United Nations Sustainable Development Goals*, acedido a 6 de março, 2021, https://www.un.org/sustainabledevelopment/sustainable-consumption-production/.

14 Hunter Lovins, entrevista pelos autores, 25 de fevereiro, 2021.

15 «CGR 2021 », acedido a 14 de março, 2021, https://www.circularity-gap.world/2021; Scott Johnson, «Just 20 Percent of E-Waste Is Being Recycled», Ars Technica, 13 de dezembro, 2017, https://arstechnica.com/science/2017/12/just-20-percent-of-e-waste-is-being-recycled/; Dana Gunders, «Wasted: How America Is Losing Up to 40 Percent of Its Food from Farm to Fork to Landfill», NRDC, 16 de agosto, 2017, https://www.nrdc.org/resources/wasted-how-america-losing-40-percent-its-food-farm-fork-landfill.

16 Adele Peters, «How Eileen Fisher Thinks about Sustainable Consumption», *Fast Company*, 31 de outubro, 2019, https://www.fastcompany.com/90423555/how-eileen-fisher-thinks-about-sustainable-consumption.

17 Antonia Wilson, «Dutch Airline KLM Calls for People to Fly Less », *Guardian*, 11 de julho, 2019, http://www.theguardian.com/travel/2019/jul/11/dutch-airline-klm-calls-for-people-to-fly-less-carbon-offsetting-scheme.

18 Derrick Bryson Taylor, «Ikea Will Buy Back Some Used Furniture», *New York Times*, 14 de outubro, 2020, https://www.nytimes.com/2020/10/14/business/ikea-buy-back-furniture.html.

19 Solitaire Townsend, «Near 80% of People Would Personally Do as Much for Climate as They Have for Coronavirus», *Forbes*, 1 de junho, 2020, https://www.forbes.com/sites/solitairetownsend/2020/06/01/near-80-of-people-would-personally-do-as-much-for-climate-as-they-have-for-coronavirus/.

20 Juliet Schor, «Less Work, More Living», Daily Good, 12 de janeiro, 2012, https://www.dailygood.org/story/130/less-work-more-living-juliet-schor/.

21 «"Live Simply So Others May Simply Live", Gandhi», *Natural Living School* (blog), 23 de abril, 2012, https://naturallivingschool.com/2012/04/22/live-simply-so-others-may-simply-live-gandhi/.

22 Simon Rogers, «Bobby Kennedy on GDP: "Measures Everything except That Which Is Worthwhile"», *Guardian*, 24 de maio, 2012, http://www.theguardian.com/news/datablog/2012/may/24/robert-kennedy-gdp.

23 L. Hunter Lovins *et al.*, *A Finer Future: Creating an Economy in Service to Life* (Gabriola Island, BC, Canada: New Society Publishers, 2018), 3.

24 Romina Boarini *et al.*, «What Makes for a Better Life? The Determinants of Subjective Well-Being in OECD Countries—Evidence from the Gallup World Poll», working paper, OECD, 21 de maio, 2012, https://doi.org/10.1787/5k9b9ltjm937-en.

25 Belinda Luscombe, «Do We Need $75,000 a Year to Be Happy?» *Time*, 6 de setembro, 2010, http://content.time.com/time/magazine/article/0,9171,2019628,00.html.

26 Sigal Samuel, «Forget GDP—New Zealand Is Prioritizing Gross National Well-Being», Vox, 8 de junho, 2019, https://www.vox.com/future-perfect/2019/6/8/18656710/new-zealand-wellbeing-budget-bhutan-happiness.

27 David Roberts, «None of the World's Top Industries Would Be Profitable If They Paid for the Natural Capital They Use », *Grist* (blog), 17 de abril, 2013, https://grist.org/business-technology/none-of-the-worlds-top-industries-would-be-profitable-if-they-paid-for-the-natural-capital-they-use/.

28 «Crédit Agricole», Wikipédia, acedido a 1 de março, 2021.

29 «The Business Role in Creating a 21st-Century Social Contract», BSR, 24de junho, 2020, https://www.bsr.org/en/our-insights/report-view/business-role-creating-a-21st-century-social-contract.

30 «Finance for a Regenerative World », Capital Institute, acedido a 7 de março, 2021, https://capitalinstitute.org/finance-for-a-regenerative-world/.

31 «Coronavirus May Push 150 Million People into Extreme Poverty: World Bank», Reuters, 7 de outubro, 2020, https://www.reuters.com/article/us-imf-worldbank-poverty-idUSKBN26S2RV.

32 Sapana Agrawal *et al.*, «To Emerge Stronger from the COVID-19 Crisis, Companies Should Start Reskilling Their Workforces Now», McKinsey & Company, 7 de maio, 2020, https://www.mckinsey.com/business-functions/organization/our-insights/to-emerge-stronger-from-the-covid-19-crisis-companies-should-start-reskilling-their-workforces-now#.

33 International Labour Organization, *Global Employment Trends for Youth 2020: Technology and the Future of Jobs* (Geneva: International Labour Office, 2020), https://www.ilo.org/wcmsp5/groups/public/---dgreports/---dcomm/---publ/documents/publication/wcms_737648.pdf

34 Ronald McQuaid, «Youth Unemployment Produces Multiple Scarring Effects », *London School of Economics* (blog), 18 de fevereiro, 2017, https://blogs.lse.ac.uk/europpblog/2017/02/18/youth-unemployment-scarring-effects/.
35 Sunny Verghese (Olam), entrevista pelos autores, 3 de junho, 2020.
36 Melanie Kaplan, «At Greyston Bakery, Open Hiring Changes Lives », *US News and World Report*, 5 de junho, 2019, https://www.usnews.com/news/healthiest-communities /articles/2019-06-05/at-greyston-bakery-open-hiring-changes-lives.
37 United Nations High Commissioner for Refugees, «UNHCR—Refugee Statis tics», acedido a 7 de março, 2021, https://www.unhcr.org/refugee-statistics/.
38 Luke Baker, «More Than 1 Billion People Face Displacement by 2050—Report», Reuters, 9 de setembro, 2020, https://www.reuters.com/article/ecology-global-risks-idUSKBN2600K4.
39 Ezra Fieser, «Yogurt Billionaire's Solution to World Refugee Crisis: Hire Them», Bloomberg Business, 28 de agosto, 2019, https://www.bloomberg.com/news/articles/2019-08-28/yogurt-billionaire-s-solution-to-world-refugee-crisis-hire-them.
40 «Unilever Commits to Help Build a More Inclusive Society», *website* global da Unilever, 21 de janeiro, 2021, https://www.unilever.com/news/press-releases/2021/unilever-commits-to-help-build-a-more-inclusive-society.html.
41 Eben Shapiro, «Walmart CEO Doug McMillon: We Need to Reinvent Capitalism», *Time*, 22 de outubro, 2020, https://time.com/collection/great-reset/5900765/walmart-ceo-reinventing-capitalism/.
42 «10 Bold Statements on Advancing Stakeholder Capitalism in 2020», *JUST Capital* (blog), acedido a 7 de março, 2021, https://justcapital.com/news/bold-statements-on-advancing-stakeholder-capitalism/.
43 *2020 Edelman Trust Barometer*, Edelman, janeiro de 2020, https://www.edelman.com/trust/2020-trust-barometer.
44 «Annual Survey Shows Rise in Support for Socialism, Communism», Victims of Communism Memorial Foundation, 21 de outubro, 2020, https://victimsofcommunism.org/annual-survey-shows-rise-in-support-for-socialism-communism/.
45 Não há forma de registar todas as pessoas que fazem um grande trabalho de repensar o capitalismo. Poder-se-ia, honestamente, recuar até Marx. Mas nos tempos modernos, pode procurar obras de Gar Alperowitz, Bob Costanza, Michael Dorsey, John Elkington, John Fullerton, Stu Hart, Rebecca Henderson, Jeffrey Hollender, Hunter Lovins, Colin Mayer, Mariana Mazzucato, Njeri Mwagiru, Jonathon Porritt, Kate Raworth, Bob Reich, Tony Seba, Raj Sisodia e Pavan Sukhdev. Esta área está a crescer rapidamente, pelo que esta lista é apenas uma amostra.
46 «LVMH Carbon Fund Reaches 2018 Objective Two Years after Its Creation with 112 Projects Funded», LVMH, acedido a 12 de março, 2021, https://www.lvmh.com/news-documents/press-releases/lvmh-carbon-fund-reaches-2018-objective-two-years-after-its-creation-with-112-projects-funded/.
47 «Sustainability Information 2020,» Munique: Siemens, 2020, https://assets.new.siemens.com/siemens/assets/api/uuid:13f56263-0d96-421c-a6a4-9c10bb9b9d28/sustainability2020-en.pdf.
48 Brad Smith, «One Year Later: The Path to Carbon Negative—a Progress Report on Our Climate "Moonshot"», *The Official Microsoft Blog* (blog), 28 e janeiro, 2021, https://blogs.microsoft.com/blog/2021/01/28/one-year-later-the-path-to-carbon-negative-a-progress-report-on-our-climate-moonshot/.
49 Eric Roston e Will Wade, «Top Economists Warn U.S. Against Underestimating Climate Damage», Bloomberg Quint, 15 de fevereiro, 2021, https://www.bloombergquint.com/onweb/top-economists-warn-u-s-against-underestimating-climate-damage.
50 Sean Fleming, «How Much Is Nature Worth? $125 Trillion, According to This Report», World Economic Forum, 30 de outubro, 2018, https://www.weforum.org/agenda/2018/10/this-is-why-putting-a-price-on-the-value-of-nature-could-help-the-environment/.
51 «Natural Capital Protocol», Capitals Coalition, acedido a 7 de março, 2021, https://capitalscoalition.org/capitals-approach/natural-capital-protocol/.
52 «Finance for a Regenerative World», *Capital Institute* (blog), acedido a 7 de março, 2021, https://capitalinstitute.org/finance-for-a-regenerative-world/.
53 Kathleen Madigan, «Like the Phoenix, U.S. Finance Profits Soar», *Wall Street Journal*, 25 de março, 2011, https://www.wsj.com/articles/BL-REB-13616.

54 Tim Youmans and Robert Eccles, «Why Boards Must Look Beyond Shareholders», *MIT Sloan Management Review*, Leading Sustainable Organizations, 3 de setembro, 2015, https://sloanreview.mit.edu/article/why-boards-must-look-beyond-shareholders/.
55 Fiduciary Duty. Fiduciary Duty in the 21st Century—from a Legal Case to Regulatory Clarification around ESG, 2019, YouTube, carregado por PRI, 22 de novembro, 2019, https://www.youtube.com/watch?v=t_EK1pPPLBo.
56 Andrew Liveris (FCLTGlobal), entrevista pelos autores, 27 de agosto, 2020.
57 Hiro Mizuno, entreviata pelos autores, 27 de abril, 2020.
58 «The B Team: The Business Case for Protecting Civic Rights», The B Team, acedido a 30 de maio, 2021, https://bteam.org/our-thinking/reports/the-business-case-for-protecting-civic-rights.
59 «Country Rating Changes—Civicus Monitor 2020», acedido a 15 de julho, 2021, https://findings2020.monitor.civicus.org/rating-changes.html.
60 Henry Foy, «McKinsey's Call for Political Neutrality Only Serves Vladimir Putin», 27 de janeiro, 2021, *Financial Times*, https://www.ft.com/content/6110fe11-98e4-42ec-9522-f86d0a458ea2.
61 «How Facebook's Rise Fueled Chaos and Confusion in Myanmar» *Wired,* acedido a 14 de março, 2021, https://www.wired.com/story/how-facebooks-rise-fueled-chaos-and-confusion-in-myanmar/.
62 Daniel Arkin, «U.N. Says Facebook Has "Turned into a Beast" in Violence Plagued Myanmar», NBC News, acedido a 14 de março, 2021, https://www.nbcnews.com/news/world/u-n-investigators-blame-facebook-spreading-hate-against-rohingya-myanmar-n856191.
63 Ash Turner, «How Many People Have Smartphones Worldwide», *bankmycell* (blog), 10 de julho, 2018, acedido em março de 2021, https://www.bankmycell.com/blog/how-many-phones-are-in-the-world.
64 «The Nobel Peace Prize 2004», NobelPrize.org, acedido a 12 de marco, 2021, https://www.nobelprize.org/prizes/peace/2004/maathai/26050-wangari-maathai-nobel-lecture-2004/.

SOBRE OS AUTORES

PAUL POLMAN foi CEO da Unilever, que, sob a sua liderança, foi reconhecida como líder global em sustentabilidade corporativa. É cofundador e presidente da administração da IMAGINE, que mobiliza as empresas para os objetivos globais da ONU.

ANDREW WINSTON é uma das maiores autoridades mundiais em negócios sustentáveis. É autor do *best-seller Green to Gold e de The Big Pivot*, e prestou serviços de consultoria a inúmeras empresas de renome mundial.